政府工程怎么管

——深圳的实践与创新研究

丁士昭　杨胜军　主编

同济大学出版社
TONGJI UNIVERSITY PRESS

内 容 提 要

本书是《深圳市政府公共工程管理体制与机制改革和创新研究》课题组的研究成果，共分为课题总报告、课题子报告、附录。本书主要通过深圳市政府公共工程现有体制和机制存在问题的深入分析，以及对香港与几个典型的工业发达国家（美国、英国、德国和日本等）政府公共工程管理体制和机制方面值得借鉴的管理思想、管理组织、管理方法和管理手段的研究分析，对深圳市政府公共工程管理体制和机制改革与创新提出一些建议。

本书面向读者为：工程管理人员、相关行业从业者，以及相关学术领域的研究人员，也可供国家和地方各省市政府公共工程管理改革与创新参考。

图书在版编目(CIP)数据

政府工程怎么管：深圳的实践与创新研究 / 丁士昭，杨胜军主编. -- 上海：同济大学出版社，2015.7

ISBN 978-7-5608-5898-2

Ⅰ.①政… Ⅱ.①丁… ②杨… Ⅲ.①公共工程—工程管理—研究—深圳市 Ⅳ.①F294

中国版本图书馆 CIP 数据核字(2015)第 157455 号

政府工程怎么管——深圳的实践与创新研究

丁士昭 杨胜军 **主编**

责任编辑 赵泽毓 **助理编辑** 张富荣 **责任校对** 徐春莲 **装帧设计** 陈益平

出版发行 同济大学出版社 www.tongjipress.com.cn

(地址：上海市四平路 1239 号 邮编：200092 电话：021-65985622)

经　销 全国各地新华书店

印　刷 常熟华顺印刷有限公司

开　本 787 mm×1092 mm 1/16

印　张 19.75

字　数 492 000

版　次 2015 年 7 月第 1 版 2015 年 7 月第 1 次印刷

书　号 ISBN 978-7-5608-5898-2

定　价 86.00 元

课题组

组　长：
丁士昭　杨胜军

子课题负责人(按姓氏笔画排序)：
王予红　邓晓梅　古阪秀三(日)　刘志达　孙继德
余立佐　张礼卫　张　谦　陈建国　高　欣

成员(按姓氏笔画排序)：
丁士昭　王予红　王立里　王海鸥　冈崎佑树(日)　片田匡贵(日)　邓晓梅
古阪秀三(日)　田宏伟　仙新民　邢云梁　朱苗苗　华　枫　刘志达　许云兴
孙继德　杨胜军　李　玥　李　卓　李　森　余立佐　沈鹤芳　张少柠　张礼卫
张富荣　张　谦　陈广言　陈　旭　陈杰标　陈建国　范情楠　岩松准(日)
周冬江　周　泓　周晓红　周　清　赵泽毓　钟炼亮　聂　琪　钱小光
高　欣　斋藤隆司(日)　唐建伟　崔　丹

主要研究单位

深圳市建筑工务署
同济大学

研究成员所在单位(按课题顺序排序)

深圳市建筑工务署
同济大学
深圳大学
清华大学
香港理工大学
中国港湾工程有限责任公司(香港)
京都大学 (日)
日本建筑成本管理体系研究所(日)
日本邮政不动产企划部 (日)
日建设计(日)
深圳市机构编制委员会办公室
中港建设项目管理研究中心

前　言

本书是《深圳市政府公共工程管理体制与机制改革和创新研究》课题组的研究成果。本课题工作于2014年1月启动，由深圳市建筑工务署和同济大学共同负责，由同济大学丁士昭教授和深圳市建筑工务署杨胜军署长担任课题组组长，集合了同济大学、深圳大学、香港理工大学、清华大学、京都大学、中国港湾工程有限责任公司等国内外工程管理领域的学者，国家发展和改革委员会、住房和城乡建设部、上海法制办公室等相关部门的专家，深圳市建筑工务署人员共同开展本课题的研究工作。

本课题主要通过深圳市政府公共工程现有体制和机制存在问题的深入分析，以及对香港与几个典型的工业发达国家（美国、英国、德国和日本等）政府公共工程管理体制和机制方面值得借鉴的管理思想、管理组织、管理方法和管理手段的研究分析，对深圳市政府公共工程管理体制和机制改革与创新提出一些建议。

本书目录是建立在原课题框架的基础之上，首先在课题总报告（即对深圳市政府公共工程管理体制与机制改革和创新的建议），对课题研究成果作了综合分析；在课题子报告1—课题子报告5，系统全面地介绍了深圳市政府公共工程管理体制与机制的现状分析，香港政府公共工程管理的综合分析，英国、美国、德国和日本政府公共工程管理体制和机制分析，深圳市政府公共工程管理体制改革与创新研究，深圳市政府公共工程管理机制改革与创新研究；附录A—附录D，分别介绍了英国、美国、德国、日本政府公共工程管理的有关情况。

各章主要负责人如下：

课题总报告：丁士昭（同济大学）、杨胜军（深圳市建筑工务署）

子报告1：张谦（深圳大学）、邓晓梅（清华大学）、刘志达（深圳市建筑工务署）

子报告2：余立佐（中国港湾工程有限责任公司）、王予红（香港理工大学）、张礼卫（深圳市建筑工务署）

子报告3：陈建国（同济大学）、邓晓梅（清华大学）、高欣（同济大学）、古阪秀三（京都大学）

子报告4：孙继德（同济大学）、张礼卫（深圳市建筑工务署）

子报告5：陈建国（同济大学）、刘志达（深圳市建筑工务署）

附录A：陈建国（同济大学）

附录B：邓晓梅（清华大学）

附录C：高欣（同济大学）

附录D：古阪秀三（京都大学）

本书面向读者为：工程管理人员、相关行业从业者，以及相关学术领域的研究人员，也可供国家和地方各省市政府公共工程管理改革与创新参考。

本课题的研究工作中，得到了住房和城乡建设部政策研究中心副主任李德全，国家发展和改革委员会投资研究所体制政策室主任、研究员吴亚平，上海法制办公室的王峰等专家的指导和帮助；同时得到了同济大学兼职教授、中国人民大学硕士生导师、人民日报社高级编辑吕鸿的关注和支持；同济大学出版社为本书出版做了大量协调和组织工作，保障了本书顺利出版。在此，对以上个人和机构表示感谢。

由于课题组水平所限，本书研究成果和结论难免有不完善之处，恳切希望同行批评指正。

《深圳市政府公共工程管理体制与
机制改革和创新研究》课题组

2015年6月

目　录

第一篇　课题总报告

第二篇 课题子报告

附 录

第一篇　课题总报告

0　对深圳市政府公共工程管理体制与机制改革和创新的建议

0.1　课题概述

0.1.1　政府公共工程的界定

政府投资是指政府为了实现其职能，满足社会公共需要，实现经济和社会发展战略，投入资金用以转化为实物资产的行为和过程。政府投资的项目称为政府投资项目，或政府投资建设项目。

参考香港和欧美工业发达国家国家的经验和做法，可根据工程投资建设的主体和建设目的之不同，将建设工程大体区分为公共工程与私人工程两大类。公共工程的主要特点如下：

(1) 政府是工程的投资主体或者投资主体之一，其资金来源主要是政府财政资金；

(2) 工程建设的目的主要是满足公众对于公共设施和公共服务的需要，如由政府投资建设并拥有产权的学校、医院、道路、码头等供公众使用和享用的工程设施。

而私人投资工程，一般是指由私人发展商投资建设的工程，其资金主体是私人，在满足社会需求的同时，营利也是其重要目的之一。

公共工程可以进一步细分为主要由政府投资，而不以营利为目的的公共工程和政府与私人共同投资、兼具营利性的公共工程。本课题主要侧重于对由政府投资的非营利性公共工程（以下简称政府公共工程）的研究，如图 0-1 所示。

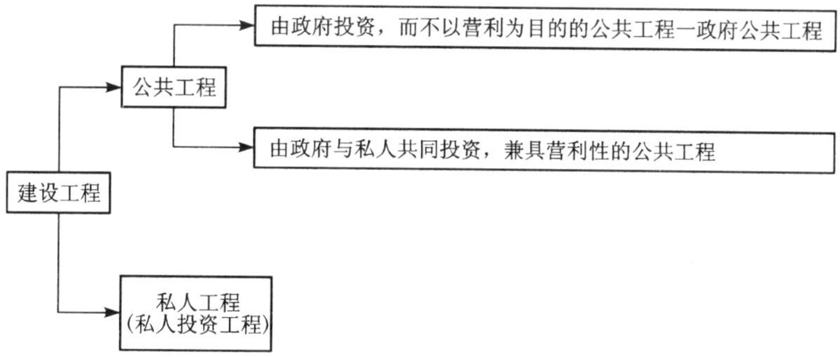

图 0-1　建设工程的分类

由于机场和轨道交通工程等具有可营利性，通常由民间资本参与投资建设，因此许多国家不将其列入政府公共工程。

借鉴许多工业发达国家的经验，政府对政府公共工程和私人工程的管理依据、监督体系、政府介入程度和管理政策等有明显的区别。政府对政府公共工程进行全生命周期全方位管理，而对私人工程主要关注工程的安全和质量。

0.1.2 课题研究路线

本课题拟通过深圳市政府公共工程现有体制和机制存在问题的深入分析，以及对香港与几个典型的工业发达国家(美国、英国、德国和日本等)政府公共工程管理体制和机制方面值得借鉴的管理思想、管理组织、管理方法和管理手段的研究分析，对深圳市政府公共工程管理体制和机制改革与创新提出一些建议。

0.1.3 课题研究报告的组成

本课题的研究成果包括一份课题研究总报告和以下五个子课题研究报告，以及研究报告附件：

- ☐ 子课题 1　深圳市政府公共工程管理体制与机制的现状分析；
- ☐ 子课题 2　香港政府公共工程管理的综合分析；
- ☐ 子课题 3　英国、美国、德国和日本政府公共工程管理体制和机制分析；
- ☐ 子课题 4　深圳市政府公共工程管理体制改革与创新的研究；
- ☐ 子课题 5　深圳市政府公共工程管理机制改革与创新的研究。

0.2 组建深圳市政府公共工程管理局

0.2.1 我国国家和地方政府缺失政府公共工程主持和管理部门

自新中国成立以来，我国基本建设和建筑业的管理体制几经变化，国家和地方政府的建设行政管理部门的名称和管理职能也变化多次。

1979 年 3 月 12 日，成立“国家城市建设总局”，直属国务院，由国家基本建设委员会代管。

1982 年 5 月 4 日，“国家城市建设总局”、“国家建筑工程总局”、“国家测绘总局”、“国家基本建设委员会”的部分机构和“国务院环境保护领导小组办公室”合并，成立城乡建设环境保护部。

1988 年 5 月，撤销“城乡建设环境保护部”，设立“建设部”，并把国家计委主管的基本建设方面的勘察设计、建筑施工、标准定额工作及其机构划归“建设部”。

2008 年 3 月 15 日，“建设部”改为“住房和城乡建设部”，它是负责建设行政管理的国务院组成部门。

建设行政管理的重要任务是：指导全国建筑活动，规范建筑市场，指导监督建筑市场准入、工程招投标、工程监理以及工程质量和安全；拟定勘察设计、施工、建设监理和相关社会中介组织管理的法规和规章并监督指导，以及组织制定工程建设实施阶段的国家标准等。而在众多工业发达国家，由行业协会承担上述许多建设行政管理任务。

国家和地方政府的住宅和城乡建设主管部门还承担指导全国或地方住宅建设和城镇住房制度改革工作等。

我国国家和地方政府只有建设行政管理部门，而缺失政府公共工程主持和管理部门。长期以来，政府公共工程由使用单位自行管理，这种缺乏统一领导和集中控制的传统建设模式，已不适应当今我国固定资产投资十分巨大的建设大系统的需求（2014 年我国固定资产投资总额已超过 50 万亿元，中商情报网发布的数字：502 005 亿元），也不适应我国国民经济的发展。

2004 年 7 月 16 日，国务院出台了《关于投资体制改革的决定》，要求对非经营性政府投资项目加快推行“代建制”，即通过招标等方式选择专业化的项目管理单位负责建设实施，严格控制建设项目投资、质量和工期，竣工验收后移交给使用单位。但经过近十年的建设实践，代建制暴露出了许多困难和问题，难以继续推广应用。

因此，建议借鉴欧美工业发达国家和国内部分地区试点的经验，在我国国家和地方政府层面上，设立专门的政府部门（可以是一个，也可以按工程专业区别的需要设立几个），作为建设项目业主，直接主持管理政府公共工程，这将是国家体制深化改革的一个重要课题。

0.2.2　按政府工程政府管的原则，组建深圳市政府公共工程管理局

在子课题 2 和 3 的报告中较为详细地介绍了香港、美国、德国、英国和日本遵循政府公共工程项目的全生命周期由政府部门行使业主职能，直接主持和管理的体制和机制，以体现政府对纳税人负责的政府公共工程政府管的基本原则，确保公共工程的建设符合公众利益。

香港负责公共工程管理的政府部门有建筑署、土木工程拓展署、水务署等，“建筑署、屋宇署、土木工程拓展署、机电工程署、渠务署、水务署等工务部门的公务员编制数合计超过 11 300”（王峰：《香港对政府公共工程建设的规制及其启示》）。

美国罗斯福新政时期（1933—1939 年）成立了公共工程管理局（Public Works Administration，PWA），为一个联邦机构，其由全国产业复兴法案授权实施。该机构由内务部长领导。通过其运作，公共工程管理局投资了 40 亿美元建造当时全国 70％的新型教育设施、65％的新法院建筑、市政建筑和污水处理厂，以及 35％的新型公共卫生设施及 10％的新型公路、桥梁和地铁。

美国杜鲁门政府，为简化联邦政府行政性工作，于 1949 年 6 月 1 日建立美国联邦事务服务总局（General Services Administration，GSA），现有一万两千多名公务员编制，整体负责管理提供 100 万联邦公务人员的工作空间和 480 栋历史性建筑的保护，另有住宅与城市建设部、交通部、垦务局、美国国防部（Department of Defense，DOD）等，分别负责政府办公建筑、住宅及城市规划、交通、农业水利设施、军事及国防设施的建设和维护。在地方层面，美国的政府公共工程也大都按照专业分工设立集中管理机构作为政府业主，对项目的全寿

命周期管理负责。

加拿大设公共工程及政府服务部(Public Works and Government Services Canada),其是加拿大联邦政府部门之一,掌管政府内部服务与行政。

德国联邦环境、自然、建设与核反应安全部和联邦交通与数字基础设施部负责政府公共工程管理(详见子报告 3 及附录)。

深圳市政府已实践由工务署直接管理政府公共工程,近三年来,深圳市、区两级财政支出的政府公共工程建设规模每年约 500 亿元,其中市级财政支出的公共工程规模约 200 亿~400亿元。深圳市建筑工务署完成的投资额亦从 2002 年成立之初的 7.9 亿元快速增长到 2009 年的最高额 93.5 亿元,再平稳过渡到近三年的年均 60 亿~70 亿元的投资额。2013 年来,深圳市建筑工务署累计完成投资 712.2 亿元。

深圳市工务署的实践表明:政府工程专业化集中管理有利于实现工程质量控制、进度控制和投资控制;有利于资源的合理配置;有利于提高工作效率,节约行政成本;有利于廉政监督。

建议深圳市参考国际经验,整合资源,优化政府公共工程管理体制,在现有市工务署的基础上,更名为深圳市政府公共工程管理局。

是否把所有政府公共工程管理都纳入政府公共工程管理局管理?建议分两步走:第一步先优化、完善市政府公共工程管理局的相关职能,在管理局下增加设计管理、造价控制、质量检测、设施维修等技术支持部门,水务、交通工程仍归属市水务、交通行政主管部门管理。第二步待市政府公共工程管理局运行机制完善后,再参照香港发展局模式,深化全市政府公共工程管理体制改革,将政府投资的工务、水务、交通建设职能全部整合到一个部门(或委员会)进行管理。

建议对深圳全市各级政府投资的公共工程分二级管理:市级财政投资的公共工程均由市公共工程建设专业部门负责;区级财政投资的公共工程均由区公共工程建设专业部门负责,取消街道办事处的公共工程管理机构。市、区公共工程管理机构分别归属市、区二级政府管理,不存在隶属关系,但在政策法规、技术标准、信息共享等方面要保持紧密联系。

我国香港、美国、德国、英国和日本等多个国家和地区也是这样,即:政府公共工程政府管,但考虑到工程的特点和历史的原因,并不由一个政府部门管,而采用相对集中的方式。

0.2.3 确立工程管理新理念

建议深圳市政府公共工程管理局确立工程管理新理念,即以可持续建设和工程项目全生命周期管理的理论和观念为指导,结合政府公共工程的特点,参与全生命周期各阶段,即决策阶段、实施阶段及运行阶段的管理工作,并与政府的其他相关部门协同工作,为实现工程建设增值和全生命周期的工程使用增值服务,如图 0-2 所示。

可持续建设是一个重要的观念和思想,即保证经济发展和建设不危及后代的生存,包括:

(1) 在项目决策阶段用可持续建设的思想和原则指导项目决策的策划;

(2) 在项目实施阶段确保可持续性设计(Sustainable Design)和可持续性施工(Sustainable Construction)包括材料和设备的选用及施工技术和组织的实现;

(3) 在项目运行期达到节能、减排和环境保护的要求。

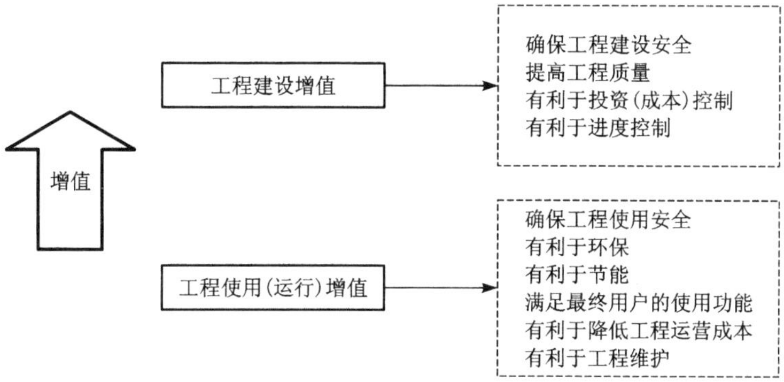

图 0-2 工程建设增值和全生命周期的工程使用增值的内涵

为按可持续建设的理念进行建设，建议编制《深圳市政府公共工程可持续建设导则》，或称为《深圳市政府公共工程可持续建设指南》。工程项目管理的主要任务是在项目实施阶段进行项目的目标控制，即投资控制、进度控制和质量控制等。深圳市公共工程管理局应拓展其项目管理的时间跨度，向前延伸到项目决策阶段，向后延伸到项目的运行阶段；在实施阶段应重视对设计的管理与控制；把单纯的项目目标控制提升到确立更宽视野的工程管理核心价值观，即实现项目增值管理。

0.2.4 深圳市政府公共工程管理局的组织结构和人员构成分析

建议深圳市政府公共工程管理局采用适用于大系统的矩阵组织结构，即在局长和副局长领导下设置纵向和横向管理部门。纵向部门按管理任务或职能划分，如前期管理处、工程技术处、质量安全处等；横向部门按工程对象划分，如土地开发管理中心、建筑工程管理中心、市政工程管理中心等，如图 0-3 所示。

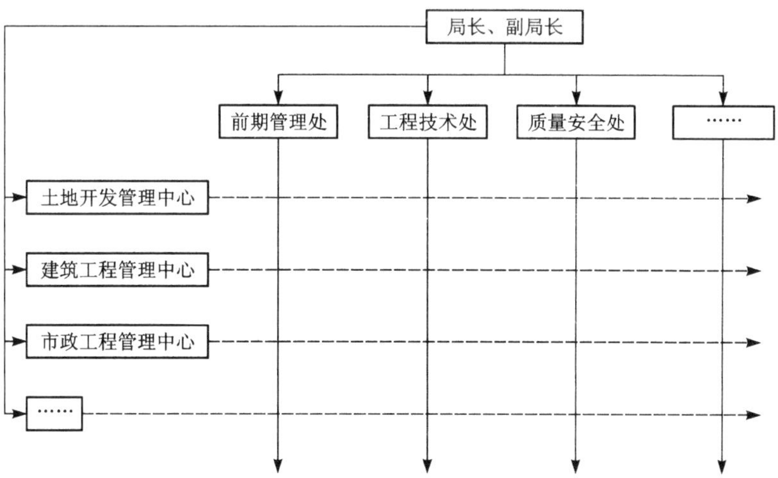

图 0-3 政府公共工程组织机构图

在矩阵组织系统中，当纵向部门和横向部门的指令发生矛盾时，由系统的最高层裁决。而当系统较大，有许多总、横向部门时，如纵横向的矛盾都由系统最高层裁决，对最高层的协调、调解的压力将会很大，系统的运行会出现问题或受阻。因此，对较大的矩阵组织系统可设定以纵向或横向的指令为主，仅当问题得不到解决时，再由系统的最高层裁决。

建议深圳市公共工程管理局采用以纵向部门指令为主的矩阵组织系统。

2014 年下半年，根据市政府的决定，深圳市建筑工务署的组织架构和人员编制作了调整，将原建筑工务署划分为署机关和工程建设管理中心，署机关改为参公管理单位，人员身份转为公务员编制，工程建设管理中心仍为事业单位工作人员编制。如建筑工务署改成政府公共工程管理局的改革得到批准，则现署机关人员整体划转到公共工程管理局工作，仍保留公务员身份。工程建设管理中心和其他署直属单位保持事业单位性质不变。按常理，一个组织系统的工作人员设两种不同的编制，似不太合理，可能由于公务员编制的数量受到限制，出现了当前的状况。希望逐年扩大公务员的编制(可否考虑 15%的年度增量)，使深圳市政府公共工程管理局的组织更健全，更能体现政府工程政府管的原则。

深圳市政府公共工程管理局的工作性质不同于一般的政府行政管理部门，因此，其人员组成结构也不同于一般的政府机构，应由专业人士和部分行政管理人员组成。根据工业发达国家和地区的经验和做法，建议 70%以上是专业人士，且应该涵盖建设项目全生命周期管理所需的各个相关专业，如规划、建筑、结构工程、岩土工程、机电工程、建造、工程造价、设备工程以及数据处理和信息技术等。

虽然深圳市政府公共工程管理局管理系统和深圳市政府公共工程管理系统是两个不同的系统(图 0-4)，但两者紧密相关，深圳市政府对政府公共工程管理局管理系统的人事制度改革将对深圳市政府公共工程管理系统的运行起到保障作用。根据管理局工作任务和人才结构，建议对局机关推行公务员专业化改革，对直属事业单位进行绩效考核，并适当提高专业技术人员的薪酬水平，以增强人才吸引力。

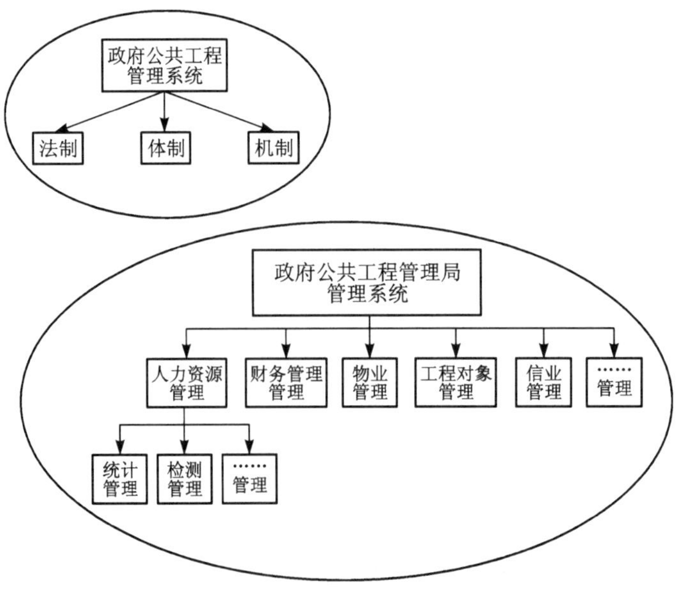

图 0-4　两个紧密相关的系统

0.2.5 组建深圳市政府公共工程管理局的支持机构

由于深圳市政府公共工程管理局是政府工程的业主，承担全生命周期的工程管理，而其人员规模受到一定的限制，建议成立以下支持机构，直属其领导，为其提供服务。

(1) 设计管理中心，具有设计能力，有设计资质和施工图审核资质，也可提供设计管理服务，负责审核设计中标单位提交的设计方案和设计图纸；

(2) 造价控制中心，具有工程造价计算分析、审核和控制能力，有相关资质，可提供造价控制服务；

(3) 工程检测中心，具有建筑工程检测能力，有相关资质；

(4) 设施管理中心，具有设施管理能力和相应的资质，可提供设施管理服务。

0.3 开创深圳市政府公共工程全生命周期管理试点实践

工程项目的全生命周期包括工程项目的决策阶段(项目前期论证和项目立项)、实施阶段(设计准备、设计和施工)和使用(运行、运营)阶段，工程项目全生命周期管理包括这三个阶段的管理：

(1) 决策阶段的管理，DM-Development Management(尚没有统一的中文术语，可译为项目前期的开发管理)；

(2) 实施阶段的管理，项目管理，PM-Project Management；

(3) 使用阶段(或称运营，或称运行阶段)的管理，设施管理，FM-Facility Management。

欲发挥工程项目全生命周期管理对项目增值的作用，则应把相互分割和独立的 DM、PM 和 FM 集成为一个管理系统，由一个组织运行，如图 0-5 所示。建议深圳市政府公共工程管理局成为这样的组织，参与 DM，负责执行 PM 和 FM。

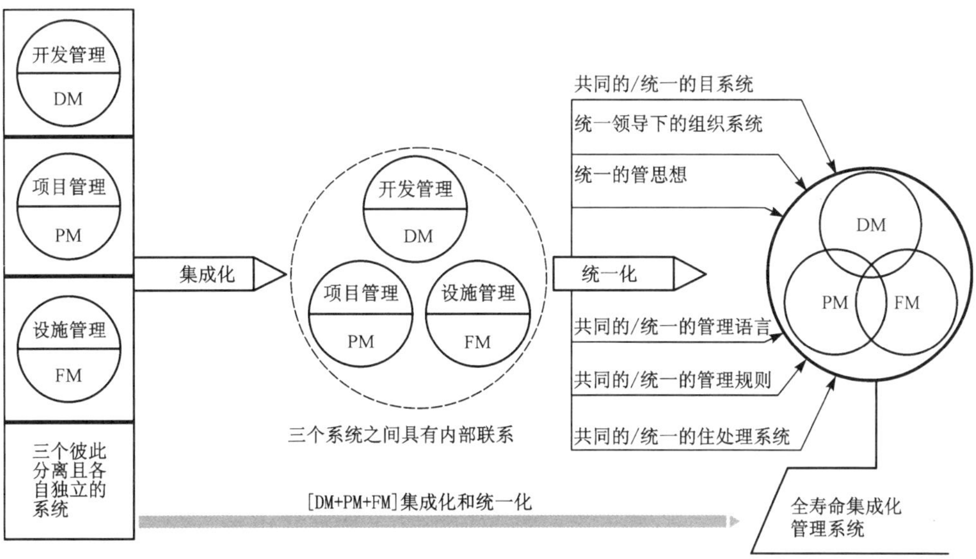

图 0-5 工程项目全生命周期管理系统

德国于1982年曾对办公类建筑全生命周期费用的组成(假设使用期为30年)作了分析,其结果如图0-6所示。由图0-6可知,建设费用只占全生命周期费用的19%,而办公类建筑30年的运行费用(能源消耗、维护费用等)却占42%。这说明如果不顾运行费用而单纯地节约建设投资是不合适的,必须对全生命周期费用作综合分析。

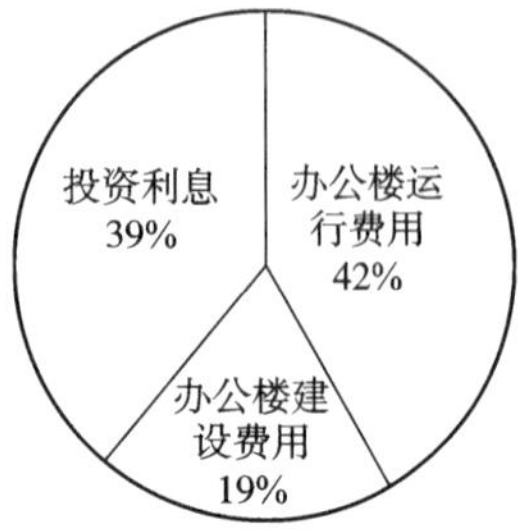

图0-6 建设费用占全生命周期费用的比例

在工程管理中往往把重点放在施工阶段的管理,过去很多年中,深圳市建筑工务署的前身和本身也曾主要进行公共工程的施工管理,而对工程项目前期策划和设计控制,以及项目建成后的设施维护参与较少,这是个误区。图0-7揭示了设计准备阶段和设计阶段控制投资的意义。在设计前期存在较大的节约投资的空间,而开始施工后,节约投资的空间就相当小。因此,必须重视设计阶段的工程管理。

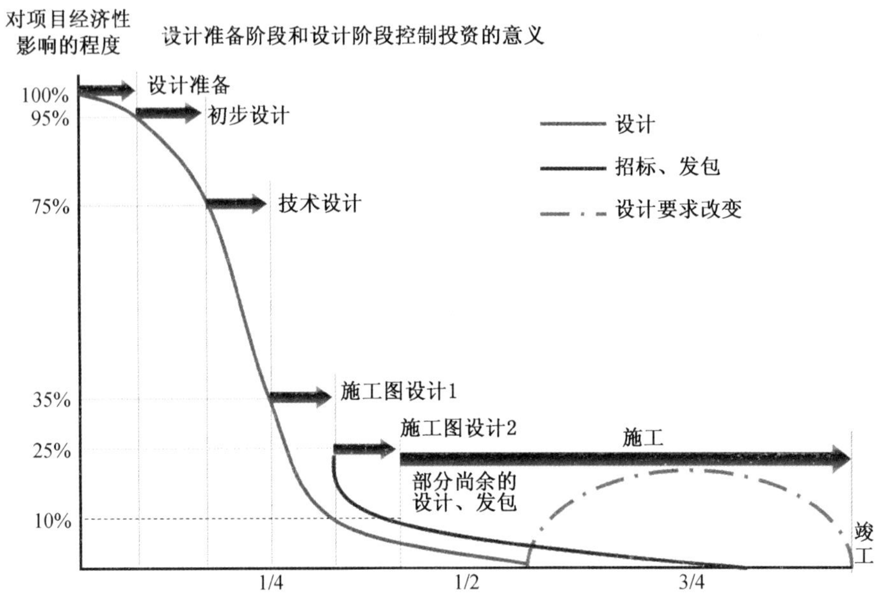

图0-7 设计准备阶段和设计阶段控制投资的意义

建议深圳市政府公共工程管理局选择不同类型的典型工程进行全生命周期管理的实践试点,待积累了一定经验后编制全生命周期管理导则,以指导面上工程铺开实施。

0.4 积极推进深圳市政府公共工程项目投资决策科学化和民主化进程

政府公共工程管理最核心的工作是规范投资决策。政府投资和社会投资项目(以下简称"两类"项目)进行分类管理,是有效规范政府公共工程投资决策、执行和监督的基础和前提。

应确立政府公共工程严谨科学的投资决策规则和决策流程，清晰地界定投资决策责任，增加投资决策的透明度，以逐步推进政府公共工程投资决策的科学化和民主化进程。

0.4.1 成立投资决策委员会，提升政府公共工程投资决策科学化水平

成立政府公共工程投资决策委员会，实现政府公共工程由当前单部门、封闭式决策向多部门、开放式联合决策的转变。

政府公共工程投资决策委员会是深圳市政府负责政府公共工程建设统一决策和综合协调的跨部门机构。

决策委员会主任由分管政府公共工程建设管理的市领导担任。委员会成员由发展改革委、财政委、规划国土委、人居环境委、住房建设局、审计局和政府公共工程管理局等相关职能部门组成，政府公共工程使用单位可列席会议。委员会可在内部设立若干小组分别负责方案论证、投资控制、招投标审核等工作。

决策委员会负责政府公共工程决策、政策审定和重大事项协调等工作；委员会成员单位分别负责政府公共工程建设政策和标准制定、决策技术支持、工程建设执行和监督等工作。

0.4.2 建立开放透明的政府公共工程投资决策流程

政府公共工程的投资决策必须开放和透明，决策程序应公开并为公众参与创造条件。建议借鉴工业发达国家和地区的经验和做法，规范多层面的投资决策流程。

政府公共工程决策流程概念模型，如图 0-8 所示。

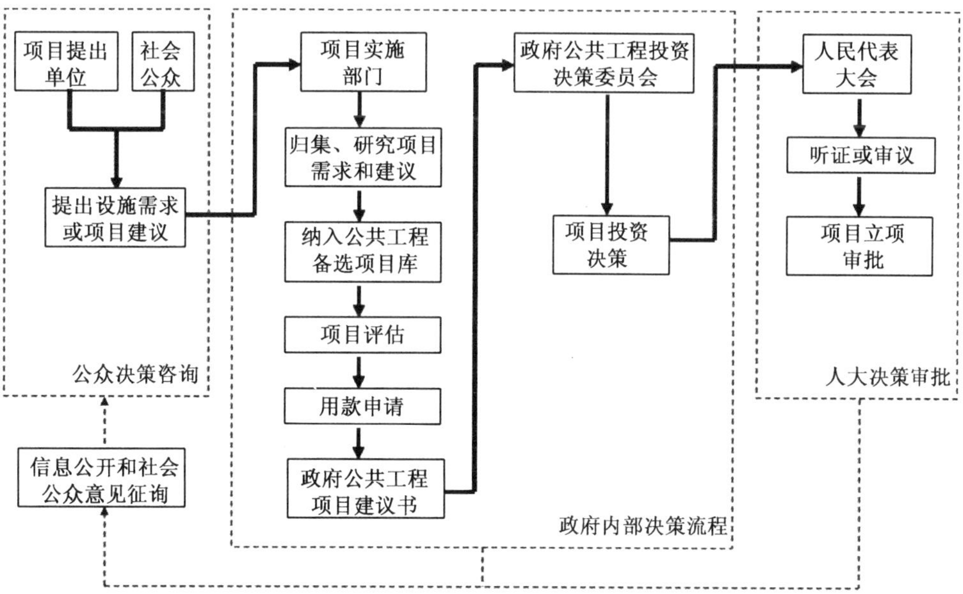

图 0-8 政府公共工程投资决策流程的概念模型

1）政府内部的投资决策流程

建议由政府部门（下文称为“项目提出单位”）或社会公众提出政府公共工程项目的建设需求，即所有政府部门或社会公众均可提出项目建设的建议。

由“项目实施部门”根据“项目提出单位”或社会公众提出的公共工程需求或建议，对项目建议进行归集和研究，纳入政府公共工程备选项目清单。列入备选项目清单的政府公共工程投资信息应定期向社会公示。

由“项目实施部门”主持和组织开展相关项目的评估工作，进行项目的可行性研究，从技术经济评价、环境影响评价、社会影响评价和历史文化影响评价等方面对各建设方案及其实施计划的可行性进行论证，并给出拟建议的实施方案。

具有社会影响的政府公共工程，项目评估过程应包括征询社会公众的意见。

完成相关评估工作后，“项目实施部门”应将可行性研究报告和用款申请报送公共财政预算分配主管部门。项目建设资金落实后，“项目实施部门”应编制完整的政府公共工程项目建议书，并报送政府公共工程投资决策委员会（属下文称“项目决策机构”）。

政府公共工程投资决策委员会作为政府内部的决策机构，根据建设需求、项目评估结论及财政资金安排等进行项目投资决策。

政府公共工程投资决策委员会在做出是否准予项目立项的决定前，如有必要应邀请专家对项目可行性研究报告的科学性、准确性做出独立评估。

经政府公共工程投资决策委员会审查无误的项目，可将项目投资计划正式列入政府公共财政预算方案，报人民代表大会审查批准。

2）人民代表大会的投资决策审批

人民代表大会对政府提交的项目投资决策事项进行审议。

对于特殊或重大的政府公共工程，由人民代表大会对项目投资决策事项举行听证和审议，并对项目立项进行决策。仅当项目投资计划得到人民代表大会的批准，政府公共工程投资决策委员会才能出具最终的项目立项批复。

3）社会公众的意见征询

政府公共工程的决策过程和信息应公开，充分听取社会公众的意见和建议。

具有社会公众影响的政府公共工程，应将公众意见征询纳入项目决策过程，方式可以包括网上和平面媒体公示、组织公众评议、座谈会和听证会等。对直接利益相关者，应主动征求其意见，并作相关记录。对不特定公众意见可以信息公开的方式征询，并将合理意见纳入项目建议书，对不予采纳的意见应给与解释。

0.4.3 建立严格规范的审批程序和决策规则

政府公共工程建设决策机制，主要涉及“项目决策机构”的工作机制；“项目决策机构”与“项目提出单位”、“项目实施部门”相互作用的过程和方式。

对于一般政府公共工程的建设，政府的职能主要是项目决策、执行和监督；而对于重大建设项目，则应建立人民代表大会决策、政府执行、人大与社会公众监督的机制。人民代表大会对政府行为进行制约和监督，主要表现形式为对预算的批准和组织审计。

建议政府公共工程审批程序和决策规则如下。

(1) 由“项目提出单位”负责发起和提出拟新建的公共工程项目，提出和界定项目需求和项目概要，包括功能要求、使用要求和建设标准要求，等等；“项目实施部门”(项目业主)根据“项目提出单位”的项目需求，组织开展和制定有关项目建议书、项目前期策划、可行性方案研究等的前期投资计划工作。

(2) 由“项目决策机构”对提出的拟新建的公共工程项目进行决策，项目决策的主要内容，包括：①决定是否要建；②决定建设功能、规模和标准。“项目实施部门”应参与项目投资决策过程，并提出相关意见和建议。

(3) 由“项目实施部门”执行投资决策，全面负责项目的实施，包括规划设计、采购、施工及运营准备等工作。

项目实施过程中，若“项目提出单位”或项目实际使用单位提出项目功能或标准等的变更，变更量超过“规定幅度”的，则由“项目提出单位”向“项目决策机构”提出变更申请；申请获得批准后，由“项目实施部门”负责建设项目的变更实施。

项目实施过程中，应赋予“项目实施部门”一定的变更决策权限：变更引起“规定幅度”内的投资增减，在一定授权范围“项目实施部门”可自主决定，不必报经“项目决策机构”批准。

为提高项目投资决策的运行效率，根据政府公共工程的规模及其特点，建议建立分级授权的决策机制，如：由人民代表大会、由政府公共工程投资决策委员会、由发改委、由政府公共工程管理局分别对不同投资规模的项目投资作决策审批。

以上所有类别的政府公共工程的决策信息必须公开公示，且人民代表大会拥有最终决定权。

0.4.4 建立政府公共工程决策过程的工程升级制度

建议借鉴我国香港地区的经验和做法，对政府公共工程的投资决策过程实行工程升级制度，即将政府公共工程按决策过程划分为A、B、C和D四个工程层级，只有完成本层级所有工作内容的政府公共工程才能升级进入下一层级。实行工程升级制度，有利于规范政府公共工程的投资决策过程，夯实政府公共工程各项各类的投资决策支持工作。其升级程序如下：

(1) “项目提出单位”提出项目建设动议，“项目实施部门”经归集和研究后，拟纳入政府公共工程备选项目清单，且向国土部门提出用地需求，用地选址明确的政府公共工程，可列为D类工程。

(2) “项目实施部门”对纳入政府公共工程备选清单的项目，经项目的可行性研究，通过技术经济评价、环境影响评价、社会影响评价和历史文化影响评价等方面的实施计划及可行性论证的政府公共工程，升级到C类工程。

(3) “项目实施部门”将可行性研究报告和用款申请报送公共财政预算分配主管部门，项目建设资金落实，并报政府公共工程投资决策委员会审定后的政府公共工程，升级到B类工程。

(4) 经政府公共工程投资决策委员会审批，项目投资计划正式列入政府公共财政预算，并经人民代表大会审查批准的政府公共工程，升级到A类工程。

政府公共工程投资决策委员会仅对列为A类的政府公共工程出具最终的项目立项批复。

0.4.5 改革政府公共工程审批制度

严格区分政府公共工程项目和私人工程项目。将工程项目分为政府公共工程项目和私人工程项目两类，分别采用不同的管理方式，其中政府公共工程由政府公共工程投资决策委员会负责决策，政府公共工程管理局等工务部门负责实施管理；社会私人工程仍维持现有的审批制度，由各政府职能部门依据相关法规进行管理。

把政府公共工程作为政府内部事务管理。目前政府公共工程建设过程中审批手续多、费时长、效率低，既浪费了大量政府资源，也影响了政府公共工程的建设效率。政府公共工程在立项、建设规模、成本控制等重要环节均已由政府公共工程投资决策委员会进行决策，决策委员会本身就由规划、发改、环保、建设等各部门组成，所以不需在建设过程中再由各政府部门进行层层审批。应将当前的各部门层层审批模式改为部门协作配合的工作模式，即在项目研究和设计等各个阶段，由政府公共工程管理局通过统一的公共工程建设管理平台或电子邮件就技术方案和设计成果征求意见，各职能部门在收到征求意见信息后应及时提供相关意见。

要充分发挥工务部门的专业作用。本着遵循政府公共工程建设管理规律的原则，增强工务部门在工程招投标、造价管理、质量安全管理、工程检测、参建单位管理、技术方案和施工工艺选定等涉及具体工程项目管理的微观职能，以充分发挥工务部门的专业优势，消除影响工程质量和效率的不利因素。

0.5 健全深圳市政府公共工程管理的监督机制

经过多年的发展，我国香港地区已经形成了对政府公共工程进行全方位监管的体系。立法会、审计署、工务部门、财政部门等围绕政府公共工程建设的公款运用、工程质量等形成了既相互配合又相互制约的监管体系。例如，政府公共工程在前期管理阶段，从D级升到A级的过程中，至少需要经过政府内部发展局批准、资源分配委员会批准、立法会的工务小组委员会审核、财务委员会批准等。客观上形成了政府内部部门之间相互监督，以及立法会对政府进行监督的机制。此外，社会公众也通过多个渠道参与对政府公共工程建设的监督工作（王峰：《香港对政府公共工程建设的规制及其启示》）。

针对我国政府公共工程管理存在诸多问题的状况，引起人们认识到，建立严谨高效的监督机制已刻不容缓。香港的有关经验可供借鉴，其监管体系的组成与许多工业发达国家相类似，如图 0-9 所示。

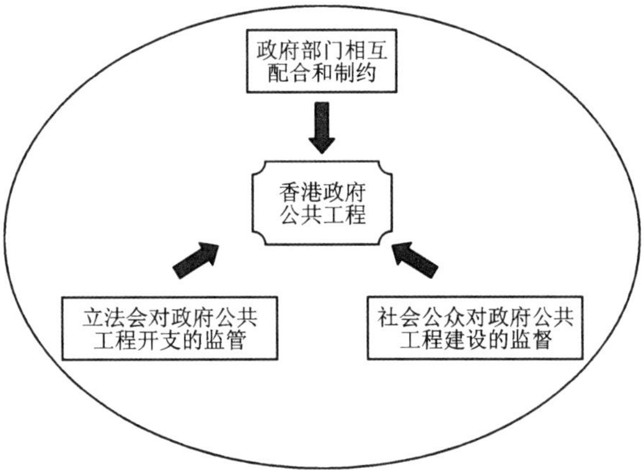

图 0-9 香港政府公共工程监管体系

香港政府公共工程监管体系的顶层结构由以下三个部分组成。即：政府部门相互配合、制约；立法会对政府公共工程开支的监督；以及社会公众对政府公共工程建设的监督。

香港政府内负有政府公共工程监管职责的部门主要有工务部门、财经事务及库务局和审计署。

(1) 工务部门从保证工程建设的必要性、可行性、工程质量及安全的角度出发，负责政府公共工程前期阶段的设计工作、招标实施工作(不包括投标结果的决定权)、施工监督工作等。

(2) 财经事务及库务局从有效控制及管理公共财政的角度出发，对政府公共工程建设中公款的支出从两个方面进行监管：协助政府就政府公共工程项目作出投资决定；对政府公共工程项目推行公开、公平和具竞争性的招标安排。

(3) 审计署定位是政府账目的外部审计师，在政府内部具有一定的独立性。审计署通过衡工量值式审计，对政府公共工程进行全面的、综合的监督，包括工务部门在履行政府公共工程建设职责过程中所达到的节省程度、效率和效益等。

立法会对政府公共工程的监督主要体现在对政府资金支出的监管上。这种监管体现在对拨款申请的审批和对公共工程审计结果的审查报告，立法会财务委员会对政府公共工程的资金支出享有广泛的审批权限。审计署向立法会提交对政府公共工程进行审计的结果报告书，立法会政府账目委员会在对审计结果报告书进行审议的基础上，向社会发表政府账目委员会报告书。

社会公众通过多个渠道参与对政府公共工程建设的监督工作。在政府公共工程前期阶段，相关工务部门会组织公众参与活动，以帮助确定工程建设的可行性。在立法会工务小组委员会、财务委员会对政府公共工程拨款申请进行审议的阶段，市民对工程建设的意见也是立法会议员考虑的重要因素之一等(王峰：《香港对政府公共工程建设的规制及其启示》)。

建议深圳市借鉴香港地区和发达国家的经验，率先在国内建立并运行如下新型监管体系。

(1) 充分发挥市人大对政府公共工程的监管权。重大政府公共工程的前期决策必须经市人大批准，同时赋予人大对政府投资的审批权和审计报告的审议权。

(2) 完善信息公开和公共参与制度。政府公共工程决策前必须广泛征求社会公众意见，政府公共工程的建设方案、投资、招投标、质量、进度、结算等重要信息必须全部向社会公开，并接受公众质询。

(3) 改革现有的审计模式。将当前专业审计部门以工程投资和单位财务开支为主要内容的单项审计，改为由审计部门牵头，政府的发改、财政、规土、环保、住建等多部门共同参与的联合审计模式，由联合审计小组对政府公共工程的质量、安全、环境和土地使用、财务开支等各方面内容进行全面审计。在实行此项审计改革后，因各政府部门在政府公共工程决策时已参与政府公共工程投资决策委员会的决策，在工程审计时又参与了联合审计小组，就可以取消目前政府公共工程建设过程中的各政府部门层层审批制度，以解决工程建设过程中的效率低下、重复审批问题。

我国正在走向法治社会，要实现上述改革，必须先健全相关的法制。

0.6 大力推进工程管理信息化和BIM技术的应用

0.6.1 工程管理信息化平台建设

许多政府公共工程的建设具有工程规模大、执行周期长、参与单位多等特点，随着项目的启动、规划、实施等项目生命周期的展开，工程项目的文件、图纸、报告、合同、照片、录像等各种信息将大量产生。工程实践表明，建设目标能否实现与工程管理者对管理规划及实施进展信息的掌握与否密切相关，工程越复杂，工程信息管理对目标的实现越显重要。

项目信息门户(Project Information Portal，PIP)，是在项目实施的全过程中，对项目参与各方产生的信息和知识进行集中式管理的基础上，为项目建设的参与各方在互联网平台上提供一个获取个性化项目信息的单一入口，从而为项目建设的参与各方提供一个高效率信息沟通和协同工作的环境(图0-10)。PIP的核心功能主要分为三部分：信息沟通、文档管理和协同工作。

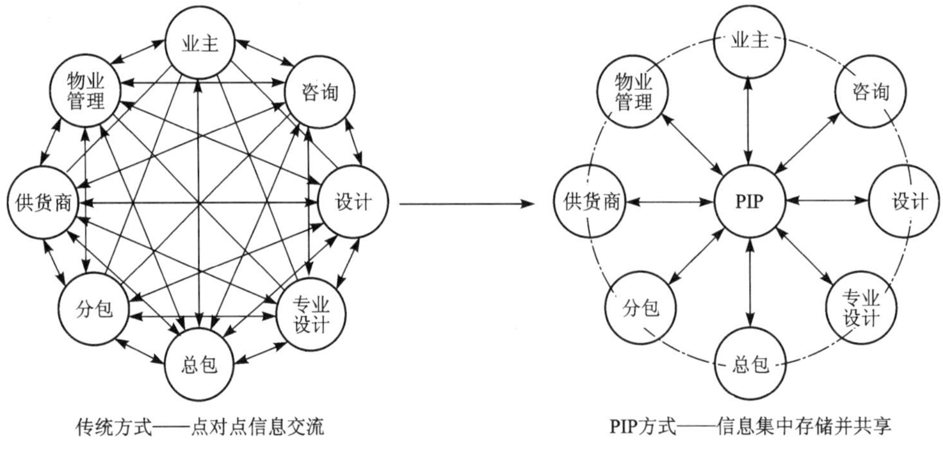

图0-10 PIP实现工程项目信息集中存储和信息共享

工程管理信息化的实施，应该以PIP为基础，并与相应的硬件平台、其他的应用软件、项目参与人员的教育和培训以及不断适应的项目组织和管理充分融合，直至形成一个高效运作的远程协作系统。PIP系统已经超出了单纯的软件系统概念，是一个集成了软件、硬件、组织件和教育件(指的是完善组织环境建设、制定落实人员培训计划等组织和教育条件)在内的人-机系统。

0.6.2 推广应用BIM技术

近些年来，建筑信息模型(Building Information Model，BIM)无论是作为一种新的技术，还是作为一种新的生产方式都得到了广泛的关注。

建设信息模型(BIM)技术的出现,为真正实现建设工程全生命信息管理的理念和实践应用提供了技术支撑。BIM 技术从根本上改变了建筑信息的创建行为和创建过程,采用 BIM 技术,从建设工程设计开始,创建的就是数字化的设计信息。基于数字化设计信息的创建,再应用建设工程全生命信息管理的相关技术,可以改变建设工程信息的管理过程和共享过程,从而实现建设工程全生命周期的信息管理。

随着基于 BIM 技术的软件产品的出现,可以看到技术能够改变建设工程的设计过程和施工过程。基于数字化信息模型,改变了建设工程信息的创建过程,由建筑设计从传统的 2D 图形到 3D 信息模型,即由图形到工程信息模型的本质变换;再进一步实现已创建数据的共享,即从 3D 到 nD(多维),即三维信息模型+时间维、费用维、安全管理维、变更管理维、节能维、光维、热维和设施管理维等的集成管理("BIM+"集成管理),实现真正意义上的建设工程管理集成化和信息化。

建议力争到 2016 年底,基本形成满足深圳市政府公共工程管理局 BIM 技术应用的配套政策和市场环境,参与深圳市政府公共工程建设的主要设计、施工、咨询服务和物业管理等单位普遍具备 BIM 技术应用能力。到 2017 年深圳市一定规模以上的政府公共工程全部应用 BIM 技术。

为实现上述目标,建议安排落实以下工作:政府出台对 BIM 应用的政策支持,开展试点示范和推广应用;建立标准规范体系;加强应用能力建设;促进 BIM 技术、绿色建筑和建筑产业化融合发展。

0.7 积极开展政府公共工程质量与投资控制机制的改革与创新

在深圳市政府公共工程实施中比较突出的问题是如何提高工程质量和如何防止投资失控,解决这两个问题应从体制和机制改革与创新着手。在机制方面的改革和创新建议考虑采取以下管理措施(包括管理思想、管理方法和管理手段)、经济措施和技术措施。

0.7.1 质量控制机制的改革与创新

在子报告 5 中,提出了如下建议:

(1) 建立不同类型项目的功能需求标准和设计标准体系;

(2) 根据项目特点,在委托设计前,编制项目总体构思和功能描述书;

(3) 在可能的条件下,逐步建立政府公共工程管理局的设计队伍(香港、美国、德国和英国政府公共工程管理部门都有自己的设计力量);

(4) 建立建筑工程作业工人的培训和持证上岗制度;

(5) 建立认可承包商、战略合作伙伴和批量招标采购制度;

(6) 建立政府公共工程管理局自己的工程检测机构;

(7) 建立政府公共工程项目核验制度;

(8) 建立政府公共工程项目绩效管理机制;

(9) 建立工程样板引路先行制度;

(10) 建立政府公共工程项目"优质优入、优质优价"机制;

(11) 编制深圳市政府公共工程管理指南,包括管理的方针政策和标准、规范等(美国和英国等国都有类似的文本)。

0.7.2 投资控制机制的改革与创新

在子报告5中,提出了如下建议:

(1) 用设计竞赛的方式,征集设计方案;

(2) 建立规划和设计方案优化制度;

(3) 面向最终用户需求分析制度(最终用户导向设计);

(4) 建立全生命周期费用分析制度;

(5) 改革项目采购与评定机制;

(6) 建立适应市场的工程定价体系;

(7) 严格控制合同变更;

(8) 建立政府公共工程和社会投资项目费用对比机制。

0.7.3 引入健康、安全和环境(HSE)管理体系

有关建议如下。

(1) 借鉴香港经验,启用HSE(健康(Health)、安全(Safety)和环境(Environment))管理体系的综合支付计划,承包商只有完成工地安全、环境管理和工地现场卫生项目(PSE&H综合计划)后,才能收到合同规定的这笔款项。

(2) 借鉴香港经验,建立政府对建筑从业人员的强制安全培训制度,强制推行"平安卡";建立从业操作工和技术人员的职业能力素质培训和测试制度;对通过培训和考试的人员给予一定的资助。

(3) 推进按绿色建筑的标准实施政府公共工程。

0.7.4 引入价值工程机制

价值工程(Value Engineering, VE)是以最低的全生命周期费用,可靠地实现必要的功能,着重于产品或作业功能分析的有组织的活动,其应用在我国没有得到应有的重视。工业发达国家的业主已普遍认识到,价值工程的应用是提高建设项目经济效益的主要途径之一。建议深圳市政府公共工程管理局积极推广应用价值工程,它将会给政府和社会创造很大的经济效益。

在建设项目实施和使用的全过程中都可以开展价值工程活动,即在项目的设计阶段、招投标阶段、施工阶段以及项目建成投产使用阶段都可以应用价值工程。价值工程活动可以降低成本、提高功能、加快工期、提高质量。

价值工程应用的主要特征如下。

(1) 以功能分析为基础。价值工程可以降低成本,但这种降低成本活动与传统的投资控制、降低成本的活动不同,它不是简单地通过取消某些项目,而是在分析功能的基础上,剔除不必要的功能要求,从而降低费用。

(2) 以提高项目的价值为目的。价值工程活动可以降低成本、提高功能、加快工期、提高质量,其最终目的是提高项目的价值,是一个多专业人员参与的活动。

(3) 应组织有经验的设计专家、施工专家、业主代表、用户代表、设施管理代表等共同参加研究,可以从多方面、多视角提出问题、分析问题、寻求尽可能合理的解决方案。

0.8 结束语

本报告对深圳市政府公共工程管理体制与机制改革和创新,主要提出了以下八项建议。

(1) 建议在我国国家和地方政府层面上,设立专门的政府部门作为业主,直接主持政府公共工程的管理,这将成为国家体制深化改革的一个重要课题。

(2) 基于政府工程政府管的原则,建议深圳市参考国际经验,整合资源,优化政府公共工程管理体制,集成相关职能,在现有深圳市建筑工务署的基础上,更名和组建为深圳市政府公共工程管理局。

(3) 建议深圳市开创政府公共工程全生命周期管理试点实践(包括项目的决策阶段、实施阶段和使用阶段)。

(4) 建议成立深圳市政府公共工程投资决策委员会,建立开放透明的政府公共工程投资决策流程、严格规范的审批程序及相关制度,以提升政府公共工程投资决策的科学化水平和推进其民主化进程。

(5) 建议健全深圳市政府公共工程管理的监督机制,借鉴香港经验,充分发挥市人大对政府公共工程的监管权、审核权;建立政府公共工程建设重要信息全过程公开和公众质询制度;改革当前单一审计模式,建立由审计部门牵头、多部门参与的涵盖工程投资、质量、安全、环境和土地使用等内容的联合审计制度。

(6) 建议大力推进工程管理信息化平台建设和 BIM 技术的应用。力争到 2017 年深圳市一定规模以上的政府公共工程全部应用 BIM 技术。

(7) 对政府公共工程质量控制机制的改革与创新提出了 11 条建议,对投资控制机制改革与创新提出了 8 条建议。

(8) 建议深圳市政府公共工程在项目实施的全过程中引入健康、安全和环境(HSE)管理体系和推进价值工程的应用。

第二篇　课题子报告

子报告 1　深圳市政府公共工程管理体制与机制的现状分析

子报告 2　香港政府公共工程管理的综合分析

子报告 3　英国、美国、德国和日本政府公共工程管理体制和机制分析

子报告 4　深圳市政府公共工程管理体制改革与创新研究

子报告 5　深圳市政府公共工程管理机制改革与创新研究

子报告1 深圳市政府公共工程管理体制与机制的现状分析

1.1 深圳市政府公共工程建设管理概述

1.1.1 深圳市政府公共工程的构成和特点

1.1.1.1 深圳市政府公共工程的定义

深圳市于2000年7月颁布实施了《深圳市政府投资项目管理条例》。其中将深圳市本级政府投资项目定义为利用市本级财政预算内资金、土地开发基金以及其他财政性资金建设的固定资产投资项目。在2014年8月修订颁布2015年1月实施的《深圳经济特区政府投资项目管理条例》中，则对此定义略有调整，其表述为："本条例所称深圳市本级政府投资项目，是指利用市本级财政性资金在深圳市行政区域内进行的固定资产投资建设项目"。本课题研究的对象主要侧重于由政府投资的非营利性建设项目，简称政府公共工程。

1.1.1.2 深圳市政府公共工程的一般构成

深圳市政府公共工程的重点是公益性和公共基础设施建设，以及保护和改善生态环境、促进区域协调发展、推进科技进步和高新技术产业化的工程项目，一般包括公路交通工程、水务项目及其他市政工程、政府设施、政府投资建设的事业单位设施，医疗、教育等其他社会公益设施，以及政府投资建设的保障性住房设施等。

1.1.1.3 深圳市政府公共工程的特点

深圳市政府公共工程主要包括以下几个方面的特点：

第一，自1980年建市三十多年来，深圳市一直处于快速发展中，社会总体投资建设规模巨大，其中政府投资公共工程占了很大比重，并对深圳市的社会发展进程发挥着基础性、引导性和公益性的作用。

第二，深圳经济特区作为中国市场经济改革开放的前沿试验区，区域性市场化发育程度高。政府公共工程作为全社会投资建设的重要组成部分，较早并充分地面对市场经济环境。这主要体现在：一是工程承包市场的充分市场化，政府公共工程的建设实施活动是市场经济活动的一部分，设计、施工、监理等工程建设主要活动均采用招标选择承包商；二是工程领域分工专业化、精细化；三是深圳市建筑市场的劳动力基本依赖外地输入，劳动力综合素质和职业操守等都亟待提高；四是建筑领域新材料、新技术发展迅速，价格行情也呈动态波动；五是工程咨询行业的市场主体地位虽已确立，但咨询业务水平和业务模式还不能满足充分市场化的建筑市场的需求。

第三，政府公共工程以政府的财政性资金为来源，政府以行使社会管理职能的授权获得财政资金的支配和管理权，并接受公众的监督。政府公共工程建设是政府财政性资金使用的主要支出之一，因此建设资金的使用必然也必须有相应的严格的管制约束，以保证财政资金支出的合理性和正当性，以及确保政府公共工程建设中廉洁公正的要求。因此，相比一般社会资金投资建设项目，政府公共工程建设的约束机制会一定程度地降低其管理的敏捷性和灵活性，但其规范性、稳定性和对社会投资的示范性则也应是特点。政府作为建筑市场具有很大影响力的买方，在追求资金使用效能的同时，还须确保面向社会市场上众多潜在卖方的公平性和透明性。

第四，多项目并行实施、分头推进是政府公共工程集中建设的一大特点。在政府公共工程采用专业化集中管理的模式下，政府公共工程实施机构作为建筑市场的规模化买方，有条件获得市场定价的较强主导优势，在符合市场经济规则前提下为政府公共工程获得良好的总体效益，可在财务、时间、品质、工程管理模式、市场卖方资质管理、引导和改善劳动力资源优化及其技能可持续进步等多方面发挥积极作用。

第五，政府公共工程对社会投资建设项目有非常显著的示范和借鉴作用，特别是其组织实施的管理模式，以及由此产生的经验和数据，对建筑市场的平稳、健康、可持续发展起到引领作用，有利于在建筑市场中积极推行应用先进的技术、产品和管理经验。

1.1.2 深圳市政府公共工程建设管理模式的演进

深圳经济特区是改革开放的产物。自特区成立以来，纵观深圳市政府公共工程建设管理的发展历程，可以分为下述几个阶段。

1.1.2.1 深圳市工务部门成立之前的传统分散管理模式阶段

自深圳成立经济特区至2002年深圳市工务局（深圳市建筑工务署的前身）成立之前，深圳的政府公共工程建设管理也像全国一样，以分散管理模式为主，即建设、管理、使用等多方面的职能集于分散的工程实施主体。分散管理模式下的普遍做法是，项目申请立项后，建设（使用）单位从内部抽调或临时聘请一些人员组建一个临时机构（基建办或工程指挥部等）管理项目建设，负责建设项目建议书阶段、可研阶段、初步设计阶段、项目总概算阶段、施工图设计阶段、施工招标阶段、施工阶段、施工验收阶段等全过程的建设管理事务，然后负责移交项目并进入运营阶段。

在政府公共工程分散管理模式下，普遍存在着工程管理人员专业水平不高、工程建设管理经验欠缺等问题，使项目目标难以得到有效控制，超投资、拖工期、质量参差不齐成为政府公共工程的通病。如此，不但建设管理的有效性得不到体现，而且因缺乏有效的集中监督，腐败现象时有发生。

1.1.2.2 专业化集中管理模式阶段

为了解决传统政府公共工程组织管理模式的弊端，深圳市从 2002 年就开始了政府公共工程集中管理的改革探索。通过学习借鉴新加坡、香港等地经验，2002 年 8 月，深圳市政府成立了隶属于市建设局的二级机构——建筑工务局，集中管理除交通、水务、公安、教育、国土规划以外的政府公共工程，人员编制 65 人。

2004 年 4 月，经过两年的运行，在取得较好成绩的基础上，深圳市委、市政府决定组建直属市政府管理的正局级事业单位——深圳市建筑工务署，负责除水务、公路以外所有政府公共工程的建设实施和管理工作，对政府公共工程实行相对集中的管理，人员编制也扩大到 380 人。

2007 年 5 月，对没有纳入深圳市建筑工务署进行集中建设管理的市水务工程领域，经深圳市编委批准，成立了深圳市水务工程建设管理中心，该中心为隶属于市水务局的正处级事业单位，负责责市政府投资的水务工程实施的组织和管理工作；2010 年 8 月，隶属于深圳市交通运输委员会的深圳市交通公用设施建设中心也得以成立，负责全市交通公用设施的新建、改建项目实施的组织和管理工作。

2008 年，深圳政府公共工程集中管理体制得到了进一步的完善，市建筑工务署的工作内容扩展到项目可研阶段，并增加了对政府公共房屋本体维修、部分政府财政投资的代建项目进行监管等职能；同时，部分市政工程也由深圳市交通运输委员会负责立项后交深圳建筑工务署组织实施。

此后，各行政区（新区）也陆续成立了建筑工务局或建管中心，负责区（新区）财政投资项目实施的组织和管理工作。各基层街道办也陆续成立了类似的限于本街道管辖范围内的财政资金投资项目的建设实施和管理的机构或部门。在体制上，深圳市建筑工务署对各行政区（新区）的建筑工务局或建管中心，和对街道办的相应机构，没有行政或业务管辖的职能。

1.1.2.3 关于代建制模式的尝试

2003 年 12 月 31 日，国务院常务会议原则性通过《投资体制改革方案》。2004 年 7 月 16 日，国务院出台了《关于投资体制改革的决定》，要求对非经营性政府公共工程加快推行“代建制”，即通过招标等方式选择专业化的项目管理单位负责建设实施，严格控制项目投资、质量和工期，竣工验收后移交给使用单位。

依据上述政策精神，深圳市在道路建设方面进行了首次“代建制”的尝试和实践。2004 年 2 月 11 日，深圳市交通局与深高速公路股份公司签订了南坪快速路一期工程项目的《工程建设委托管理合同》，这是深圳市第一个采用代建制模式的政府公共工程，据称也是全国在市政道路建设中实施代建制的首例。其后，深圳市在盐坝高速建设上也采用了代建制建设管理方式。

目前，社会上通常理解的“代建制”包括企业代建和事业单位代建两种模式。对于由企业承担的代建模式，由于没有解决追求自身盈利的代建企业的市场属性与政府公共工程的投资人责任主体不落实和深度监管困难的矛盾，在实行企业代建的过程中，暴露出了许多问题和困难，政府公共工程在传统管理模式下的效能低下和监管缺失等弊端并未因企业代建而得到根本的转变，企业代建制因此难以达到期望的有效性。

对于由政府指定的由专门从事工程建设任务的专业型事业单位来“代建”的情况，所谓

"代"字实际上是沿用了使用单位具有政府公共工程建设的当然主体的不当概念，在理论上是无以为据的，故此种"代建"的概念实际上并不成立。

其实，由专业型事业单位"代建"的模式与由政府下属事业机构直接进行统一的实施和管理没有实质性区别。至此，深圳政府公共工程的实施和管理明确走上了以事业性专业机构实行集中管理的道路(图 1-1)。

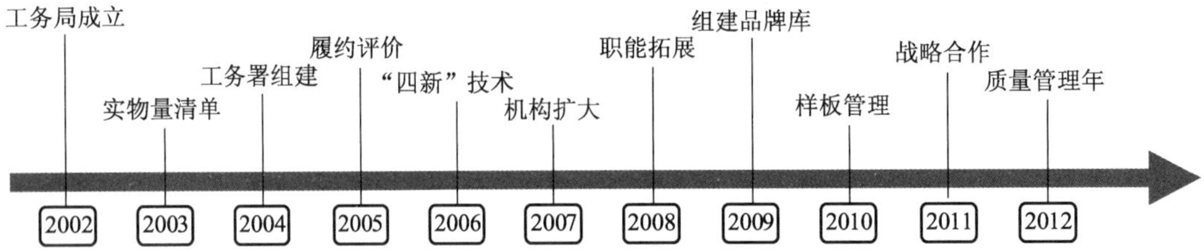

图 1-1　深圳市建筑工务署十年发展历程中的里程碑

1.1.3　深圳市工务部门集中管理的历年工作成效与社会评价

深圳自实行政府公共工程专业化集中管理以来，工程的质量、工期、投资得到了较好的控制，腐败案件也大幅减少。以深圳工务署为例，统计自成立到 2013 年的 11 年来，负责的项目总数达 259 项，计划总投资 700 多亿元，累计完成投资 649.2 亿元(图 1-2)，建成了深圳会展中心、大运中心、大学城、西部通道侧接线、南方科技大学、滨海医院、福田口岸、福龙路、机场填海、深康村经济适用房等一大批重大城市基础设施和民生项目，为深圳社会经济发展做出了积极贡献。

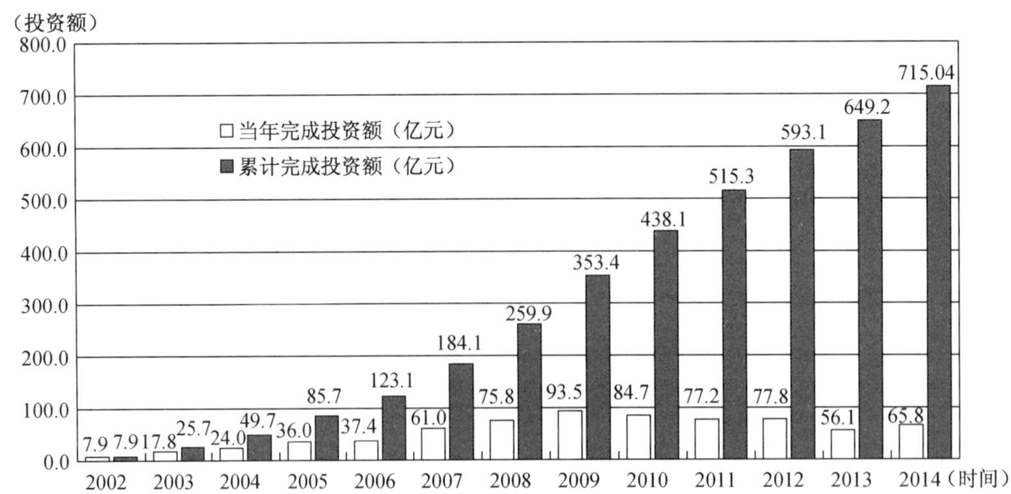

图 1-2　深圳市建筑工务署历年完成投资额统计

中央、省、市领导对深圳市政府公共工程集中管理模式给予了充分肯定。2008 年 11 月，时任中央政治局常委、中纪委书记贺国强在深圳调研时，充分肯定了深圳市政府公共工程集中管理体制和深圳市建筑工务署的廉政建设；原广东省省长黄华华批示"深圳市成立建筑工务署，实行政府公共工程统一建设和管理做法很好，值得在全省推广"，等等。全国多省市对深圳市政府公共工程实行专业化集中管理的模式也表示极大的兴趣，纷纷派人考察学习，部分省市还效仿深圳模式，成立了专门机构对政府公共工程实行集中管理，深圳的政府公共工程集中管理模式已在全国产生了广泛的影响。

综上所述，深圳市政府公共工程建设管理模式演进的动力是对效率、公平，即专业性及廉政目标的不懈追求，并已形成了较成熟的政府工务部门专业化集中管理模式。当然，在探索过程中也遭遇了各种困难和压力，有的困难在发展中得到一定程度的解决，但一些新的问题又随着环境的变化而产生，有的困难则一直存在于政府公共工程建设管理的实际工作中。这些问题和困难对政府公共工程建设事业的继续发展形成了不容忽视的障碍。以下将分别从体制和机制等不同视角，对深圳市政府公共工程现行建设管理模式及存在的问题做进一步的深入剖析。

1.2　深圳市政府公共工程建设管理体制存在的问题

1.2.1　深圳市政府公共工程的管理体制架构

目前，深圳市政府公共工程建设管理体制的基本架构是，以项目资金来源分层级确定管辖，并按层级分别设立政府工务部门，负责对政府公共工程的建设实施专业化集中管理。其中，在市级，财政投资项目按专业分别集中于深圳市建筑工务署、深圳市交通公用设施建设中心和深圳市水务工程建设管理中心三家单位。而市各行政区及各基层街道办也都在自己辖区内，分别按照区级及街道级分层设置了工务部门，对本级政府的财政投资项目实施集中管理。

在深圳市政府一级，深圳市建筑工务署是市政府直属的正局级事业单位，主要负责市政府公共工程（除交通公路工程和水务工程外）的统一建设实施和管理工作。深圳市交通公用设施建设中心和深圳市水务工程建设管理中心分别是深圳市交通运输委员会和深圳市水务局下属的正处级直属事业单位，分别独立负责市级政府投资的交通公路和水务工程的统一建设实施和管理。

上述政府工务部门在负责对政府公共工程统一建设实施和管理的过程中，还需要与其他相关政府部门联合推进。

首先，各种建成设施最终都将交付给使用单位。因此，工务部门与使用单位之间必然存在着一定的职责分工。目前，深圳市工务部门与使用单位之间的关系如图 1-3 所示。

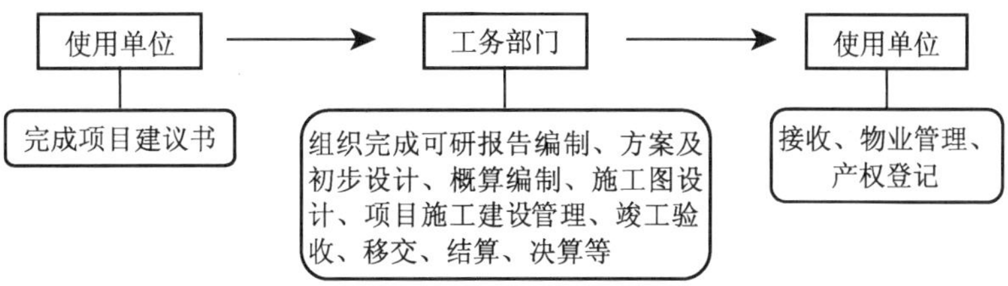

图 1-3　深圳市工务部门承担的阶段性业务范围及其与使用单位的关系

其次，政府工务部门作为工程项目的建设单位，还需要在我国既有的法律框架内，按照基本建设程序，接受政府各专业部门的监督。目前，在建设项目的相关管理环节，工务部门与主要相关部门(单位)的职能划分情况如图 1-4 所示。

参与部门	立项	可研	设计	勘察	概算	招标	开工	支付	变更	竣工	交付	登记
工务部门		●	●	●	●	●▲	●▲	△	▲	●	●	○
市发改部门	△	△	△		△				△			
市规划国土部门			△							○		
市投资审计部门						△			△			
市财政部门								▲				▲
市建设行政部门			△			△	△			○		
使用单位	●	○	○		○	○				○	▲	●
招标部门							○			▲		
质监部门	▲	▲			○			○	○			
勘察单位				▲						○		
设计单位			▲		▲	○			●▲	○		
监理单位						○	○	○	○	○		
施工单位						○	○	●	●	○		

注:●发起单位； ○参与单位； △审核单位； ▲负责单位。

图 1-4　深圳市政府公共工程管理的职能划分

由于深圳市建筑工务署是深圳市实施政府公共工程专业化集中管理的代表性机构。以下主要以深圳市建筑工务署为例，对深圳市政府公共工程专业化集中管理模式的体制特点与存在的问题进行深入探讨。

1.2.2　工务部门的角色与存在的问题

1.2.2.1　工务部门的职责与角色定位的问题

以深圳市建筑工务署为代表，作为政府公共工程建设的实施和管理主体，其在政府公共工程建设的全过程中，负责的范围已经从实施阶段扩展到前期阶段。它代表政府履行投资建设方的市场职能，与项目各参与方签订建设项目相关合同，并管理和监督项目的建设过程。其主要职责范围包括：负责组织编制可行性研究、组织勘察、组织编制初步设计及项目总概算并报审、设计管理、组织编制项目预算、组织招投标、工程管理、变更管理、办理工程款支付手续、结算及决算审核、竣工验收、工程交付、组织保修等。

其他工务部门如市水务工程建设管理中心、市交通公用设施建设中心，以及各区建筑工务局、建管中心等的职责表述与此基本相同。

尽管深圳已经实行了政府公共工程专业化集中管理模式有多年，但对于工务部门并没有形成清晰的角色定位。从其职责范围来看，工务部门是在履行建设单位的职权，是政府公共工程项目的项目业主。但工务部门并没有得到作为政府业主的完整法律授权，其工作范围未能如多数国外同行那样覆盖到政府公共工程设施的全生命周期管理，其专业化能力也未能得到充分的发挥。

1.2.2.2　各工务部门间的协调问题

目前深圳市的工务部门包括了市级的深圳市建筑工务署、各行政区的工务部门以及街道工务中心等分层级的工务部门，也包括市水务工程建设管理中心和市交通工程建设管理中心这两个按专业设置的工务部门。这些工务部门按政府辖区及行业各成体系，形成了相对封闭的管辖范围，相互之间也没有建立联动机制，这造成如下弊端：

(1) 各工务部门在工作中形成的经验无法共享，建设标准无法统一；

(2) 不能充分发挥集中管理所带来的体制优势，在工程招投标、设备采购方面的规模优势以及在履约评价的约束力没有得到有效发挥；

(3) 与深圳市建筑工务署相比，其他工务部门普遍专业技术人员少、管理力量薄弱等问题，工程质量和廉政建设得到不有效保证。

1.2.3　项目使用(设施管理)单位的角色与存在的问题

在深圳市当前的政府公共工程集中管理模式下，各项目使用单位不再自己承担建设单位的职责，但他们依然需要在项目决策实施和交付后的全生命期担当一定的角色，因此被称为项目使用(设施管理)单位。按照深圳市政府对项目使用(设施管理)单位和项目建设单位的职责分工，项目使用单位在政府公共工程中的职责主要有：

(1) 向市发改部门申请立项；

(2) 根据市发改部门在项目建议书中批准的建设性质、建设规模、建设标准和总投资额，提出项目使用需求；

(3) 负责规划、土地申请报批手续；

(4) 协助工务部门办理计划、施工、环保、消防、园林、绿化及市政接用等审批手续；

(5) 参与项目设计的审查工作及施工、监理招标的监督工作；

(6) 监督项目的工程质量和施工进度，参与工程验收；办理项目接收手续，组织物业管理，办理产权登记等。

从上述职责分工可以看出，项目使用(设施管理)单位与作为项目建设实施单位的深圳市工务部门之间存在着大量的管理界面。此管理界面的协调沟通，很大程度上会影响到项目建设的成效和使用效果评价。目前在工务部门和使用(设施管理)单位之间经常出现以下困扰：

(1) 由于项目立项是由使用(设施管理)单位负责，导致政府公共工程难以超越单个项目进行项目群统筹，导致政府公共工程管理的碎片化，制约了政府投资效益的充分发挥；

(2) 项目使用单位在确定制定项目建议书时，由于其非专业性，常会出现项目规模、标准不合理，需求不完整等问题；

(3) 有些新建项目在项目立项时使用(设施管理)单位尚未筹建或筹建未完成，或是项目未来的运营维护团队无法确定，难以及时、准确地提出项目需求，这些问题都可能导致项目决策科学性不足，常常造成项目需求在建设期间发生实质性变更，甚至是项目应用目的的根本性变化，造成变更频繁，甚至造成重大浪费；

(4) 在项目建成交付使用(设施管理)单位环节，缺少明确的交付约定，造成工程质量责任和设施管理责任难以认定。

1.2.4 主要行政部门的角色及存在的问题

1.2.4.1 主要行政部门的职责与相互间的协调机制

政府公共工程在建设过程中，市工务部门还需要接受发改、财政、规土、建设、环保、水务、消防和审计等部门的行政管理，按照当前深圳市政府对各政府部门的职责分工，上述行政管理部门分别在政府公共工程中承担以下职责。

(1) 发改部门：主要负责项目建议书审批，前期工作计划，可行性研究报告审批，项目总概算审批，下达年度投资计划，重大项目认定等。

(2) 财政部门：主要负责基本建设资金拨付，基建投资项目竣工财务决算等。

(3) 规划国土部门：主要负责建设用地选址和预审，地质灾害危害性评估报告备案，建设项目用地预审转报，建设用地规划许可，建设用地批准，建设工程方案设计招标备案，建设工程方案设计核查，建设工程初步设计核查，地名命名核准，建设工程规划许可，超限高层建设工程建筑抗震设防审批，市政管线道路接口审批，施工图修改备案，建设工程开工验线，建设工程竣工验收测绘，建设工程规划验收，海域使用(初审)等。

(4) 建设部门：主要负责建设工程招标公告(招标邀请书)和招标组织形式备案，建设工程施工(监理)招标文件备案，建设工程招标投标情况报告备案，建设工程合同备案，建设工程施工许可(提前开工复函)，民用建筑工程建筑节能专项验收，建设工程竣工验收备案审核，建筑设计方案节能审查、超限高层建筑工程抗震设防审批，过程施工质量安全行政监督。

(5) 环保部门：主要负责建设项目环境影响审批，建设项目环境保护设施投入试运行、生产或使用验收等。

(6) 消防部门：主要负责建筑工程消防设计审核，建设工程消防验收等。

(7) 审计部门：主要负责政府公共工程预算(标底)审计，政府公共工程征地拆迁审计，政府公共工程结算(期中)审计，政府公共工程决算审计，政府公共工程绩效审计等。

(8) 交通部门：道路及场(站)建设项目开工，占用和挖掘城市道路，新建、改建、扩建路口或拆除分隔带审批，施工图设计审查(含新建改建道路交通工程及其他交通工程)，道路工程竣工验收(含临时占用挖掘道路、开设交通道路路口和新建改建道路交通工程)等。

(9) 水务部门：生产建设项目水土保持方案审批，建设项目用水节水评估报告审批，建设项目排水施工方案审批，城市排水许可，排水设施验收等。

(10) 市场监管部门：特种设备安装告知，电梯安装监督检验等。

(11) 气象部门：防雷装置设计审核，防雷装置竣工验收等。

(12) 应急办：应建人防工程方案报建审核，应建人防工程初步设计报建审核等。

(13) 城管部门：征用占用林地，占用城市绿地、砍伐或迁移城市树木等。

(14) 交警部门:临时占用、挖掘道路审批,开设交通道路路口审查,新建、改建道路交通工程安全设计方案图纸审查等。

综上,在深圳市政府公共工程建设领域的体制关系中,工务部门与市政府相关行政部门构成纵横交叉的业务职能关联,如图 1-5 所示。其中,工务部门为横向部门,对政府公共工程的目标和绩效负责,其工作目标是尽可能高效地实施和完成政府项目;而各行政主管部门为纵向部门,其工作目标是制定和贯彻落实管理职权范围内的政策法规,政府公共工程目标能否以及如何实现并不是其关注重点。因此,两种类型的部门工作目标存在着显著差异。

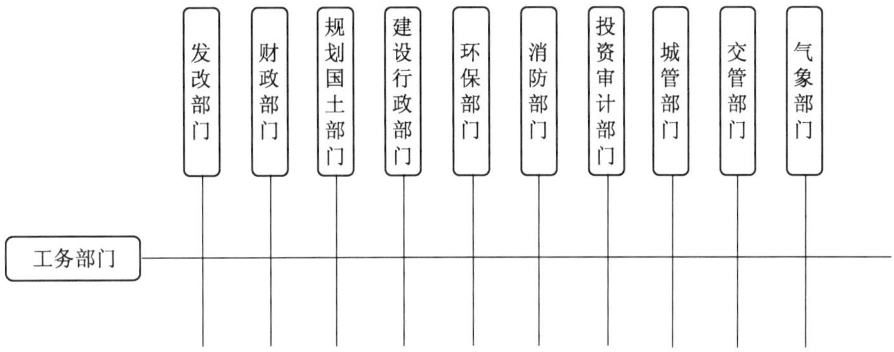

图 1-5　深圳市工务部门与政府相关行政部门间的业务职能关联

鉴于对政府公共工程负有行政管理职责的各部门之间,以及各行政部门与工务部门之间都必然存在复杂的职能交叉,为提高审批工作效率,深圳市政府办公厅正式发文颁布了《关于实施市政府投资项目跨部门协同办理有关事项的通知》(深府办〔2011〕32 号),和《关于简化市政府投资项目跨部门协同办理有关事项的通知》(深府办〔2012〕39 号),并制定了《市政府投资项目跨部门协同办理事项目录》,涉及 16 个部门 96 项市政府公共工程办理事项,对事项名称、办理时限、申报材料、办理结果等进行了规范简化,对有关报建审批流程进一步明确。在建设项目的各阶段,工务部门与市政府各相关行政部门之间的职责分工详见图 1-4。

这些规定性文件对深圳市政府公共工程的相关行政审批程序作出了有益的制度性安排,但由于未明确政府公共工程在集中管理模式下工务部门性质、定位、职能与分散管理模式下的建设单位的区别,因此对集中管理模式下政府公共工程建设管理效率的提升未发挥有效作用。下面将从各行政部门间的相互协调机制,以及行政部门与工务部门间的协调与监督机制等方面对现行体制存在的问题做深入讨论。

1.2.4.2　各行政职能部门间的协调机制问题

各行政职能部门间的协调机制问题主要表现为多头管理,各行政职能部门都仅仅负责分管领域内的政策法规的贯彻落实,由于其对同一事物的观察角度不同,相互之间的监管控制目标也常会出现不一致之处。由于这些行政职能部门对政府公共工程的总目标并不负责,于是当相互之间存在目标冲突时,如果没有适当的协调机制,则难免各自为政。但实际上,这些行政职能部门之间往往没有常设的协调机构。在既有的体制下,此类协调要么经由各行政职能部门领导层之间的对话协商来实现,要么通过各行政职能部门的共同上级领导才能进行有效的协调处置。但很多情况下，不同行政职能部门的分管上级领导不是同一人，于是协调机制甚至还必须继续上溯到更高一级的领导（这只有由市长来协调了）。显然，这样的协调机制不可能满足项目实施中繁杂的协调需要。

政府公共工程多有学校、医院和市政基础设施等重大民生项目，投资大、社会关注度高，应急工程多，市政府往往要求工务部门尽快开工、提前完工。当横向工务部门遇到的各行政职能部门间的意见出现矛盾或冲突时，势必造成横向部门的业务推进受阻。

目前，在政府部门间协调工作缺乏制度性保障机制的情况下，对项目目标负责的工务部门为了保证工程项目的如期推进，不得不在各行政职能部门之间来回奔波、反复协调。而且即使是工务部门付出了最大努力，有的问题依然得不到有效解决。

1.2.4.3 行政部门与工务部门之间的协调机制与存在的问题

由于政府工务部门的设立，使得原来单纯的职能型的政府组织成为了一种矩阵型组织。在该组织结构中纵向的行政部门设置是按职能分工的，而横向的工务部门是依据政府公共工程实施的需求而设置的。按照项目管理理论，对于矩阵型组织而言，横向部门和纵向部门之间的权力分配和协作方式对于组织的管理效能至关重要。而横向部门与纵向部门之间的权力优先级，则需要更高层组织给予明确定义，以从制度上避开因权力纵横交叉协调不良对组织运行带来的损害。其中，以横向权力优先的组织为强矩阵，以纵向权力优先的为弱矩阵。并且，当纵横权力之间出现意见冲突时，交由更高层的组织成员或部门来加以协调。

从我国从计划经济转型到市场经济的政府组织模式演进历程来看，按职能分工设置职能管理部门进行行政管理是我国市场经济下政府行政组织的基本架构（相比较而言，计划经济体制下往往根据国民经济行业设置行业管理部门），其部门设置除了从不同环节和角度来管理社会事务外，也有相互制约上的考虑。因此，深圳市的纵向行政部门在工务部门成立之前就存在了，并拥有从国家到地方的各种法律授权，在工程项目决策与实施的不同阶段实施行政管理。而深圳市建筑工务署这样的工务部门是后组建的，其授权仅仅是来自于深圳市的地方政府。因此，在整个政府架构中，尽管存在工务部门这样的横向专业机构，但总的体制仍旧是以纵向职能为主导的弱矩阵型组织系统，这样的系统显然会对工务部门有效实施政府项目管理带来掣肘。从落实国家各项法律法规和政策的需求来看，对工务部门的行为设立一定外部约束机制是合理的，但是当这些外部约束相互之间存在冲突，甚至出现形式主义的无效管制，对横向的工务部门就会带来不必要的困扰。

首先是审批程序过于繁冗。一项政府公共工程从项目建议书到竣工结算要经历近百项的各类审批和审查程序，累计审批和审查时间长达数月到一年。同时，由于各审批部门之间缺少制度化、常态化的业务协作机制，甚至还会出现不同部门的审批结果相互否定的现象，造成工程项目管理人员疲于跑审批、重复报材料，导致工务部门非常有限的专业化力量难以集中于工程管理本身，严重影响了工程项目的实施效率和效果。特别是政府公共工程中的学校、医院和市政基础设施等重大民生项目，往往对项目进度有着紧迫的要求，而现行繁冗的行政审批程序常常与社会对项目进展的期望产生冲突。

其次是现行审批程序过于一刀切，未能按项目的不同特点和需求分类管理。如果审批部门能按照工程项目的不同类型和不同情况，按新建、重建、改扩建或重大工程、普通工程和应急工程等类别采取相应的审批方法，就会大大提高政府公共工程建设的效率，树立服务型政府的良好形象。

第三是现行审批要求常常与实际相脱节。这是因为，不少行政职能部门虽然负有项目审批职责，但并不是建设领域的专业部门，他们对工程市场的变化、行业的发展和具体的技术变革等缺乏敏锐的反应，往往因此脱离行业的具体情况。而专业化的工务部门长期处于项目建设第一线，掌握施工技术、材料设备和市场价格等动态信息，对市场配置资源的感受也最为直接，因此能够对一些偏离实际的行政管理措施提出合理化的改进建议。而这些建议要能真正对行政职能部门有所帮助，就需要使政府组织的纵横之间能够建立起有效的沟通协作机制，使处于主导地位的纵向行政职能部门能够真正来倾听和考虑横向工务部门的合理需求。而目前的体制中恰恰缺少此沟通协作机制。

第四是行政监管思路尚未根据政府公共工程集中管理模式而做相应调整，对工务部门过多的掣肘严重影响了效率。在以工务部门为依托的专业化集中管理模式下，工务部门必须对建设目标和投资效益的实现负责，且工务部门作为专业部门对建筑市场的动态性更为了解，同时对项目需求也有更全面的掌握，因而能够使项目目标的设定更加合理。并且，与传统的分散管理模式下的建设单位相比，工务部门不仅更加专业化，也能够代表政府立场在一定程度上对不合理的过度需求进行约束，多了一层对使用单位盲目扩张投资需求的制约。而当前不少行政审批部门并没有意识到这一变化，依然遵循原来的思路。如在项目决策阶段，发改部门评审项目时仍按对待传统分散管理模式下的观点进行惯例性的过度压缩，往往使得原定的项目功能目标难以实现，造成不得不降低的项目功能和品质。最终工务部门还得为此结果承担相关责任。事实上，政府公共工程在立项前的规划过程中，都是经过了市政府和市发改委等相关部门的充分论证。工务部门作为政府公共工程的执行部门，与发改部门之间，应当在项目建设标准和规模控制上有更有效、更透明的双向直接的协商沟通机制；而在项目的实施阶段，当前的行政性审批程序和执行准则也未将政府公共工程与一般社会投资项目加以区别。事实上，广东省政府《转发国务院办公厅关于保留部分非行政许可审批项目的通知》(粤府办〔2004〕94 号)中已经明确了“政府出资的投资项目审批为非行政许可审批项目”的规定，国务院法制办在行政许可法问题解答中也有了“政府直接投资的审批不是行政许可”的表述。但在地方层面，上述政策要求并未得到实质性的贯彻，有时候甚至出现政府高级别层次已经决策的事项在较低级别的审批中遇到障碍，使“部门审批市政府”、“处长审批局长”成为常态，客观上造成政府公共工程审批事项过多、手续繁琐、周期过长、程序不合理、行政资源严重浪费等现象，不但忽视了政府公共工程的本质和特点，表现出内在逻辑的不合理性，也不符合国家的有关明文规定。

最后，现行的单项目审批制度制约了政府公共工程集中管理模式的规模效益的发挥。目前，深圳市的政府公共工程专业化集中管理体制已经使得在政府公共工程中推行项目集管理及项目组合管理成为了可能。而推行项目集管理及项目组合管理，就意味着大量项目可以共享资源、降低成本和获得规模效益，能极大提升政府公共工程的管理效益。然而，现行的行政管理体制实行的是单项目审批管理制度，受此制约，深圳工务部门无法对类似的项目进行批发作业和项目组合管理，难以实现资源的集约和统筹，削弱了政府公共工程集中管理的规模效益。

1.2.4.4 行政部门对工务部门的监督机制与存在问题

在当前的行政监督体制下，深圳市政府公共工程受市纪委、市发改委、市住建局、市规划国土委、市财委、市审计局和市监察局等多部门的监管。

其中，市纪委在深圳工务署派驻有专门的工作组（纪检三组），驻署办公，对深圳工务署工作中的各重大事项的决策进行全程监督，对由深圳工务署各业务处室负责的前期设计、工程招标、合同管理、现场管理、工程支付等主要建设业务进行第一线监督，形成了工程管理链上既互为条件又相互监督制约的良性运作关系和监督机制（图1-6）。对水务、交通建设，市纪委监察部门虽没有派驻专门的派驻组，但也有相应的市纪委监察组负责监督。

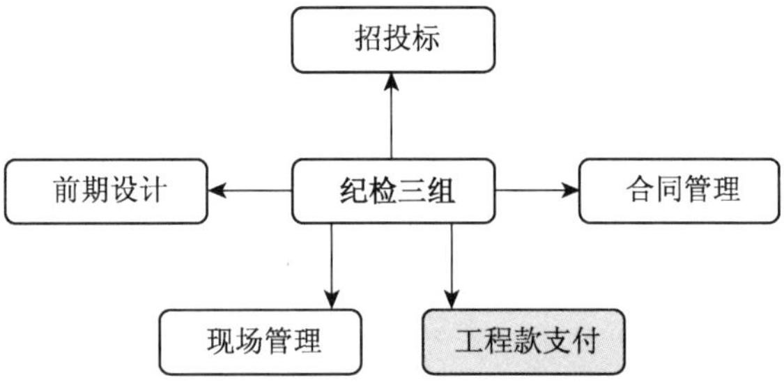

图 1-6 市纪委监察部门专门派驻组对深圳工务署项目实施的嵌入式监督

同时，政府各部门按各自职权范围在建设程序要求的各个阶段或环节进行外部约束，如发改部门对项目立项、资金计划、投资控制进行监督；规划部门对建设用地在多个环节上进行监管；建设主管部门对工程招标、质量、安全生产等进行监督；财政部门对工程款使用、支付进行监督，并统一直接支付工程款；审计部门对政府公共工程进行全过程审计，对标底、变更、结算、决算等全过程进行监督（图 1-7）。除此以外，使用单位也参与工程项目的设计审定、竣工验收以及交付后的使用评价等。

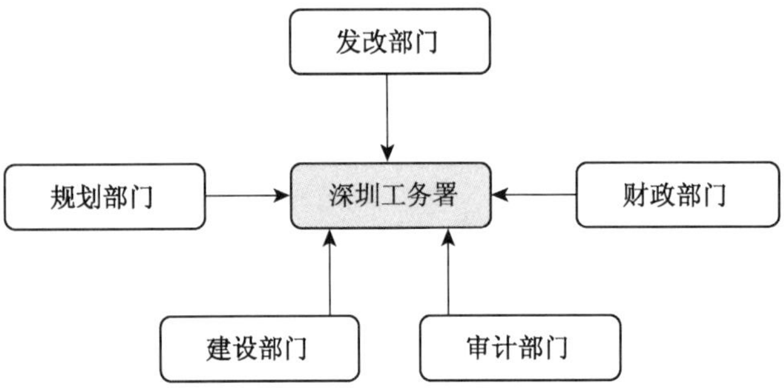

图 1-7 政府多个行政职能部门的外部约束

在纪检监察机构直接进驻的第一线监督下，以及上述多部门的外部监督下，深圳市以工务部门为依托的集中管理模式在廉政建设方面取得了显著的成绩。然而，既有的监督体制也存在不足之处。

第一，监管部门和监管职能过于分散。多部门分散监管容易造成监督缺乏系统性、整体性，形成“一人干活、多人监督”的现状，导致工务部门疲于应对各种监督、审核，不利于工程建设按照建设项目的自然规律建设，造成人力成本高、办事效率低下、建设周期长，浪费社会成本。

第二，多部门分散监管造成监管过程中的不透明和沟通困难。政府公共工程的决策阶段和实施阶段，设计的各项审批中，职能部门对专业化集中管理模式下的政府公共工程监管采用了与社会投资项目相同的监管模式，往往只给出审批结果，不对审批结果给出理由和解释。这种单向不透明的沟通困境使执行政府公共工程实施任务的工务部门既难以反映基于项目客观实际的情况，又不得不承担因审批决策可能存在的不合理后果，而自身又无法避免和控制因决策失误带来的风险。

第三，招投标形式化，严重削弱了招投标机制在资源配置优化中的作用。现行的招投标监管设置了过多的形式化的限制，过度干预了市场机制，例如：

(1) 要求招标文件中设置投标报价的上限价和下限价，分别不能超过上年度全市同类工程的平均下浮率的±8%；

(2) 通过低价中标而不能完全履行工程合同标准盛行，许多项目的中标价格低于市场成本价，使许多优秀企业不愿参与政府投标，同时也导致更多中标企业也不得不在施工降低履约标准，带来严重的质量隐患。

(3) 过于刚性地要求建设工程实行大总包和大标段发包，不能根据工程管理需要和市场从业单位等实际情况合理发包，造成许多中小规模的优秀专业公司无法直接参与政府工程；

(4) 批量招标、战略合作招标只限于小型工程；

(5) 所有招标项目，无论规模大小、是否简易项目，一律采用评定分离方式招标，未充分考虑招标的社会成本和工作效率；

(6) 采用票选抽签法定标的，最终参与抽签的投标人数量不得少于合格投标人总数的30%，没有考虑择优问题；

(7) 招标文件必须规定所有清单子目的投标报价不得低于清单标底价的特定比例；

(8) 履约保函原件必须由建设行政主管部门保管；

(9) 履约保函的有限期必须不短于竣工验收之后 365 天。

第四，监管缺乏对项目目标的关注。在对政府公共工程的管理分工中，只有工务部门对项目目标的实现负责，而其他行政职能部门对项目目标能否实现不承担后果责任，但却拥有很大的决定权。而这些相关部门在监督过程中，通常是单纯地依据部门规定作出行政决定，而没有去关注政府公共工程项目的工期和进度等实际。这些依据部门规定所作出的决定虽然在职能上是正当的，但经常会影响到工程的顺利实施。

第五，部分监管干预了各建设主体间的合同约定。一些行政部门常常对作为业主的工务部门提出过度要求，简单地将监管职责累加到工务部门身上，使工务部门承担了许多不应承担的责任，违背了工程管理的相关原则。

1.3 深圳市政府公共工程建设管理机制存在的问题

1.3.1 项目投资决策管理机制存在的问题

深圳市的政府公共工程在投资决策方面，目前主要涉及使用单位、工务部门和发改部门三大主体间。他们之间分工协作机制的合理性和有效性，决定了项目投资决策的水平。

目前，深圳市的政府公共工程在项目发起阶段，需求描述一般由使用单位首先提出，并编制在项目建议书中报发改部门审批。当项目建议书由使用单位编制时，工务部门通常不介入。但有些情况下，如在项目发起阶段使用单位尚未产生时，项目建议书就由工务部门直接编制。

项目建议书在得到发改部门的审批后，项目就得以立项。此时，使用单位需要根据项目建议书批准的建设性质、建设规模和总投资额，提出项目使用功能配置和建设标准，而工务部门则据此组织开展可行性研究，并在发改部门批复的总投资额范围内确定项目总概算。

当工务部门组织完成初步设计后，将向发改部门申报项目总概算。之后再根据发改部门批准的概算标准，进一步组织后续的实施。而初步设计概算则将成为后续的设计、施工招投标等的项目投资控制依据。

从上述项目投资决策管理流程来看，除了存在着工务部门这样一个第三方外，其他方面与传统的政府公共工程决策机制并无实质性不同。特别是在项目立项前工务部门的角色完全是处于辅助地位，缺乏充分的话语权，此过程与传统的政府公共工程决策机制几乎就是完全一致的。通过实践，上述项目投资决策管理机制逐渐暴露出以下问题。

1.3.1.1 工务部门在项目投资决策中的作用不足

根据项目管理理论，越是项目早期，项目管理对项目成败的影响越大。正所谓“良好的开端是成功的一半”。由此，工务部门作为业主项目管理的专业团队，理应在项目决策阶段发挥更大的作用。而在当前的项目投资决策机制中，项目立项的责任方是使用单位，项目审批的责任方是发改部门，而工务部门仅仅处于辅助地位。只有在项目立项后，工务部门才正式介入，这导致工务部门在决策阶段所发挥的作用非常不足。这导致如下问题：

1）项目功能需求研究不充分，导致后期易出现大的项目需求变更

对于政府公共工程，反映项目需求的项目建议书目前通常由使用单位根据自身发展情况提出。由于使用单位缺乏专业能力，他们对使用需求的发现和描述上常常都非常不充分，所提出的项目建议书往往编写不完整、欠规范；且因缺乏对建设目标进行科学论证的专业能力，导致项目需求不稳定、立项后多次进行扩大变更。而工务部门尽管有充足的专业能力，但仅仅是作为辅助配合单位，没有条件去主导整个项目目标决策过程，这就导致在项目立项阶段事实上缺乏充分的专业化论证，降低了项目投资决策目标的科学性。

另外，有些政府公共工程在确定功能需求时，项目的运营机构还没有确定，或项目实施中途发生运营机构变更的情况，导致项目早期确定的使用需求不能满足最终的要求，运营机构接手项目后都会提出大量的需求变更，这些数量众多的工程变更，既产生巨大的浪费，也容易导致工期延误。

如某医院项目，建设期的后阶段，运营主体发生重大变更，医疗工作流大改，竣工不到两年，医院方要求将内科大楼重新改造为医疗实验室等，功能系统及其标准变化极大，造成很大的改造费用和浪费。

2）发改部门与工务部门沟通不畅，导致后续实施中的困难

在项目投资决策过程中，发改部门作为项目审批部门，所发挥的作用非常关键。但由于项目申请是由使用单位提出，而非工务部门提出，所以发改部门并不直接与工务部门来就项目建设目标的确立进行沟通。但事后，工务部门作为实施机构又必须在发改部门已经圈定的建设目标范围内来推进相关工作。

通常，发改部门在进行项目建议书审批时，会考虑到使用单位申报的项目需求被不合理扩大的情况，批复额度一般会有一定程度的减除。此外，发改部门批复的标准往往依据的是

全国性的宏观标准，有时就会出现在客观上难以反映深圳作为现代化城市建设的实际需要和前瞻性需求的情况。这时，由于工务部门只能在立项批复后被动接手实施，必须面对资金有限、标准较低的现实，难以高标准、高质量完成公共工程的建设。

1.3.1.2 项目投资决策科学性有进一步提升空间

项目投资受技术方案的影响很大，所以项目投资至少需要在技术方案得到充分论证的基础上来进行决策，这正是扩大初步设计需要解决的问题。有的问题甚至要到了施工图设计中才能解决。在这个过程中涉及到大量的技术决策，应该充分尊重相关技术专家的专业能力。即使是工务部门作为业主也不能越俎代庖。当然，另一方面，对政府项目的投资规模也需要宏观控制，发改部门代表政府履行这一职能。于是，因技术方案所要求的投资需求有时就会与投资控制总目标发生冲突。此时，正确的做法应该是通过价值工程研究，在技术要求与资金需求之间做出合理的权衡，而投资决策则需要建立在此科学决策的基础上，并且需要基于充分的专业能力才能做出合理的决策，在这一点上，工务部门可以提供决策的专业支持。

但现行的政府项目投资决策机制并未充分发挥包括工务部门及设计专家的专业作用，致使政府项目投资决策的科学性不足。主要表现在以下几个方面：

1）项目概算所依据的设计深度不足

工程项目设计包括初步（方案）设计和施工图设计等阶段，是一个不断深化的过程。只有到施工图设计阶段，才能最终确定工程项目的功能布局、施工工艺和材料设备等细节性内容。

在现行政府公共工程管理体制下，决策部门以初步设计图纸确定工程概算，施工工艺、材料用量、设备品牌和数量等都无法确定。此时估算出来的工程概算和实际造价往往偏差较大，尤其如地下工程部分对工程总造价影响较大，规定的可调幅度可能不够覆盖。这也是当前政府公共工程投资得不到有效控制的重要原因之一。于是在政府公共工程建设过程中常常出现：工程投资概算刚获批复，工务部门和使用单位就要着手申报因设计深化而需进行的概算调整。

项目总概算的反重调整，既影响了政府在投资控制上的严肃性，拖延了建设进度，也造成大量行政资源的浪费。政府项目决策环节过于侧重形式上的指标控制，影响了决策环节控制的实际效果。

2）审批部门过度介入项目技术细节，影响了决策准确性和工作效率

审批部门并不擅长技术方案和施工工艺等微观层面的决策，但在实践中却常常以节省投资为理由过度介入，审批部门对自己不专业不擅长的具体技术管理工作介入过细，容易造成决策偏离实际情况，又会让决策部门陷于技术问题，消耗大量时间和精力，疲于应付，降低了决策效率。

如某展览馆项目，该项目主要难点在于钢结构的不规则扭曲、大跨度悬挑、节点多且类型复杂，以及建筑外表皮幕墙系统，在国内无类似建成项目比照参考，但投资审批决策还是按照普通展览场馆标准批复概算，与该展馆的申报概算相差四分之一。

行政审批部门本不承担技术管理责任，但现在政府行政审批涉及大量属于微观管理职能的各种项目专业技术决策，并采用审批的方式进行管理，却又并未深入掌握项目的具体特

点和需求，缺乏对项目技术可行性的充分论证，使强制审查变成了走形式，既难以起到实际作用，又降低了工作效率。不但使决策难以反映项目的实际需要，也更加不能表现出审批决策的权威性、科学性。例如，有的项目中对土方和高支模等的定价就与市场价格差距较大，客观上促使施工单位采取不平衡报价等不正当方式进行投标，或在施工中因为价格亏损而消极推进工程进展，增加了工程管理难度。

1.3.1.3　项目投资决策中社会参与不足

十八大提出了发挥市场配置资源的决定性作用。政府公共工程尽管是市场机制以外的另一类配置社会资源的方式，但其根本目的还是以服务市场、服务社会为导向的。而要使政府配置资源取得成功，也同样需要充分地调动市场和社会力量的参与积极性。这其中既应包括专家决策参与，以提高政府项目决策的科学性；也包括社会公众参与，以提高政府资源分配对公众需求的响应性和公平性。目前，这两方面的机制都还非常欠缺。

公众参与则应该纳入政府公共工程的投资决策过程，作为一个不可或缺的法定环节。而目前的相关政策中也缺乏相应的制度安排。同时，由于缺乏相应的规范，一些有限的听证会也流于形式，公众参与度和参与覆盖面都非常不足。

1.3.1.4　项目投资决策缺乏全生命周期视野

从可持续发展的需要出发，政府项目投资决策应该是基于工程项目全生命周期的效益最大化，而非仅仅着眼于建设期的一次性投资控制。例如，一些建设项目建成后使用中的能源费用、清洁费用和维护保养费用等往往是一笔很大的费用开销。如果在建设期略增加一些投资以提高标准或改进设计，则可以大大减少这些费用，成为节约型的建设项目。因此，建设项目投资控制并不是单纯地追求建设投资越小越好，而是应将建设项目的质量、功能要求和使用要求等放在一起进行综合评价，使得在满足建设项目的质量、功能和使用要求的前提下通过整体控制，使建设项目在全生命周期的成本效益最佳。

而当前政府公共工程在项目前期策划和投资审批中，政府审批部门主要是对建设阶段的一次性投资进行控制，没能充分考虑项目全生命周期的成本和效益。

1.3.1.5　项目投资决策依据缺乏统一标准

同类的深圳政府公共工程的建设标准本应统一，如市级三甲医院、公办中小学校等。但目前同一类项目的的概算批复中，无论是功能标准、面积标准还是投资控制标准往往存在不一致，造成使用单位和建设单位的困惑。

1.3.1.6　投资决策机制不支持项目集及项目组合整体综合管理

其实，政府公共工程采用专业化集中管理模式，最大的优势在于可以通过开展项目集及项目组合的整体综合管理，来实现对公共工程资产（包括政府使用资产）的优化配置使用，这是单项目管理模式下不可能解决的问题。如果是单项目管理模式，则意味着使用单位之间必然会站在本位立场上竞争投资。例如，不同政府部门都有对办公空间的需求，就很可能是各个部门都需要建自己的办公楼。但如果能够通过集中管理模式对政府固定资产进行统一管理，就很可能对单项目建设中使用单位出于本位利益超实际需要提出项目建设需求的现象产生制约，也能避免整体上的过度和重复建设的浪费，此外也有利于顾及对存量设施的合理使用方式以最大化满足社会需求，并由此决定对项目投资的优先级进行排序，还可以考虑一些过渡性的项目投资组合，来阶段性满足各种紧迫的社会需求。因此，只有创造条件促使项目集管理及项目组合管理成为可能，才能真正实现政府公共工程投资效益的最大化。而深圳市现行的政府公共工程决策机制由于依然延续的是单项目管理和审批的思路，难以对此构成支持。

1.3.2 项目实施阶段管理机制存在的问题

对于工务部门而言，项目实施阶段的工作主要包括项目采购管理及设计、施工管理。其中，项目采购管理是实现其业主方项目管理工作的主要依托手段，其过程是与整个项目实施完全重叠的。而设计、施工管理也需要借由招投标所确立的合同，在合同范围进行。

根据我国的招投标法与政府采购法，公开招标是政府业主实施项目采购的必要手段，在此方面，深圳市早在1998年就成立了深圳市建设工程交易服务中心(简称交易中心)，作为市住建局的直属事业单位，为深圳市的建筑市场搭建了一个统一的招投标平台。深圳市工务部门的所有招投标都需要进场交易，并按照交易中心所建立的有形建筑市场标准化体系开展工程招投标。因此，对于深圳市工务部门而言，项目实施阶段的几乎所有合同，只要是达到公开招标的法定门槛的，都是在交易中心通过招投标而签订的。

对于设计和施工，工务部门主要是依据建筑法，通过招投标分别选聘具有合格资质的设计及施工单位来具体实施，并实施严格的合同管理。限于既有的法律框架，绝大多数项目所采用的都是传统的设计与施工相分离的项目交付模式。另外，根据建筑法，我国所有的工程项目都需要强制性地聘请监理，这在深圳市工务部门的项目中也得到了全面落实。此外，工务部门出于控制工程造价的目的，也还常选聘造价咨询公司，对项目的总概算、招标、合同价计算、决算等环节提供相应的造价咨询服务。

在施工阶段，由于施工合同是经公开招投标所确定，所以合同变更也不能随意而为，而是受到严格控制。从工程建设经验上说，工程变更是影响投资控制目标的重大因素。为了严格控制变更，深圳工务署实施的项目，设计变更和现场签证执行严格的分级审批控制，凡价值50万元以上的变更需报署技术委员会审批。

而合同履约监督与支付管理则是施工阶段业主方项目管理的核心工作。目前，深圳工务署对所实施的工程全面推行履约担保制度。所采用的是10%～15%的无条件银行保函。为此，按照国家规定也需要向施工方对等提供业主支付担保。而由于深圳工务署承担的建设项目全部是财政投资项目，如果也逐单向施工方提供业主支付保函，则市财政部门可能会面临向银行存放足额保证金的巨大压力。因此深圳市采用的变通方式是，由市财政部门统一安排3亿元保证金，存放在负责保函原件保管的深圳市建筑工程交易服务中心的账户上，滚动为所有政府公共工程提供业主支付担保。当承包商发生违约时，深圳工务署可通过从警告保函索赔到实际启动保函索赔等一系列措施来约束承包商的行为，并最终达成合同得到实际履行的目的。

以上整个项目实施过程还受到审计部门、规划、住建、环保等部门的外部监督。

总的来讲，深圳市工务部门借助自己的专业化团队，在项目实施阶段能够相对高效、透明地进行项目的组织实施，并达成项目目标。但在既有的管理机制下也存在以下问题。

1.3.2.1 当前管理机制与项目集中管理模式存在冲突

与决策阶段类似，由于受制于既有的基本建设程序，项目集管理和项目组合管理的理念未能被纳入到管理流程，导致了一系列问题。

1）面向项目集和项目组合的工程咨询服务费用无法列支

当前的政府公共工程是在获得项目建议书立项批复后才转给工务部门接手，此后则按照单项目模式逐步列支各类工程咨询费用，如可研费、设计费、监理费，等等。但若要充分发挥集中管理模式的优势，就应该在项目前期的正式立项前，就对项目是否应予立项，从项目集及项目组合管理的角度予以研究，也就是说，在项目前期应该增加一个政府公共工程的战略规划阶段，此阶段并不是针对某个具体的项目进行策划，而是对政府在未来一定年限内的公共工程建设需求进行持续的滚动性的前瞻性研究，以确定各类政府公共工程的建设需求及其实施的优先级。此类咨询研究的经费显然不可能按照单项目来列支，而应由财政部门为工务部门安排常规性的办公经费来加以落实，这在现行的工程咨询服务费用的支出机制中显然是不可能实现的。

2）临时设施无法重复利用

每个建设项目都要采购一批临时设施，包括变压器、配电柜、临时板房、临时办公家私等，一个项目完工之后，上述尚有重复利用价值的临时设施，限于政府公共工程财务管理制度问题，不能转移到下一个新开工程中使用，存在较大的浪费。

3）批量招标和捆绑招标未能大规模采用

政府公共工程集中管理的实践过程中，深圳工务署陆续推进了批量招标和捆绑招标的采购模式。

（1）批量招标：将未来一段时间内（一般为 1～2 年）所有需要招标的同类服务项目，经过一次招标程序，明确服务项目的定价方式，确定若干个入围单位，后续通过抽签方式确定中标单位的一种采购模式，主要有工程造价咨询、施工监理、勘察、小型工程设计、工程保险、施工图强制性审查等服务类项目。

（2）捆绑招标：将若干个不同项目的同类材料设备或工程，一次性捆绑打包，经过一次招标程序，完成多个项目同类材料设备或工程的采购，提高采购效率，降低采购价格。

建设行政主管部门对上述采购方式仍然有一定的限制，不能充分发挥政府公共工程集中管理的规模优势，另外工程交易和行政许可的诸多技术手段，仍为单一项目交易和管理模式，不能适用政府公共工程集中管理的批量模式。

4）战略合作伙伴采购方式单一，不能充分发挥战略合作的机制优势

政府公共工程实行战略合作伙伴方式，是规模优势产生规模效益在政府公共工程中的最高体现形式，与批量招标有一定的相似之处，不同在于批量招标的入围单位数量较多，而战略合作的单位一般较少，以充分体现入围单位在政府公共工程中的战略地位。

但是，目前政府公共工程的战略合作伙伴的采购方式为公开招标，招标程序中缺乏双方就项目具体详细的情况进行充分澄清和沟通的过程，双方不能充分理解对方的需求和优势，因此通过招标产生的战略合作伙伴，在合作的过程中会产生很多不够合理、不尽完善的问题，而这些问题又很难在合同执行过程中加以改进，不能充分发挥战略合作单位的技术和经

济优势，双方未能在合作之中产生最大程度的双赢。

1.3.2.2 工程咨询服务未能充分发挥作用

工程咨询业是建筑市场中门类多样性的行业，包括可研咨询、工程设计、工程造价管理、工程监理，以及其他专项咨询等细分行业。工程咨询业突出特点是其提供的咨询服务对投资方的影响力很大，很大程度上是或应当是业主信赖的专业工作者。而当前的工程咨询服务受制于既有管理机制，其作用并未能得到充分发挥。主要的问题表现在以下几方面：

1）工程咨询服务委托碎片化

工程建设活动专业跨度大，因此在不同的服务领域出现专业细分事出必然。工业化以来，首先出现的是设计与施工的分道扬镳，进而出现各专业门类的设计服务细分，以及设计技术与管理类服务的细分，而管理类服务中也由工程管理进一步细分为前期工程咨询、施工监理、工程造价、招标代理等更为专业化的服务。但是，问题在于工程项目本身是一个整体，即使有了专业细分，也依然离不开一位项目统筹者。国际惯例的“建筑师负责制”是一种设与计施工分离后的重要统筹管理机制。如果统筹者缺位，则就会出现工程咨询服务碎片化的问题，各专业咨询服务的界面得不到有效管理，而项目业主则不得不成为事实上的最终统筹者。当然，对于深圳工务署这样的专业化业主，虽然具备专业统筹能力，但相比于规模庞大的项目投资需求，以当前有限的人力资源显然不可能事事亲力亲为地去为每一个项目的每一个细节做好统筹，这时来自外包的工程咨询团队的专业化统筹服务依然是不可或缺的。

但在我国的基本建设程序中，设计与施工分离之后，建筑师负责制并未得到确立。特别是实行强制性工程监理制以来，设计方的现场服务已经弱化为了单纯的技术性的现场配合，且相关服务的报酬很低，导致设计方对现场服务投入严重不足。本来我国最早开始试点工程监理制时，是将之定位于项目实施全过程的业主方项目管理，这样也算是对建筑师负责制缺位下的一种替代性统筹机制。但建筑法中对法定的工程监理制仅仅限于施工阶段，客观上就很难承担起全过程统筹者的职责了。而监理的存在也在客观上导致了对施工阶段现场设计服务的挤出效应和对承包商现场管理的替代效应，进一步加剧了设计与施工的割裂。且由于监理是强制选聘，而非基于业主对其的信任，因此其执业地位常常非常尴尬，更难承担起项目全方位统筹者的职责。加上监理质量安全责任与承包商之间缺乏清晰的界面划分，使得监理过度承担了其不可能承担的风险，导致监理队伍的人才日益流失严重，即使业主对监理服务存在真实需求，目前市场中监理的能力也很难适应这种要求。

目前，深圳政府公共工程的工程咨询服务基本上是按照可研咨询、工程设计、工程造价咨询、工程监理、招标代理等在不同的项目阶段分别委托。政府业主常常需要同众多的工程咨询方打交道，但却没有任何一家可以为项目业主提供对整个项目的全过程全方位的统筹。工程咨询服务碎片化的问题已经给政府业主带来不小的困惑与挑战。而要弥补上述缺失，则需要从根本上对设计服务标准规范按照“建筑师负责制”的思维来进行调整，并以此强化对相关工程咨询专业人士的职业技能培养。

2）对工程咨询的选聘方式不科学

国内建设领域往往不重视工程咨询业与工程承包业性质的重大区别，导致认识不清晰，对咨询团队的管理也出现偏差。体现在项目采购中，就是未能将工程咨询服务采购与工程货物采购区别对待。

这个问题首先是反映在现行的招标投标法中，对勘察设计、监理和施工合同在一定金额以上均强制要求招投标，且招标完全采用相同的程序。导致的问题有，一是业主与咨询方之间事前很难有机会深入沟通相互了解，以致项目执行中业主与招标咨询机构信任不足、沟通不畅；二是对咨询服务的评标重机构资质轻团队能力，重专业能力轻诚信勤勉，重程序合规轻服务价值，重咨询价格轻咨询效果，导致业主很难选聘到自己最中意最信任的咨询方。这一问题最突出地反映在监理行业服务的采购环节，往往将监理服务的采购程序与承包商的相提并论混为一谈，这种情形在建设行政主管部门的有关审查程序中普遍存在。

因此，政府公共工程的实施中，应强调对工程咨询行业服务质量的评价准则，服务诚信、专业能力和勤勉尽职，应缺一不可。政府及政府公共工程实施部门应认真考虑建立有效的评价和遴选机制确保工程咨询服务的采购质量，并以此增进业主与咨询方之间的互信。

3）设计的阶段性目标与项目实施进程的需要不协调

我国当前将设计阶段划分为方案设计、初步设计和施工图设计三大阶段。其中，初步设计则被明确为项目概算报批的依据，施工图设计则被明确为照图施工的依据，而方案设计在基本建设程序中究竟如何定位尚缺乏共识。上述设计阶段划分形成于计划经济时代，对当前工程项目的市场化实施存在着严重的不适应。

国际上，首先，在方案设计之前通常还存在着一个项目策划阶段，编制设计任务书则是此阶段的一项重要任务。我国在推行可行性研究制度以后，当时的国家计委提出以可行性研究取代设计任务书，使得项目策划阶段的工作被弱化为项目建议书阶段，其实对项目需求的研究还极不充分，难以提出有效的设计任务书。

在可行性研究阶段，我国的可行性研究任务由于设立了专门的工程咨询资质准入，导致该项任务与设计方的工作相互隔离。本来，可行性研究一定是需要基于多方案的比选，而方案设计应是其核心任务，但我国的专业工程咨询机构多数并不具备勘察设计资质，因此也不承担方案设计任务，致使可行性研究严重脱离于实际可实施方案的比选，也因此可行性研究被虚化，常常沦为为领导意志背书的“必行性”研究。

在初步设计阶段，由于设计方缺乏市场化意识，概算也通常仅仅是套用官方机构提供的指标和定额，而且由于设计深度不足，因而无法形成完整、准确、与市场接轨的概算。真正有效的设计概算应该是基于所有技术设计及关键设备和工艺选型已经完全确定，并据此可以完成一定深度的市场化询价。在工业设计领域这需要安排技术设计阶段来完成，而房屋建筑领域常常将这两个阶段合二为一，称之为扩大初步设计，但常常有名无实，达不到全部技术设计完成的深度，即便设计概算以此为据也不够完备。正因为设计概算的市场化造价依据不充分，才使审批部门有过大的主观空间。而不合理的概算削减又为后续实施突破概算提供了借口，使得我国的投资控制刚性不足。

参与施工招标，帮助业主选择合格的施工承包方是国际建筑市场中设计方的传统责任，而我国的招投标实践中却常常将设计方排除在外，使得对设计意图将被如何实现最为关注的设计方丧失了在施工方选择中的发言权，这对日后的设计施工协作是非常不利的。

4）缺乏动态的工程造价管理服务

当前，工程造价机构在工程建设项目中的各个阶段都提供造价评估咨询服务。但是由于其业务模式一般都是对整个项目进行，所得结果也为整个工程的总造价，未考虑到工程造价数据在工程进度上的分布，因此无法为工程实施过程中各阶段造价评估和支付管理提供适时的动态数据支持，这对工程管理者在工程造价的动态监控带来了障碍，造价咨询成果难以充分发挥其内在价值。这也是工程造价咨询业传统上难以开展直接服务于工程动态进程管理的关键原因。

1.3.2.3 价值工程与易施工性研究缺位

价值工程所追求的项目投资价值的最大化，它将价值定义为功能除以成本，其实现方式主要包括提升功能和降低成本两大途径，最终目标是实现性价比最优。价值工程评估需要贯穿于项目实施的始终，并需要由各利益相关方的参与并组建一个价值工程小组来进行评估，尽可能客观公正地进行功能评估。

易施工性研究是在设计阶段开展的，以便利施工为导向的设计成果评估。易施工性研究在不少发达国家和地区都是工程许可申请的一项法定前置要求，以促进设计师在设计过程中尽可能关注施工因素，甚至主动将一些先进的施工工艺等纳入到设计过程，以实现设计与施工的完美结合。易施工性研究需要有丰富施工经验的专家介入，有的业主甚至直接就将此任务委托给自己信任的施工承包商。此项工作对于促进设计施工在早期的协作，吸纳先进施工工艺和降低工程造价，提升投资效益，都有显著的成效。

1.3.2.4 招投标未实现择优竞价与廉政的目标

应用招标投标的采购机制，本质上是追求市场资源配置的优化和效率。《招标投标法》规定，招标投标活动应当遵循公平、公正、公开和诚实信用的原则。满足效率和公平双重目标的追求，应是采购管理制度的出发点。

而现行有关招投标的管理制度规定几乎单方面压倒性地考虑廉政因素，试图通过招投标彻底解决建设工程领域的权力寻租问题。单一片面强调反恶性竞争及抑制权力寻租腐败，陷入追求程序合规的形式主义，而忽视了效率这一基础目标，最终的实际效果常常是既未必能有效防止竞争中的实际不公平现象，又失去了市场机制的有效性，造成了效率和公平双重目标的同时迷失。现行的不少招投标政策已沦为一种僵化的程序性要求和免责机制，无法实现效率竞争和公平廉洁的有机统一。

深圳市的工程招标制度经历了最低评标价法、综合评标法和评定分离等不同评标定标方式方法的探索。其中，"经评审的最低价中标法"理论上最能体现公平效率原则，因为在各种设计参数完全确定以后，以最经济的价格采购到合格的工程与货物，正是效率的体现；而"经评审的最低价中标法"还能有效遏制围标串标，体现了很高的公平性。深圳是率先实行"经评审的最低投标价法"的城市，为了防范不合理低价中标，深圳政府公共工程在同时还有一个配套的政策——预选承包商制度，即建设主管部门通过年度的集中预选，确定优质企业进入预选承包商名录，招标时在名录内的企业实行低价中标。这种制度设计应该说是比较完美的一种形式，实现了公开、公平、公正、择优和竞价的招标目的。但由于评标中缺乏排除不合理低标的有效方法，在实践中却退化为简单的低价中标。在低价中标的激励之下，如果投标人不恶性低价竞标则没有中标的可能，日复一日，深圳政府公共工程的招投标市场就形成较为严重的恶性竞价局面，表现为中标单位在承担施工任务后出现大量的消极怠工现象。造成恶性低价中标问题的原因主要在以下几个方面：

其一，项目前期决策研究不充分，设计深度不足，未能提供能支持精准评标的设计技术规格说明书，使得投标文件是否真正符合招标文件的实质要求失去了客观的判据，导致项目变更机会多，使投标人有机可乘，产生先以不合理低价中标再降低合同履约标准或高价索赔的利益动机和策略。

其二，缺乏履约担保——特别是高保额的履约担保的刚性约束，使得投标人普遍存有通过低价中标高价索偿的心理，企图通过不合理低价投标策略及钻营不合理索偿来获得商业利益，无须担心因此付出的成本。

“综合评标法”的评标准则是选择在技术、商务、资信等各方面综合最优的投标人中标。深圳市一度推行此评标方式，是因为它既能避免恶性竞价，又能在一定程度上实现择优。但在实践操作上，由于综合评标必须依托于评标专家对投标人进行量化打分，导致评标专家拥有很大的自由裁量权，且制度上对此缺乏有效监管手段。而评标专家本人又无需对项目负责，因此对于投标人的拉拢腐蚀严重缺乏免疫力。综合评标法由于给了投标人高价中标的机会，也就给了投标人围标串标的利润空间。于是围标串标就成为了综合评标法下投标人普遍采用的投标策略。投标人为了围标串标不被发现或顺利通过评审，也因此千方百计腐蚀评标专家，评标专家于是就成了包工头围标串标的木偶。如果投标人不参与围标串标，不腐蚀评标专家的方式，几乎没有中标的可能。

在经历了综合评标与低价中标所遭遇的诸多问题之后，深圳市于近年来又开始了“评定分离”的探索。评定分离中，评标专家不再对投标人有“生杀予夺”的权力，于是评标环节可以完全透明，所有评标专家是谁，以及其对某份投标文件给出了何种评审意见就被完全公开。而定标的权力归于招标人，事实上这也是我国招标投标法早就赋予了招标人的权力。评定分离仅仅是一种对招投标法既有宗旨的回归。只是与传统的评标方式的不同在于，现在评标专家仅仅做定性评审，给出书面的评审意见，但并不再对各投标书进行打分排序，于是招标人在定标环节不再仅仅是从评标委员会推荐的前三名中进行选择，而有了更大的自主权。现在，招标人如何运用自己的这项权力就显得至为关键。

十八大以来的改革总方向是要充分发挥市场在配置资源中的决定性作用。招投标活动的参与方和监管方都应该遵循上述导向，对既有的招投标政策进行全面的审视，在保证招投标活动符合“三公”原则的前提下，对于一切妨碍市场机制的政策要坚决摒弃。无论采用何种定标方法，定标结果必定是出自定标权人的选择意志，对政府公共工程，定标权的行使应反映对政府资金运用效能的合理责任，既不能因避责而使定标选择权流于随意，也不能使定标权成为权力寻租的机会，因此很有必要建立对定标权人的项目定标理由声明和事后追责制度。

1.3.2.5　承包方履约诚信管理机制有待创新

随着建筑市场专业化分工的不断深化细化，传统的建制工程承包企业已经基本全部转型为工程承包管理型企业，劳动力和施工机具等大部分通过专门化的市场资源获取。同时市场上存在大量非建制的工程队通过挂靠建制企业的施工资质承揽工程任务，而有资质的企业则通过提取管理费获利成为常态，而对实际的管理环节常常并不尽责。尽管国家住建部多次发文强调禁令，实际情况尚无法完全识别和禁止。工程承包企业的资质管理制度的实际效能已经受到市场的严重质疑。

上述业态的广泛存在严重降低了工程承包行业的水平和履约信用。一些施工队伍在承担工程任务时，表现出明显的短期行为特征，在工程的造价、质量和进度方面的履约信用差。一些承包商，特别是那种缺少长期发展战略性发展目标的承包商，在项目进入施工阶段的磨合期，往往会试探性地采用各种降低质量标准从而降低成本的策略，并观察来自业主或监理人员的监督压力。一些承包商发现监督者的漏洞后，就会有计划、故意甚至恶意地降低施工质量标准，进而牟取不当利益。

在众多施工企业中，企业与劳务用工之间仅仅是临时性的合同关系，因此对于提升工人劳动技能缺乏投入的动力，且他们对工人的管理事实上也是通过包工头来进行间接管理，对于工人的思想状况也很难把握。而在劳动力队伍方面，由于其非建制性的特点，表现出流动性强，组织性、纪律性、技术水平低，非常不利于从业人员队伍的稳定和技术水平的提升，连最基本的诚信也难以得到保障。同时，作为建筑业最基层的劳动力，也常常被排斥在最基本的社会公共服务体系之外，连生存所需的工资都很难得到切实的保证，更遑论各种社会福利和保障措施，基层劳动力因此缺少职业自尊。如果建筑工人不敬业，则其完成的工程质量也很难保证是合格的。以上情况都严重降低了工程施工的质量水平。

以上问题作为一个时代性的普遍问题，急需进行认真研究解决。政府公共工程专业化集中管理模式下的工务部门需要建立有效的机制，防止这种效应影响到项目的目标管理。相关的解决手段需要从劳动技能、诚信保障和强化对建筑市场劳动力的社会公共服务等方面着手加以解决。

政府公共工程实施中，非常有必要建立更为前置的履约诚信合同机制和法律机制，没有这样的机制，工程招投标中的恶性低价竞争现象就难以根除。但国内建筑市场目前这方面还非常薄弱和不完善。目前国际上的履约保函主要有低保额无条件保函和高保额有条件保函两大类，其中低保额无条件保函主要用于缺乏完备法律环境去支持有条件索赔的国际工程中，其保证效果主要来自于银行对自身市场信誉的坚持，但其公平性却广受质疑，因此，当前我国的担保法并不支持此类保函；而高保额有条件保函则是由美国在联邦采购中所创造，主要用于有共同的责任认定标准的国内工程中，具有公平性效率性兼顾的优点，也是我国现行担保法所支持的保证模式。

目前，深圳市建筑工务署已经使用了以银行为保证人的低保额无条件履约保函，并在实践中发挥了一定的作用，但其约束主要来自于发生保函索赔事件之后，被担保人担心自己在银行失信导致银行授信额度缩减，而采取了合作措施化解风险，而并未在事前起到有效的风险警示作用；且万一银行拒赔，此履约保函由于得不到法院支持，其作用就会完全丧失。目前其他城市已经发生有银行拒赔无条件履约保函的案例，受益人仅能诉诸银行业国际惯例对当事银行进行劝阻，而无法通过法院实现自己在保函下的权利。而如果采用高保额保函，则其对投标人的事前警示作用就会极大增强，还将有利于改变其可以低价中标高价索赔的预期，自觉排除低价中标策略。而在目前的低保额银行保函下，部分承包商在银行授信很充足，保函可以非常轻易地获得，且如果承包商降低工程质量标准所能获得的不当利润能够轻易地弥补其在银行保证金的损失，则此项担保对承包商的约束几乎就形同虚设了，因而其事前警示的作用非常有限。在此方面，若深圳工务署能够全部或部分转向使用高保额保函，则会使上述问题得到较好的解决。

1.3.3 政府设施管理机制存在问题

一旦工程交付，政府公共工程就将转移为固定资产，并向使用（设施管理）单位移交。此后项目使用阶段的管理主体就转为使用（设施管理）单位，一些使用单位常采用"一站式外包服务"委托物业管理公司进行设施管理，并从财政单列相关的物业管理费用。该费用需每年单独向发改和财政部门申报，按年度审批使用。

1.3.3.1 设施管理责任归属不当

当前深圳的政府公共工程集中管理模式仅仅局限于建设期，并未覆盖使用期。当物业交给使用（设施管理）单位后，工务部门对于物业已脱离控制，于是使用中出现的一些问题究竟应归责为设施管理不当，还是属于建设期遗留的工程质量问题，常常各执一词。而使用单位由于缺乏专业人才，对于设施管理的重要性意识不够，常常会忽略必要的管理维护，也不能按照正确的方式去使用物业，导致一些政府公共工程的已形成的设计功能不能得到充分的发挥，事实上导致了政府投资的浪费。

国际上，工务部门往往是对政府公共工程的全生命周期负责，因此设施管理阶段如果出现设施不能支持使用需求，或设计功能不能充分发挥其效益，其责任归属和问责对象都是非常清晰的，不会存在类似于深圳市这种相互扯皮的现象。

1.3.3.2 设施管理经费缺乏保障

目前，深圳市对使用单位的物业管理费用由财政单项列支，并逐年向财政部门申请和拨付，使用单位对设施管理管理的重要性意识不够，容易造成投入不足和管理不到位。

在此方面，美国联邦政府的管理机制值得借鉴。其具体办法是，由财政部门将相关设施管理费用纳入各政府部门常规性的办公经费列支。而各物业的设施管理部门则用此费用向联邦事务服务总局（General Services Administration，GSA）购买服务。GSA 一边负责向各使用部门提供其需要的物业设施，一边参照市场价格水平向各使用部门收取费用。此项收入将被集中到一个公共建设基金的户头上，作为 GSA 履行政府公共物业全生命周期管理职责的总经费盘子，无论是新建还是改扩建，还是维护维修，抑或是向市场租赁物业设施，GSA 的常规设施管理总经费都必须以此公共建设基金为限，且 GSA 的任何开支还必须纳入经由国会批准的 GSA 的年度预算。但在经批准的年度预算中，GSA 对于经费分配的细节则有一定的自主权。GSA 只有在将要发起的新建设施所支持的联邦公共服务范围将超出既有的联邦公共服务，且经费需求还超出了公共建设基金所能支持的力度时，才需要单项目地向国会申请额外的财政资金投入。这种方式不仅很好地解决了设施管理经费的可持续性，也使得政府内部形成了一个准市场，从而能够借助于市场机制来合理配置政府的公共资源，使得政府投资效益得到最大程度的发挥。

1.3.3.3 物业管理企业间恶性竞争

物业管理企业在设施管理上为节约成本，专业技术人才投入不足，技术力量薄弱，在公共建筑的设施管理方面普遍缺少专业人员和专业经验，无法做到专业化运作，尤其对于医院等功能性建筑，运行模式和技术运用无法达到使用功能需求，造成故障引起投诉。如医院的医疗专业设施系统等，没有专业外包，设施不能合理使用，违规操作时有发生，往往设施没有达到寿命就损坏更换，浪费大。

1.3.3.4 公共设施维修市场秩序混乱

我国长期以来都存在“重建设、轻维护”的倾向，由于缺乏有效的专业化的制度和规范，该市场呈现出混乱无序、低端竞争的格局。市场上几乎没有正规的工程维修企业，维修队伍主要由一些临工组成，没有人员专业化上岗的准入制度，也缺乏管理人员，无明确的质量控制措施，不熟悉招投标业务，处于无序竞争阶段。

1.3.4 推进创新机制的问题

当前的建筑市场正面临着两大革命，其一是绿色革命，其二是信息化和 BIM 革命。对于上述相关的新技术新工艺新方法，政府公共工程都负有率先垂范带动建筑行业健康发展的使命。但在目前的管理机制下，深圳的工务部门要完成上述使命都还面临着不少艰巨的挑战，主要表现在以下两方面。

1.3.4.1 缺少推行新技术、新工艺和绿色建筑的激励

推进节能减排，打造绿色建筑，但由于种种原因，深圳政府公共工程在推行“四新”技术特别是绿色建筑和绿色施工的现状不容乐观。具体表现为：

（1）目前尚未制定符合深圳政府公共工程实际的“四新”技术特别是绿色建筑绿色施工评价标准和技术指引。

（2）绿色建筑和绿色施工专项资金不能保证。在政府公共工程立项和项目总概算审批阶段，发改部门没有针对绿色建筑、绿色施工建设目标单列专项资金。

（3）没有在制度上对绿色施工进行全过程监督、检查和指导，没有组织第三方机构对政府公共工程绿色施工进行测评。

（4）由于没有明确的绿色施工激励机制和奖惩办法，承包商缺乏推行绿色施工的积极性。

1.3.4.2 建设项目信息化建设不适应行业形势发展

政府公共工程建设的发展趋势是技术复杂、规模和体量大，迫切需要采用信息科学的技术手段确保过程安全、合理，减少浪费。目前信息化建设和应用跟不上形势，存在以下问题：

1）政策流程不支持，应用受到限制

在项目规划、工程建设、消防报建、审计结算等相关环节政策没有跟进；招投标等项目管理工作流程中应用的政策环境和流程不匹配。

2）没有配套的专项建设和管理资金

政府工程的 BIM 应用等所需的信息化实施与管理经费，在发改部门批复的项目总概算资金中没有对应科目。得不到发改部门的资金支持造成政府工程 BIM 实施推广难度大。

3）技术应用的市场准入障碍

有信息技术能力和人才储备的新型咨询单位，在市场准入制度方面受限，而传统的监理企业又大多不具备BIM应用咨询等能力和水平。

4）缺乏成熟的集成化协同工作平台

市场中能稳定融合建筑信息模型（BIM）、移动互联网、云技术、大数据技术的建筑项目协同工作平台种类较少，基本都是进口的产品，建筑项目信息的创建、存储、共享、重用、分析、二次开发等方面成本较高。

5）基于全生命周期项目信息管理理念更新迟滞影响设施管理创新

设计、施工、设施管理三大阶段割裂，各阶段信息在流程中不断缺失，全生命周期信息没有得到整合与有效使用，在项目建成移交后难以实现建筑项目信息管理统计和利用的最大化，给设施管理创新带来困难。

1.4 结语

深圳市政府公共工程建设经过多年的发展探索，目前采用了项目实施阶段专业化集中管理的模式。实践证明，这种模式比传统的由使用单位组织实施的模式具有显著的优越性，表现在更强的专业性、更好的经验可积累性、更优势的市场地位、更有效的廉政监督，等等。但同时应该看到，由于承担政府公共工程实施责任的工务部门在政府整体体制架构方面的现有属性，存在着大量与现有体制中行政监管部门的业务工作协调困难，特别在项目业务的具体事务层面遇到一些传统行政管理方式中的失之于重程序形式轻实质效果的协调机制障碍。具体工作机制上遇到的障碍和困难，其深层的原因来自于现有体制上存在的缺陷。

深圳市政府投资公共工程建设要在未来开创新的更加好的局面，应从体制改革上进行科学合理的再设计和改革创新。通过对深圳市政府投资的公共工程建设现有状况的研究，本研究报告认为，改革创新的方向应立足于以下几个方面。

1.4.1 确立政府投资公共工程建设管理的指导准则

政府投资公共工程建设管理的指导准则应是：实现广泛意义上的效率和公平双重目标。效率和公平，是人类在关于社会管理中的一个不变的追求目标。

在政府投资公共工程建设的管理范畴中，效率并不仅仅指快速的完成，而应更广泛地包括在财政投资后获得的有效资产、更高的全因素费效比、更好地满足使用需求、以及更合理的工程品质，这种效率也应不仅仅体现在工程成果的评价，还应体现在建设过程中的每一个管理环节的快捷、务实有效。

在政府投资公共工程建设的管理范畴中，公平也不仅仅指政府投资公共工程实施机构作为市场买方对市场不同卖方在同等条件下的平等对待，以及不以政府强势行政地位优势换取项目商业利益，还应体现在以向社会纳税人负责的态度用好政府建投资，以合理、透明和确定的标准进行各种面向市场的采购活动，杜绝以权力影响力干预市场竞争从而确保采购活动中的廉洁性，等等。社会对政府投资公共工程建设中的公平性要求要远远高于社会投资建设项目,内涵也更加广泛。

效率和公平是对立统一的关系。在政府投资的公共工程建设管理中,如果放弃效率准则,管理的目标和意义就不复存在;而如果放弃公平的准则,政府的建设采购过程就极易成为确立寻租腐败的温床。只有坚持公平准则才能为效率追求赋予正当性,也只有坚持效率准则才能确立起政府公共工程建设的目标。

因此,广泛意义上效率和公平,是政府公共工程建设中必须坚持的基本准则。一切改革的方向都不应偏离这样的根本追求。

1.4.2　深化政府投资公共工程建设管理体制改革

基于对政府公共工程建设管理的效率性追求,政府公共工程建设管理的改革应力求消减形式化及实质效能虚化的政府机构间审批监管环节。这些环节中现存的一些协调障碍本质上起因于政府公共工程建设管理有关的组织体制上存在的某些不合理性。因此如果仅仅从工作机制上进行的改革是不充分和彻底的,从体制上考虑进行重大改革显得尤其必要。应改革重组当前深圳政府公共工程建设实施机构的角色定位及其职能定义,以充分发挥专业化集中管理模式优势,打通建设项目全生命周期中决策阶段与实施阶段、实施阶段与运营阶段的协调协作瓶颈。

从更长远的发展来看,应更进一步解决财政资金建设的资产运营主体一体化问题,以有效解决当前使用单位因本位利益追求而提出过度项目需求的问题,以及运营管理中的不规范问题。这个问题是全国各地政府财政投资形成的公共工程建设管理的共同问题,目前此类资产的权益多归属于使用单位,有的登记于财政部门名下,没有在理论上解决财政投资资产的权属问题,深圳市也未例外。

1.4.3　健全政府投资公共工程建设管理的廉政监督和约束

基于对政府公共工程建设管理的公平性追求,应健全政府公共工程建设的廉政反腐体制,并形成各阶段运行流畅,且责权一致的运作机制,严密制约权力寻租。确定的规则与透明性是防止腐败的有效措施。在廉政建设设计中,应加强事后的责任承担机制,事实证明,程序化的事前预防措施往往流于形式化,反而会造成对效率准则的损害。在廉政体制和机制健全的基础上,应允许充分和灵活地运用各种市场手段,以实现对效率的追求。

1.4.4　加强政府投资公共工程建设管理新体制下的理论和实务研究和创新

应在政府公共工程建设管理总体体制和机制改革的框架下,在项目实施层面鼓励、深化和探索适合深圳政府公共工程建设的市场化管理创新。通过理论和方法的科学研究,解决实现管理目标的组织、方法和工具等方面的问题,在实现政府公共工程管理创新优化的同时,对社会总体的投资建设管理提供示范。

参考文献

[1] 深圳市人大常委会.深圳市政府投资项目管理条例[Z].2000-04-04.
[2] 深圳市人大常委会.深圳经济特区政府投资项目管理条例[Z].2014-09-05.
[3] 国务院发改委.国务院关于投资体制改革的决定[Z].2004-07-16.
[4] 深圳市政务服务管理办公室.市政府投资项目跨部门协同办理指南[Z].2013-06.
[5] 深圳市建筑工务署.深圳市政府投资项目审批流程和申报材料指引[Z].2013-11-04.
[6] 吴亚平.公司代建制蕴藏潜在风险[J].经贸导刊,2008(08).
[7] 李国义,曲洪建.政府投资项目管理体制创新研究[J].黑龙江金融,2006(5).
[8] 王丽君.试论我国政府体制建设项目管理模式的改革方向[J].科技与经济,2006(21).
[9] 张尚.政府投资项目管理体制研究[J].重庆工学院学报,2005(1).
[10] 赵复元.我国政府投资项目管理体制改革综述[J].经济研究参考,2004(55).
[11] 陈振权.政府投资项目管理中的委托代理关系研究[J].中国铁路,2004(11).
[12] 夏立明,尹贻林,何红锋.论我国政府投资项目管理主体[J].天津工业大学学报,2003(3).
[13] 杨琳.我国公共工程投资决策体制研究[D].武汉理工大学,2008.
[14] 殷淙.政府投资项目管理体制改革研究[D].中国海洋大学,2005.
[15] 池慧.我国政府投资项目管理模式的发展研究[D].东南大学,2006.
[16] 尹贻林,郝建新.政府投资项目管理体制改革研究与实践[J].工程造价管理,2002(4).

子报告 2　香港政府公共工程管理的综合分析

2.1　香港政府公共工程管理概况

2.1.1　香港政府公共工程管理的现状

香港虽然是一个高度市场化的地区，但是在政府公共工程项目上，采取的却是政府广泛而深入的直接介入方式，即专业工务部门管理体制。该体制的主要特点体现在以下几个方面。

(1) 在管理架构上，非营利性政府公共工程基本上由工务部门作为业主。工务部门本身是政府机构，内设分工较细、专业齐全的执行机构，包括土木工程拓展、建筑、渠务、路政、水务和机电工程等业务署。

(2) 在工务部门管理职能上，其既要担负行政职责，如提出立项、审批可研、审查设计等，也要担负一般业主的职责，如负责招标投标、工程实施等。

(3) 在实施程序上，从立项的提出直至工程竣工验收，工务部门要负责政府工程全过程的实施，即项目的批准要由政务司长、财政司长等共同决定，然后列入财政预案，提交立法会审批。工程招标投标在工务部门认定的承包商内，采用选择性招标的方式，招标结果要经招标委员会批准。工程款支付由库务局根据工程的进度和合约的规定，按照严格的程序统一支付。

(4) 在项目管理上，香港的政府公共工程设有工程主任，作为政府代表在现场进行管理，负责工地移交、进度控制、合同支付、工程变更、竣工验收等具体事项。

总而言之，香港模式的重要经验之一是严格的项目前期管理。香港的政府公共工程实施遵循一套严格的程序，称之为公共工程进度计划。根据建设项目成熟程度的不同，项目分为甲、乙、丙三个等级。一个新项目一般要从丙级开始，经过两个升级程序、三个阶段，前一个阶段的工作不完成，就不能进入下一阶段。

香港政府公共工程目前主要的主管机构是发展局，它的前身工务司署(Public Works Department，PWD)成立于 1883 年，中文有时又称为“工务局”，统管土地、交通工程、城市规划及屋宇事宜。后几经变革，该部门于 2007 年 7 月 1 日起正式更名为发展局(Development Bureau，DEVB)并统筹管辖香港政府主要的工务事项，负责有关规划、土地用途、屋宇、市区重建、公共工程，以及与发展有关的文物保护事宜。此外，其他政策局也参与或实施与其职能相匹配的政府公共工程项目管理。例如,运输及房屋局负责制定香港的运输和房屋政策并审核提交交通运输项目的立项申请等。

2.1.2 香港工程建设的管理机构

2.1.2.1 香港与工程建设管理相关的组织机构

香港政府工程建设实行的是高度集权的管理模式,即工务局体制。香港发展局、运输及房屋局作为香港特别行政区政府总部的一级权力机构,广泛地直接介入政府工程的建设管理。工务部门除了为低收入居民提供出租的公共房屋(公屋)和居者有其屋(居屋)等公营房屋工程外,也负责其他非营利性政府公共工程的建设管理。而且,以 BOT、PPP、PFI 或其他适当方式建设的营利性政府工程,其监督管理也由他们负责。

香港工程项目的划分及其管理体系如图 2-1 所示。政府公共工程主要由运输及房屋局和发展局所管辖。发展局和运输及房屋局作为政府的政策局,主要负责政府工程建设的有关政策、计划的制订与监督落实。另外,这两个局也负责所管辖范围内项目的立项和内部审批。而具体工程的建设与实施工作则按专业分工,分别由建筑署、土木工程拓展署、路政署、水务署、渠务署、机电工程署和房屋署等专业工程部门负责。

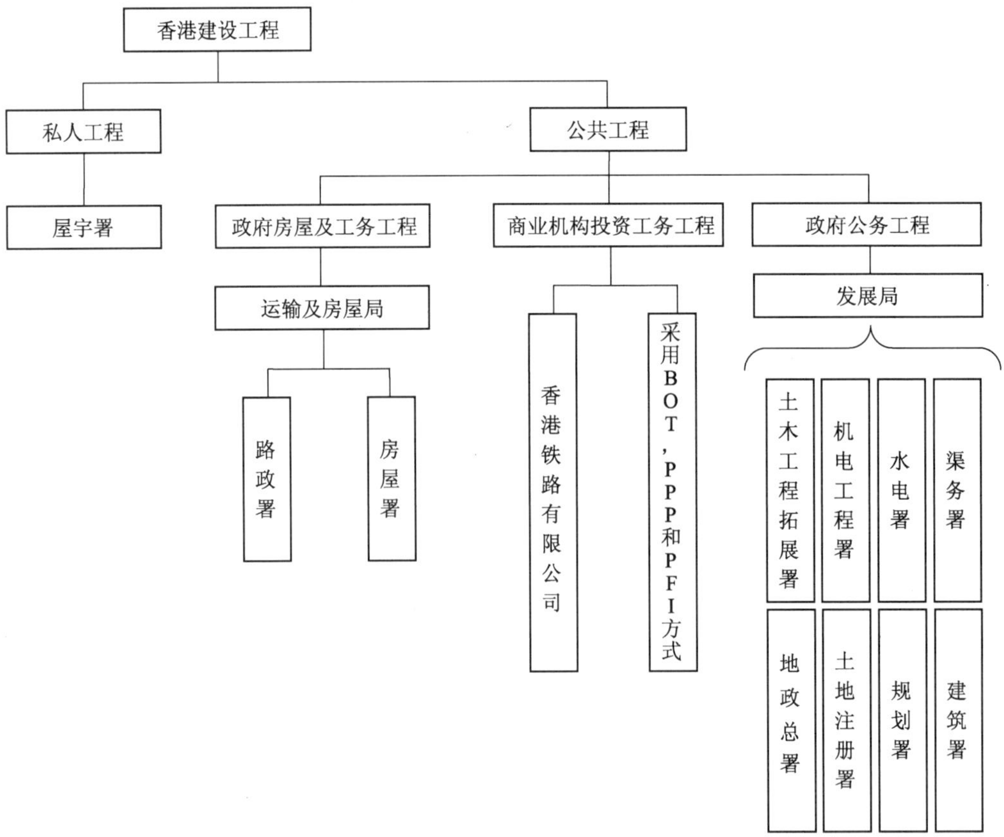

图 2-1　香港政府公共工程项目的划分标准及其管理体系

2.1.2.2　香港发展局

以香港发展局为例，它既是某些政策的决策部门，又是执行部门，职能广泛。作为决策局，它担负着政府职能部门的行政职责，向政务司司长负责。其负责的范围包括相关政策的制订和修订、环境保护与治理、发展运输基础设施、提供运输服务、交通管理事宜、供水事务、斜坡安全及防洪措施、公共工程、审查项目可行性研究报告、审批项目设计图纸等，同时负责监督下属部门的动作。此外，香港发展局还要担负专业顾问机构的职责，如派出工程技术人员对工程质量进行监控等。作为执行局，香港发展局担负着项目业主的职责，如负责招投标从而选择承包商和材料供应商、工程施工及管理、竣工验收等。此外，从项目立项直至工程竣工验收，香港发展局负责全过程的管理。

香港发展局在机构设置上非常有特色，不仅机构配置齐全，人员充实，而且将决策机构的局机关与作为执行机构的下属部门分开设置，职责分工明确。局机关的机构设置分为 5 个层次：局长、常任秘书长、科、分科及组。局机关内设 2 个科，分别是规划地政科和工务科；科下面再设分科，其中仅工务科就设有 4 个部，即文物、计划及资源管理部、工务政策及基建工程部、起动九龙东办事处和法律咨询部；部下面再根据业务性质进一步细分为组。

作为决策机构的下属部门则负责实施、管理、监督以及完成具体事务和政府工程建设任务。香港发展局根据业务范围与专业性质，目前共设有八个署，分别为土木工程拓展署、机电工程署、水务署、渠务署、地政总署、土地注册署、规划署和建筑署。其中建筑署、土木工程拓展署、渠务署、机电工程署为发展局下辖的、专门负责政府工程建设管理的专业机构。各署的下设机构一般分为 4～5 个层级，但各署下设机构级数与名称并不统一。如土木工程拓展署的部门架构设置为署长、副署长、处、科、部，而水务署则分设为署长、副署长、科、组。

发展局的施政方针包括：

(1) 透过有效的土地用途规划及稳定而充足的土地供应，促进香港的可持续发展；

(2) 尽量善用土地资源，使土地管理制度保持高效率；

(3) 使土地注册制度以有效率的方式运作；

(4) 推广和确保楼宇安全与适时维修；

(5) 透过改善旧区的建筑环境和居住条件，全面落实市区更新政策；

(6) 确保有效规划、管理和落实公营部门的基建发展和工务计划，同时确保计划能以既安全又符合成本效益的方式依时进行，并维持高质素和标准；

(7) 确保有可靠、充足和优质的食水供应，并提供有效率的供水服务；以及

(8) 负责制订与发展有关的文物保育政策。

发展局的组织结构如图 2-2 所示。

在发展局下辖的职能部门中，建筑署与深圳市工务署的部分职能类似，因此，在此对建筑署的职能做简单的介绍。香港建筑署为政府拥有或资助兴建的设施提供三种主要服务：①管理及咨询服务；②设施保养；③设施开发。截至 2015 年 3 月 31 日为止，该署有 1 810 个编制职位，包括首长级人员(2%)、专业人员(24%)、技术人员(22%)、工地督导人员(31%)及一般职系人员(21%)。健全的组织架构和专业人员配置使得建筑署能够广泛、深入地参与各个阶段的工程管理。建筑署的组织结构如图 2-3 所示。

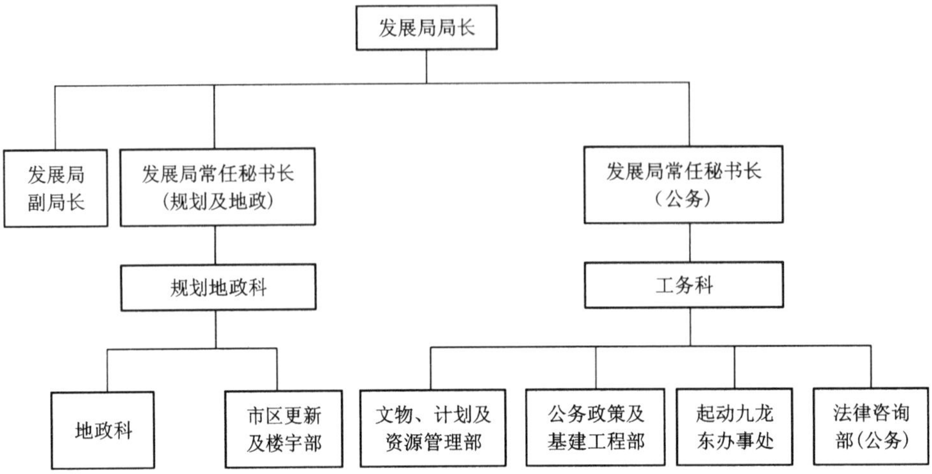

图 2-2　发展局组织结构图

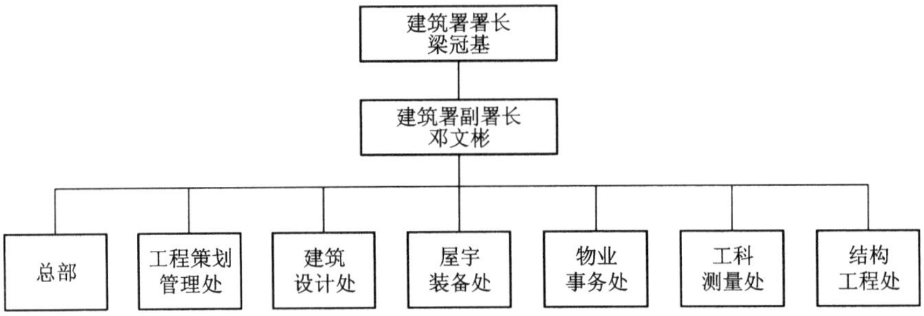

图 2-3　建筑署组织结构图

2.1.2.3　运输及房屋局

运输及房屋局负责制定香港对外对内的交通政策事宜以及维持私人住宅物业市场稳健发展，也为有需要人士提供资助房屋。运输及房屋局管辖的 5 个部门中，主要由房屋署和路政署 2 个署参与公共工程的建设和管理。其中房屋署亦是香港房屋委员会（房委会）的执行机关。房委会是负责厘定和推行香港公共房屋计划的法定机构。

香港房屋委员会是根据《房屋条例》于 1973 年成立的法定机构，是负责推行香港大部分公共房屋计划。房屋委员会由 4 名公职委员及 26 名非公职委员组成。1988 年起，房屋委员会获独立的财政地位和自主权，政府对公共房屋建设予以免费供应土地、优惠贷款等资助。房屋委员会的业务有三项：开发住宅公屋、居屋、进行其他商业性开发。在以推行公共房屋计划为主的工作中，房屋委员会承担着发展商、业主、物业管理的角色。

房屋署与深圳市公务署的部分职能类似，因此，在此对房屋署的职能做简单介绍。房屋署是房屋委员会的执行机构，负责具体筹划、建造和管理公共房屋。截止到 2014 年 12 月 1 日，房屋署共有员工 8 927 人，其中 8 233 人为公务员，649 人为合约雇员。房屋署全部的工作内容包括：一是筹备可使用的土地，包括更改土地用途、收回土地、清拆、地盘平整等工作；二是进行与可行性研究相关的工作，包括可行性研究、制定开发计划、进行财政评估、提交策略及规划委员会审核等工作；三是组织设计和施工，包括制定设计方案和预算、组织房屋施工等工作；四是进行竣工及移交，包括进行鉴定测试、协调政府部门及公用设施机构进行检查、取得各种批准和证书、移交给业主；五是进行管理及维修保养，包括改正一些工程瑕疵，提供物业管理及维修保养等。房屋署的组织结构如图 2-4 所示。

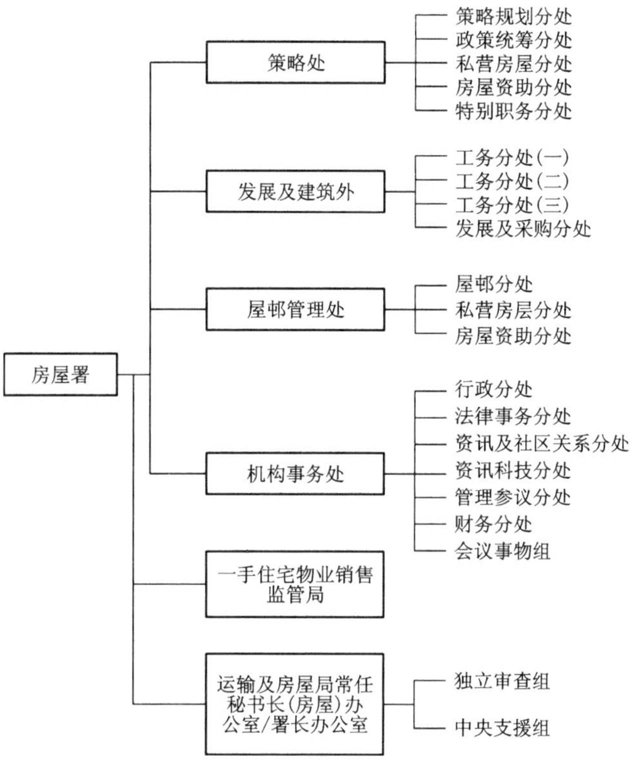

图 2-4　房屋署组织构架

2.1.3　香港政府公共工程建设的需求管理机构

香港政府工程投资的建筑工程项目，往往由使用单位提出要求。要求的合理与否，需要由政府部门来把关。对于具有特殊用途的建设工程项目，由负责的政策局进行需求管理。对于政府办公综合设施和宿舍，由政府产业署负责需求管理。

政府产业署于 1990 年 4 月成立，主要工作是满足各局及部门对一般用途联用办公室和宿舍的需求、以有效率和具成本效益的方法管理政府物业，以及善用政府土地和物业。在使用单位提出需求之后，需要政府产业署根据现有的标准确定办公空间和配置的合理性。只有经过政府产业署的批准的设计文件，才能用以招标。政府产业署以署长为首，约有 210 名职员，当中包括政务、一般、专业及技术人员。该署分为七个分部。政府产业署的核心功能是对政府物业进行全方位的管理。对于闲置的政府物业，该署负责其出租、出售等业务。

2.1.4 小结

由以上资料可见，香港由政府直接负责政府投资的公共工程的管理。并且针对工程项目的类型，负责部门职责清晰、明确。由于公共工程的建设由多个政府部门共同参与管理，且往往管理机制的制定与管理机构设置有必不可分的关系。因此对香港政府部门总体构架以及各决策局以及各相关政府部门的职责职能以及组织结构的介绍是必要的。

2.2 香港政府公共工程各阶段的管理流程

如前文所述，香港政府投资的基本建设工程项目均由发展局和运输及房屋局实施统一的分类管理。香港政府公共工程的实施方式是以分包制度进行。大型的建筑商承接到政府公共工程后把大部分施工作业分包出来，有的甚至把整个工程都分包出去，而自己只从事工程进度、质量与安全、材料供应、设备订货、成本控制等管理工作。

香港政府公共工程建设施工的显著特点之一是工程分包日益细化，有些分包到工序，所以分包商比较多。因此，总承包商除了正常的内外组织协调外，很重要的工作就是组织协调各分包商之间的关系。在工程总体网路计划中，环环相扣，某一工序，某一分包商出现问题，可能影响到其他很多分包商，所以要求总承包商与各分包商之间的合同要严格执行，一旦发现问题，总承包商应敏捷反应，及时调整，减少不必要的损失。

香港政府公共工程从决策到实施，典型建设项目的流程如图 2-5 所示。

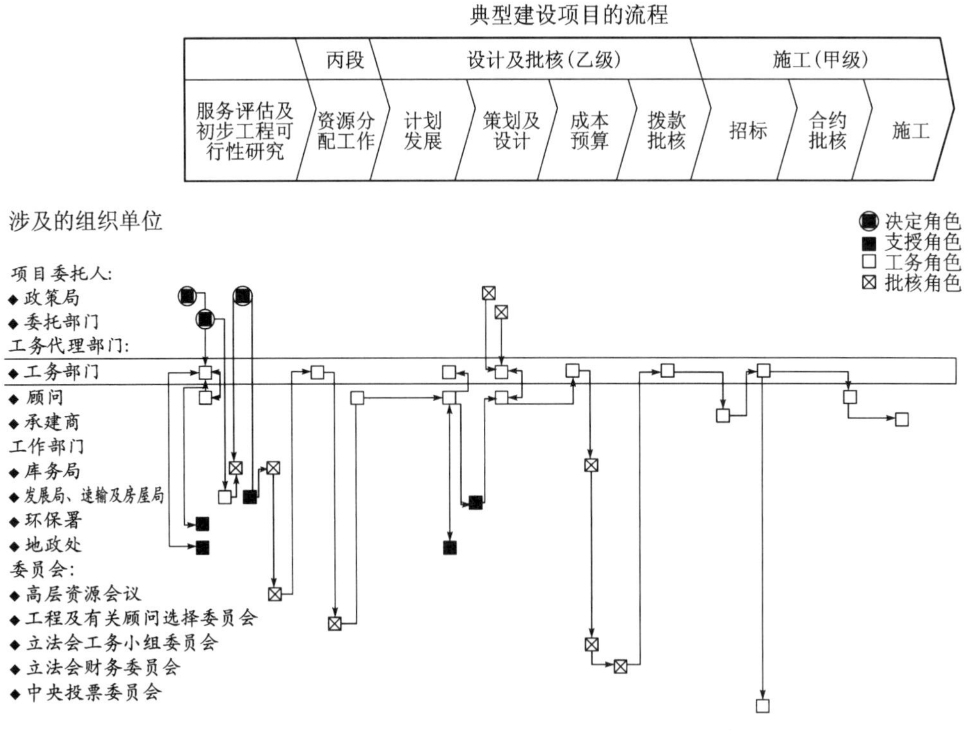

图 2-5 香港政府公共工程典型建设项目流程

2.2.1 决策阶段

香港政府工程计划有一套严格规范的审批程序。大型公共工程项目实施程序被划分为C、B、A逐步递进的三个阶段，如图 2-6 所示。

每个新的项目，一般由有关政策局提出工程概要，由发展局帮助其制定有关工程的可行性研究和设计方案的前期投资计划，在此过程当中，分别由财经事务与库务局、特别委员会和立法会财务委员会进行各项审查，将项目从丙级（批准立项）逐渐提升到乙级和甲级（设计并申请拨款）。项目被列为工务计划的甲级工程后，才可以由工务部门组织招标投标，在整个项目的建设过程中，完全由工务部门负责，政策局并不参与。

项目决策的三个阶段的详细内容如下所述。

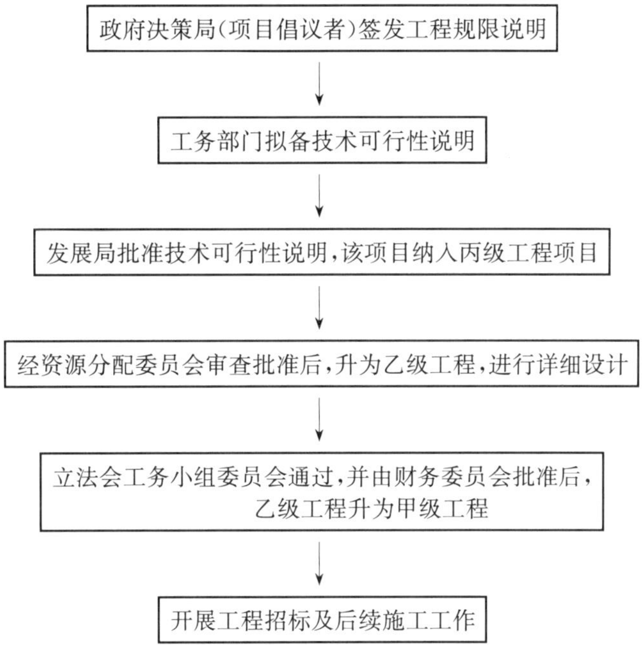

图 2-6 项目决策的阶段

（1）若相关政策部门发起新的公共工程项目，在工程需求方负责起草并签发工程规限说明后，就进入了技术可行性声明阶段。技术可行性声明的目的是保障该项目的发展能力，识别项目的各种限制，形成实施策略并且准备项目估算。工程需求界定和技术可行性声明是互补的过程，以确保提升为乙级的项目不再是简单的“好想法”，而应在项目描述、项目依据、适用范围和实施方面都明确界定。在技术可行性声明完成后，研究部门主管会签字并提请审批。如果技术可行性声明得到批准，公共工程项目才会被财经事务及库务局纳入丙级工程，项目就进入了公共工程规划的 C 阶段。

（2）进入 C 阶段的丙级工程项目会根据相关要求进行更为深入的可行性研究，包括进行初步勘探及前期设计等，完成后向资源分配委员会提出资源申请，经该委员会讨论并同意，才能升为乙级工程进入资源分配系统，从而升级到 B 阶段。

(3) 在B阶段,相关部门获得授权,着手对项目进行详细配套规划、工地勘探及设计、环境影响评估、公众咨询(主要对象包括受影响居民、区议会、环保团体等)。当详细设计和施工图纸都完成后,在政策负责部门的支持下,项目负责部门会用提交公共工程常务委员会报告的方式向立法会提出申请核准,如取得支持和同意,则由乙级工程提升为甲级工程,获得工程计划预算费核准,进入A阶段。

(4) 项目在进入A阶段后,相关部门就可以开展招标工作。在收到竞争性投标文件后,评标决策专家将从招标专家库或相关管理官员中产生,评标结果取决于项目合同价格以及项目的性价比评估分数是否达到了最高等级。当评标专家确定中标者后,项目管理部门就可以签订合同并正式开展建设工作。在特殊的情况下,职能部门的主管可以批准项目招标工作与提请立法会批准项目预算的工作同时进行。

除了资助项目,工务计划(Public Works Programme, PWP)中所有C类,B类和A类项目都必须在工务计划资讯系统(Public Works Programme Information System, PWPIS)进行注册。当然,有时候考虑到方便、经济、实施时机等因素,作为权宜之计,某些项目也有可能承包给外部机构来做。

由此可以看出,可行性研究包括之前的技术可行性声明对于香港地区的重大工程项目是必不可少的,其研究结论直接关系到项目是否能进入详细设计以及是否能获得建设资金,是决定公共工程项目成败的关键因素。

在图2-5中,除了政府的职能部门外,一些委员会也与政府投资工程密切相关,扮演批核的角色。高层资源会议(Star Chamber)是政府的一个高层次的委员会,它由政务司司长和财政司司长共同牵头,成员包括财经事务及库务局局长,公务员事务局常任秘书长等政府高层。

投标委员会/顾问公司遴选委员会由财经事务及库务局局长委任,负责为政府工程项目审批工程及有关顾问公司的遴选及委聘事宜,但不包括由部门顾问公司遴选委员会所负责遴选及委聘的顾问公司。该委员会由土木工程拓展署署長担任主席,成员包括财经事务及库务局副秘书长(库务)或财经事务及库务局首席助理秘书长(库务)(工务)、发展局副秘书长(工务)或发展局首席助理秘书长。有关部门就其委聘建议而派出的代表(其职级为首长级第2级或以上)列席会议。

在立法方面,财务委员会的成员包括立法会主席以外的全体立法会议员。议员透过互选,推选出财务委员会的正副主席。财务委员会辖下设有两个小组委员会,分别是人事编制小组委员会及工务小组委员会。立法会工务小组委员会负责审核政府在基本工程储备基金下,用于工务计划工程及由受资助机构进行或代受资助机构进行的建造工程的开支建议,并就该等开支建议向财务委员会提出建议。工务小组委员会由47位委员组成。

2.2.2 实施阶段

以公屋建设为例,香港政府工程经立法会批准后,其管理过程除项目建议由各行政部门提出外,由香港房屋委员会(Hong Kong Housing Authority, HKHA)对立法会负责,进行工程建设全过程管理,工程建成后移交相关政府部门。由于香港房屋委员会是专业的管理部门,通过长期建设工程管理经验积累以及不断创新,提高了政府工程质量和安全管理水平。政府的专门项目管理机构进行管理时，要受各种建筑条例的约束，在资金支付等环节上接受库务署等政府机构的监督。在政府公共工程发包时，由律师、建筑师、工料师等成立的顾问团体将投入大量精力来制定合约条款，以减少建设过程的索赔。通常参与政府公共工程投标的承包商必须拥有一定数量的合格技工，即根据工种，要求10%～20%的工人必须拥有香港建造业训练局颁发的合格证书。工程表现评分系统（Performance Assessment Scoring System, PASS）是香港房屋署推行的一种对承包商日常运作进行评估的评价系统。其目的是实现政府对工程的全过程控制与监管，确保工程质量、进度、安全、环保等都能满足法律法例及合同要求。承包商需要对内精细化经营，对外严格遵守政府项目的种种游戏规则来参与市场竞争，以符合 PASS 标准，获取相对稳定的政府工程市场份额。

当工程基本完工，驻地工程师代表应该安排与负责办公室为未来运营维修进行共同检查。检查结果会记录并展示，所有未完成事项依据合同辨别哪些是承包商的责任。如果所有工程都已经完成，就应该进行最终联合检查。如果关于完工标准或移交前应完成的工作内容有异议，一份关于争议点的报告应交由工程师进行决断。交接注意事项包括共同检查的日期，优良/缺陷工作清单，竣工图一览表，相关参考文件，其他相关备注等内容，并为接收工程准备由工程师代表和项目负责部门的共同签字。

建筑项目完成后，相关建筑物会移交委托部门（如属部门专用大楼）或政府产业署（产业署——如属联用大楼）使用和营运。委托部门或产业署负责建筑物的日常管理。机电工程署（机电署）则透过机电工程营运基金为政府部门和独立自主机构提供操作和维修屋宇装备系统服务，承办大部分政府建筑物的屋宇装备系统日常操作和例行维修服务。建筑署的物业事务处负责楼宇维修和修理政府建筑物及设施，以及为建筑署维修的建筑物（包括屋宇装备系统）进行翻新和小型建筑工程。

2.2.3 运营维护阶段

当工程项目进入运营维护阶段以后，由使用方进行日常设施管理。例如，政府投资的一般性质的办公室和宿舍，均通过政府产业署进行日常设施管理。政府日常物业管理主要由现场管理服务、保洁服务和安保服务三部分构成。

若在日常设施管理中发现维修需求，则交由相关各署进行维修。例如，建筑署的物业事务处，负责就政府建筑物和其他由建筑署负责的建筑物的维修保养方面，提供专业服务，而房屋署负责公共房屋的维修。政府楼宇维护工程普遍属于“小型工程”，“小型工程”一般是指估价不超过 2100 万港币的工程。这些工程大致可分为：(a)保养及维修工程；(b)翻新及改善工程；(c)小型建筑或土木工程；(d)可行性研究、小型工地勘测及设计。

一般而言，基本工程储备基金之下约半数的小型工程（以造价计算），均以定期合约（合约期一般为 1.5 年至 8 年）推行。保养及维修工程通常由定期合约承包商以施工令的方式执行个别工程项目。其余工程以招标或报价方式推行。

维修工程中很大部分都由建筑署完成，而建筑署的主要职责中很重要的一方面是关于政府设施保养，其宗旨是就楼宇及设施的维修和翻新，提供有效率及符合成本效益原则的专业和工程管理服务。建筑署辖下的物业事务处负责设施保养。任务包含：

(1) 维修及修葺所有政府楼宇和设施；

(2) 为资助学校提供维修服务;

(3) 为物业事务处负责的所有物业设施进行翻新、装修、改建、加建、优化及紧急修葺工程。

而这部分职责基本是由建筑署下设的物业事务处来负责的。物业事务处的主要职能是为政府建筑物和其他由建筑署负责的建筑物的维修保养方面提供专业服务。包括维修及修葺所有政府楼宇和设施;为资助学校提供维修服务;为物业事务处负责的所有物业设施进行翻新、装修、改建、加建、改善及紧急修葺工程,以及为政府和其他部门提供咨询服务。

物业事务处由助理署长负责,物业事务处下辖三个分处:

第一分处,主要负责香港区维修及翻新工程、调配设计(装修工程)、合约管理及地盘安全管理;

第二分处,主要负责九龙区维修及翻新工程、土力工程咨询及人力资源管理;

第三分处,主要负责新界区维修及翻新工程、古迹保固、信息系统及财务管理。

物业事务处约有 500 人。

建筑署还在 1999 年成立维修热线中心,目的是迅速响应小型维修要求。该中心备有自动通讯系统,并且由定期合约承包商借调的人员,在建筑署的职员监管下营运。建筑署负责保养的政府设施的使用者,如需小型维修服务,可直接致电维修热线中心。热线中心的执行人员在接获维修要求后,会向相关的定期合约承包商发出小型维修施工令。承包商须直接与使用者联络,以便进行有关工程,一般情况下无须涉及建筑署职员。工程完成后,会由委托部门发出认证。建筑署会随机审核有关工程,以监察承包商的表现和施工质量。

2.2.4 质量检验

香港建筑工程质量检测从业机构总共不到 30 家,分为三类,分别是政府设置的试验所、私营试验所、大学实验室。

此处只介绍政府设置的工程质量检测机构。

政府设置的工程检测机构,人员属于公务员,预算由政府编列,向政府工程提供检测服务时不收取费用。政府试验所经济上没有生存压力,因此不关心业务量,只关注质量。政府试验所主要为政府工程提供试验测试技术保障,其使命是确保政府工程得到可靠的质量。

1) 工务试验所

工务试验所隶属于香港政府发展局(原工务局)土木工程拓展署土力工程处,由一间工务中央试验所及五间工务区域试验所组成。中央试验所位于九龙湾一幢特别为试验用途而兴建的大楼内。区域试验所主要为所属区域的工务工程服务;分别位于茶果岭、大埔、葵涌、天水围和北大屿山。工务试验所约有 180 名员工,其中 12 位为专业人士,其余则为技术及文书人员。

工务试验所为香港建造业界提供广泛的建筑材料测试服务。所测试的建筑材料包括石料、沥青材料、水泥、研磨煤灰、混凝土、钢筋、木材、橡胶、岩石、土壤、地盘现场加州承载比(California Bearing Ratio, CBR)及土壤密度和一些建材成品,例如结构砖、路缘石、土工织物、铸铁沙井盖、混凝土管等。

自 1988 年工务试验所的多项测试及校正服务均已获得香港认可处“香港实验所认可计

划”认可，有关认可试验的测试证书亦印有“香港实验所认可计划”的标签，借此向客户保证测试过程及品质符合国际标准 ISO/IEC17025 的规定。

工务试验所除进行检测和鉴证试验外，亦进行一些针对建材的研究及发展工作，并管理一个钢筋及水泥的资料库，让所有政府部门及公众查阅。

为提供高效率的服务，工务试验所已将大部分数量多的简易常规试验外包予私营试验所。例如有关混凝土，钢筋及沥青物料之例行检测试验。为确保外判服务的品质，该等合约会由一专责小组监督管理，并会对该等承包试验所作出定期审查、核检及安排平行测试。

在挑选实验所承办商方面，工务试验所建立了两个招标名册，分别为工务试验所认可混凝土试验承办商名册及钢筋试验承办商名册。有兴趣加入该名册的试验所，可提交所需资料以供评核。但只有高质素及已获得“香港实验室认可计划”认可的私营试验所，才会被纳入名册中。

工务试验所亦负责管理土壤及岩石测试的定期合约，并为发展局提供管理有关土壤及岩石测试类别的“认可供应商及专门承造商名册”。

工务试验所主要是为政府工务工程提供服务。

2）房屋署—材料试验所

工程物料的质量是楼宇建筑质素的关键，故此房屋委员会(房委会)设立材料试验所(试验所)，定期抽样测试各种建筑物料。房屋署的材料试验所负责统筹和监察所有测试服务，包括由私营试验所提供的测试服务，从而控制建屋计划中采用的钢筋和混凝土的品质。材料试验所亦协助管理认可建筑构件和物料名册；在采购过程中视察工场和制备技术测试规格。现时，四类主要建筑物料(油漆、瓷砖、防水物料和修葺用砂浆)的品质控制测试工作，部分是由材料试验所执行。根据材料试验所的发展计划，测试服务很快会扩展至一些主要建筑构件，例如铁闸、模板墙和木门。

材料试验所于 1984 年成立，20 世纪 80 年代末获香港认可处认可，自始负责监察房委会直接聘用的检测承办商，确保其测试符合认可标准。房委会推行平行试验，从地盘收集两份来自同一批次的样本，分送往辖下的材料试验所及合约检测所进行测试，然后把两者的测试结果作比较，借以监控检测承办商。材料试验所亦与香港认可处保持紧密连系，协助收集建筑物料样本作性能验证。

房屋署—材料试验所主要是为政府工务工程提供服务。

2.2.5 建设流程中的相关制度和做法

2.2.5.1 公众参与决策

相比内地，香港在公众参与政府工程决策方面有着更加丰富的经验和更为完善的操作手法。在早期，香港便已发展出一套独特的公众参与政府立法的制度安排——咨询制度，并不断改进，延续至今。回归前香港主要以咨询委员会的形式推动公民参与，近年来，香港特区为了把咨询范围扩大至市民大众，才跟相关的咨询委员会合作推行大规模的公众咨询。

1）咨询委员会机制

咨询委员会是香港最传统的公众参与政府决策的形式。政府邀请个人(主要是专业人士与商人)加入各种委员会,为政府决策提供建议。类似的咨询委员会 1950 年时有 50 个,1997 年时有 300 个,到了 2000 年则增加至 375 个。咨询委员会通常包括官方与非官方成员,非官方成员由政府指定。

2) 法定团体机制

法定团体是香港公众参与政府决策的重要机制,对政府决策的影响力较咨询委员会更大。根据香港民政事务局的报告,2004 年有超过 200 个法定团体,其中包括各种非盈利组织。法定团体的运作与咨询委员会非常相似,但也有稍稍分别:由于法定团体需接受公众的检视,所以较咨询委员会更为开放、透明。

3) 公众咨询机制

类似发布“绿皮书/白皮书”的做法(注:在英联邦国家,政府在准备推行重要政策前通常会先发表绿皮书收集市民意见,经过修订后再发表白皮书作出最后公布),香港政府投资建设的公共工程,在决策过程中会多次咨询公众的意见,让公众参与到决策过程中来,对政府公共工程的决策发挥过并仍在发挥着巨大的功效。

2.2.5.2 可行性研究

香港模式的经验是严格的项目前期管理。在进入详细设计阶段之前需要开展可行性研究,大型公共工程项目投资大、影响广,其可行性研究显得尤为重要。如果可行性研究的预算不超过 1 500 万港币,由匿名投票方式批准可行性研究的资金要求。如果可行性研究的预算或者在项目开工前的预算超过这一标准,就需要通过特别条款批准。

在实际的可行性研究执行中,又可以分为内部研究和外部研究两种类型。如果具备了所需要的专家和资源,可行性研究通常由项目内部负责组织完成。内部的可行性研究包括收集各种背景信息(例如地图、计划、前期的调查结果等),规划和设计思路,与政府相关部门和外部组织协商,费用和收益估算,工程实施程序准备等。外部研究则是聘请项目实施方之外的咨询工程师完成。咨询工程师的聘请一般要受到以下条件的限制:

(1) 内部组织中缺乏必要的专家;

(2) 需要多学科专业人士组成的团队;

(3) 内部组织中没有足够的人手去完成可行性研究。

由咨询工程师负责的可行性研究基本上还可以划分为两种类型:

(1) 对于还未进入公共工程规划的项目进行的可行性研究。这种可行性研究通常包括调查项目的可行性、各种可能方案的选择以及最佳的实现方式等。

(2) 在前期可行性研究基础上的进一步研究。通常来说这种类型的研究,其项目可行性并不会有疑问,一般都是为了寻求实施项目的最佳办法,目的主要是为了确保项目符合最新的需求和标准。

可行性研究必须由挑选出的政府部门代表组成的项目办公室进行领导协调,其他相关组织或咨询机构定期审议可行性研究的进度,协助解决相关问题及提出建议。可行性研究的初期报告和主要研究内容在研究期间会不断提交给政府部门和外部相关组织进行评议,政府非常关注和重视外部组织对于可行性研究报告的反馈意见。

2.2.5.3　健康、安全与环境(HSE)管理

健康、安全与环境管理体系简称为 HSE 管理体系，或简单地用 HSEMS(Health Safety and Environment Management System)表示。HSE 管理体系的核心是 HSE 风险管理，它是预防事故的重要方法。

在香港政府公共工程中，各管理部门都很重视对事故的预防。香港房屋委员会建立了安全审核制度(Housing Authority Safety Auditing System, HASAS)、意外/事故报告机制及安全管理工具，同时积极的推广最佳的安全作业模式(图 2-7)。大量制作《安全施工程序手册》等资料供承包商以及施工人员学习和执行，以降低工程风险预防事故。

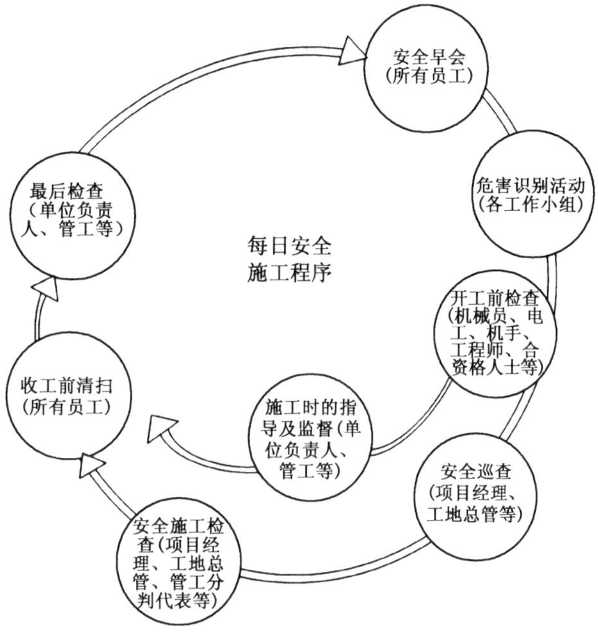

图 2-7　香港房屋委员会制定的每日安全施工程序

为了避免承包商在招标竞争中忽视工地安全风险，新工程建造合同于 2000 年引入安全支付计划(Pay for Safety Scheme, PFSS)，并于 2003 发展为一项综合支付计划，可应用到所有新工程合同中，包括工地安全、环境管理和工地现场卫生项目(Integrated "Pay for Safety, Environment and Hygiene, PSE&H" Scheme，安全、环保及卫生综合支付计划)。

安全支付计划发挥了积极的作用，引来安全文化的转变。承包商只有履行他们的责任，才能收到款项。如他们无法履行工地安全责任，可能导致无法收到付款，或者需要扣除部分款项。

为了鼓励承包商履行他们的责任，根据新工程合同，以下各点都会纳入安全、环保及卫生综合支付计划，强调重要表现为：

(1) 把 PSE&H 综合计划扩展至屋宇装备的指定分包合同(Building Services Nominated Sub-Contractor, BS NSC)；

(2) 要求从事某种特定类别的高风险工作人员完成高层安全培训课程的一个确认计划。支付款项的多少将会根据他们符合的程度而定；

(3) 根据分数高低，把安全审核的表现列入付款的考虑因素之一，显示对其表现的满意程度；

(4) 致命意外将导致支付款项减少；

(5) 对一些创新和保障安全的设备或措施给予奖励；

(6) 奖励承包商参与主要的工地安全推广活动。

承包商的安全管理系统是确保工作安全的基础。按照房屋委员会安全审核计划，每季

度房屋委员会都会对工地安全管理系统及其执行情况做出审核。始于1996年的安全审核制度(HASAS)一直为业界提供一个专业而独立的系统，评估承包商的表现。为配合维修和保养工程的独特性，房屋委员会同时将发展一个为分区保养合同制度量身订做的安全审核系统。

2.3 香港政府投资建设项目的管理机制借鉴

香港实行高度自由和开放的资本主义制度，政府对各种经济活动的管理一直奉行“积极不干预”的政策。对于工程建设，香港主要借鉴英国的管理模式，并在长期的实践和探索中形成了一套独具特色的政府工程与私营工程分开管理的管理制度。这套管理制度非常有效地管理着香港持续几十年的大规模、高速度的基本建设活动。

每年香港政府批出的政府基本建设工程合约超过数百亿港元，工程量比较大。为了用好纳税人的每一分钱，充分发挥政府公共工程的投资效益，香港政府在多年实践基础上建立了一套管理严密、运作畅顺的政府公共工程管理制度。其中包括：政府公共工程的认可承包商制度、政府公共工程的顾问公司制度、政府公共工程的招标投标制度、政府工程合约管理及工程款支付制度、政府工程的保险制度、认可人士制度、分包制度，以及劳务工的培训制度等等，本章节挑选部分有特色制度简单介绍。

2.3.1 政府工程的认可承包商制度

为确保承办政府公共工程的承包商在财政、专业知识、技术、管理和施工安全等方面达到一定水准，香港政府发展局一直推行公共工程认可承包商制度。政府公共工程除个别特殊情况外，一般只邀请“公共工程认可承包商名册”内的承包商参与投标。申请纳入“公共工程认可承包商名册”的基本条件是，必须按照《商业登记条例》第2条规定在香港设立公司及办事处，并要求在香港聘用不少于指定数目的具有一定学历及有本地工作经验的全职管理及技术人员。

截止2015年3月15日，据发展局官网显示，共有公共工程认可承建商270家，公共工程认可物料供应商及专门承建商571家，即认可的承建商总数为841家(不包括暂时被取消投标资格的承建商)。按工程专业划分，第一大类承包商分为建筑、海港、道路与渠务、水务、地盘平整5个工程类别；第二大类承包商分为空调及制冷、防盗及保安、电器、消防、升降机及自动梯、道路标志等51个工程类别。一个承包商可被纳入其中一个或多个工程类别。

按照承包商的规模和实力划分，第一大类承包商又分为甲组、乙组、丙组三个等级，不同等级的承包商允许竞投的工程规模不同。目前的具体规定为：甲组承包商只允许竞投合同价7 500万港元以下的工程，乙组承包商只允许竞投合同价7 500万港元以上、1.85亿港元以下的工程，丙组承包商允许竞投合同价1.85亿港元以上的工程。

香港自1997年5月加入世贸组织政府采购协定后，在认可承包商注册中基本取消“本地”和“外地”的分别，但目前外地承包商只能申请纳入丙组名册，即只能竞投合同价1.85亿港元以上的工程。

为了客观、公正地评核承包商在履行工程合同期间的工作表现，工务局制订了一套科学合理的评核办法。评核内容由工作素质、进度、地盘安全、环境污染管制、组织、一般责任、工业意识、资源、设计(仅限于设计施工总承包合同)、处理紧急情况等 10 个项目组成。评核工作由政府或代表政府的工程部门负责，从工程合同开始每 3 个月评核一次，直至工程完成并取得保养期完结证明为止。每次的评核报告均作为重要资料，由负责评核的工程部门直接通过电脑网路录入发展局的“承包商管理资讯系统”。对于工作表现欠佳或违反规则的承包商，发展局会视其情节轻重分别给予警告、自愿暂停投标、强制暂停投标、降格、降级、除名等处罚。

2.3.2　政府公共工程的顾问公司制度

香港政府公共工程项目的可行性研究、规划设计、施工监管和成本控制等工作，一般由政府各工程部门进行。但在政府人手不足、工程需特别专门的知识或工期要求特别紧急时，也会聘请顾问公司。

为保证所聘用的顾问公司有较高的服务水准和品质，香港政府对顾问公司实行登记制度。一般情况下，只有登记在册的顾问公司才会被政府考虑聘用。登记入册的标准包括顾问公司在香港的历史经验、所聘职员的个人资历及经验、在香港的设施和以往被公营或私营机构聘用时的工作表现等。

目前，在工程及有关顾问遴选委员会登记在册的顾问公司共约 120 家；在建筑及有关顾问遴选委员会登记在册的顾问公司共约 100 家，分为建筑、结构工程、屋宇装备工程、工料测量、园林景观特殊专业(如土力工程、隔音处理等)共 6 个类别。根据各家公司所拥有的技术力量和过去的工作表现，登记在册的顾问公司分为两个或四个等级(特殊专业除外)，并明确规定每个等级允许竞投的最高合约金额。登记在册的顾问公司每年必须提供最新的资料，其等级每年检讨一次。

顾问公司的聘用由各工程部门按一定程序进行，但为了保证聘请工作的公平合理，香港政府设立了 3 个顾问公司遴选委员会，包括工程及有关顾问公司遴选委员会、建筑及有关顾问遴选委员会和中央顾问公司遴选委员会。这些委员会负责顾问公司遴选、聘用的监管及审批工作。其中，工程及有关顾问公司遴选委员会负责审批土木工程署、渠务署、机电工程署、环境保护署、路政署、拓展署、运输署、水务署和规划署聘请工程顾问公司事宜；建筑及有关顾问公司遴选委员会负责建筑署聘请建筑顾问公司事宜；其他工作的顾问公司聘请事宜则由中央顾问公司遴选委员会负责。

为了加强对顾问公司的管理，香港政府制订了一套量化的考核办法来评核顾问公司的工作表现。工作评核每三个月进行一次，每个阶段工作结束须进行阶段评核，合约完成时进行总结评核。如果顾问公司在一个项目中多次或同时在多个项目中被评核为“表现欠佳”，将会受到警告、责令改进、降级、暂停聘用、取消认可资格等处罚。

2.3.3　政府公共工程的招标投标制度

香港政府公共工程的招标投标制度以“达到最佳经济效益”和“保持公开及公平竞争”为

政策原则。具体的招标组织工作由各工务部门按规定的程式进行，而招标的最高决策机构是财政司司长委任的两个投标委员会：中央投标委员会和工务投标委员会。其中，中央投标委员会负责审批价值超过3 000万港元的建造及其他工务工程标书；工务投标委员会负责审批价值不超过3 000万港元的建造及其他工务工程标书。

香港政府公共工程主要采取公开招标、选择性招标、单一及局限性招标、资格预审招标等4种方式进行招标。其中，选择性招标是最主要的招标方式，招标项目数量占96%以上。这种招标方式实际上也是公开招标，不过只允许已纳入工务局认可承包商名册的承包商投标。政府公共工程的招标公告和中标结果按规定须在政府宪报、互联网上公布，必要时还需在本地或国际报刊上刊登。

标书的评审工作，一般由各工程部门自行组织进行评审工作完成后，负责招标的工程部门须向投标委员会提交一份推荐中标人及其他建议的报告，由投标委员会审批决定中标人。一般情况下，香港政府工程按“低价中标”的原则进行评标，但投标价格最低者未必一定能中标。

投标书是否符合招标书所列的条款及规格、公司的技术及财政能力、过往不良行为记录、能否依时完成工程、完工后的支持及服务、操作成本（如耗电量）及维修费用等，都是评标时必须考虑的重要因素。不推荐最低标价的投标者作为中标人。招标部门须在提交投标委员会的报告中详细说明原因。目前，香港政府正在研究制订有关评标的指引，以规范标书评审工作，避免过渡的恶性竞争。

2.3.4 私营工程认可人士制度与工程建设监管

认可人士制度是香港针对私营建筑工程的监管而设立的管理制度。香港《建筑物条例》规定：每一个由他人代为进行建筑工程（或街道工程，下同）的人，须委任一名认可人士作为建筑工程的统筹人。认可人士由符合资格的注册建筑师、注册结构工程师和注册测量师出任。目前，全港共有认可人士约1 300名，其中由注册建筑师出任的900多名，由注册结构工程师出任的200多名，由注册测量师出任的100多名。

认可人士作为政府注册专业人员，负责签字确认所统筹工程报建图纸及有关资料符合技术规范与有关法规，并对工程质量承担主要的责任。一般简单的工程，可直接由认可人士负责工程的筹划、设计、报建、施工监理、竣工验收全过程统筹及顾问工作；结构复杂或重大的工程，由需另外委托结构工程师进行工程结构的设计及监管工作，而工程筹划、设计审查、报建、施工监理、竣工验收等统筹工作还是由；认可以负责。香港法例规定，除工程设计文件及有关资料外，认可人士在申请工程开工前还需向屋宇署提交一份工程监工计划书。认可人士对工程建设的监督，可委任的技术适应人士数量、技术水平等级以及巡查的频率，由认可人士根据工程的复杂程度、规模大小和屋宇署颁发的监工计划书技术备忘录的要求，在监工计划书中确定。

屋宇署作为私营工程建设的监管部门，主要职责是审查批准认可人士已签字确认的建筑图则、发放建筑工程开工许可证、监督工程建设、签发建筑工程入伙纸和满意纸等。监督主要以定期巡查和突击检查两种方式进行，监督内容主要是检查工程建设是否严格按图则和有关法例进行，以及认可人士、注册结构工程师、注册承建商是否按监工计划书的要求履行其职责。在监督检查中如发现有违规违法行为，屋宇署有权责令工程停工、拆毁建筑物以及处分或检控认可人士、注册结构工程师、注册承建商等有关人员。

2.3.5　政府工程合约管理及工程款支付制度

香港政府工程的合约，主要有6种类型：

(1) 附有工料清单按量数付款的工程合约；

(2) 附有工料定价表按量数付款的工程合约；

(3) 附有确实工料清单的总价合约；

(4) 附有图则及规格的总价合约；

(5) 设计兼建造合约；

(6) 补偿成本合约。

香港政府一般使用的标准合约文本，目前标准合约文本有：

(1) 香港政府建筑工程合约；

(2) 香港政府土木工程合约；

(3) 香港政府小型建筑无工程量合约

(4) 香港政府建筑工程期限合约；

(5) 香港政府机电工程合约；

(6) 香港政府分包合约；

(7) 香港政府指定分包合约；

(8) 土木工程机场核心计划 Airport Core Programme (APC)合约(只用于1997年前的机场核心计划工程)；

(9) 建筑工程机场核心计划 Airport Core Programme (APC)合约(只用于1997年前的机场核心计划工程)。

这些标准合约文本参照国际通用的建筑工程合约条款，结合香港实际经过多次修改完善形成的。香港的实践证明，规范的标准合约文本对加强政府公共工程管理，减少不必要的索赔和纠纷起到了非常重要的作用。

香港政府公共工程实行集中支付制度，所有政府公共工程的工程款均先由各工程部门的项目管理代表签字确认已完成的工程量，再交由库务局根据工程进度和合约规定统一支付，其他政策局或工程部门均不设立任何可支配工程款的账目。

2.3.6　香港建造业劳务工的培训教育制度

为提高建造业劳务工的基本素质和技能，香港依照《工业训练(建在造业)条例》，于1975年9月成立了建造业训练局，专门负责全港建造行业的技工、技术人员和操作员的技能培训和测试工作。目前，该局共有教职员工616人，设有4个训练或测试中心(总建筑面积共为66 702平方米)，另外还设有4个临时训练场(占地面积共为60 570平方米)。建造业训练局的经费主要来自建造业本身，法例规定全港造价超过100万港元的建筑工程均需按工程费的税的比率缴纳训练税。

建造业训练局提供的训练课程有三大类：一是全日制课程班，主要招收中三或中五的毕业生，学习时间为一年；二是成年全日制短训课程班，主要为社会上有意向转到建造行业来工作的成年人开设。学习时间为2个星期到6个月；三是业余训练课程班，主要为业内在职人员进一步提高工艺及管理水平而开设。

建造业平安卡课程是香港《工厂及工业经营(修订)条例》规定的所有建造业从业人员必须参加学习的强制性训练课程。训练课程的时间为1天，完成课程学习并通过测试者，可获得建造业训练局颁发的为期三年的“平安卡”。对于拆建楼宇、木模板、外墙安装、搭竹棚、扎钢筋等危险性较大的工种，建造业训练局提供为期两天的针对不同工种进行安全训练的课程。参加学习并通过测试者，可获发为期三年的“超级平安卡”。香港法例已明确规定，所有进入地盘的施工及管理者必须配带“平安卡”，否则以违法论处。香港强制推行“平安卡”制度，为提高全港建造业的安全意识，促进建设工程的安全生产起到了积极的作用。

为配合建造工人注册制度的推行，香港建造业训练局自90年代起逐步开展考核或评定建造业工人技术水平的测试工作，目前全港已有超过6万人参加了测试。香港政府有关部门也积极支持香港建造业训练局的测试工作。房屋署于1995年4月起在其批出的合约中规定，参加工程建设的技工或操作员需有一定比例具备建造业训练局认可资格。建筑署也于1996年7月起在工程合约中提出同样的要求。为了吸引较高素质人员加入建造行业，保证报读训练课程的学员安心学习，香港建造业训练局对报读训练课程的学员均提供一定的生活和交通津贴。学员津贴费用从训练税费列支。

建造业议会(议会)根据《建造业议会条例》(第587章)(条例)于2007年2月1日成立为法定机构。建造业议会与建造业训练局于2008年1月1日完成合并，并与建造业工人注册管理局于2013年1月1日完成合并。

2.3.7 工程项目合同管理制度

香港的工程管理模式是沿袭英国传统的工程管理模式，业主都会聘请专业的工程咨询机构。其中与内地不同的是它使用了工料测量师，工料测量师的主要工作包括：通过初步成本估算，制定可靠的项目预算；在设计过程中，制定分项概算及与预算比较；以工程量清单制定招标文档，从承包商取得最合理的价格及建筑合约(同)的制定和管理；量度及评估工程变更的费用；对工程进度进行估值，并建议中期付款额；工程进行期间，按时制定总成本估计报告书以便让业主知道工程财务情况；按工程的特别情况，草拟合约条文，并协助建筑师处理和了解合约细则，避免及减少合约纠纷；审核及评估承包商在合约上提出的合理增价要求；制定工程决算。

由于建筑产品的专业性等特点，使得大部分业主处于资讯不对称的一方。因此聘请专业的工程咨询机构来进行工程项目的合同管理是必然的选择。作为亚太经济、金融中心的香港，建筑业仍是其主要行业之一。经过几十年大规模的开发建设尤其是一些大型项目的开发建设，使得香港的工程项目管理水准不断提高，行业规范和标准日趋成熟和完善，很多方面都值得内地学习。以下仅就三点进行介绍：

(1) 在招标活动中重视工程量清单，工程量清单是包含在合同中的非常重要的一项，它是由工料测量师按照香港建筑工程工程量计演算法规将设计图纸和技术规范说明了转换成分项描述及数量的档。

采用工程量清单进行建设工程招投标，广泛地应用在国际工程中。这是因为：首先，工程量清单为承包商投标报价，发包方评标提供了一个公平、公正的基础，避免了暗箱操作，确保了发包方能获得最优的报价；其次，工程量清单为建设工程的中期付款、工程变更审核及竣工决算提供了合理的依据；再次，工程量清单有利于风险的合理分担，承包商则对自己所报的成本、单价的合理性负责，而对工程量的变更或计算错误等不承担责任，相应地这一部分风险则应由招标单侠承担；最后，工程量清单使得无论是发包方还是承包方，都可以据以进行合同管理及工程造价控制。

因此香港的建设工程招标过程中，发包方是十分重视工程量清单的制定的。一个有经验的建筑师会在工程量清单中列出工程建设所需的各项材料的详细规格、型号。工程量清单制定得越详细，越有利于业主控制投资，避免承包商利用材料规格、型号规定的不明确而以次充好，损害业主的利益。并且由于采用工程量清单进行招标，使得工程咨询机构在评标时能够对分项工程综合单价作详细分析比较，再结合 ABC 分类法等进行评审。

(2) 对工程进度实施跟踪，确定中期付款额度，确保业主利益。香港的工料测量师行，一般都建立有自己的资料库，拥有自己的一套经验总结性的合同管理模式。对于工程中期付款的额度的确定，拥有一套合理准确的演算方法和程序，尤其是强调对工程进度的跟踪，对工程量变更所引起的工程价款的增加的即时控制，用以确保业主的中期付款额度不超出预期总造价。当中期付款额度达到总造价时，向业主建议停止付款。

(3) 研究合约细则，减少合同纠纷及减少索赔。对于业主所聘请的专业工程咨询机构，都会派驻专门的合同管理人员，仔细研究合同条款。对合同中规定的属于业主的职责和工作，及时督促业主完成，对于合同的纠纷根据合同条款向业主提出专业建议；在订立合同时针对本项目特点订立的条款尽量避免和减少索赔的发生。

2.3.8　进度控制管理制度

在进度控制方面，对政府公共工程建设来说，工期的要求都是很严格的，工期推迟，承包商受罚；工期提前，承包商无奖。进度控制管理制度大都采用网路计划和线性图示相结合的方法，这样对工程进度及影响程度的掌握，既直观、又便于分析。在自由竞争和市场经济条件下，时间就是金钱的观念得到了充分的体现。

2.3.9　建造业长远发展制度

为加强香港建造业的可持续发展提供一个沟通平台，强化健康及安全意识，提升技能发展，力求不断改善。建造业议会(议会)根据《建造业议会条例》(第 587 章)(条例)于 2007 年 2 月 1 日成立为法定机构。议会的主要职能是就长远的策略性事宜与业界达成共识、向政府反映建造业的需要及期许，并为政府提供沟通渠道，取得与建造业所有相关事项的意见。为推动整个行业进行改善，议会获授权制定操守守则、管理注册及评级计划、督导前沿研究和人力发展、促进业界采用建造业标准、推广良好作业方式和制订表现指标。

议会由一位主席及 24 名成员组成，成员来自代表业内各界别的人士，包括聘用人的人士、专业人士/顾问人士、承建商/分包商/材料或设备供货商、建造业相关的训练机构或学术或研究机构的人士、职工会的人士、适合担任议会成员的其他人士和公职人员。主席和成员由发展局局长委任。

根据条例,议会的主要职能包括:

(1) 就可能影响建造业或与建造业相关的策略性事宜、重大政策及立法倡议,以及就建造业所关注的事宜,向政府提供意见及做出建议;

(2) 向政府反映建造业的需要及期许;

(3) 促进建造业的持续发展及进步,借以提升建造业的质素及竞争力;

(4) 促进自律规管、制订操守守则及执行该守则,借以维护建造业的专业精神及持正;

(5) 透过设立或管理注册计划或评级计划,改善与建造业有关连的人士的表现;

(6) 透过策划、推广、监管、提供或统筹训练课程或计划,增进建造业从业员的技术;

(7) 鼓励研究活动及创新技术的应用,以及设立适用于建造业的标准或促进该等标准的设立;

(8) 在解决争议、环境保护、多层分判、职业安全及健康、采购方法、项目管理及监管、符合可持续原则的建造及有助改善建造质素的其他范畴方面,推广建造业良好作业方式;

(9) 透过促进和谐劳资关系及提倡遵守关乎雇佣的法例规定,以及透过增进建造业内各界别之间的沟通,增强建造业的凝聚力;

(10) 发挥资源中心功能以供建造业同业分享知识及经验;

(11) 透过制订表现指标,评核建造业达致的进步;

(12) 就根据本条例征收的征款率作出建议;

(13) 进行或资助关乎职业安全及健康、环境保护或建造业可持续发展的教育、宣传、研究或其他计划;

(14) 执行对建造业属相干的其他职能,包括本条例或任何其他成文法则赋予或委予议会的职能,或根据本条例、《建造业工人注册条例》(第583章)或任何其他成文法则赋予或委予议会的职能。

根据条例,议会的补充职能包括:

(1) 向建造业提供训练课程;

(2) 为建造业设立及维持业界训练中心;

(3) 协助已完成向建造业提供的训练课程的人就业,包括以提供财政援助的方式给予协助;

(4) 评核任何人在涉及建造业或与建造业相关的任何种类的工作方面已达致的技术水准,并就任何该等工作举行考核及测试、发出或颁发修业证明书或技术水准证明书和订定须达致的水平。

根据《建造业工人注册条例》(第583章),议会具有以下职能:

(1) 负责《建造业工人注册条例》(第583章)的施行以及负责监管有关人士的注册;

(2) 设定注册或注册续期的资格规定;

(3) 就征款率作出建议;

(4) 执行根据《建造业工人注册条例》(第583章)委予议会的其他职能。

根据条例的转授权规定,议会将若干职能转授予专责委员会,包括:

(1) 行政及财务专责委员会
(2) 建造安全专责委员会
(3) 环境、创新及技术专责委员会
(4) 采购及工程分判专责委员会
(5) 生产力及研究专责委员会
(6) 处理反对事宜委员会
(7) 建造业训练委员会
(8) 建造业工人注册委员

建造业训练委员会(条例规定该委员会执行补充职能)及建造业工人注册委员会(按建造业工人注册条例),以更好地履行职能。各专责委员会各自负责特定的职能领域。专责委员会有权委任小组委员会,以更好地执行专责委员会的职能。

2.4　香港政府公共工程项目的先进经验、挑战和问题

2.4.1　政府公共工程项目管理的成功经验

香港政府每年都有大量的政府公共工程需要进行管理。在长期的实践中,积累了一些比较成功的经验。这些经验包括以下内容。

(1) 香港政府公共工程集中管理的做法,保证了政府公共工程由有资深经验的专业技术管理人员来实施,从而能够很好地进行建设工程的投资控制,质量、安全控制,进度控制。政府公共工程集中管理,也使建设经验能够得到不断的积累,技术管理人员的素质和水平不断得到提高,必然大量节约人力、物力和资金。

(2) 香港政府公共工程由政府部门直接实施,但同时又充分发挥专业人员作用的做法,在发达国家和地区有一定的代表性。工务系统及房屋署大量的公职人员都是专业技术人员,在政府人手不够时雇佣社会化的专业顾问。这些有执业资格的专业人士既有技术权力,又有技术责任,权利和责任相匹配,是政府实施公共工程建设的基础。

(3) 香港政府公共工程严格按照规则实施的做法,是政府公共工程管理体制成功的基石和保证。香港的房屋署及发展局及其管辖各署都要按照确定的规则办事,立项、招标、资金拨付、竣工验收、后期管理都有严格的规则,这样有效地避免了“人为因素”,减少了权利寻租的机会,形成了一种只关注做事,无法插手其他事务的机制。

(4) 香港将政府公共工程中的赢利性和非赢利性工程分开,按照不同运作方式管理的做法,也值得学习和借鉴。对于有商业价值的政府建设项目,调动多个积极性,允许私人和非政府机构参建,同时,在建设管理方面采用与公共非赢利性工程有所不同的方式,既完成了政府建设计划,弥补了财政资金的不足,也提高了项目的建设效率和效益。

(5) 香港政府对于工程建设的前期工作做得极其充分,可行性研究、工程预算、概算、资金准备都做得比较仔细、充分,确定程度很高,相当一部分是通过法律程序的。这为建设工程的规范实施打下了很好的基础,建设方案和资金使用量变化很小,也避免了“超预算、超标

准、超规模”的问题。从而避免出现仓促立项，概预算粗且不确定，资金不落实就动工建设，建设过程中扯皮的情况。并强调政府投资的确定性和严肃性。

(6) 香港的政府公共工程主要负责实施的部门，不直接经手资金的做法，也很值得借鉴。建筑署与投资多少没有关系，避免了目前一些地方政府建设机构吃投资(按造价提管理费)，从而期望投资越多越好，造成投资浪费的弊病。

(7) 香港政府比较注意根据地区实际需要确定政府部门、各政府部门职能、机构、人员相匹配问题。如根据香港本地建设的需要在土木工程署中设立治理山坡、填海的工作内容；设置渠务署，负责开发、维修及改善排水系统等。各政府部门所需的人数完全根据其职能和工作的需要，没有僵化的概念，也不搞所有机构一刀切。香港特区有700多万人口，工务系统和房屋署系统就有公务员3万余人，这支队伍很好地保证了工务工程和公共房屋工程按照预想目标的顺利实施。目前，国内在政府机构的设置和人员编制问题上，存在着不同职能、工作内容和工作量，在政府机构人员的数量上一刀切的问题，由于人手不够，政府应当履行的职能难以到位，许多事情没有管好的基本条件。

(8) 法律咨询工作受到很高的重视。香港工务系统各署下属科室中，基本都有一个专门负责法律事务的专职机构，名为法律咨询分科，其职责包括就政策事宜向工务局提供意见、解决纠纷、就合约提供顾问服务、拟备审核合约、就申索(即索赔，下同)和有关的争议提供意见、进行和管理申索争讼的工作，其中包括调解、仲裁和诉讼、协调和监督争讼的外判工作等19项。有了这样一个机构，若承包商违约，工务局就可以拿起法律武器，直接向承包商索赔，直至终止双方的合约。可见，香港政府工程合同管理和法律事务工作做得很细，效果非常好。

(9) 全过程管理与全过程负责。正是因为香港工务局拥有庞大的专业技术与管理人员队伍，香港政府公共工程从项目可行性研究到竣工验收，包括规划设计、施工管理以及工程施工等，均由各专业署直接承担，实行由工务系统全过程管理、全过程负责的管理机制。只有在碰到人手不足、特殊工程或紧急工程的时候，各个署才会聘请专业顾问公司。这种管理机制使政府工程在其建设的每一个环节都有明确的责任主体，既避免了前后环节工作的脱节，又避免了各环节责任主体间的扯皮推诿。一环紧扣一环，取得了很好的实际效果。

(10) 严格的合同管理与赔偿退出机制。香港政府公共工程管理业内人士的守法意识和按合同(合约)办事的观念非常强，因此，合同条款制订得非常详细，甚至连每一个施工细节怎么处理都规定得一清二楚。每一本合同的厚度都如同一部大百科全书。合同文件包括一般合约条款、技术规范、计量方法、工程工料清单、特殊条款等，详细订明了业主、承包商及工程师的权利和义务以及其他重要事宜，附加特别合约条款则详细订明了本工程的独特要求。合约双方严格依法、按合同办事，对进度缓慢的工程，香港发展局可以采取发出警告、在承包商表现报告记录反映、约见承包商、要求损害赔偿直至收回工地等制裁措施，以确保政府公共工程建设顺利进行并如期完工。

香港政府公共工程设有专职人员作为政府代理人，在工地现场负责合同管理，称为合约经理(总建筑师)或工程主任(现场工程师)。他们拥有很大的权力，全权负责工地移交、现场监督、工程施工记录、工程变更、施工安全、工期、合同支付、环保、索赔等有关工程施工建设的几乎所有事项。当然，与之相对应的，他们的责任也非常大，每一个工作失误都会直接记录在他们的个人执业档案内，并且直接影响其职位的执业资格。

(11) 风险管理与不可预见费范围内工程变更的高效动作。在香港政府公共工程的造价管理中，特别强调风险管理。一是在工程筹划期间（项目前期阶段）十分注重风险评估，一般要将工程的不确定事项逐一列出，并确定出重大风险事项，如工地地质变化，市场价格变动、宏观经济状况、设计变更以及投标竞争情况等，再评估这些风险事项的可能性及其程度，估计每一风险出现后对工程造价的影响并量化为风险金额（即不可预见费），最后将各项风险金额汇总，得出整个工程的不可预见费，并计入工程造价预算内。香港政府工程的不可预见费一般占合同总价的 2%～8%，工程小则不可预见费比例高，工程大则低。但是，这笔不可预见费并不一定要支付给承包商，而是按实际发生的原则支付，即只有当合同约定的风险事项实际发生了并经过确认，承包商才有权申请支付这笔费用，对于合同未约定的风险事项，则由承包商自行承担。同时，承包商在投标报价时，也会做足风险评估，否则风险自担。既有效地控制了工程造价，又防止了投标人竞相压价，恶性竞争。

对于工程造价增加额不超过核定的不可预见费的工程变更，香港发展局拥有充分的自主权：若工程变更造价估算少于港币 15 万元，则变更指令可由现场建筑师或工程师批核；若估算介于港币 15 万到 30 万元，则变更指令可由工务局内高级建筑师或高级工程师批核；若估算超过港币 30 万元，则变更指令由工务局首长级人员批核。但是，如果估算超出了核定的不可预见费范围，则超出部分必须报政府相关部门，直至立法会审批。可见香港工务局在工程变更方面拥有很大的自由裁量权，从而有效地提高了工程变更的审批效率，最大限度地减少了工程变更对施工工期的影响。

以上这些，都是香港政府投资工程成功的经验。

2.4.2 政府投资建设项目管理存在的问题

香港政府投资项目管理也经历过不合理、不完善的阶段，所以也有出现超投资（超标准、规模、预算）、项目完成质量差，建设工期拖延和建设管理效率低下的问题。主要原因是：①法律法规的不适合；②监管执法不严；③投资、建设、管理、使用的监督机制不明朗；④部门的职能不明确；⑤个别腐败现象。

通过一个或多个专业机构，香港政府对政府公共工程项目进行直接管理，这样就会造成为政府公共工程服务的公务人员数量过于庞大。目前政府公共工程管理逐步向民营化和私人化方向发展，以减少政府投资参与的份额，降低风险。在一些项目出现了伙伴式管理(partnering)、私人融资实施方式(Private Finance Initiative，PFI)。

香港政府投资建设项目的管理主要朝着以下几个方向发展：

(1) 削减政府公共工程管理机构工作人员数量，精简管理机构；

(2) 调动专业人士积极性，使其充分发挥专业作用，提高管理专业程度；

(3) 实施社会化管理，把选择最有力的、高质量的工程管理咨询公司作为政府公共工程管理的前提重点，从而提高管理质量；

(4) 采用电子化采购方式，提高采购效率。

工程分包制度是国际上通行的一种体现建筑业特点的生产经营方式。在香港，大型的建筑商一般不直接从事施工作业，他们承接到工程项目后把大部分施工作业分包出来，有的甚至把整个工程都分包出去，而自己只从事工程进度、质量与安全、材料供应、设备订货、成本控制等管理工作。分包商接到分包工程后，还可以按合约的规定进行再分包。香港的工程分包已有很长的历史，这是社会化大生产分工协作的结果，同时能有效解决工程量不稳定和劳工人手不足带来的问题。

但香港的工程分包一直被视为企业的一种商业行为，是否分包，如何进行分包，由承包商自行决定，政府或业界一直没有制订过具体的监管分包行为的规例和措施。目前，这种不受控制和监管的分包制，也给工程建设带来一些不好解决的问题，如多层分包后的分包商，与总承包商无直接的合约关系，总承包商不好直接监控和有效协调各个分包商的工作，特别是出现问题时不好界定有关责任；又如工程层层分包，特别是无实质意义的整体转包，费用经过层层截留，使实际承担工程施工的底层分包商已无利润可言，结果只好偷工减料、以次充好来降低成本，工程质量得不到保证。近年，行内已有不少人批评这种不受监管的分包制，多层分包已被有关方面列为导致香港建造工程质量不高、未能达到有关要求和标准的重要原因。

对于分包制存在的问题，香港建造业界的有关机构和部门正在研究解决的办法和措施。香港建造业检讨委员会于 2001 年 8 月完成的“检讨报告书”提出的改进措施有：

(1) 以“有组织专业分包商制度”为基础，逐步推行分包商注册制度，要求总承商只可聘请注册分包商，以保证分包商的基本素质；

(2) 禁止工程合约的整体转包；

(3) 加强对分包商工作表现的评核和监管；

(4) 提供培训，提高分包商的技术和能力。

2.4.3 政府公共工程项目管理问题的改革方向和解决路径

2.4.3.1 改革方向

香港政府经过不断探索实践和研究，已经逐步形成适应本地环境和市场经济发展需要的政府公共工程治理实施方式——从机构的设置、机制的运行和管理形式等。主要特点有：

(1) 相对集中的专业化管理，明确的职责分工；

(2) 完善的法律法规和造价制度；

(3) 程序上的相互制约，机构间的密切配合；

(4) 严格完备的监督体系；

(5) 重视发挥专业人士和中介组织配套；

(6) 严格的担保制度，灵活的融资；

(7) 高效的讯息化管理与独立的后评价机制。

2.4.3.2 解决路径

(1) 借鉴外国政府公共工程先进的项目管理制度及其实施的经验和教训。

经过了长期的实践和探索，形成了适应市场经济发展的各具特色的政府公共工程项目管理制度，大部分由政府建立专门的机构实施直接管理并相当重视发挥专业人士和专业咨询机构的辅助作用。

(2) 健全各项法律法规。

(3) 政府投资管理纳入政府采购管理。

特点:公平、诚实,经济和效率的基本工作目标,确保竞争的公平和政府投资的效益,防腐败。

(4) 从投资到使用后评价各个阶段的运行机制的完善。

(5) 加强建设市场的监督力度,构建完善的监督体系。

参考文献

[1] 杨兰友,胡细银.香港政府工程建设管理模式及其借鉴[J].港澳台视窗,2005(9):32-35.

[2] 香港特别行政区政府发展局.施政方针[OL]. http://scl.devb.gov.hk/TuniS/www.devb.gov.hk/tc/about_us/policy/index.html.

[3] 香港特别行政区政府房屋署.房委会的组成和职责[OL]. http://www.housingauthority.gov.hk/sc/about-us/housing-authority/index.html.

[4] 香港特别行政区政府房屋署.房屋署组织和架构[OL]. http://www.housingauthority.gov.hk/sc/about-us/housing-department/index.html.

[5] 中国建设报.香港:政府投资工程怎么管[OL]. http://www.chinajsb.cn/gb/content/2002-07/01/content_28766.htm.

[6] 香港特别行政区政府.基本工程储备基金——财政预算案[Z]. 2013.

[7] 审计署署长第五十五号报告书[OL]. http://www.aud.gov.hk.

[8] 香港特别行政区政府建筑署.关于我们职责及服务[OL]. http://sc.archsd.gov.hk/utf8/www.archsd.gov.hk/tc/about-us.aspx#roles.

[9] 香港建筑工程质量检测行业考察报告[OL]. http://www.doc88.com/p-672166490305.html.

[10] 香港特别行政区政府.土木工程项目管理手册[Z]. 2012.

[11] 莫力科,陆绍凯,陈世聪.香港大型公共工程项目技术可行性声明及可行性研究分析[J].建筑经济,2008(10):72-74.

[12] 香港职业安全健康局.安全施工程序手册——实践安全行为[Z]. 2012.

[13] 香港房屋委员会.推广最佳安全作业模式[OL]. http://sitesafety.housingauthority.gov.hk/HKHASSW/PageSlide.aspx? p_id=12&m_parentid=25.

[14] 马冠尧.香港工程考——十一个建筑工程故事(1841—1953)[M].香港:三联书店(香港)有限公司,2012:37-39,316-321.

[15] 何佩然.筑景思城——香港建造业发展史(1840—2010)[M].香港:商务印书馆(香港)有限公司,2010:171-172,180-181.

[16] 香港特别行政区政府.香港特别行政区政府组织图[OL]. http://www.gov.hk/tc/about/govdirectory/govchart/.

[17] 香港特别行政区政府.香港 2001[OL]. http://www.yearbook.gov.hk/2001 /chtml/credits/index.htm.

[18] 高锐.浅析香港工程项目管理体制和管理特点[OL]. http://www.mypm.net/blog /User8/GRPMP/archives/2011/83627.html.

[19] Hong Kong Construction Statutory Framework [OL]. http://www.geocities.ws/kingng818 /construction/hkstatut.html.

[20] 政府投资工程管理方式改革课题组.香港政府公共工程管理方式考察报告[J].建筑经济,2002(07).

[21] 杨兰友,胡细银.香港政府工程建设管理模式及其借鉴[J].经济前沿,2005(09).
[22] 胡春艳.国外发达国家和地区政府投资项目建设管理制度研究与借鉴[D].北京:北京建筑工程学院,2011.
[23] 朱湘黔.香港工程分判实践及对内地工程分包之借鉴[J].晟典律师评论,2012(00).

子报告3　英国、美国、德国和日本政府公共工程管理体制和机制分析

政府公共工程在国家政治经济社会发展中发挥着重要作用。改革开放以来，许多省市和地方对政府公共工程的管理模式进行了探索，研究与实践均取得一定成效。目前，政府公共工程管理体系还尚不完善，存在许多管理弱点，体制和机制上的诸多问题需要深入研究，需要改革和创新。

在工业发达国家，政府公共工程管理的体制和机制经过多年的实践，已形成较为成熟做法，如对政府公共工程实行相对集中的专业化管理，将直接实施政府公共工程的建设管理作为政府的一项重要职能等。因此，对工业发达国家政府公共工程管理进行综合研究和分析，学习借鉴相关经验，有助于政府公共工程管理体制和机制的改革和创新。

本报告作为总研究课题的子报告之一，主要的研究目的在于：

(1) 了解分析工业发达国家政府公共工程管理的体制和机制；

(2) 总结归纳，提出值得学习借鉴的有价值的内容。

本报告研究的主要内容为：

(1) 英国、美国、德国和日本政府公共工程管理体制及其值得借鉴的内容；

(2) 英国、美国、德国和日本政府公共工程管理机制及其值得借鉴的内容。

通过比较和分析，英国、美国、德国和日本的政府公共工程管理的具体做法各不相同，但体制和机制上有着共同的本质特性，大同小异。

英国、美国、德国和日本都属于发达国家，相关法律法规较为完善，工程建设和建筑业的发展情况也与我国有着较大的差别，但在政府公共工程管理体制和管理机制方面仍然有许多值得借鉴学习的地方。基于对英美德日四国现行政府公共工程管理制度的分析，本报告分别从体制和机制的角度提出相关建议，作为子报告4和子报告5研究的参考。

3.1　政府公共工程管理组织架构

政府公共工程管理的体制，包括两个层面：①政府公共工程管理的组织架构，即公共工程建设的决策、执行和监督部门的设置及其职能；②政府公共工程管理机构（项目业主）的设置及其职能。

本章重点分析探讨英美德日等国家的政府公共工程管理的组织架构，分析公共工程建设的决策、执行和监督部门的设置及其职能；以英国中央政府、美国联邦政府、德国北威州政府和日本国土交通省为例，分析英美德日等国家政府公共工程管理的组织架构，讨论不同国家在对公共工程建设管理过程中决策、运作、审批、监督等部门机构的设置及其相应职能的

划分，对其本质共性进行归纳。

政府公共工程管理执行机构(项目业主)的设置及其职能，在3.2节做重点分析和探讨。

3.1.1 英国政府公共工程管理组织架构的主要特征

在英国，政府公共工程管理的政府机构涉及中央政府和地方政府两个层面，不同地方政府的管理组织架构也有所不同，但在本质上，政府公共工程的建设均属政府行为，公共工程的建设管理均由政府部门组织实施，即政府专门机构行使项目业主的职能。

英国政府公共工程的管理主要是基于英国的采购制度。英国政府采购实行的是以"物有所值(value for money)"为指导原则的分散采购的模式，中央各部的预算部门和地方政府都拥有自行采购的权力，独立承担本部门、本地区的采购事务。图3-1为英国中央政府公共工程项目采购制度框架，其同样适用于其他政府公共工程。

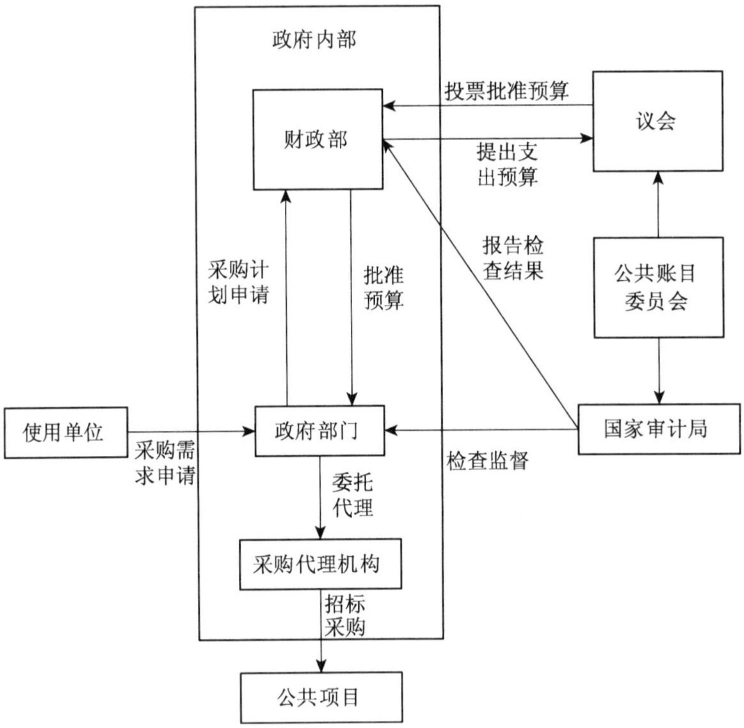

图3-1　英国中央政府公共工程项目采购制度

1) 政府公共工程决策机构

政府公共工程的决策权主要在财政部门和议会，财政部门的决策属于政府内部决策；议会决策是对政府内部决策的制约，是最终决策。各部门和地方政府在财政授权的范围内可审批自己的内部项目，对于授权范围以外的大型和特殊项目需要上级有关部门的批准，如图3-1所示。议会对预算支出具有最终的决策权。

在地方层面，以大伦敦区为例，项目预算若超出地方自治委员会的权限范围，必须上报大伦敦区的财政部门，并且获得相应投资决策委员会，如大伦敦区投资绩效委员会

(Investment and Performance Board)的许可。

2) 政府公共工程执行机构

立项通过后,政府公共工程一般由发起单位的政府主管部门作为建设项目执行机构,承担项目业主职能和责任,负责各自领域内的公共工程的建设采购。在开始项目采购前,由政府商务办公室(OGC)对其采购能力进行审查,确保相应政府部门具备项目采购的能力。若自身的资源、能力有限,发起单位的政府部门也可以委托采购代理机构进行建设采购。

3) 政府公共工程监督体系

在英国,对政府公共工程的监督形成体系,政府公共工程受到各方面的严格监督。

(1) 来自政府内部的监督:首先,投资决策部门,如中央政府的财政部门、大伦敦区的投资绩效委员会等在批准预算后,仍然对项目的进展情况,特别是公共资金的支出具有监督权;其次,各政府部门也各自设有内部的监督机构。如交通运输部负责英格兰和威尔士的政府投资交通项目的建设监管,其主管范围涉及航空、公路、铁路等方面;再者,中央政府的建设投资项目,还要受到商务办公室(OGC)或重大项目管理局(MPA)的监督指导,在项目的特定阶段施行关键节点("网关")评审(gateway review)。

(2) 来自政府外部的监督:一方面政府公共工程的预算、费用支出都要受到议会的监督以及独立第三方的审计;另一方面,公众和社会媒体对政府是否合理使用纳税人的每一分钱具有监督的权利。

在英国,对政府公共工程建设的具体实施过程的监管与私人项目没有明显区别,均由地方政府负责,主要行政监管方式为规划许可审批和建筑控制。

综上,英国政府的采购制度可以分为政府内部和政府外部两大块。政府的职能(内部)主要为项目决策,执行和监督。政府外部主要为议会和社会公众,起到监督作用。财政部门和议会在政府公共工程管理中扮演着重要的角色。财政部门代表政府合理规划公共资金的使用,并且对职能部门的使用过程进行监督;议会代表公众对政府行为进行制约和监督,主要表现形式为对预算的批准和组织第三方审计。

3.1.2 美国政府公共工程管理组织架构的主要特征

在美国联邦体制下,中央和地方政府分工明确,在对建筑业管理中,有关工程项目建设的行政监管和许可都属于各地方政府的管辖职权,而联邦政府没有相应的职权。联邦和各州对使用其自身公共财政预算的政府公共工程都各有独立的管辖权,因此其管理方式也各有差异,并没有一个完全统一的模式。但通过依法设立政府业主机构来对政府公共工程项目统一实施全寿命管理是其主流的模式。由于联邦政府的管理对各州具有标杆示范作用,常常代表美国最高的管理水平,因此本报告对美国政府公共工程管理的研究重点集中于联邦政府层面。

联邦政府公共工程的管理组织架构及组织间的相互关系如图 3-2 所示。

1) 政府公共工程决策、审批与执行机构

在美国,政府公共工程的发起和实施属于行政权,立项和预算审批权则属于立法权。同时,立法部门对行政部门有关政府公共工程的建设效果具有监督权。而司法部门则有权依据立法部门通过的法律进行司法解释,并对立法部门滥用立法权进行违宪审查。

如图 3-2 所示，政府公共工程决策和审批的职能在总统预算办公室；执行单位为专门的政府公共工程管理机构如联邦事务服务总局（General Services Administration，GSA），其代表政府作为业主集中管理公共工程的实施过程。

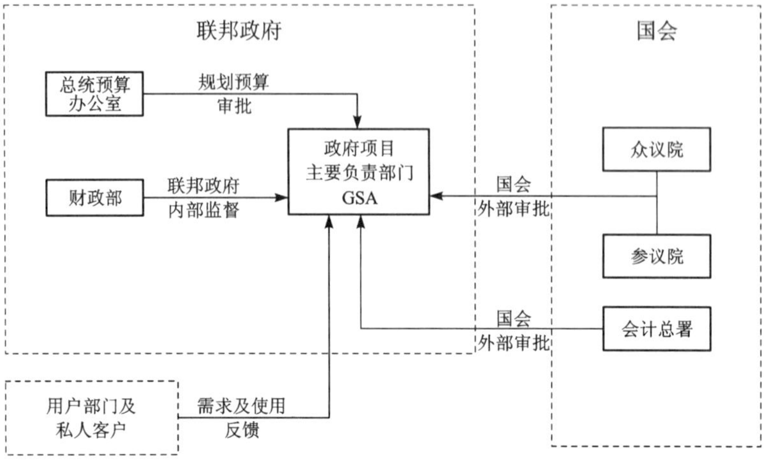

图 3-2　联邦政府公共工程建设项目的管理组织架构图

2）政府公共工程监督体系

对政府公共工程的监督大致可以分为政府内部监管和国会监管两种。其中，国会对于联邦政府的规划和执行情况负有审核和监督的责任。众议院和参议院通过审核政府提案的方式监督政府的项目建设管理工作。同时为了对用于政府项目的资金进行有效的审计，国会建立了会计总署（GAO）对联邦政府的每一项规划进行财务审计。

对一般建设工程的监管由地方政府的相关部门负责，按照时间顺序一般需要申请的三项许可——规划许可（Plan Permit）、施工许可（Construction Permit）和动用许可（Occupancy Permit）。对政府公共工程的过程管理，城市一级的项目受到和私人单位一样的监管，而州和联邦项目一般具有豁免权，主要受到州议会和国会的监管。

3.1.3　德国政府公共工程管理组织架构的主要特征

在德国，政府投资建设的公共工程总体来说有三个参与的主体：

（1）建设项目完成后的使用者；

（2）作为倡议者提出建设需求并提交拨款申请的拨款接收者；

（3）依照需求申请和拨款指导原则进行拨款的部门，该部门根据财政情况和需求的紧迫性确定拨款的规模和建设项目实现的时间。

以北威州为例，政府公共工程的管理组织架构如图 3-3 所示。

1）政府公共工程决策、审批与监督机构

财政部负责政府公共工程的投资决策；各级建设主管部门依次对区域计划和规划要求进行审批；国家建设局/部门为项目提供建设技术支持；具体的建设活动由专业的政府公共工程管理机构集中管理，如图 3-3 所示。

德国的建设监督机构也称为建设秩序管理机构，即建设监管机构。它的主要任务是保证公共建设不违反公共安全和秩序，监督建设设施的建造、更改、用途更改、使用、维护和拆除等遵守公法法规，以及符合在这些法规基础上产生的相应要求。以上任务的执行通过两个途径：建设审批程序和建设秩序程序。

建设审批程序主要在联邦州建设秩序法中做出规定；建设秩序程序主要有以下权限：颁发建设工程停工命令；颁发建筑使用命令；颁发清除建筑的命令。

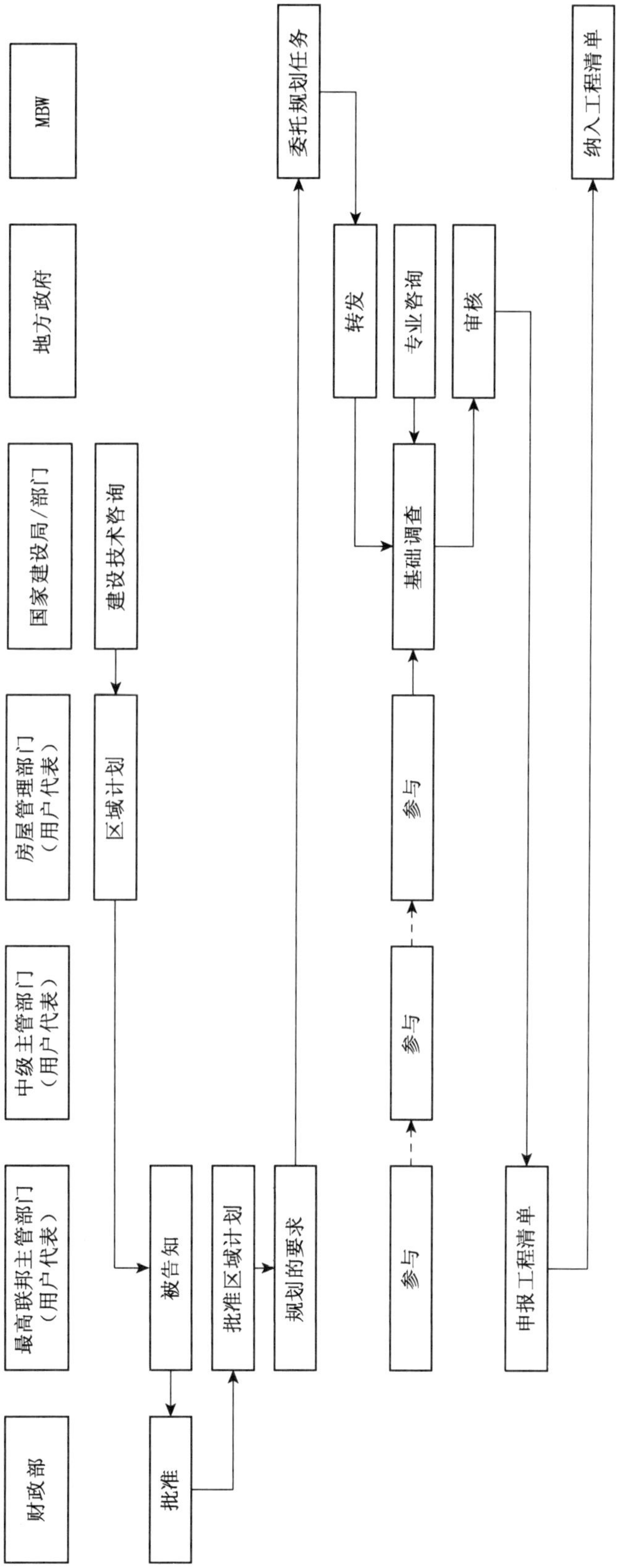

图 3-3　北威州政府公共工程的管理过程

建筑监督机构在联邦州分三个级别：

(1) 最高建设监督机构：对应专属部委，负责颁发法律法规和行政法规；采用建设工程的相关规定；批准新的建设形式，建设材料和建设零部件等；

(2) 高级建设监督机构：对应地级政府，对下级建设监督机构行使建设监督职责，下达命令；

(3) 下级建设监督机构：对应大中城市等，负责监督所管辖地区的建设工程，审批建设申请。

监督机构独自负责监督建设管理机构的工作，它同时决定施工项目的类型和规模。个别情况，它还可以对申请的审批持有最后的决定权。

2) 政府公共工程执行机构

在德国，具体的建设活动由专业的政府公共工程管理机构集中管理——“政府工程管理机构”(Staatliche Hochbauverwaltung)负责。它的任务就是作为一个专业性管理机构保证国家投资建设任务在符合公共利益的前提下合乎规范地完成。

在联邦一级，政府公共工程管理的政府机构主要是联邦建设部(第 18 届德国政府的建设部全称为“联邦环境、自然、建设与核反应安全部”)。

在联邦州一级，虽然 16 个联邦州的建设管理机构设置不尽相同，但是共同点是分三个层次：最高建设部门，中级建设部门(主要是地方政府)，下级建设部门(主要是地方建设局)。

与私人业主不同的是，政府担任投资项目的业主时，组织流程要依据以上参与的主体来设定，这些主体各自根据内部的规定和操作方法独立进行决策。

3.1.4 日本政府公共工程管理组织架构的主要特征

日本的政府机构组织架构如图 3-4 所示，建筑业的主管部门是国土交通省。国土交通省的前身是成立于 1948 年 7 月的建设省。在 2001 年 1 月的中央部委机构重组中，当时的运输省、国土厅、北海道开发厅合并成为巨大的国土交通省(图 3-5)。

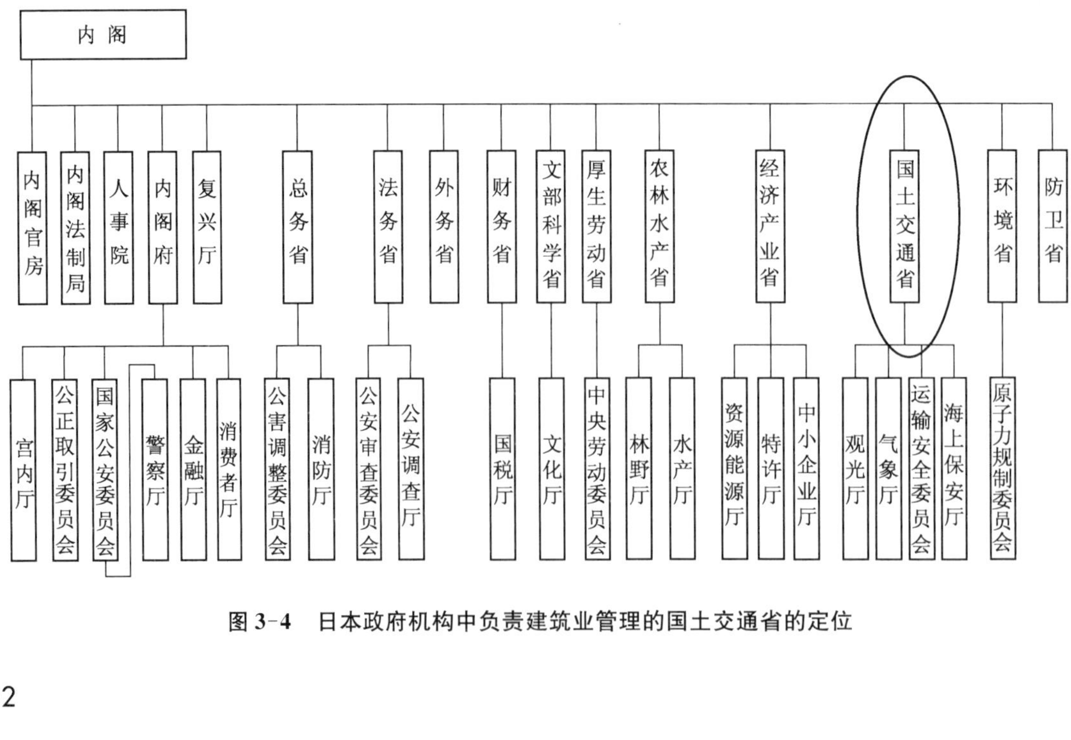

图 3-4 日本政府机构中负责建筑业管理的国土交通省的定位

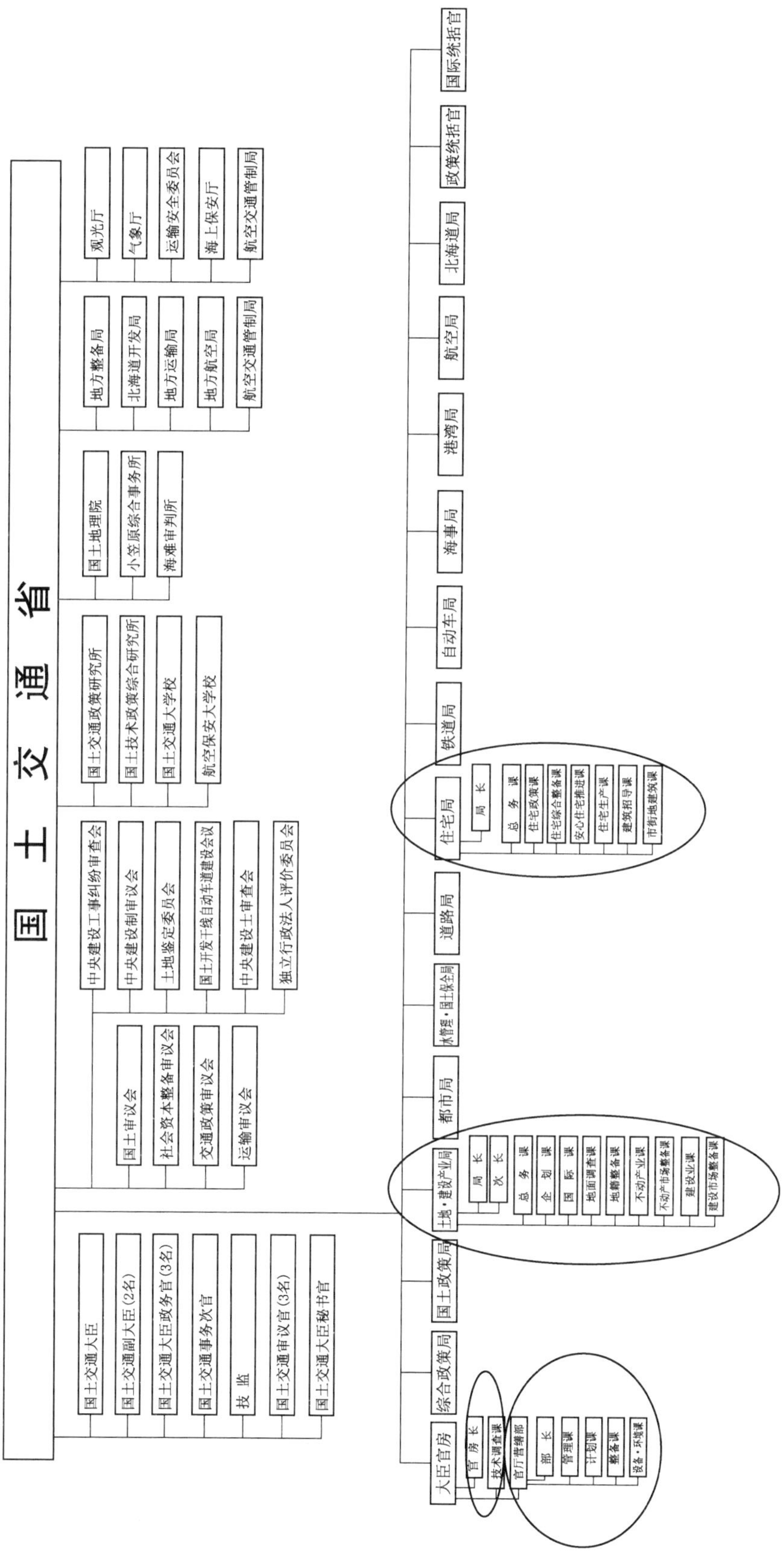

图 3-5 国土交通省组织架构图中的建筑业管理相关局办

在国土交通省里面，负责建筑业管理相关职能的局办，从广义上讲有很多，但从建设领域来看，主要涉及图 3-5 所示的四个局办。

第一个是土地与建设产业局，尤其是建设业课、建设市场整备课与建筑业管理有着直接而密切的关系，归口负责建筑业法等相关法规，承担包括建筑业许可、经营事项审查等在内的建筑业相关主要制度的制定等职能。

第二个是住宅局，主要负责住房相关管理事务，其中建筑指导课归口负责建筑基准法、建造师法等法规，主要承担建筑物相关标准、建造师、建筑质量的提高等促进建筑物发展、改进的业务。

第三个是大臣官房官厅营缮部，负责实施政府机关建筑的修建（包括建筑物的新建、扩建、改建、修缮、重新装修等）。

第四个是大臣官房技术调查课，负责实施技术研发、概算标准、技术管理、招投标与合同、政府项目评估等业务。

3.1.5 政府公共工程管理组织架构的分析

在美国，各州对于政府公共工程的管理模式并不统一，但设立政府业主单位实行集中管理是主流模式；德国在各级政府都设有负责政府公共工程建设的部门；英国采用分散采购模式，由项目发起单位所在政府部门自行负责项目的采购实施。但从本质上来说，这些国家的政府公共工程的建设都是政府行为，政府公共工程的建设和管理均由政府部门作为业主组织实施。

在其他方面，这几个国家的政府公共工程建设的管理组织架构还存在着一些共同点。

政府公共工程的决策职能一般由财政部门和议会承担。财政部门作为政府内部的决策部门，根据公共需求、项目评估及财政资金安排等进行项目投资决策；议会作为政府外部的立法机关，对政府提交的项目投资决策事项进行审议，进行项目立项审批。同时，政府公共工程的决策也存在权力下放的制度安排。下级部门在授权范围内可以自行决策，超过一定数额的项目要向上级财政部门和议会申请预算。此外，公众和社会媒体对政府公共工程的决策有重要影响，起到重要作用。

政府公共工程管理均采用使用者和建设者分离的管理模式，使用单位负责提出和明确需求，由政府专门部门负责项目建设的具体实施和运作。

项目在执行过程中公共资金的使用情况同时受到了来自政府内部和外部的严密监督，其中财政部门和议会均起着重要的作用。首先，议会对政府部门的投资决策进行制约和监督；其次，政府投资决策机构和议会在批准预算后，对项目的支出仍然有监督的职能；最后，项目的支出要受到独立审计和社会公众和媒体的监督。

对建设项目的实施过程的监督一般主要由地方政府的相关部门负责，而高层级的政府机构主要负责对下级的监督和指导。

3.2　政府公共工程管理执行机构

政府公共工程管理执行机构，主要是指专门从事政府公共工程建设的实施部门，即政府公共工程建设的项目业主。本章分别对英国中央政府、美国联邦政府、德国各级政府和日本政府的政府公共工程管理执行机构进行分析，主要讨论政府公共工程管理模式——集中管理或者分散管理、相关管理机构的部门设置及其职能。

3.2.1　英国政府公共工程管理执行机构的主要特征

在英国中央政府内，涉及政府公共工程管理的执行组织架构主要可以分为三个层面：政府公共工程管理的指导监督架构、政府公共工程管理的实施架构和政府公共工程管理的服务架构。

1）政府公共工程管理的指导监督架构

从事政府公共工程管理的指导监督机构，主要是隶属于内阁办公室（Cabinet Office）下的政府商务办公室（Office of Government Commerce，OGC）和重大项目管理局（Major Projects Authority，MPA）。

（1）政府商务办公室（OGC）

政府商务办公室（OGC）并不直接实施政府公共工程的建设和管理活动，而是从政府最高层面制定政府公共工程管理的准则、规定和规范，统一政府公共工程管理的标准和要求，推行政府公共工程卓越管理计划，指导中央政府项目业主的项目管理活动，指导项目业主通过持续改进，实现政府公共工程的最大经济效益和管理效率，以及使得建设项目物有所值。

政府商务办公室（OGC）编制供政府项目业主参考使用的《建设项目卓越管理指南》，其涵盖从政府项目构思、项目决策、工程设计、工程采购、工程施工、交付使用等各个阶段的工程管理工作。OGC还负责对政府各部门采购能力的审查，并在政府公共工程的建设实施过程的关键阶段，负责组织“网关”评审工作。

（2）重大项目管理局（MPA）

在中央政府层面，另一从事政府公共工程管理的指导监督机构，是重大项目管理局（MPA）。MPA隶属于内阁办公室，是专门针对中央政府投资建设的重大工程项目而设立的机构，其基本职责是横贯中央政府各个部门，对重大建设项目进行监察，着力改进并提高重大项目建设的成果，保证项目建设成功率。

2）政府公共工程管理的实施架构（项目执行部门）

英国没有设置专门的政府公共工程管理的业主机构。政府公共工程管理的具体实施和管理，由项目发起的政府部门组织进行。项目发起部门将自己组建项目管理机构，作为项目业主组织开展项目建设及其管理活动。项目发起的政府部门及其项目管理机构的工程建设管理活动：中央政府建设项目接受政府商务办公室（OGC）关于建设工程管理的指导和监督；重大建设项目还需接受重大项目管理局（MPA）监察和监管；地方政府公共工程接受与投资建设相关的委员会的监管。

针对某一具体建设项目的实施，政府公共工程的项目管理组织结构如图 3-6 所示。

一般情况下，投资决策者为政府投资决策机构或议会，高级责任人（业主代表）和项目主办人（项目主任）由政府工作人员担任，其他资源或服务都可以视项目的具体情况，通过向市场采购获得。

为便于各个政府部门项目业主之间的交流和沟通学习，由商务办公室（OGC）牵头成立一个政府项目业主的专业团体：公共工程项目业主论坛（Public Sector Construction Clients'Forum，PSCCF）。公共工程项目业主论坛（PSCCF）定期不定期地召开专业或专题会议，交流讨论政府公共工程管理中遇到的各类问题。

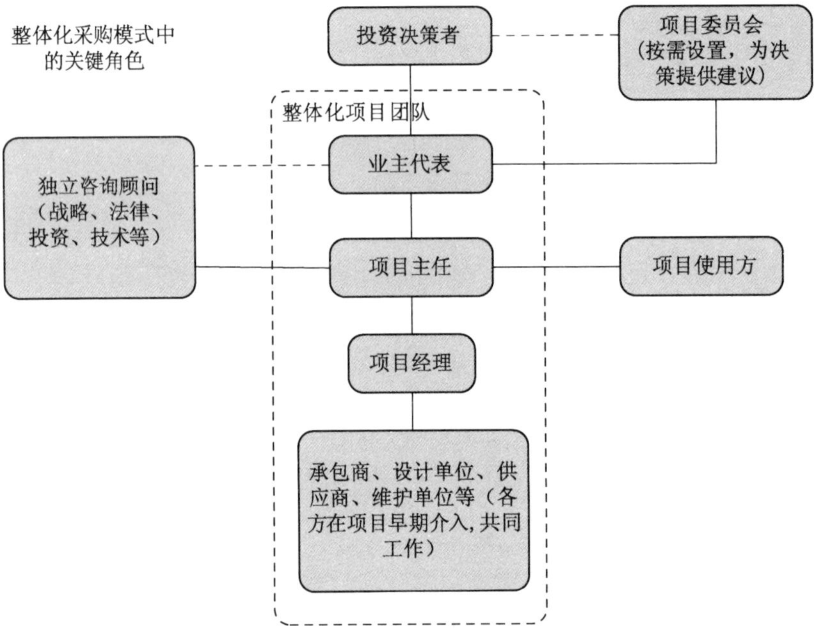

图 3-6　政府公共工程的项目管理组织结构

3）政府公共工程管理的服务架构

内阁办公室（Cabinet Office）下设的政府商务（采购）服务中心（Crown Commercial Service，CCS），可以接受中央政府各个部门的委托，提供各类商务服务，其中也包括政府公共工程管理的服务。但其是在接受委托后才提供工程管理服务的。一般情况下，英国政府公共工程的建设和管理由项目发起部门作为业主，负责组织工程项目的建设实施和管理工作。若某一政府部门没有能力或不愿自己组织和管理项目的建设，则可以委托政府商务（采购）服务中心（CCS）承担工程管理任务。

地方政府层面，以大伦敦区克罗伊登主要街道改造项目为例，克罗伊登自治市委员会负责项目的实施，项目管理的机构设置如图 3-7 所示。

综上，英国政府公共工程管理机构的职责主要为：

（1）负责项目的采购；

（2）组织项目实施，支持项目各参与方的工作；

（3）控制项目的进展情况，并定期向相关的上级主管和管理委员会报告等。

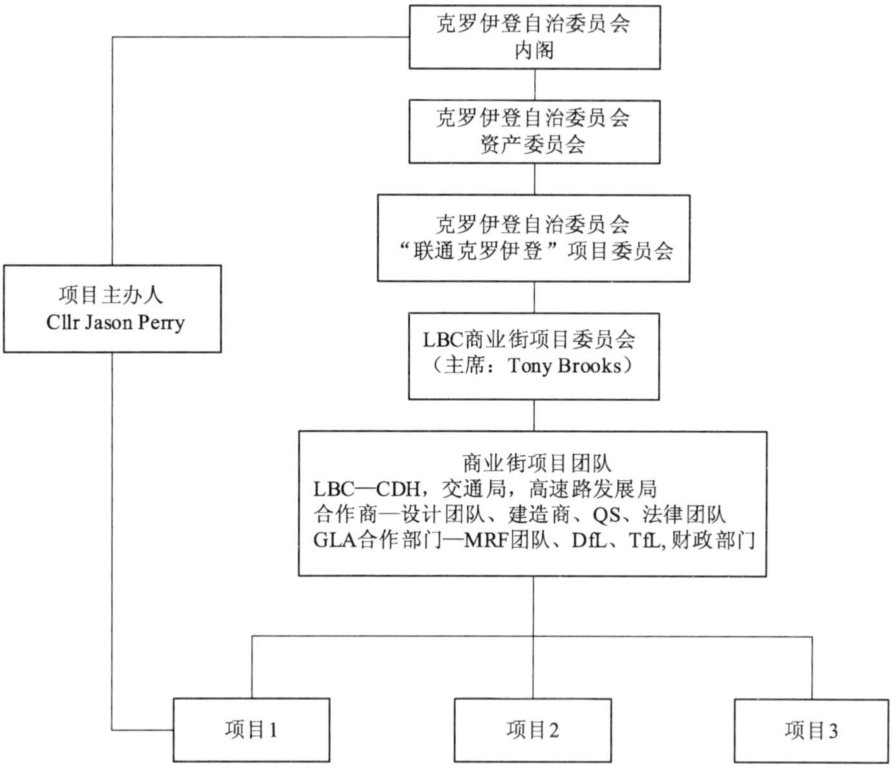

图 3-7 建设项目的管理组织

3.2.2 美国政府公共工程管理执行机构的主要特征

在美国联邦层面，具有明确法律地位的公共业主部门机构有：联邦事务服务总局(GSA)、住宅与城市建设部、交通部、垦务局、美国国防部(DOD)等，分别负责政府办公建筑、住宅及城市规划、交通、农业水利设施、军事及国防设施的建设和维护。但是，只有 GSA 才是有法律授权的实施政府集中采购的部门，所有这些部门在实施政府采购时，都必须通过 GSA。在地方层面，美国的政府公共工程也大都按照专业分工设立集中统建机构作为政府项目业主，对项目的全寿命周期负责。本报告主要以 GSA 为例，分析美国政府公共工程管理机构的设置。

1) 政府公共工程管理机构组织结构

联邦事务服务总局(GSA)成立于 1949 年 7 月 1 日，现有雇员约一万两千多名，属于公务员编制，负责美国联邦政府办公建筑的建设和维护。GSA 主要分为公共建筑服务和联邦采购服务两大业务板块。其中，公共建筑服务中心(PBS)是政府公共工程的具体实施机构，它负责为 GSA 在全美各个地区服务中心的项目业主提供支持。公共建筑服务中心的组织结构如图 3-8 所示。

PBS 是一个面向建筑物全寿命周期的且承担全方位管理职责的管理执行机构。其管理职责全面覆盖了设计施工和设施维护及最终处置。除了按项目执行阶段而设立的采购、执

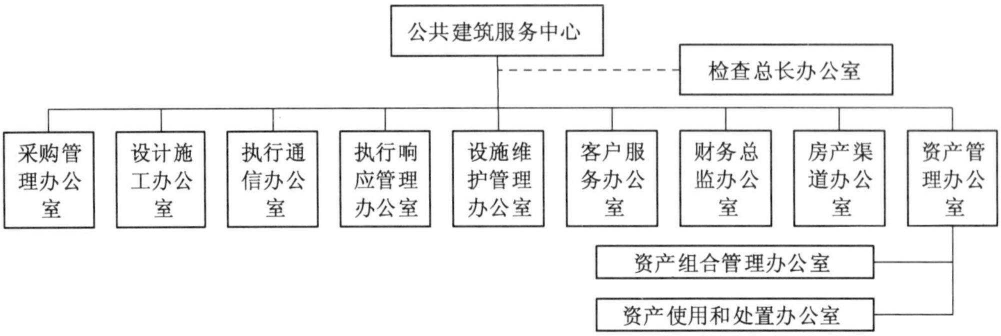

图 3-8　PBS 组织架构

行、设计施工等办公室，PBS 还设有客户服务办公室、较为独特的执行通信办公室、执行响应管理办公室(Office of Executive Response Management)。其中，客户服务办公室负责与各使用单位沟通，而执行通信办公室则主要面向对 GSA 的工程项目建设负有监管审批职责的政府机构，如财政部、白宫等。而执行响应管理办公室则负责随时跟踪法律法规的变化，外部利益相关方诉求的调查，以及制定执行相关法律法规和相应利益相关方诉求的 PBS 内部政策。此外，GSA 也依法在内部设有一个相对独立的检查总长办公室，负责提升政府公共工程的经济性、效率性和有效性，并调查和预防欺诈、浪费和不当管理。

2) 政府公共工程管理机构职能

基于对 GSA 的组织分析，可以将美国政府公共工程管理机构的职责概括为以下 5 个方面：

(1) 依法行政；

(2) 政府物业资产的持有人；

(3) 项目组合战略规划；

(4) 项目全寿命周期管理；

(5) 利益相关方管理。

3.2.3　德国政府公共工程管理执行机构的主要特征

在德国，为了保证纳税人的钱被合理有效地用于公共工程建设，各级政府都设立了一个通晓业务的业主代表机构，其形式是“政府工程管理机构”(Staatliche Hochbauverwaltung)。它的任务就是作为一个专业性机构保证国家投资建设任务在符合公共利益的前提下合乎规范地完成。

1) 联邦政府公共工程管理机构

在联邦一级，主要负责公共工程建设任务的相关部门有：

(1) 联邦环境、自然、建设与核反应安全部，该部承担联邦和联邦各州建设事务及建设管理的总体责任，它是民用建设任务的联邦最高技术主管部门(国防建设最高技术主管部门是联邦国防部)。联邦环境、自然、建设与核反应安全部下设九个部门，分别负责城市规划、居住、公共建筑法、建设事务、建设经济和联邦建筑等方面；

（2）联邦交通与数字基础设施部，负责联邦的其他公共建设任务，包括：公路交通，联邦国道和高速公路、铁路交通，火车站和铁路路段、航空交通，飞机场和水路交通等；

（3）特殊领域的建设任务由其他部门自己负责，如联邦放射局、国防部。联邦还会将建设任务委托给联邦州的财政与建设管理机构，公路建设任务可能委托给市县级公共工程管理机构。

2）州政府公共工程管理机构

在州一级，本报告分别以黑森州和巴伐利亚州为例。

在黑森州，“政府工程管理”业务主要由黑森州建设管理处（HBM）操作实施。HBM 设在州财政部内，是黑森州州属公司，根据现代经济企业原则运营，目前总共 844 名员工，每年负责 3 600 个总金额约 6 亿欧元的项目。HBM 的组织结构如图 3-9 所示。

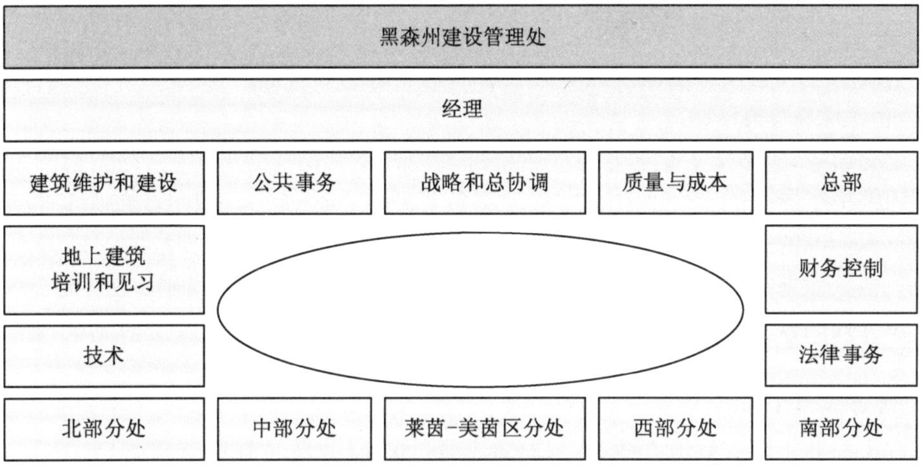

图 3-9　黑森州建设管理处内部组织图

HBM 主要为黑森州行政管理和联邦德国提供公共工程建设事务在技术、财政和管理方面的准备和实施工作的服务；同时也承担业主工作，对项目负责，主要任务有：

（1）项目指挥和项目总控；

（2）从专业角度计划和监督建设施工；

（3）用有限公司的法律形式成立一个建设项目公司，接管项目建设的业主任务，项目结束后解散。

巴伐利亚州的建设管理部门下设 22 个公立建设局，集中建设巴伐利亚州的政府公共工程。建设局有自己的建筑师、机械工程师、土木技术人员、土木制图人员、专业管理人员，但也会和私人公司合作。这些建设局对外代表业主（即巴伐利亚州），主要工作是为业主提供所有建筑问题的咨询，从立项咨询、到设计和施工规划、施工、交付使用，承担项目管理和工程指挥的所有任务。建设局的业务范围还包括现有建筑的保护和维护以及建筑运营技术。

在联邦州一级，虽然 16 个联邦州的建设管理机构设置不尽相同，但总的来说，都分为三个层次：最高建设部门，中级建设部门（主要是地方政府），下级建设部门（主要是地方建设局）。在联邦州一级，政府公共工程的业主是联邦州，由相应的主管职能部门做代表，而职能部门在所有政府公共工程建设中使用政府建设管理部门，后者对外代表业主。

3）市级政府公共工程管理机构

市县一级，以慕尼黑市为例。慕尼黑的“建设办”(Baureferat)下设五个主要部门：房屋建筑处；市政设施处；市政工程处；园林建筑处；行政与法律处。

4）政府公共工程管理机构职能

德国的“政府工程管理机构”作为业主，除了提供建设用土地、签订合约、所有必需的决策制定、用户要求的设定、提供资金和支付，其他任务都可以委托给第三方来完成，第三方可能是私人公司，也可能是法律上独立的需求用户(如具有公法法人特性的大学和大学医院)。不论政府公共工程管理部门是否将工程以招投标方式委托给第三方进行，它都必须完全承担工程实施和工程遵守所有相关规定的全部责任。

3.2.4 日本政府公共工程管理执行机构的主要特征

日本政府公共工程管理也涉及中央政府和地方政府等层面。

1）中央政府层面

国土交通省，包括国土交通省官厅营缮部及地方建设局营缮部等，负责国家机关建筑物的建设和维护指导。国土交通省官厅营缮部负责政府办公楼宇建设维护的归口管理(包括法规和技术标准的管理、向财务省提出预算要求等)，承担着中央部委集中的霞关地区重要政府办公楼宇设施的建设与维护指导工作。此外，全国8个地方建设局、北海道开发局、冲绳综合事务局的营缮部等部门则负责各地(霞关地区除外)政府办公楼宇的建设和维护指导工作。

2）地方政府等层面

京都市与几乎所有的地方政府一样，参照中央政府的做法开展营缮管理工作。国家的规则、标准，基本上就是全国统一标准。但是，由于这些规则和标准没有考虑中央和地方政府之间的结构性差异，在适用于地方政府时也往往会遇到各种问题。例如：①在许多地方政府里，营缮部门的定位类似于民政、教育等部门的承包商，像国土交通省官厅营缮部那样拥有强有力的权限和自由裁量。②地方议会对于地方政府的监督，比国会对中央政府的监督还要严格。③与地方政府相关的最基本的法律是《地方自治法》，这是总务省管辖的，地方政府不能对其进行修订。

3.2.5 政府公共工程管理执行机构的分析

就工业发达国家而言，政府公共工程的管理模式各不相同。美国和德国都采用集中管理的模式，设有政府项目业主机构，负责政府公共工程的执行。英国采用分散管理的模式，由发起单位的主管部门自行负责，但仍是以政府部门作为项目业主组织建设工作，并且设立有政府公共工程管理的指导监督机构对政府项目建设行为进行规范和监督。政府部门作为项目业主，其主要职能在于对公共工程建设的全过程管理，确保公共工程项目的建设符合公众利益。

除某些必要的任务外，英国、美国和德国在不同程度上都存在专业性任务外包的情况，即政府公共工程建设实施中专业工作的市场化。影响市场化程度的主要因素有：管理部门专业能力，即集中管理部门的专业能力相对较强，市场化程度就较小；管理部门规模，即管理部门机构规模较大，专业性人才储备较多，市场化程度就小。

3.3　政府公共工程管理实施机制

政府公共工程管理的机制，也包括两个层面：①政府公共工程管理的实施机制，即政府公共工程决策、审批、执行和监督等过程中的管理机制；②政府公共工程管理的执行机制，主要是指政府公共工程管理执行机构的内部控制机制，包括针对具体工程项目建设实施过程的质量机制、投资机制和招标机制等。

本章以英国中央和地方政府、美国联邦政府、德国北威州政府和日本京都市政府为例，分析政府公共工程管理的实施机制，如决策机制、运作机制和监督机制等。

政府公共工程管理执行机制，包括质量机制和投资机制等，在3.4节做重点分析和探讨。

3.3.1　英国政府公共工程管理实施机制的主要特点

英国中央政府的公共工程都要接受政府商务办公室（OGC）关于建设工程管理的指导和监督。OGC编制的供政府项目业主参考使用的建设项目卓越管理指南，涵盖从项目构思、项目决策、工程设计、工程采购、工程施工、交付使用等各个阶段，指导业主机构对建设项目进行全寿命的管理工作，如图3-10所示。

1）政府公共工程决策机制

以大伦敦区为例，对政府公共工程的决策管理主要体现在对建设资金的控制审批上。例如，向大伦敦区投资绩效委员会（Investment and Performance Board）寻求资金支持的项目，必须通过两阶段的申请——概念方案和投资决策。图3-11为“联通克罗伊登”建设项目，从项目发起到项目建设完工的管理流程图。

2）政府公共工程专业审批机制

除了一些法定可免除申请的工程项目外，英国的大多数项目的设计方案都需要获得规划许可。地方政府的规划控制部门要求项目业主提供必要的工程计划和设计图纸等，从各个方面考虑项目是否符合当地的发展规划。一旦申请被受理，当地的规划部门就会对项目进行公开的咨询，将会涉及各种各样的组织机构，包括社区委员会、当地议会、环境部门等，以此来评估决定是否授予规划许可证。

3）政府公共工程监督机制

中央政府的公共工程被强制要求进行“网关”评审程序。“网关”评审是由内阁办公室（CO）下的改革效率小组（ERG）直属的政府商务办公室（OGC）组织，由OGC评审中心（OGC Gateway Review Hubs）负责实施一种“同行审查”制度，是对项目内部审查的重要补充。“网关”评审程序在项目的全生命周期中设了6个关键点（“网关”），分别评估项目是否能够继续进行。这6个关键点（“网关”）分别是：

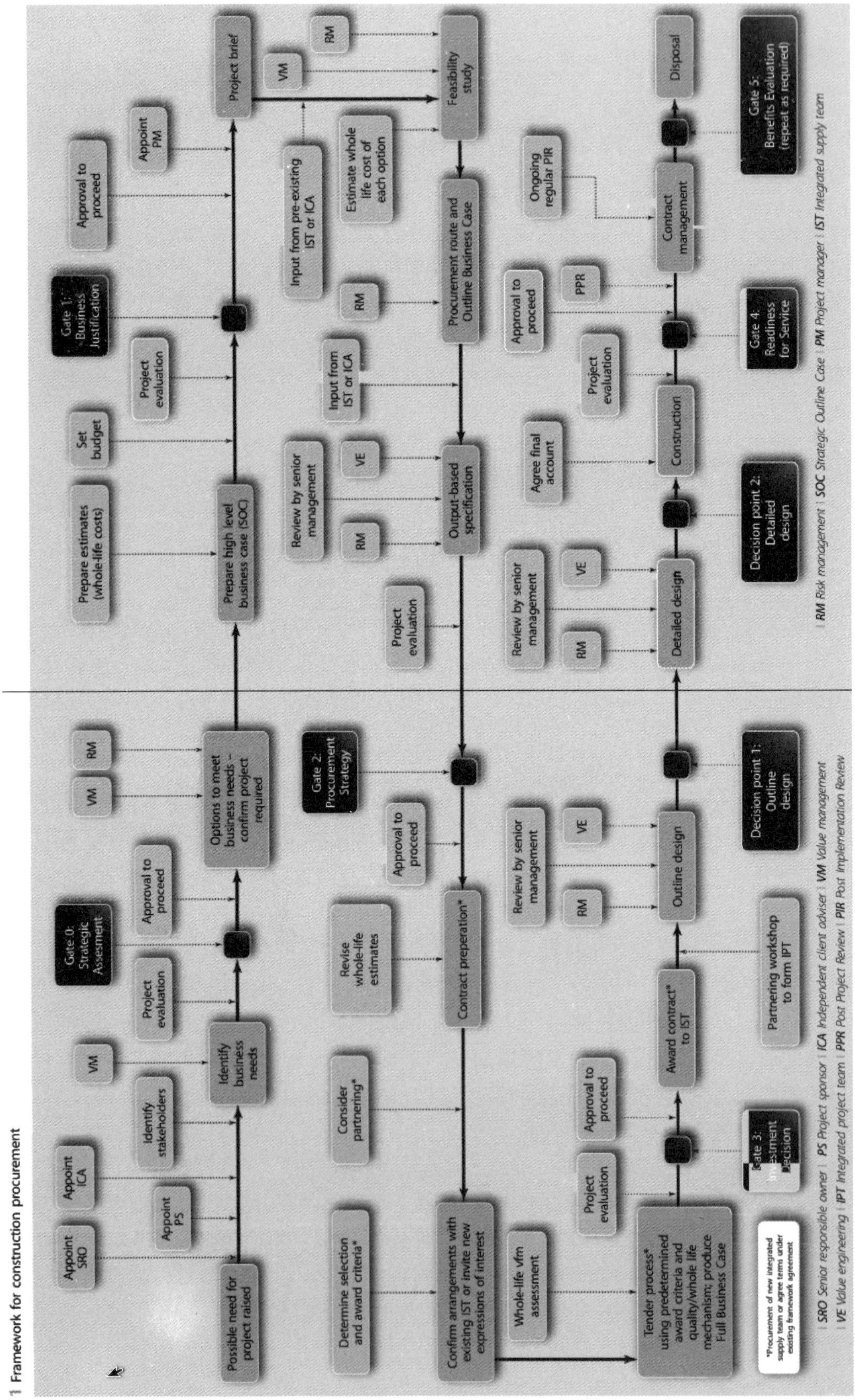

图 3-10　政府公共工程管理工作流程指南

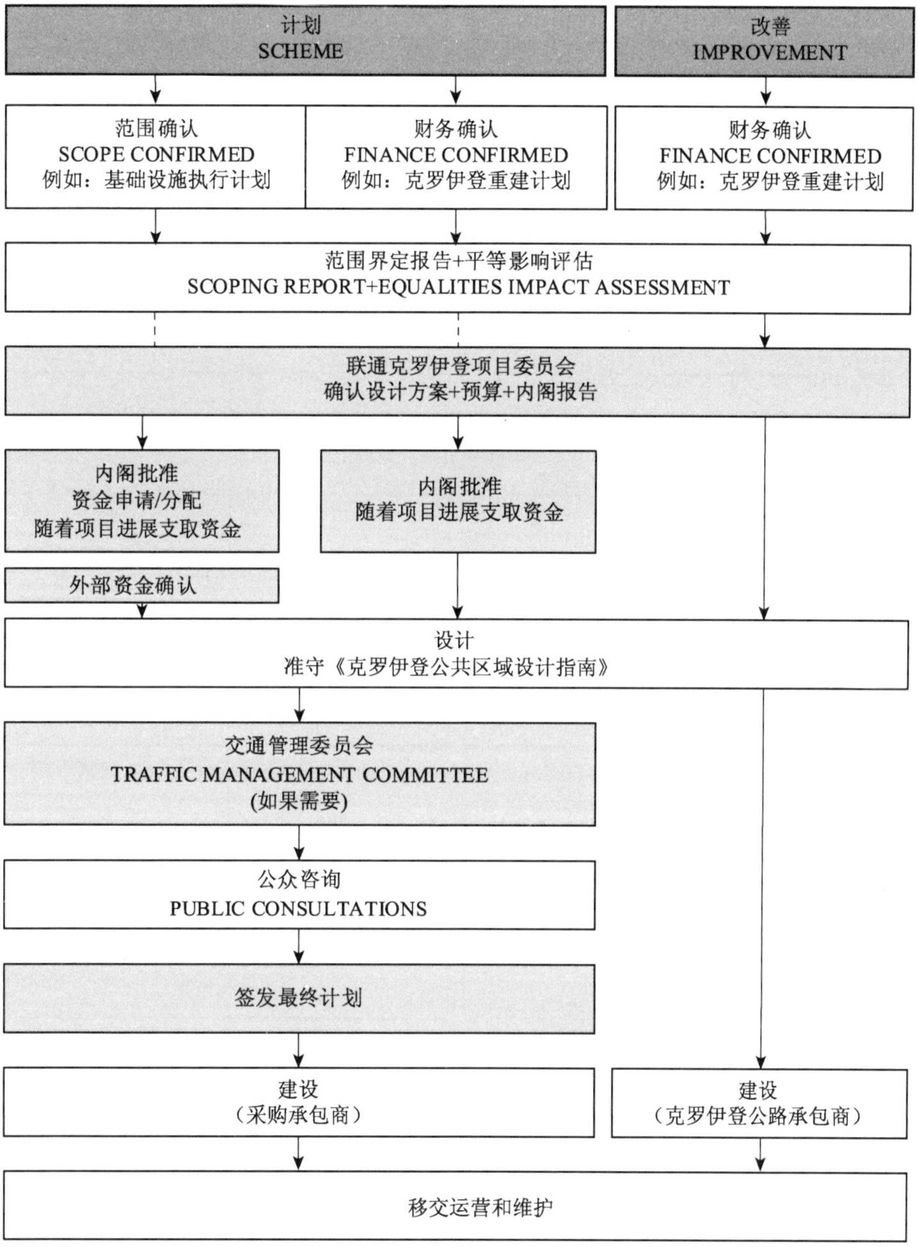

图 3-11a　项目建设流程图(项目由政府内部机构发起)

Gate 0—Strategic Assessment(战略评估)；
Gate 1—Business Justification(合理性评估)；
Gate 2—Delivery Strategy(交付策略)；
Gate 3—Investment Decision(投资决策)；
Gate 4—Readiness For Service(运营准备)；
Gate 5—Operations Review and Benefits Evaluation(运营和利益评价)。

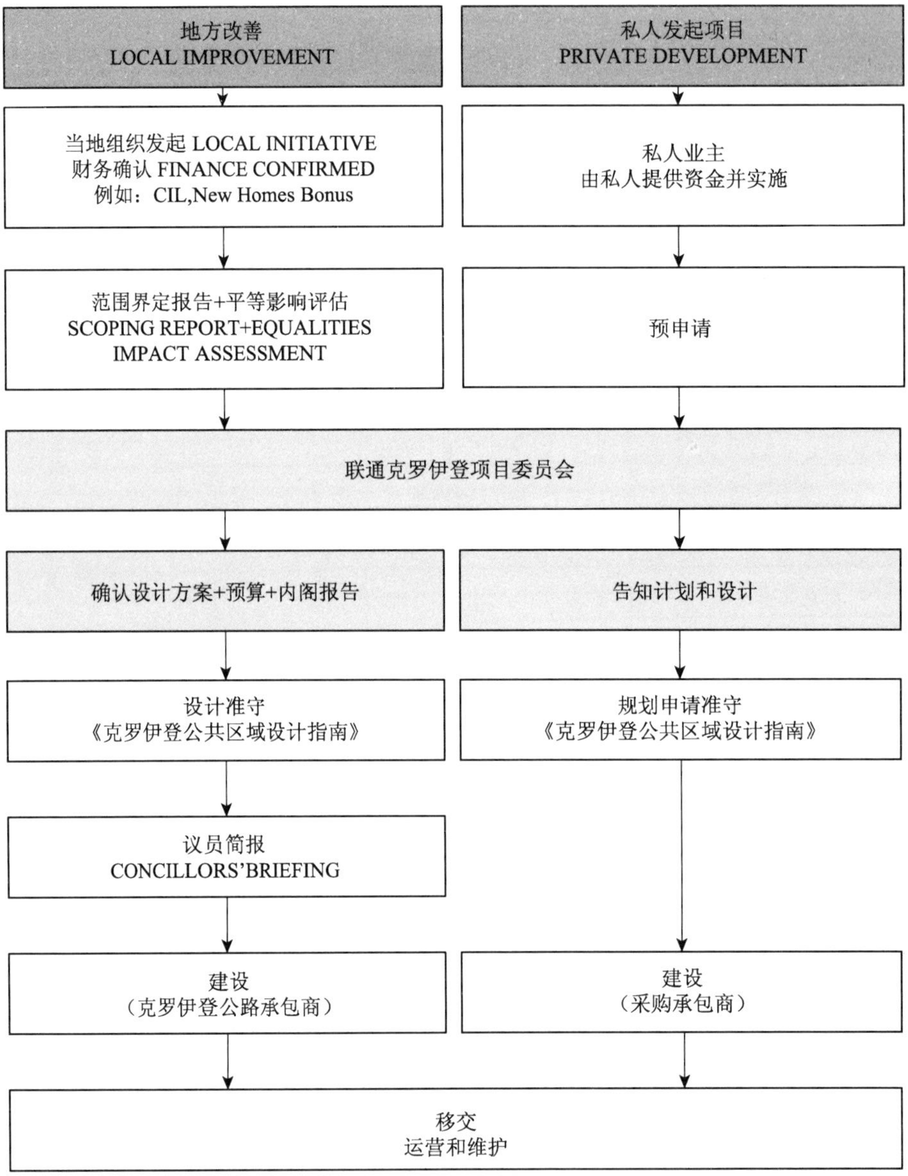

图 3-11b　项目建设流程图(项目由政府外部机构发起)

一次审查一般要花费 2～4 天的时间。通常一个审查团队由 3～4 个人组成，他们都是与该建设项目无关的经验丰富的专家，基于公开和自愿的原则进行工作。针对不同的项目需求，审查团队的构成不同，一般是按照专业技能从超过 300 名的被认证的专家库中挑选而出。所有的审查者都要经过认证和培训。

(4) 政府公共工程质量安全监管机制

在英国，不管对政府公共工程还是私人项目，都由建筑法等相应法律法规所规定的政府部门进行管理。建筑控制的具体管理部门是各个地方当局(Local Authorities)，对工程建设项目的各项监管都由建筑控制部门统一执行，包括质量、安全等凡是涉及公众安全、健康、环保等公众利益的事项都由建筑控制部门来统一监管。此外，“认可检查员”也可以承担执行同样的工作，项目业主可在建筑控制部门和社会化的“认可检查员”之间进行选择。政府之外的社会化机构和个人进入这一市场后，相互之间的竞争促使其各自提供更加高效、更高标准的建筑控制服务，这无疑使得建筑控制的服务水平不断提高。但是，政府在这中间仍然保留其宏观的调控作用。如社区与地方政府部（Department for Communities and Local Government）发布了《建筑控制绩效标准》，以此来规范建筑控制机构的服务水平。

认可检查员是通过建筑行业协会认可的建筑控制服务提供者，既可以是个人也可以是公司。项目业主可以从以上二者中自由选择，但在项目建设过程中，出现违规行为或事件时，只有当地的政府部门可以采取强制措施。2012 年 DCLG 还推出了“能力个人计划”（Competent person schemes），加入这个计划的承包商可以自行对自己承担的项目负责，而不再需要通过独立第三方的监督和认证。

建筑控制机构通过对建筑计划的回应和现场检查，确保建筑物及施工过程是符合建筑条例（Building Regulations）的。DCLG 依据建筑条例发布了“许可文件（Approved Documents）”，共包括 15 个部分：

Part A (structural safety)；

Part B (fire safety)—volume 1：dwellinghouses；

Part B (fire safety)—volume 2：buildings other than dwellinghouses；

Part C (resistance to contaminants and moisture)；

Part D (toxic substances)；

Part E (resistance to sound)；

Part F (ventilation)；

Part G (sanitation，hot water safety and water efficiency)；

Part H (drainage and waste disposal)；

Part J (heat-producing appliances)；

Part K (protection from falling)；

Part L (conservation of fuel and power)；

Part M (access to and use of buildings)；

Part N (glazing safety)；

Part P (electrical safety)。

若业主选择认可检查员提供建筑控制服务，必须通报地方政府有关部门，称为“初步通知(Initial Notice)”。若选择地方政府的建筑控制部门，建筑控制申请的类型有三种。第一种是建筑通告(Building Notice)，不要求提交具体的工程计划，开工后地方政府(市政厅)的检查员将进行重点工地现场检查，一旦发生问题，且不能妥善处理者，地方政府可以采取强制性行为。第二种是完全设计方案申请(Full Plans Application)，该种申请需要提交详细的工程计划和建筑细节，地方政府的检查员将会根据材料，向所有的有关部门进行咨询(例如消防和排水部门)，当所有细节都符合建筑规范后，政府建筑控制部门将会发放许可文件。在建设实施阶段，政府部门的有关人员将会依照建筑条例进行阶段性检查，最后签署验收证书。第三种为合法化申请，适用于没有及时申请建筑控制的项目，在项目完成后再寻求规划认可。经过审查，若建筑物符合建筑规范，则可被授予规划许可，反之，地方政府有权要求业主拆除已建工程。

设计方案被批准后，将收到建筑规范批准文件(Building Regulation Approval)。文件中指定了地方政府(市政厅)委派的检查员(包括姓名、联系方式)，列出了工程施工中必须遵守的条款。比如：工作时间及噪音限制；必须提前48小时通知检查员到现场检查的重要施工阶段，主要是隐蔽工程(如：验槽、浇砼前的钢筋笼、防水、防潮、管道掩埋等)；正式的开、竣工通知单等。到每一个要求时点，工程必须停下等待验收。全部工程完成后，并经最终检查符合建筑规范，地方政府(市政厅)将签发竣工验收证书。

3.3.2 美国政府公共工程管理实施机制的主要特点

联邦事务服务总局(GSA)是法定的美国联邦政府项目业主，而公共建筑服务中心(PBS)则是GSA负责政府办公楼建设管理的核心部门。图3-12对该部门及其与外部相关单位的关系，按照工程项目全寿命期管理的视角做了梳理。

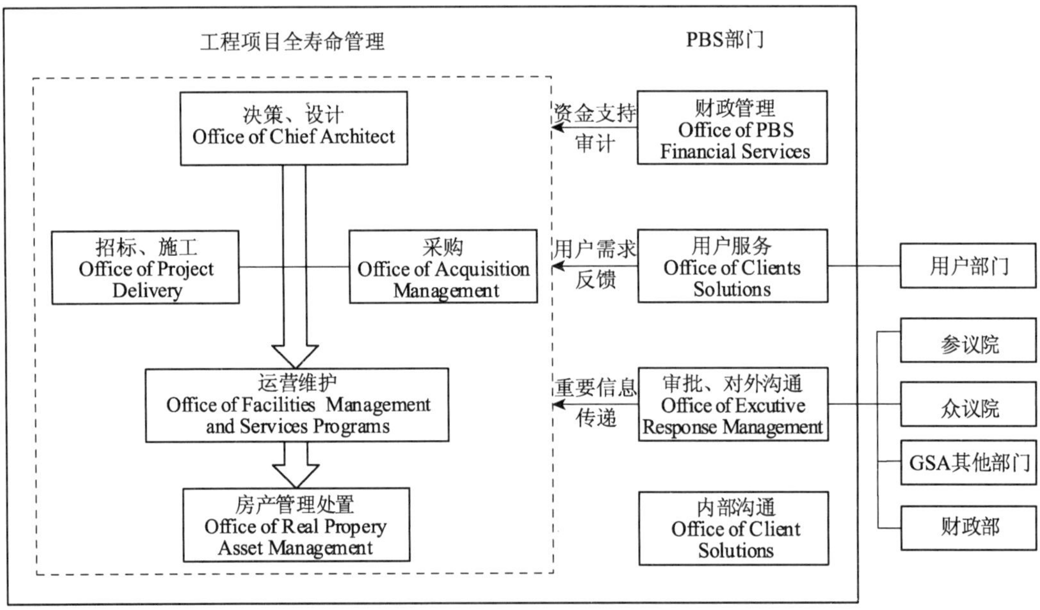

图3-12 PBS与外部单位的关系

1) 政府公共工程决策机制

房屋建设需求首先由房屋使用部门向地区性的服务中心提出，并由后者提交给联邦事务服务总局(GSA)。GSA的公共建筑服务中心(PBS)对这些要求做出评估，综合考虑各方面的因素后，向行政决策部门(总统办公室)提交所推荐项目的清单。行政决策部门对项目清单进行评估修改之后，向立法部门提出预算需求。在这个阶段，项目预算是非常粗略的预算，通常只包括项目的名称和总金额。立法部门审核预算之后，批准选定的项目并划拨资金。

2) 政府公共工程运行机制

项目立项之后，公共建筑服务中心(PBS)开始着手选择设计单位。首先，PBS刊登项目设计服务需求的广告。设计单位根据广告要求，提交自己的资质、项目设计小组成员的简历和项目建议书。PBS 收到各设计单位提交的文件之后，邀请建筑设计的同行专家，对各家设计单位进行评估。在选择设计单位时，PBS 考虑的是设计单位的质量和从业人员的资质，而不是设计费。但作为政府工程，设计费的数额也有一定的限制。PBS 选择一家或数家设计单位进行接触和谈判，并与选中的一家签订设计合同。

与私人项目类似，PBS 所负责项目的设计工作包括方案设计、扩初设计、施工图设计和准备招标文件四个阶段。对于前三个阶段，在每个阶段结束后，PBS 的主建筑师办公室组织进行设计评审。除了 PBS 自己的专家外，他们还邀请从业于建筑设计的同行专家进行会审。会审的内容包括核查设计是否满足预定的项目目标、项目预算、PBS 自订的项目建设标准(P100)、暖通空调标准、防火、无障碍等。

在施工阶段，公共建筑服务中心(PBS)所负责项目的施工组织模式分为三种：传统的设计—招标—施工、设计施工总承包(Design & Build)和委托建设管理(Construction Manager，CM)。

具体流程见图 3-13。

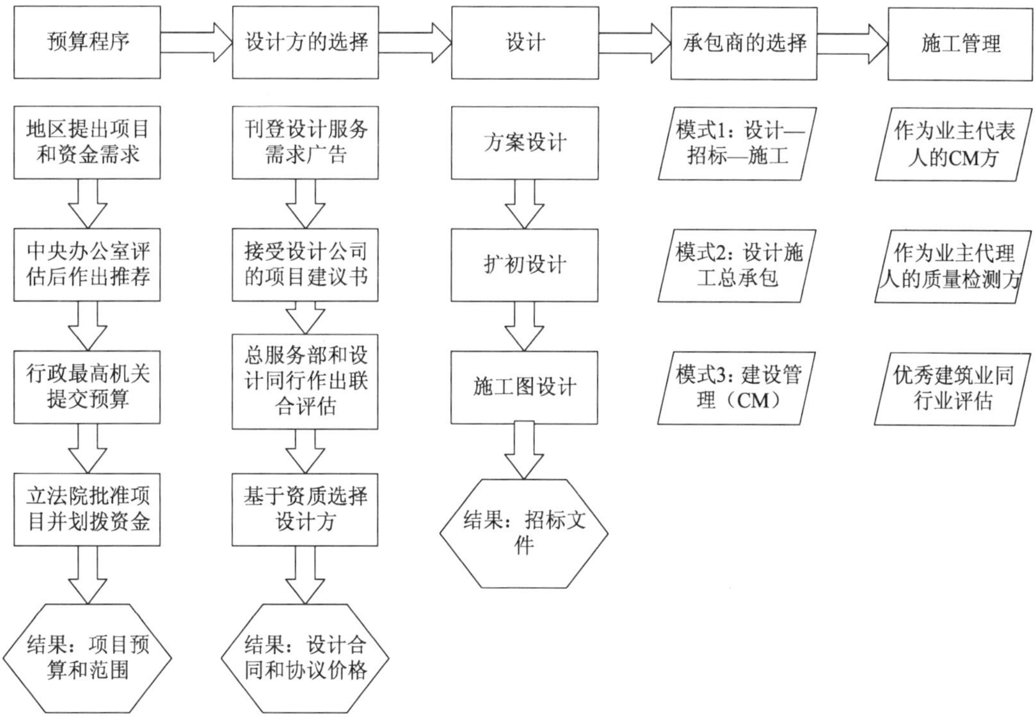

图 3-13　工程项目建设具体流程

3.3.3　德国政府公共工程管理实施机制的主要特点

工程建设的实施过程，以北威州为例，见图 3-14、图 3-15。

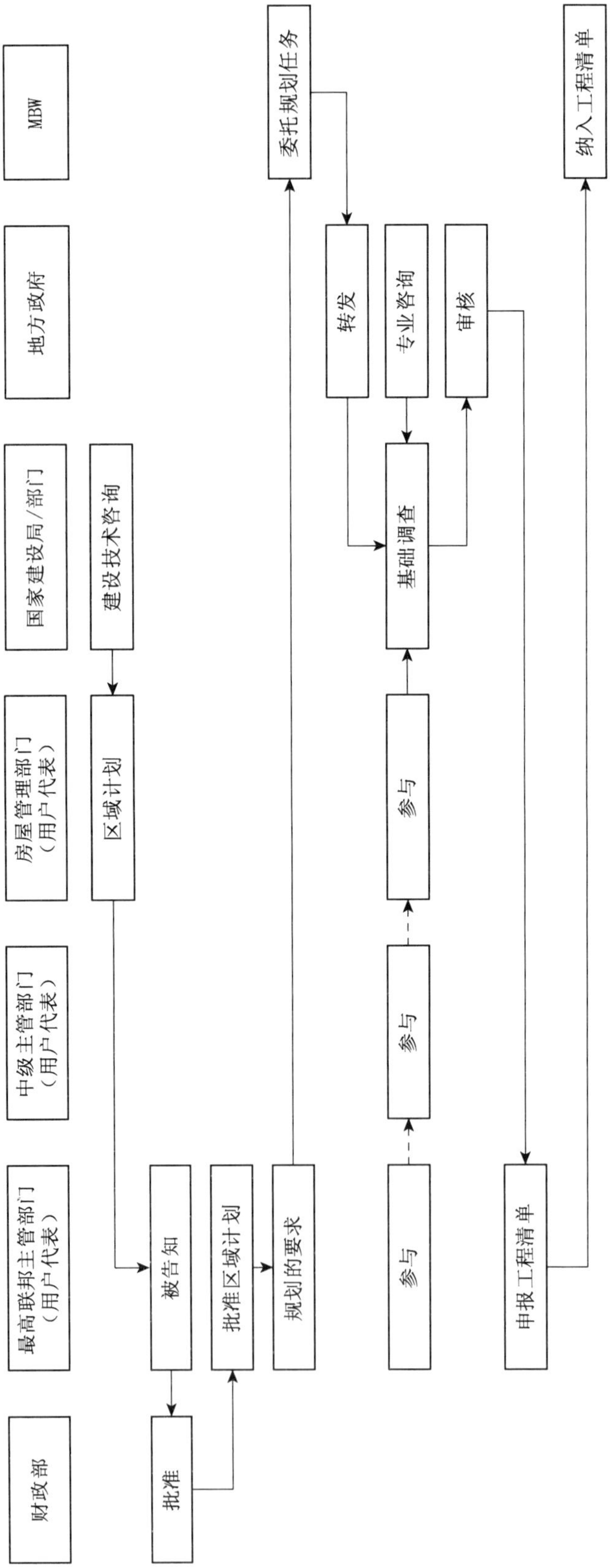

图 3-14　大型项目决策、审批、规划流程图(北威州)

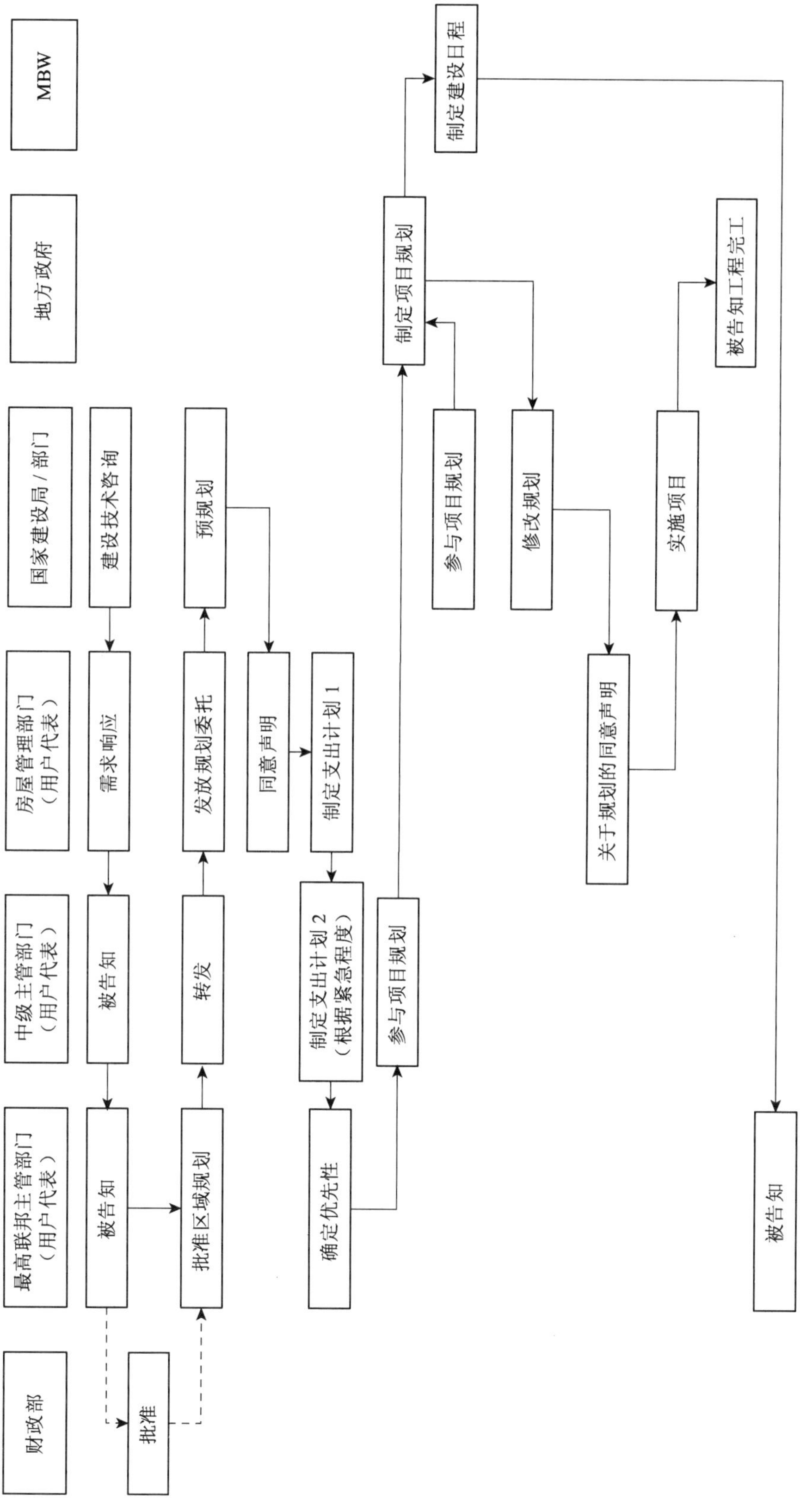

图 3-15　小型项目上报支出、项目规划与实施流程图

1）政府公共工程决策机制

房屋的建设需求由使用单位向本部门的房产管理部门提出。用户的房产管理部门在与需求单位协商后将建设需求确定为两个紧急等级：紧急 A，在下年度必须实现的建设项目；紧急 B，其余所有建设项目。

房产管理部门每年确定下年度对新建、改建和扩建建筑（费用上限为 100 万欧元）的需求，撰写需求报告，建设管理部门为需求单位制定需求报告时提供专业咨询。房产管理部门在提交需求报告的同时，还要提交建设工程的预算材料。建设管理部门在需求报告的基础上对预算进行调查，然后将调查结果直接通知房产管理部门。房产管理部门提交的建设工程预算材料交给相关的联邦高级或中级行政部门和建设管理部门。

最高联邦机关将在每个预算年度开始前三个月通知其下级机关所计划的可支配预算额度。联邦高级或中级行政部门在预算额度范围确定自己主管范围内可实施的建设项目。

2）政府公共工程审批机制

如果使用者最高主管部门决定自建的方案，那么项目需求单位就委托建设管理部门完善建设项目文件。建设管理部门将文件补充完整，签字，将其与用户的同意声明一起提交给建设监督部门，供审核和确定成本。建设监督部门审核盖章后将文件移交给项目需求单位，经项目需求单位和用户的最高主管部门发表同意声明后，项目需求单位将文件一式五份提交给相关的最高技术主管部门，用于批准和确定成本的上限。项目批准和成本上限确定后，最高技术主管部门将施工文件的第一和第五份返还给项目需求单位，自己保留第二份，第三份通过建设监督部门交给建设管理部门，第四份留给建设监督部门。接着，项目需求单位将返还的获批第一份文件交给联邦财政部，用于财政预算的认可，第五份文件交给用户。如果项目在施工文件制定日期之后的三年内没有开工，那么财政预算的认可失效。

建设项目申请文件获批且财政预算也被认可后，项目需求单位应请求最高技术主管部门安排建设措施的规划和实施。最高技术主管部门委托建设管理部门制定建设设计文件并进行项目实施，并确定是否可以减免某些程序（比如递交方案规划，预设计，文件的规模，文件加工的深度），项目需求单位通过通告参与此过程。

对政府公共工程，主管联邦行政部门委托专业管理机构对建设项目进行规划和实施。获批的需求报告对所有参与者都具有约束性，之后的需求修改需要经相关最高联邦主管部门批准。

建设管理部门对（预算 100 万欧元的小型建设项目）工程实施负责，并且兼顾工程不超出预算。即使有些任务被委托给私人的第三方，但是建设管理机构仍然有义务监督施工单位完成其工作。对所有的建设项目，其使用单位都需要针对施工文件签署一项同意声明。

3）政府公共工程质量监管机制

政府投资建设项目的项目管理、项目指挥、项目控制全部由建设管理部门承担。

联邦州的政府公共工程中，工程质量的检查、检测、验收、竣工验收一般由州属建设管理公司（有的联邦州称为州立不动产及建设咨询公司，有的称为州立不动产及建设管理公司）承担。每个项目都会制定一个项目手册，里面就项目组织和项目管理的责权分配都有详细规定。

每个建设项目开始前，在需求说明或规划制定的同时就开始制定质量计划、工期计划和成本计划。这些计划在项目结束后在运营中还要继续实施。

3.3.4 日本政府公共工程管理实施机制的主要特点

此处，以京都市为例。

1）建筑项目方案的拟定

京都市建筑项目的规划立项，由各设施管辖部门根据上位规划（包括“飞向未来！京都规划”即京都市基本规划、“京都市住宅整体规划”即京都市居住基本规划等）分别实施。此外，设施管辖部门还根据设施的特性开展专题讨论会等方式来调查、把握市民意向。

2）预算方法

在京都市，建筑项目的初期预算及设计变更后的必要预算变更、修缮等维护管理所需预算的确保、涉及业务委托及工程发包相应经费支出的决定等行为的主体，不是营缮部门，而是设施管辖部门。设施管辖部门依据京都市的上位规划以及各行政领域的规划等，根据社会经济形式以及市民的需求，决定项目实施的优先顺序，在此基础上，向财政部门提出预算要求。又及，预算的确定需要经过市议会的批准。

营缮部门常常在规划阶段以参与工程费用概算的方式为设施管辖部门提供技术支持，但不能直接参与设施管辖部门的预算编制以及财政部门的预算审核。因此，在设计阶段发生预算不足，或者发生设计变更以及法定劳务单价修订等问题的时候，会出现营缮部门无法灵活应对的局面。这是一个结构性难题。

3）优先发包给本市企业

京都市在对外委托设计业务或进行施工发包时，一般会采用普通竞争性招投标方式。但根据市议会的附带决议，为了活跃京都本地经济、培育本地建筑业发展，一般会在参加资格要件中增加“投标方应是总部设在京都市的本市企业”的要求。同上，还会在施工承包合同中约定，要求在签订转包合同以及采购物资及原材料的时候，应选择总部设在京都市的“本市中小企业”。此外，如果因采用方案比选方式或者综合评价中标方式而要求提交方案的时候，一般都会广泛公开募集方案，但如果总承包商是“本市企业”或者转包方为“本市中小企业”，将会分别给予加分。

4）议会对施工承包合同的批准

京都市规定，预期价格4亿日元及以上的施工承包合同（包括因设计变更而产生的施工承包变更合同）的签订需要市议会审议决定。具体手续包括：先与中标方进行合同草签，待市议会批准后，再签署正式合同。这样一来，手续办理时间大大延长，会造成设计月份和合同月份大幅度偏离的问题。

3.4 政府公共工程管理执行机制

本章列举了英美德日等国家在具体的政府公共工程管理过程中采取的一些管理机制，如质量机制、投资机制、招标机制等，对各个国家的特色做法进行分析。

3.4.1 英国政府公共工程管理执行机制的主要特点

1）全寿命周期管理机制

内阁商务办公室（OGC）发布了《追求卓越建设项目采购指南》（简称“卓越指南”）的系列指南，用于指导政府建设工程采购过程的管理。该指南分为3个系列：高级指南、核心指南和辅助指南，如图3-16、表3-1所示。

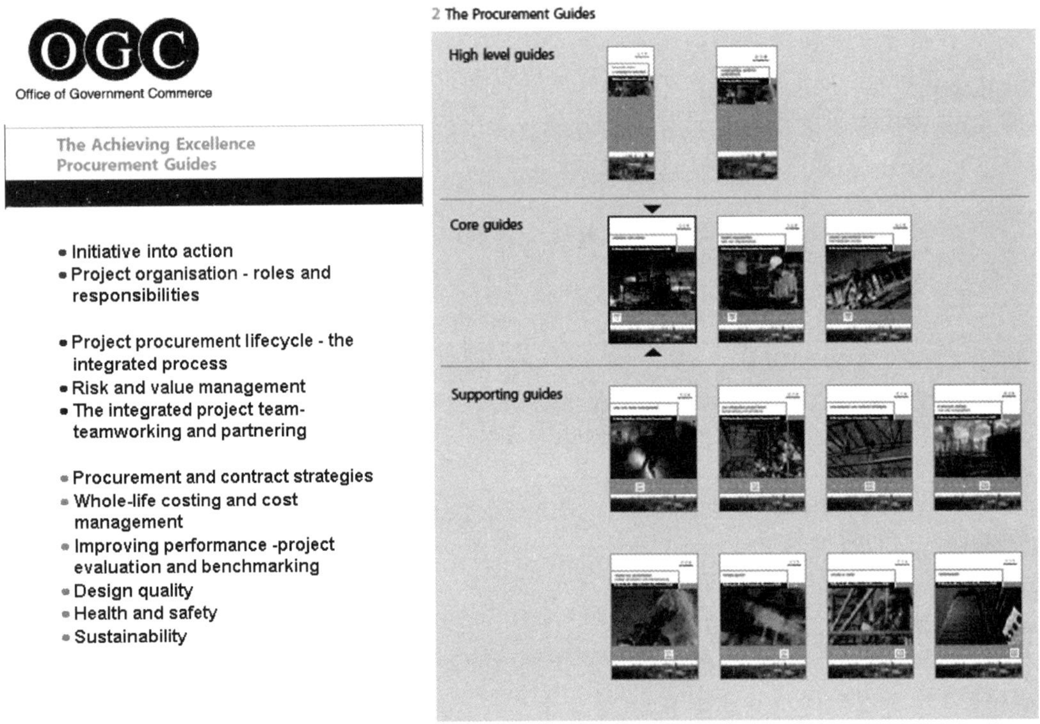

图3-16 追求卓越建设项目采购指南

表3-1 追求卓越建设项目采购系列指南

高级指南	A manager's checklist 项目经理检查列表
	Construction project pocketbook 建设项目指导手册
核心指南	Initiative into action 项目启动
	Project organisation：roles and responsibilities 项目组织：角色和责任
	Project procurement lifecycle：the integrated process 项目采购生命周期：集成的过程

续表

辅助指南	Risk and value management 风险与价值管理
	The integrated project team：teamworking and partnering 集成的项目团队：团队工作和伙伴
	Procurement and contract strategies 采购与合同战略
	Whole-life costing and cost management 全寿命成本和费用管理
	Improving performance：project evaluation and benchmarking 改善绩效：项目评估和标杆管理
	Design quality 设计质量
	Health and safety 健康和安全
	Sustainability 可持续发展

该系列指南从工程建设项目的组织结构设置、采购过程、风险管理以及各阶段的控制都给出了指导意见和详细的参考做法。

(1) 建立关键节点(“网关”)评审程序

中央政府的公共工程被强制要求在特殊的若干关键节点按“网关”评审程序进行审查，通过节点评审，即通过“网关”才能进入下一程序。一次审查一般要花费2～4天的时间，由特殊的审查团队进行。针对不同的项目需求，按照专业技能选取3～4名人员组成审查团队。审查人员都是与该建设项目无关的经验丰富的专家，经过认证和培训后基于公开和自愿的原则进行审查工作。审查人员总结当前项目建设存在的问题，并且提出相应的对策。

(2) 风险和价值管理

风险管理是在项目初期投入足够的时间和精力来确认和分析风险，把风险分散给综合项目团队中的具体风险管理责任人。价值管理的目的是提高价值而不是消减成本，但使用价值管理往往会带来成本降低的效果。

风险和价值管理程序贯穿于整个工程建设周期。在“网关”评审的每个关键点前，风险和价值管理都是辅助决策的重要工具，而在(“网关”)评审程序后期，焦点将放在管理风险和增加价值的机会。

(3) 集成化过程与项目团队

卓越指南把设计、建造、运营和维护作为一个整体来考虑，提倡采购人与设计单位、施工单位和专门供货单位与采购人形成长期稳定的合作关系，通过在一系列项目的合作中，不断地开发产品和供应链，消除实施过程中的浪费，从经验中学习和创新。

2) 项目采购机制

以大伦敦区为例，伦敦市长针对政府采购项目提出了“负责的采购”、“可持续性采购”等政策，在此指导下，各政府部门机构和地方政府出台了自己的采购指南。各部门可以在欧盟、英国、地方相关法规的法律框架下，自行决定招标的限额及不同形式、广告的方式、承包商的选择范围等。例如，克罗伊登政府要求承包商必须是 Construction Line 的会员；大伦敦政府的采购指南规定主要的评标标准为最具经济优势的投标（Most Economically Advantageous Tender，MEAT），中标者应该是提供“物有所值（value for money）”的承包商，而不仅仅是价格最低者。通常，具体的评定标准写在招标书中，常见的标准有经验、技术优势、施工速度、资金流动性等。许多政府部门机构已经采用了电子招标系统，招标信息公开透明，大大降低了招标过程当中的腐败现象。

3）投资控制机制

自 2009 年起，中央政府每年都会发布政府公共工程的成本基准值，并对近年来的数据（除了中央政府的建设工程，也涉及地方政府和私人工程）进行分析和趋势研究，以此为基础对下年的成本进行控制。中央政府并没有明确规定项目管理的具体机制和做法，但会通过出台一些指南和原则对建设工程的实施过程进行指导。每个部门都被要求对部门内部项目进行分析，总结控制成本的有效方法，并将这些内容编制成白皮书，供各部门借鉴。从往年的报告看来，在项目中应用多方案比选、风险控制和价值工程，对降低成本起到很大的作用。

4）信息化机制

政府公共工程管理的信息化体现在以下方面。

（1）信息公开。很多地方政府要求政府项目的招标信息公布在网上，完成的采购信息也能在网站上查到。网站可帮助潜在的承包商发现当前的招标信息、未来可能的采购行动以及过去标书和合同的详细细节。

（2）电子招标。许多组织机构已经采用了电子招标系统，从而简化招投标过程，节约时间和成本，提高效率和信息透明度。例如，克罗伊登市政府使用 London tenders 采购门户；伦敦警察署使用 Bluelight 采购门户，等等；

（3）电子政务。如英国全国大部分地区范围内的规划申请和建筑控制都可以在政府网站上在线进行。

3.4.2 美国政府公共工程管理执行机制的主要特点

1）全寿命周期管理机制

联邦事务服务总局（GSA）在各级政府行政法规和行业推荐性标准和规范的基础上，编写了一系列 GSA 执行标准指南（图 3-17），构成其建设项目管理制度，包括《公共建筑标准、指南》、《目标推动标准、指南》和《过程控制标准、指南》等。

GSA 对建筑物进行的是全生命周期的管理，《过程控制标准、指南》提供了建筑物从选址到运营的全过程的实施标准和依据。这些规范化的文件指南也是 GSA 控制质量、成本和进度的保证之一。

2）前期管理机制

GSA 的项目前期管理的流程启动从项目组合管理指导下的社区规划开始、然后进行项目策划研究、再经由项目报批流程，在得到国会授权后，建立起项目管理班子。之后项目就交由项目经理领导，进入项目交付流程。

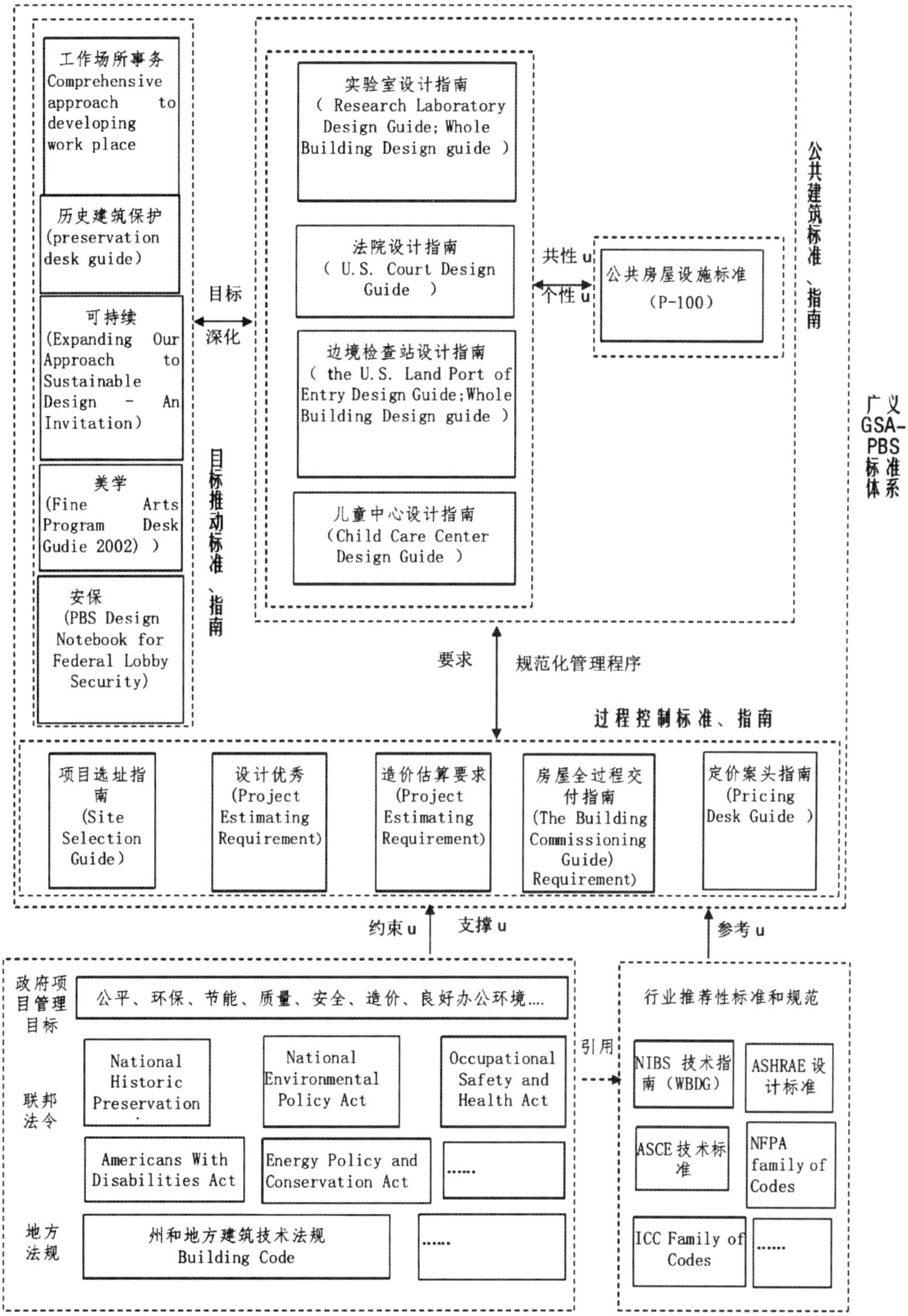

图 3-17 美国 GSA 建设标准体系框架

在社区规划阶段，GSA 会研究用户需求的合理性及其可能的解决途径，包括考虑对既有物业的挖潜利用、向社会租赁及自建新物业等多种解决方案，进行比选，然后给出明确的项目推荐和资金需求，随之将其编入一个滚动的五年计划。在项目策划研究（Prospectus Development Study，PDS）阶段，项目需求会按照其优先顺序从社区规划中选定，做进一步的开发策划研究。在此阶段会进一步明确项目范围、实施方案、投资估算，并提出具体的项目管理计划。在项目授权阶段，经国会批准的预算就成为 GSA 应执行的预算了，项目就可以正式启动。

另外，GSA 编有专门的《项目策划指南》来详细指导整个工程项目前期策划工作。其内容广泛覆盖计划（Planning）、授权（Authorization）/筹资（Funding）、地段获取（Site Acquisition）、设计/建造（Design/build）、设计（Design）、施工（Construction）、租借/居住（Tenant or Occupancy）等。

3）用户导向机制

对于特定的受众群体，GSA 充分考量了他们的需求。GSA 通常采取《P-100 标准》与特定设计指南相结合的方式进行工程管理，这样做既可以满足生命周期造价最省、可持续、安保与社区协调发展等目标，又在保证项目符合一般标准的情况之下满足了特定设计施工需求。同时，GSA 非常注重“人”的因素，其设计施工标准尽可能为受众提供合理、舒适、健康和高效的使用机会。

4）采购机制

（1）电子化平台

联邦事务服务总局（GSA）不仅仅是美国联邦的政府公共工程项目业主，也是美国联邦政府的集中采购机构。因此其政府公共工程项目采购和其他物资采购都由 GSA 的采购部门统一管理。GSA 的采购部门作为集中采购部门，主要是依据联邦采购条例建立了一系列公共采购政策，并建立和维护了其电子采购平台，该平台为所有政府采购提供支持，既带来了集中采购的优势，又保留了一定的分散采购的好处。

GSA 所提供的采购平台不仅仅全面支持联邦政府，也向州政府等地方政府部门提供服务。利用 GSA 采购平台的好处是可以通过集中采购来有效控制采购成本，并借助于联邦采购平台的吸引力而购买到高质量的供应商产品和服务。

（2）设计、施工采购

由于设计与施工咨询服务合同价值通常会超过 FedBizOpps 规定的公告下限，因此所有的设计与施工服务采购都会在 FedBizOpps 发布公告进行招标，且只能使用在 Central Contractor Registration（CCR）system 上注册认证的投标人的投标。但设计和施工服务采购分别使用不同的流程。

设计采购使用 Brooks Act（Public Law 92-582，as amended）及 Federal Acquisition Regulation（FAR）part 36.6 下的基于资历的选择程序。采用的是两阶段法。GSA 对设计招标完全不以投标报价作为评标依据，而只是在谈判阶段进行协商议价，以寻求一个对双方都满意的合同。如果不是设计竞赛的话，技术标也并不要求设计方报具体的方案，而主要针对设计团队的技术资历进行评审。

针对不同类型和规模的项目，GSA 可能采用不同的施工采购方案。对于普通的工程项目，最常用的还是技术标可接受前提下的最低价招标程序；而对于小型项目，则可以仅面向已经获得 IDIQ 施工合同的承包商征集并选择最有竞争性的报价即可。对中标人的选择都需要符合联邦采购条例有关“响应和负责任的最低标”（lowest responsive，responsible bidder)中标原则。

大型项目则适用于联邦采购条例中的"Source Selection" Method (FAR 15.1),本质上它是基于技术(或管理)建议书和报价的综合评标,采用"best value"作为评标原则。采用两阶段评标,即先评审技术标,再评审财务标。招标文件需要清楚说明如何对技术标与财务标进行综合评标,其中既包括采用技术标可接受前提下的最低价的选择,也可以是技术标权重高于商务标。为了确保评标能够基于准确的信息,评标程序中还允许对技术标和报价进行澄清和基于讨论协商进行修改。施工招标一般的周期是 60 天。

施工招标还需要配合采用法定的工程担保制度,包括相当于合同额 5%的投标保函,以及中标后中标人在签约后继续提交一份 100%的履约保函和一份 100%的付款保函,来换回投标保函。不能提供保函的将不能取得政府工程的投标资格。

5) 运营机制

联邦事务服务总局(GSA)的运营管理主要涵盖对处于运营期的工程的一系列处置活动,包括租赁和出售等方面。当 GSA 自有的设施不足时,也会向私人部门租赁房屋设施,再加以必要的装修改造等,使之达到法定的联邦设施标准,再将之租赁给用户部门。

运维期的各种维护维修改造一般合同金额不会太高,所以当 GSA 需要将相应工作发包时,多数是通过清单采购的程序,或安排一揽子采购协议,来减少逐个独立承包的多余市场成本,削减文书工作量,节省时间与金钱。

6) 投资控制机制

PBS 在 2007 年一份公布实施造价指南——《项目估算要求》(Project Estimating Requirement),适用于项目策划、设计和施工管理等阶段,也适用于专业合同中造价估算和造价管理任务。该指南规定了 GSA 建设项目从策划和实施阶段的成本估算和管理技术与管理要求,同时详细说明了成本估算的标准和实际做法。

在设计阶段,GSA 一律采用限额设计,并且在设计的各阶段开展投资估算和价值工程分析;在施工文件阶段,GSA 的设计审核进一步细分到 75%完成、90%完成和 100%完成等不同的交付成果审查。在运营阶段,GSA 是大部分联邦政府房产的所有人,以租赁形式向其他部门收取房屋使用费,并且租赁少量外部房产,转租给其他部门收取租金。政府部门就有权拿着租金预算去向社会租赁办公场地,因此 GSA 要向其他政府部门提供与市场具有可比性甚至更有竞争力的产品。《定价案头指南》(Pricing Desk Guide)和《PBS 工作空间划指南》为 GSA 运营阶段租赁提供指导。

7) 信息化机制

联邦事务服务总局(GSA)是美国最早导入 BIM 的政府业主机构,从 2007 年起,GSA 就要求每个项目在概念阶段就要提交 BIM 模型,并发布有统一的 BIM 标准。目前,GSA 对 BIM 技术的应用主要在以下几个方面:

(1) 空间程序验证:GSA 应用 BIM 技术为空间验证提供支持,对 GSA 的空间设计提供准确评估。

(2) 三维激光扫描:GSA 实现了高精度的三维激光扫描成像技术,并至少应用于 7 个投资项目,提高了整理记录 GSA 现有不动产可视化资料的速度和精度。

(3) 资源性能分析:GSA 将 BIM 技术应用至基于资源性能分析之上。通过 BIM 技术应用,GSA 提高了资源使用和成本预测的可靠性、一致性和可用性。使得项目早期设计有更加完整和准确地资源估计，提高了全生命周期分析的合理性。

(4) 流通性和安全性验证：通过 BIM 技术，GSA 实现了基于特定项目需要之上的流通性和安全性验证，这将有助于解决 GSA 各种建筑设计指南中所列建筑实用性的验证，并已经应用于法院设计指南之中。

(5) 设施管理：GSA 通过 BIM 技术进行设施管理，通过搜集在整个设计施工过程中产生的设施数据，在全生命周期中实现数据的使用和更新，利用预测数据提供安全、健康、高效的工作环境。例如：具有准确竣工资料，有助于预测装修成本及时间，减少实际成本，提高客户满意度，优化建筑系统运营和维护，以减少能源消耗。

8) 激励机制

在设计阶段，每两年 GSA 还会评选出若干优秀项目，对其设计师进行表彰，以激励各专业设计师们不断努力提升设计水平。

在施工阶段，GSA 同样会执行一个《施工优秀》计划，该计划包括 GSA 施工优秀同行检查计划(GSA Construction Excellence Peer Program)。GSA 会同美国总包商会每两年选出一批代表美国最高施工水平的同行专家，负责对 GSA 的工地进行不定期的走访检查，以帮助 GSA 发现施工中的问题和不足，并提出改进建议，这些建议可能会针对具体的施工项目，也可能会涉及到对整个 GSA 管理制度和流程的改进。由于这些施工承包企业都是潜在的竞争对手，通常同行专家都会非常仔细地去查找问题，取得了很好的效果。

3.4.3 德国政府公共工程管理执行机制的主要特点

1) 需求管理机制

一般来说，在德国，政府公共工程直接的实务目标是由用户来确定，专业性目标由建设管理部门确定，而最高目标是政治机构(如议会)来确定。用户在制定需求计划时，应在建设管理部门参与下，向建设监督机构要求获得专业的咨询和帮助。用户主管部门在批准需求计划后，还需要进行需求满足可实现性方案的调查，由建设管理部门负责。需求满足的不同方案包括租赁、改建、扩建和自建等。

需求满足方案的调查旨在能评估所有能够满足需求的可能方案及其整体经济性。调查和评估按照需求计划中确定的统一的量和质的要求来进行。在调查时，需考虑生命周期优化的原则，特别是项目结束后运营成本、使用成本和风险成本。

2) 设施运营机制

在德国，建筑运营和设施管理属于建筑物维护的职能范围，但还需要额外的维护、管理和监督。一般来说，设备设施的维护、管理由(用户的)房屋管理部门负责。运营监督由州属不动产管理公司的分支机构负责，有些联邦州有例外，比如大学建筑运营的监督由大学交给专业人员负责。往往建筑物维护部门、设备设施维护与管理部门和运营监督部门要共同合作来保证建筑的运营和设施管理。

房屋管理部门管理所有设施和设备的数据，可以通过自己的人员进行运营和设施管理，也可以签订外包服务的合同，定期让人进行维护和检查。运营监督原则上是建设管理部门的任务，但如果用户房屋管理部门自己有相应专业人员，或者如果建筑物设施规模不大，用户房屋管理部门也可能承担运营监督的工作。

用户的管理部门需要持续记录供暖、制冷、水电等建筑使用时的消耗情况和费用。这些数据和能源供应合同每年定期上交给建设管理部门用于评估。在所有评估结果基础上，建设局与用户协商后决定是否应该制定关于改善运营经济性和节能的建议。

3.4.4　日本政府公共工程管理执行机制的主要特点

1）建设项目的发包合同模式

日本公共领域工程项目的发包合同制度，在设计方面，虽然提倡方案比选（设计策划竞选）/比赛（设计竞赛），但除了中央政府以及政令制订城市外，总体都是价格竞争。在工程方面，基本采用的是指定招标制，指定招标的参加者，让他们之间互相竞争。日本政府制定了《公共领域工程项目质量保证促进法》，改变了以往做法，不论是设计还是施工，在仔细考量技术和价格双方面因素的基础上决定中标者（综合评价中标方式），并正在反复地改善这项制度。要确保综合评价中标方式行之有效，必须具备以下条件：①具备丰富齐全的技术能力，并且该技术已普及，可进行客观评价。②在民间市场方面，具有一定稳定性的质量保证体系，以确保其竞争性。③遵纪守法的精神和相关必须遵守的法律内容普及深入到各个企业和民众之中。④综合评价中标方式要扎根稳固下来，执行维持和改善这项制度的组织机构就必须保持光明公正。

2）建设项目质量保证体系

日本的建筑项目质量水平极高，但为了达到这个质量水平，需要开展各种各样的工作，需要提高人和组织的能力。首先，质量不是靠检查出来的，而是在于在实施设计、施工业务过程中如何进行正确的管理。也就是说，检查是结果，质量是过程管理——这是TQC的基本理念，这种理念的培育尤其重要。为此，除了需要对参与工程的技术人员、技术工人进行个人能力和守法精神的培育外，还需要让其切身体会到创造的意义和乐趣。构成上述这些的基础，是技术人员、技术工人的相互交流、培训，及其在施工现场的管理组织和会议体系的有效构成。

3）建设项目的成本管理

重要的是，如果需要高精度的工程费概算，要在合同里规定聘请该领域的专家。此外，在设计变更处理方面，也必须明确每个设计变更所需的费用和工期、责任和风险承担。

4）设施的维护管理

日本的建设投资中，维护修理费所占的比例已达30%，逐渐从增量时代步入存量时代。日本从1980年代开始就致力于维护修缮方面的研究，同时有相当多的地方政府、民营企业都制定了修缮计划，但是由于实际的费用负担计划不够完备，造成无法按照修缮计划进行有计划性的修缮，到最后基本都变成了事后修理。其结果造成了隧道天花板坍塌、外墙坠落等突发事故频发。因此，重要的一点是掌握各种持有设施的现状，建立相关数据库，在这些信息基础上考虑如何将维护修理工作落到实处。

3.4.5　政府公共工程管理机制的分析

传统的工程项目管理的重点在于对工程项目质量、成本和进度的控制，而现在英国、美国、德国等发达国家对建设项目的管理范围已经扩展到了项目的全寿命周期。虽然各国对政府公共工程的管理没有一个明确的、规定性的模式，却也存在着不少的共同点。

（1）使用规范性文件和标准对项目全过程进行指导。美国和英国都发布了一系列的行动指南，对项目的需求识别、前期策划、设计和施工、运营维护等进行全过程指导。

（2）风险和价值管理贯穿于项目的全过程。价值工程追求的不是最低成本，而是项目价值的最大化，这不仅要考虑到单个项目的效益，也要考虑到项目对组织已有资产的影响。

（3）市场化程度较高。例如在英国，除了将传统的业务（如咨询、设计、施工）外包给建筑市场外，政府还在建筑控制领域引入私人机构；而在美国，联邦事务服务总局（GSA）相当于一个市场主体，与整个办公租赁市场竞争，为联邦政府提供办公场所。

（4）第三方的独立评估帮助持续改进管理过程。在项目的进行过程中，来自第三方专业人士的评估可以帮助项目管理团队识别项目潜在风险并提出应对措施；事后的同行评估可以客观地评价项目的实际效益与存在问题，帮助提升项目管理团队的管理水平。

（5）不同程度的信息化管理。分析各国的管理模式，建设工程项目管理的信息化主要体现在：①使用电子采购平台；②BIM 技术的推广；③项目管理信息的电子化。

3.5 政府公共工程管理体制和机制借鉴

政府公共工程的管理体制和机制设计，应满足公平和效率两大原则。与私人项目对比，由于公共工程的建设资金所有者和使用者的不一致，在项目建设执行过程中，缺乏有效使用资金的内在激励，从而可能导致资金的使用无效。因此，完善的政府公共工程管理体制和机制下，各部门之间应当能够相互制约，保证公共资金的有效使用。通过对英国、美国、德国和日本的政府公共工程管理体制和机制研究，在若干方面值得借鉴。

3.5.1 政府公共工程管理体制借鉴

1）公共工程的建设与管理属政府行为

政府公共工程的建设及其管理是政府行为，即项目业主为政府部门。美国和德国采用集中管理的模式为主；英国则采用分散采购模式，但英国中央政府设立有专门的政府公共工程管理指导监督机构对政府建设行为进行规范和监督。在本质上，这几个国家的政府公共工程的建设和管理，都是由政府部门承担，体现了政府工程政府管、政府工程集中管的基本原则。

2）使用单位和建设单位（项目业主）分离

在政府公共工程的管理体制设置上，均采用使用者和建设者分离的管理模式，使用单位只对需求提出要求，由政府部门组织实施，以避免功能过度，资源浪费的现象发生。

3）投资决策实行分级分权和授权

针对不同层级的政府部门授予相应的决策权限，在授权范围内的，相应部门可以自行决策，可以提高决策的运行效率；超过一定数额的大型项目，要向上级财政部门申请预算，并且受到议会的监督。

4）设立多方位的监督体系

一方面是政府机构内部的自我监督，包括业主机构的自我监督体系和财政部门公共资金使用的监督；另一方面是来自政府部门外部的监管，主要来自议会和社会公众的监督。

事前对预算的控制由财政部门负责，只有纳入年度预算的项目才能通过审核立项，以此促使需求单位提早对项目进行规划，做好充足的准备和需求分析。事后对政府的支出进行独立审计，以此评估资金使用的合理性和有效性。财政部门和议会在项目运作过程中，扮演了重要角色，既有决策职能，又有项目监督的权力。多方位的监督体系，主要为了保证公共资金的合理使用。

5）专业化和适度市场化的工程管理

政府公共工程管理执行机构（项目业主）的职能在于对公共工程全寿命周期的专业管理，而非行政管理。通常，政府公共工程管理执行机构的人员均属公务员编制，主要均是专业人士，且数量庞大。

政府公共工程管理执行机构（项目业主）的专业性程度和执行模式的经济性，影响政府公共工程管理的市场化程度，即市场化程度根据各国不同的管理模式而有所不同。作为政府公共工程项目业主的项目执行机构，从有利于工程质量安全的控制和强有力的项目掌控，通常自己主持和从事主要的工程管理工作。当然，除某些必要的任务，英国、美国和德国在不同程度上都存在专业性任务服务外包的情况，如委托设计、委托项目管理等。影响市场化程度的主要因素有：管理部门专业能力，即集中管理部门的专业能力相对较强，市场化程度就较小；管理部门规模，即管理部门机构规模较大，专业性人才储备较多，市场化程度就小。不管服务外包的多少，并不改变政府公共工程管理执行机构是项目业主的定位。

6）设有政府公共工程的政策和专业指导机构

例如英国政府的OGC和MPA，这些机构并不直接参与项目实施，而是为政府公共工程的实施过程制定标准，提供技术和管理方面的支持和指导。同时，指导机构还负责总结各类政府公共工程项目建设的经验，将先进做法在各政府部门内进行推广，帮助持续改进公共工程项目执行部门的项目管理水平和业务水平。

3.5.2 政府公共工程管理机制借鉴

1）政府项目与私人项目区别管理

区分政府项目与私人项目这“两类”项目，对两类“项目”进行分类管理，采用不同的管理方式。对政府公共工程建设与私人项目建设管理的重要区别在于项目前期的决策审批阶段和采购阶段的相关工作。政府公共工程的决策、审批、执行、监督各机构之间权利、责任匹配，互相之间形成制约；对政府公共工程的决策管理主要为资金控制，表现形式为财政预算和建设计划。

2）项目决策的开放和透明

首先，一般情况下，财政部门作为政府内部的决策部门，根据公共需求、项目评估及财政资金安排等进行项目投资决策，并将决策事项提交议会。其后，议会作为政府外部的立法机关，对政府提交的项目投资决策事项举行听证或审议，进行项目立项审批。与此同时，一般政府公共工程的决策过程和信息公开，听取社会公众的意见和建议。公众和社会媒体对政府公共工程的决策有较大影响，起着重要作用。

3）严格的规划许可和控制

如英国的大多数项目的设计方案都需要获得规划许可，由地方政府负责。地方政府的规划控制部门要求项目业主提供必要的工程计划和设计图纸等，从各个方面评审项目是否符合当地的发展规划。此外，一旦申请被受理，当地的规划部门就会对项目进行公开的咨询，将涉及各种各样的组织机构，包括社区委员会、当地议会、环境部门等，以此来评估决定是否授予规划许可证。

4）项目全寿命周期管理

美国GSA和英国的OGC都编制发布一系列标准指南，指导政府项目业主对建设工程进行全寿命周期的管理。它们都强调对项目的成本、质量、安全和可持续发展等目标控制贯穿于项目的整个过程中，而不是其中的某一个环节。在项目的一开始的策划中，就要考虑到项目实施、运营过程中的各种因素，以此制定项目管理手册，并贯穿项目的全过程。德国要求在编制需求计划和预算时，技术支持部门就要针对可行性给予建议；英国要求在设计阶段就考虑到项目的全寿命周期成本。

在对具体建设项目进行管理时，各国的管理机制也有许多共同点，例如使用规范性文件和标准对项目全过程进行指导；运用价值和风险管理技术进行项目全寿命周期的管理；从各方面完善信息化管理；重视需求管理，建立用户导向机制等。

5）设置重要的评审节点

如英国中央政府的“网关”评审程序，在项目实施过程的重要阶段和关键节点，采用同行审查的方式及早发现项目可能存在的问题，并提出对策，及时解决。通过节点评审，即通过“网关”才能进入下一程序，同时使用风险和价值管理技术对项目计划不断完善，使公共资金价值最大化。

按英国的“网关”评审程序和美国GSA施工优秀同行检查计划，来自独立第三方的专家可以从客观、多面的角度审视项目的执行效果，发现项目和管理团队存在的问题；事后的同行评估可以客观地评价项目的实际效益与存在问题，帮助提升项目管理团队的管理水平。

6）建立完善的工程质量保证体系

如日本为了达到极高的建筑项目质量水平，需要开展各种各样的工作，需要提高人和组织的能力。质量不是靠检查出来的，而是在于在实施设计、施工业务过程中如何进行正确的管理。检查是结果，质量是过程管理的基本理念尤其重要。为此，除了需要对参与工程的技术人员、技术工人进行个人能力和守法精神的培育外，还需要让其切身体会到创造的意义和乐趣。实现这些的基础，是技术人员、技术工人的相互交流、培训，及其各自在施工现场的管理组织和保证体系的有效构成。

7）建立工程造价数据库

如英国中央政府每年公布政府公共工程的成本基准值，并与私人工程的成本值进行比较分析，既可以成为下一年政府公共工程的控制目标，也对投资控制效果不好的部门具有激励作用。

8）强化政府公共工程管理的信息化建设

表现为：建设工程政务公开；相关业务的电子化，如英国的规划申请和建筑控制申请都可以通过全国统一的网络信息门户进行；建立电子采购平台；BIM技术在项目管理中的应用。

发达国家和地区对政府公共工程的管理已经过了百年的实践和探索，逐步形成了适应市场经济发展的各具特色的政府公共工程管理体系。但是发达工业国家与我国国情和环境上有所差异，管理体制和机制的借鉴尚未考虑实际条件，具体的细节和做法还需要深入研究。

参考文献

[1] https://www. gov. uk/government/organisations.

[2] https://www. gov. uk/government/organisations/cabinet-office.

[3] https://www. gov. uk/government/organisations/department-for-business-innovation-skills.

[4] https://www. gov. uk/government/organisations/department-for-communities-and-local-government.

[5] https://www. gov. uk/government/organisations/department-for-environment-food-rural-affairs.

[6] https://www. gov. uk/government/organisations/department-for-work-pensions.

[7] https://www. gov. uk/government/organisations/hm-treasury.

[8] https://www. gov. uk/government/organisations/planning-inspectorate.

[9] https://www. gov. uk/government/topics/environment.

[10] https://www. gov. uk/government/organisations/building-regulations-advisory-committee.

[11] http://www. hse. gov. uk/construction/index. htm.

[12] http://www. planningportal. gov. uk/planning/.

[13] http://www. nao. org. uk/about-us/what-we-do/.

[14] http: //www. parliament. uk/business/committees/committees-a-z/other-committees/public-accounts-commission/role/.

[15] http://www. legislation. gov. uk/all? title=building%20%20%20act.

[16] http://www. planningportal. gov. uk/ buildingregulations/buildingpolicyandlegislation/currentlegislation/introduction.

[17] http://www. designingbuildings. co. uk/wiki/Public_project:_construction.

[18] https://www. gov. uk/contracts-finder.

[19] http://www. constructionline. co. uk/static.

[20] http://www. croydon. gov. uk/planningandregeneration/make-application/makeanapp.

[21] http://www. planningportal. gov. uk/buildingregulations.

[22] http://www. croydon. gov. uk/business/tenders/htcss.

[23] http://www. contractorslicense. com/index. html.

[24] http://www. azroc. gov/.

[25] http://www. gsa. gov/portal/content/101288.

[26] Project Delivery Methods[OL]. http://www. gsa. gov/graphics/pbs/Project _ Planning _ Guide _ 3of4. pdf.

[27] http://www. gsa. gov/portal/content/104549.

[28] Facilities Standards for the Public Buildings Service[OL]. http://www. gsa. gov/portal/mediaId/187607/fileName/P100_Version_2014. action.

[29] Courts Design Guide[OL]. http://www. gsa. gov/graphics/pbs/Courts_Design_Guide_07. pdf.

[30] Child Care Centre Design Guide[OL]. http://www. gsa. gov/graphics/pbs/designguidesmall. pdf.

[31] The Value of Good Design[OL]. http://www. gsa. gov/graphics/pbs/CABE_Value_of_Good_Design.

pdf.
[32] http://www. gsa. gov/portal/content/184875.
[33] http://www. gsa. gov/portal/mediaId/170507/fileName/P_120.
[34] Pricing Desk Guide[OL]. http://www. gsa. gov/graphics/pbs/Pricing_Desk_Guide_4th_Edition. pdf.
[35] Building Commissioning Guide[OL]. http://www. wbdg. org/ccb/GSAMAN/buildingcommissioningguide. pdf.
[36] http://www. gsa. gov/portal/category/21023.
[37] http://gsa. gov/portal/content/186071.
[38] Bundesministerium für Verkehr und digitale Infrastruktur[OL]. http://www. bmvi. de.
[39] Bundesministerium für Umwelt, Naturschutz, Bau und Reaktionsicherheit[OL]. http://www. bmub. bund. de.
[40] http://www. bbr. bund. de/BBR/DE/BBR/bbr_node. html.
[41] http://www. mlit. go. jp.
[42] http://law. e-gov. go. jp/htmldata/H12/H12SE255. html.
[43] http://library. ejcs. opac. jp/cgi-bin/board. cgi.
[44] http://www. ciic. or. jp.
[45] http://www. city. kyoto. lg. jp/sogo/page/0000092658. html.
[46] http://www. city. kyoto. lg. jp/tokei/page/0000077367. html.

子报告 4　深圳市政府公共工程管理体制改革与创新研究

4.1　指导思想和原则

长期以来，我国政府公共工程的管理存在着许多问题，投资超、进度慢、质量差、滋生腐败等问题普遍，虽然经过长期的多种努力，仍没有从根本上解决，其原因是没有从体制、机制和法制上进行综合治理。

纵览工业发达国家和地区的管理体制，政府公共工程都是由政府直接主持，进行集中管理，这也是大部分发达国家和地区所普遍采用的管理体制。比如美国、德国、日本、新加坡以及我国香港地区等，对这些发达国家和地区的政府来说，对政府公共工程进行直接管理是政府的一项重要职责。这些国家和地区的政府都有实施政府公共工程管理的专门机构，通过专门机构的管理，保证了工程管理的集中化、专业化、统一化以及投资效率。这种专门机构直接实施管理，就是充当政府公共工程建设的项目业主，不仅对工程质量、施工安全进行监督，而且对工期和投资进行全面的直接控制。这种控制不同于一般的基本建设程序监督，而是从可行性研究论证、项目决策、设计、施工管理直至交付使用全过程的直接操作。这种方式无疑能够减少政府公共工程分散管理带来的弊端，减少信息成本和监控成本，同时减少腐败的可能性。

因此，借鉴发达国家和地区的成熟经验，我国政府公共工程管理体制改革的指导思想和原则应该是：政府工程政府管、政府工程集中管。政府公共工程的投资，来自纳税人，应当由谁对其负责？还有谁能够对其负责？显然，只有政府。面对巨额的建设项目投资，面对专业性的项目管理工作，应该如何进行管理？只有进行集中管理，由专业化的政府机构进行管理。一个有责任的政府，应该承担起对公共工程的责任，承担起对纳税人的责任。作为公共利益的代表，政府应该成为公共资产的唯一管理者。并且，只有实行集中管理，才能组建专业化的管理机构，低成本高效率地开展专业化的工程管理工作，实现工程建设目标。

深圳市在过去十多年的改革中，通过学习借鉴发达国家和地区的先进经验，逐渐摸索建立了以深圳市建筑工务署（以下简称：深圳工务署）为核心的政府公共工程的集中管理体制。实践证明，这一体制符合政府公共工程管理体制研究的基本判断和发展方向，也符合国际惯例，值得坚持，但在实践中也出现了一些新的问题，应在此基础上继续进行研究和探索，进一步深化改革。

4.2 组建政府公共工程管理局

从2002年开始,深圳市逐步建立了以深圳工务署为核心的政府公共工程的集中管理体制,至今仍然是国内最先进的改革典范,代表了政府公共工程管理的发展方向。但由于宏观体制和机制环境的约束,目前的深圳工务署模式也暴露出一些问题,比较突出的是深圳工务署的职能定位问题、人才问题等,当然还有不少其他问题。这些问题如果不能及时得到有效解决,必将极大影响政府公共工程的投资效益。因此,必须进一步进行深化改革。

据统计,自2000年以来,深圳市用于固定资产投资的财政拨款额年平均增速达24.7%,虽然近几年有所回落,但每年的政府投资固定资产总额仍然处于高位。以2012年为例,深圳市政府投资固定资产总额达到396.5亿元,占深圳市年度财政总支出的21%。要有效管理如此巨额的固定资产投资,必须要设置一个独立的、专业性强的、且具有政府内部横向协调能力的部门。深圳工务署具有专业化管理的特点,但不能具备上述所必需的全部能力,因此,应在现有建筑工务署的基础上进行改革和提升,针对政府公共工程的管理,建议组建新的政府管理机构——深圳市政府公共工程管理局,形成一个专业化的政府公共工程项目全寿命周期管理的局级部门。

4.2.1 政府公共工程管理局的属性

4.2.1.1 政府公共工程管理局的职能定位

目前,深圳市政府公共工程的管理,是以深圳市建筑工务署为代表,履行业主管理职能,代表市政府(投资人)和建设工程的使用单位,执行建设项目的具体管理活动,并以其专业性对部分政府公共工程建设项目的决策过程和后期运营维护过程进行技术支持,达到了良好的效果。但是,在实际工作中,仍然存在一系列的体制和机制障碍,阻碍建设项目管理活动的正常开展,影响管理效率。在这些障碍中,最有代表性的就是,基于其现有的职能定位,深圳市建筑工务署作为一个执行机构在政府部门间进行横向协调时明显感到能力不足。

按现行管理体制,政府公共工程的管理活动涉及到多个政府部门的职责,部分部门之间会存在部门本位主义。深圳工务署作为政府公共工程的实际管理人,在各个政府部门面前就是一个普通的项目业主,每天面对一系列的矛盾和问题。尽管是代表政府管理工程项目,但深圳工务署并不是政府职能部门(过去曾是建设局的下属机构),在处理部门间的协调问题时常常出现协调力度不够,两边不讨好的情况。我国政府部门间的行政级别,层次分明,对任一部门的授权都应与其行政级别相适应,才能有效开展工作。为便于协调工作,协调双方至少应处于平等的位置。目前,深圳工务署的事业单位属性使之无法获得与其他政府部门间平等的地位。因此,组建新的政府公共工程管理局,使之成为一个政府职能部门,是解决问题和矛盾,改变管理现状的必由之路。

新组建的政府公共工程管理局隶属于深圳市政府,是政府职能部门之一,属于管理机构,也应具有执行职能。而深圳工务署是执行机构,并不具有管理和决策职能,二者具有本质的区别。为了有效解决深圳工务署定位低、职能不全的问题，必须要对新成立的政府公共工程管理局的职能进行定位，明确其执行职能和管理、决策职能。为了发扬政府公共工程集中管理的成功经验及优势，根据建设工程全寿命周期管理理论，结合政府公共工程的特点，新组建的政府公共工程管理局应该负责政府公共工程的全寿命管理过程，在建设项目全寿命的不同阶段组织其他相关部门和单位参与，并在整个过程中接受行政监督和社会监督。

为了实现对政府公共工程项目的管理和执行双重职能，应该在政府公共工程管理局内设置双层组织结构。管理层以政府公共工程管理局机关为核心，通过对外协调沟通和对内监督管理，制定标准和制度规范，组织开展政府公共工程管理的整个过程。其中，政府公共工程管理局通过横向协调、技术推广和项目前期的决策支持等职能与其他部门互动，并通过执行监督、标准制定、人事管理和成本管控对下属执行单位进行管理。下属执行单位可定位为事业单位，受政府公共工程管理局管理，通过行使采购管理、施工管理等项目管理的相关职能开展政府公共工程的具体实施工作，并完成工程保修和设备运营维护管理的任务。

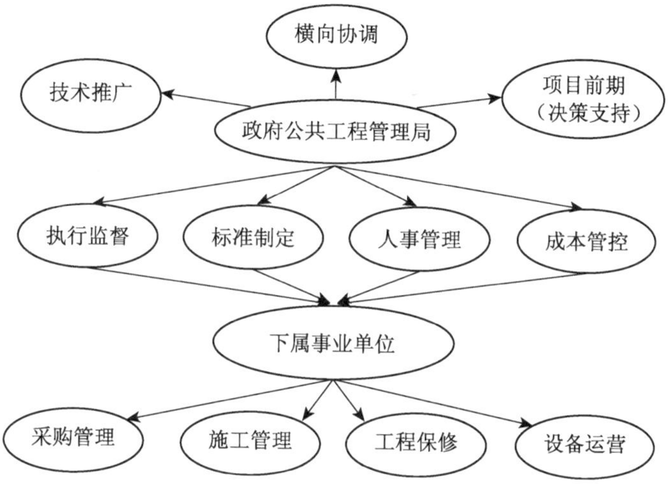

图 4-1　政府公共工程管理局的基本组织职能

4.2.1.2　政府公共工程管理局的称谓分析

当前，深圳工务署是深圳市政府公共工程的主要实施单位，是隶属于市政府的一个事业单位。如前所述，新组建的机构应是深圳市政府的一个职能部门，名称必须相应修改，不能再称之为工务署。改为工务局也似乎不妥，“工务”二字借鉴了香港的“工务局”以及我国解放前的“工务局”，是非常传统的称谓，不为现代人所熟悉。另外，工务工程只是政府投资工程的一部分，不能代表该机构的全部管理范围，也没有表明“政府公共工程”或者“工程建设”这一特定的管理对象，容易造成误解。若取名“建设局”或者“建管局”等类似名称，在许多地方一般都是指建筑业行业管理的机构，同样容易产生歧义，造成混乱，也不合适。新组建机构的职能将从过去工务署的执行职能转变为管理职能和执行职能兼备，但仍然是以政府投资的公共工程项目为管理对象（经营性的公共工程一般引入企业投资，不是该机构的管理范围），以工程的全寿命周期管理为核心业务。因此，本课题建议暂时将其命名为“深圳市政府公共工程管理局”，简称“政府公共工程管理局”或“公共工程管理局”。

4.2.2 政府公共工程管理局的主要管理职能

按照公共服务的纵向一体化分工理论和建设工程项目全寿命周期管理理论，为了提高投资效益，为建设工程项目增值，政府公共工程管理局应负责建设工程项目全寿命周期三大阶段的所有管理活动，即决策阶段的开发管理(Development Management，DM)、实施阶段的项目管理(Project Management，PM)以及运行阶段的设施管理(Facility Management，FM)。这也是许多工业发达国家和地区的普遍做法。在建设项目的全寿命周期中，政府公共工程管理局的具体职能如下。

4.2.2.1 政府公共工程项目的决策支持

建设项目实施能否成功，项目建成以后能否发挥经济效益和社会效益，在很大程度上取决于决策阶段的管理工作。许多建设工程项目，尤其是政府公共工程项目，没有重视决策阶段的策划，没有进行充分的市场调查和分析，盲目上马，造成的投资失误是很巨大的。因此，政府公共工程项目决策阶段的策划工作必须加强。

其次，有些项目即使进行了决策阶段策划，但决策阶段的组织和实施阶段的组织以及运行阶段的组织彼此分离，相互独立，决策、实施和运行的组织者都没用考虑另外两个阶段的需求，决策时不能有效集成项目实施和项目运行管理的经验，造成决策有偏差甚至失误。因此，政府公共工程管理局的职能不能仅停留在实施阶段，应该将实施管理过程和运行管理过程的经验体现到项目决策中，在决策策划阶段做许多必要的基础性工作，为政府公共工程的决策提供支持。

传统的政府公共工程的决策过程主要包括项目建议书、项目需求调研和项目可行性分析等工作。深圳市的一般分工是，项目建议书主要由项目使用单位或者其上级主管部门提出，部分项目的项目需求调研和项目可行性分析由深圳工务署完成，多数项目仍由项目使用单位或者其上级主管部门委托有资质的单位完成，然后报送发改部门进行审批。

这一模式会产生诸多问题：首先，由于专业性的限制，在项目建议书阶段由使用单位制定很容易产生项目需求不清、项目建议书内容过浅或者不能完全表明项目意图的问题，使用单位受利益驱动容易提高要求，从而导致项目建设标准过高、规模过大等问题；其次，深圳工务署由于人力和精力的问题，无法针对每一个项目开展深入的需求调研；由使用单位委托有资质的单位进行调研分析，具备专业性，但这些单位往往屈从于委托单位的主观意志，或由于其他方面的原因，不一定能提供真正科学准确的数据和结论；最后，发改部门在进行审批和最终决策时由于审批项目过多、过于集中、人手不足等原因，无法对项目进行全面深入、切合实际的审核，往往采用“砍投资”的简单办法，很难全面、科学融合各方意见，作出科学决策，导致决策结果各方都不满意。

为了克服这些问题，借鉴香港等地的经验，首先要组建一个专业水平高、权威性强、能够融合各方意见的一个跨部门机构，即“政府公共工程投资决策委员会”。该委员会应该由市领导为负责人，可由发改部门牵头组织，并包括政府公共工程管理局、使用单位、使用单位的主管部门、规土部门、建设主管部门、财政部门以及水电气等基础设施管理部门等，群策群力。其组成可参见图 4-2 所示。

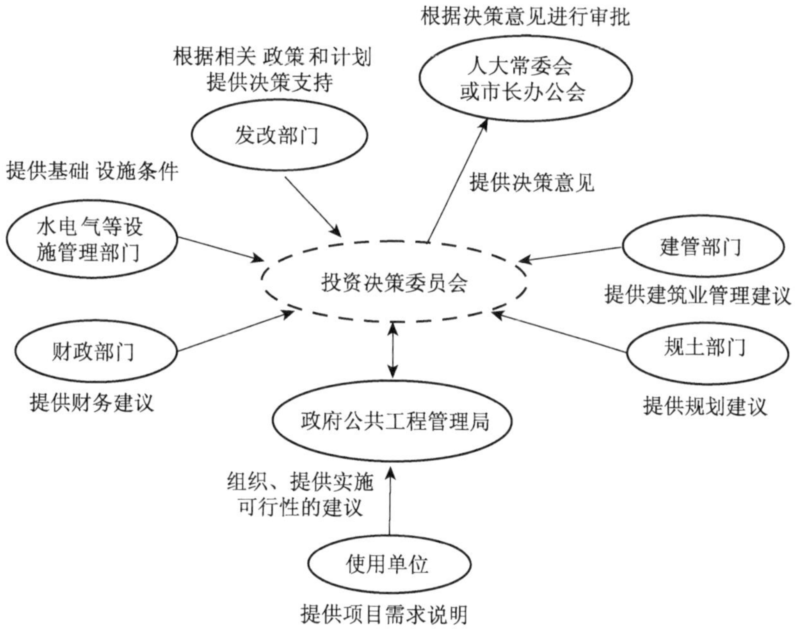

图 4-2 政府公共工程投资决策委员会的工作关系

考虑我国目前的体制现状,可以考虑分步改革。比如,可以考虑按项目的投资额、标准、规模、影响程度等对投资项目进行分级,实行分级决策。项目决策分初步决策和最终决策批准两个阶段。不同级别的项目由不同的决策机构进行初步决策,比如大型项目和重点项目可由"政府公共工程投资决策委员会"进行初步决策,而中小型项目由发改部门负责初步决策(即不需要经过决策委员会),所有项目的最终的决策和批准都由市人大常委会负责。

政府公共工程的决策过程应该既能确保决策科学正确,又能提高决策效率。由政府公共工程管理局负责决策前期的策划、调研、论证等工作,可以保证策划、分析、论证的专业性、科学性和独立性。在当前我国投资管理体制下,独立性尤其重要,它是科学性的重要基础和保证。由于政府公共工程管理局独立于使用单位,与使用单位无经济利益关系,可以不受使用单位的制约和影响,有利于做出科学、独立、专业的判断。关于政府公共工程管理局在决策阶段的具体任务将在第 4 部分详细分析。

4.2.2.2 政府公共工程项目的实施

深圳工务署十多年来的经验证明了对政府公共工程进行集中管理的诸多优势。因此,组织项目实施仍将是政府公共工程管理局的核心职能。

与深圳工务署的职能定位相比,政府公共工程管理局将从单一的执行职能转型成为集管理和执行职能于一体,其在项目实施阶段的职能也将进行补充和调整。

政府公共工程管理局可将工程实施相关的职能纳入其下属事业单位,而局机关本部将主要负责与其他部门间的沟通、制定标准、投资监控以及对下属单位的监督检查。

在项目实施过程中,为了使下属事业单位的项目管理活动有法可依,有序进行,也为了便于对其进行管理,方便进行项目考核和人员业绩考核,需要制定一系列的工作标准,以便对其行为进行约束,对其工作进行指导,比如制定项目管理手册、技术标准或者工作流程等。

对下属事业单位进行投资监控的主要手段可以包括事前、事中和事后三个阶段。事前控制主要是通过品牌库和战略合作伙伴等使招投标价格达到最优,并进行预算审查;事中控制主要是对工程款结算的分析和控制,对工程进行巡查监督,以及对各种重大变更进行控制;事后控制即通过决算进行评估和控制。

4.2.2.3 政府公共工程的设施管理

深圳工务署的主要职能没有包括运营维护阶段的物业管理和设施管理。项目建成后移交给使用单位,由使用单位自行管理或委托物业管理公司进行设施的运营维护。在这种分散管理模式下,只要有物业的使用单位,都要有专人负责维修管理工作,管理人员多、经验少,非专业化运作,物业管理企业技术力量薄弱,难以应付维修工程市场比较混乱的现状,造成维修的整体质量不高,设施设备易损,物业价值大幅降低,并且容易滋生腐败问题。

为了解决这一问题,应赋予政府公共工程管理局的一个重要职能就是组织开展政府公共工程设施管理(物业管理)活动。对政府公共工程进行集中设施管理(物业管理)至少有四点好处:第一,政府公共工程管理局同时作为建设单位和设施管理单位,能够让设施管理相关团队尽早介入项目全寿命周期,能够使项目在实施过程和运维过程中平稳过渡;第二,集中管理有助于发挥规模化优势,获得更加有价格竞争力的设施管理服务,降低维修成本;第三,集中管理有助于发挥专业化优势,打造一个专业性强且适合政府公共工程的设施管理团队,提高管理效率,保维修质量;第四,集中监管有利于降低腐败风险。

4.2.3 政府公共工程管理局的组织机构

应根据政府公共工程管理局的职能定位,设置其内部的工作部门。如 4.2.1.1 所述,可以考虑设置双层组织结构,管理层以政府公共工程管理局为核心,设立办公室、人力资源处处、前期工程处、工程采购处、工程技术处、质量安全管理处以及廉政建设室等。下属执行单位可设立建筑工程管理中心、土地开发管理中心、市政工程建设管理中心、公园景观工程建设管理中心、住宅工程建设管理中心、设计管理中心、造价控制中心、工程检测中心、机电设备管理中心、房屋维修管理中心等,分别完成各类项目的建设管理和运营维护管理工作。

管理层和执行层之间的组织关系可以考虑采用矩阵组织结构,如图 4-3 所示。矩阵组织结构是新型的组织结构模式,尤其适用于以工程项目为主要管理任务的大型的组织体系。

在矩阵组织结构中,交叉点(即具体的工程项目)存在纵横两个方向的指令关系,可能且很容易产生矛盾指令。经常出现的矛盾指令将对项目实施产生不利影响,当然可以由上级领导(局长、副局长)出面协调,但为了减少上层领导的协调工作量,避免不必要的矛盾,可以规定以横向指令为主或以纵向指令为主。如果规定以纵向指令为主,则当纵、横两个方向的指令发生矛盾时,按照纵向指令执行。

由于政府公共工程管理局每年将面对许多项目的实施,即在横向将同时有许多项目的负责人在组织不同的项目,有必要对不同的项目进行统一和规范管理,即实现标准化、规范化,因此,有必要采取以纵向为主的组织结构。

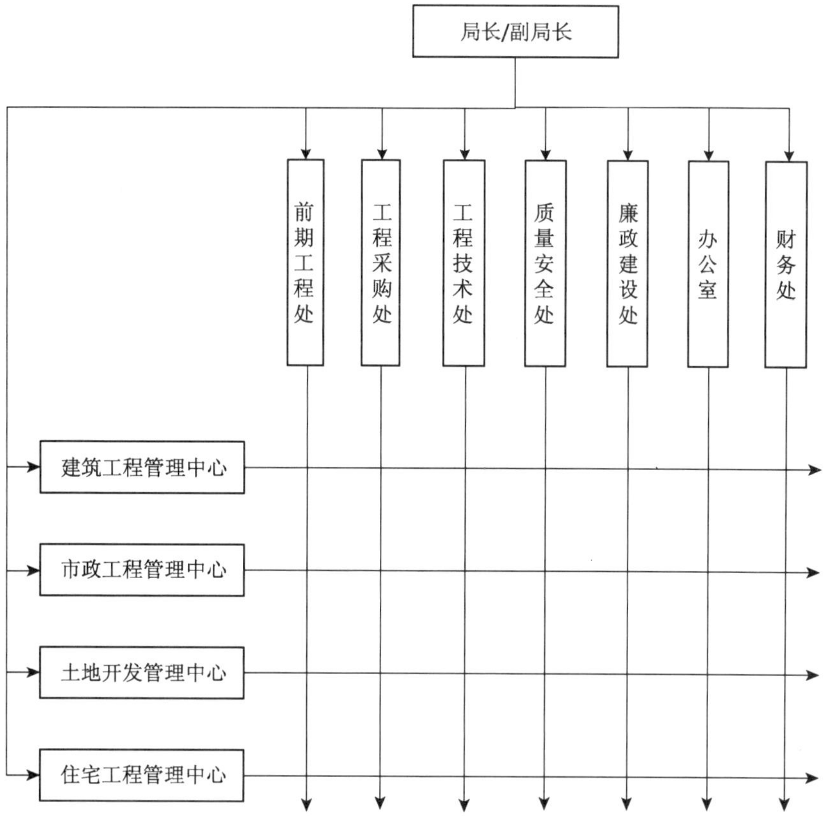

图 4-3　政府公共工程管理局的组织结构图

具体的组织结构可在有关部门同意成立政府公共工程管理局的前提下另行详细分析和设计。

4.2.4　政府公共工程管理局的管理对象

政府公共工程管理局的管理工程对象限于政府公共工程，其核心在于“政府投资”。政府投资的目的主要有两个:第一，政府投资项目大多数是为社会提供公共产品，即主要提供社会大众所需的、非盈利的项目，这些项目具有较高的社会效益(正外部性经济效应)，若由社会投资可能较难产生经济利益，投资者热情不高，这也包括一些虽盈利，却难以收回投资或投资回收期较长的基础设施项目;第二，保密的建设工程项目，不宜对外公开采用社会资本的项目。因此，可归纳出政府公共工程的以下特性。

1) 非盈利的公益性项目

市场经济体制下，一般非盈利、难以盈利或投资回收期较长的项目往往是国家或区域发展经济必不可少的基础设施，是关系到改善投资环境、改善人民生活、加强国防安全的设施，难以通过市场化手段解决，只能由政府投资建设。

2) 投资大、风险大、影响面大的建设项目

有些投资大、风险大的超大型投资项目，如果没有政府资金的介入，其他投资都不可能

承受如此巨大的投资和风险。但是一旦项目决策上马就将形成巨大的生产力，并影响着与该生产力相关的诸多产业、诸多部门，影响着区域经济的发展与产业结构的再造，甚至影响到整个社会经济的发展与人民生活质量的提高。此类工程项目必须通过政府投资解决。

为保证政府投资项目的投资效益，政府公共工程应采取更严格的管理程序，由多方对建设项目进行监管。这主要表现在：要按照国家规定履行报批手续，严格执行建设程序；严禁挤占、挪用政府投资；严禁边勘察、边设计、边施工的“三边”工程；财政部门要执行项目评审程序，以保障财政资金不被浪费。

4.2.5 政府公共工程管理局的人员组成

4.2.5.1 人员组成结构

不同于其他行政管理部门，政府公共工程管理局是一个具有专业性的、兼具管理职能和执行职能的部门，其人员组成结构也不同于其他行政管理部门，应主要由专业人士和部分行政管理人员组成。为了履行好执行职能，专业人士数量应该足够多。根据发达国家和地区的经验和做法，建议专业人士数量所占比例不少于三分之二(70%以上)，且应该涵盖建设项目全生命周期管理的各个相关专业。相关专业包括但不限于：规划、建筑、结构、岩土、机电、建造、造价、设备以及数据处理和信息技术等。

4.2.5.2 人员组成管理及其相应措施

1) 数量控制

由于管理体制和实施机制的差异，许多国家和地区公共工程管理机构的人员队伍庞大，往往达万人甚至数万人。例如香港发展局就有 1.4 万多人，其每个署的人数都在千人以上。美国联邦政府投资工程项目管理机构联邦事务服务总局(GSA)现有雇员 1.2 万人。在深圳，按照行政管理部门的人事制度要求，政府公共工程管理局能够容纳的工作人员数量有最高限制，政府公共工程管理局在进行人员数量控制时，工作重点应该是各个专业的专业人员人数的均衡协调。在控制各个专业的专业人员数量的基础上，针对每个部门的需求进行专业人士的动态调配，这样一方面有利于各个部门从不同专业的角度完成既定工作，另一方面也有利于人才的交流和培养。

2) 质量控制

由于政府公共工程管理局是一个专业性很强的部门，因此要求其人员的专业素养高。传统的公务员式的考核办法虽然能够筛选出一些专业人员，但是对专业素养的考核仍然不够。因此，建议选择有一定工作年限的专业人员，并将项目经历和职业资格纳入考核范围。

在政府公共工程管理局，应该针对各专业人员的专业素养进行定期考核，并计入绩效考核中。对于关键岗位(如项目主任)，应该采用竞争上岗的方式，优先选择专业素养高、工作能力强的人员担当。

3) 建立人员考核和激励机制

为实现人员的质量控制和数量控制，可根据不同岗位的职能要求，研究制定人员考核和激励机制，既能吸引和留住人才，又能优胜劣汰。

当前，由于体制原因，深圳工务署存在考核与激励机制缺失、专业人员待遇过低、人才严重流失等问题，建议对政府公共工程管理局推行绩效考核和薪酬制度改革，避免类似问题再次发生。具体如下。

（1）对直属事业单位实行绩效考核。按照“以事定费、绩效考核”的改革思路，建立针对直属事业单位的绩效考核制度，根据各单位投资完成情况、工程质量、安全与文明施工等要素进行考核，根据考核结果发放工资总额；在事业单位内部也要建立员工绩效工资制度，按照员工承担的岗位职责和履职情况等核心要素进行考核和分配。

（2）对政府公共工程管理局实行公务员专业化改革。将政府公共工程管理局机关公务员按行政、技术进行分类，建立对应的专业公务员招聘、考核和薪酬体系，拓宽专业人才晋升通道，提高专业人才待遇，以更好吸收和留住优秀专业技术人才，提升政府公共工程管理局公务员的专业素质。

（3）建立与工作性质相适应的薪酬水平。为缩小政府和市场同类人才在薪酬待遇上的巨大差距，避免人才严重流失，应借鉴深圳大学、前海管理局等单位的薪酬改革经验，针对政府公共工程建设管理任务重、专业性强、对人才素质和责任心要求极高的特点，结合绩效考核，适当提高公共工程管理事业单位的人均工资基准水平。

4.2.6　政府公共工程管理局与其他相关管理部门的业务关系

我国政府公共工程的决策和实施过程受发改委（立项、审批、招投标等综合监督）、财政（资金拨付与财务管理）、审计（资金运用）、建委（质量与安全、市场交易等的监管）、监察、纪委等部门以及重大建设项目稽察特派员办公室的监管。在具体实施中表现出多头监管，责权划分不明确，部门之间配合不协调，责任落实不到位的现象。多部门都在管，但效果不佳，对项目缺乏全过程和全方位的统一且严密的监管。

4.2.6.1　政府公共工程管理局与发改委的业务关系

现阶段，深圳市发改委与建设项目有关的职能是：组织拟订全社会固定资产投资中长期规划，按权限负责各类投资项目的审批、核准、备案或转报管理；研究提出政府建设资金的年度总规模和项目投资计划，经批准后组织实施综合协调推进重大项目建设，组织开展政府投资项目稽察和后评价工作。也就是说，在决策阶段，发改委具有决定权，体现在对单个投资项目的审批和建设资金规模的审批上。

各地发改部门掌握当地的经济和社会发展趋势以及产业规划，信息充分全面，由发改部门对政府公共工程进行审批和决策有一定的合理性。作为政府的组成部门之一，发改部门究竟应该是负责决策、参与决策还是提供决策支持呢？根据发达国家和地区的经验，决策权力应该属于人大而不是政府。基于我国目前的管理体制，本课题建议，对发改部门在公共工程项目决策方面的职能进行调整，即实行项目分类决策，中小型项目可由发改部门负责决策（初步决策）、大型和重点项目由发改部门参与决策或辅助决策（决策委员会主要成员）。具体如4.2.2中所述，可由发改委、政府公共工程管理局、财政局、规土局以及基础设施管理部门等联合组建项目决策委员会，由该委员会进行决策准备，提供决策意见，最终的决策批准则由市人大负责。

在政府公共工程决策前进行可行性分析，包括技术方面和经济方面的许多分析，发改部门则没有足够的人员和精力完成这些工作，并可能难以获得足够的及时的市场信息（即可能存在信息滞后）。若不进行充分的技术和经济分析，就会导致决策失误，带来许多严重后果，至少在决策的精细化和合理性方面存在许多不足。因此，为了在决策阶段对政府公共工程进行深入分析、全面策划，做到科学决策，并将决策阶段更好地与实施阶段进行衔接，引入政府公共工程管理局的专业力量，进行充分的前期策划，并为决策提供专业意见，辅助进行科学决策必不可少。

发改部门在实施和运维阶段也承担了较重要的职能。在实施阶段，发改部门要组织开展项目稽察工作；在运维阶段，发改部门要组织开展项目后评价工作。在实际工作中，发改部门进行的项目稽察与财务、审计和建设等相关部门的审查内容有较大的重复，而重复审查不仅带来实际工作效率的降低，其实际效果也不明显，有重复和浪费之嫌；发改部门后评价工作的推进也一直比较困难。由于发改部门职能定位中对项目稽察和后评价的目的和内容约定不清，且对政府公共工程的实施和运维工作没有太大的影响，因此建议对这两项职能进行调整。

综上，政府公共工程管理局与发改部门都应该参与政府公共工程的决策，但职能分工有所不同。

4.2.6.2 政府公共工程管理局与专业建设管理部门的关系

1）政府公共工程管理局与住建局的关系

住建局是建筑业的行业管理机构，也是市政工程和房屋建筑工程实施的政府监管部门，通过制定地方规范性文件、规范和标准来对全市的建筑工程项目的全过程进行约束。住建局的管理工程对象并不区分投资主体，因此所有投资建设项目都在住建局的管控范围内。其管控内容主要包括工程招投标、施工许可、施工质量和安全监督、竣工验收等方面；其职能范围涵盖了从设计到竣工验收的整个建筑产品生产过程，与政府公共工程管理局的职能范围有较大重叠。为此，政府公共工程管理局在政府公共工程实施过程中受到制约最多、需要协调工作最多的部门就是住建局。建议参照香港等地区的做法，将住建局的职能与政府公共工程管理局的职能分离，政府公共工程管理局主要负责政府公共工程的管理，住建局主要负责其他主体投资的建设项目的监管，其理由有以下几点：

第一，政府公共工程经过前期的决策程序，实际上就已经获得了政府的批准，对政府已批准的项目进行监管，属重复审批，多余监管，浪费政府人力，降低政府效能；

第二，政府公共工程管理局与住建局同为深圳市政府的同级行政职能部门，都对市政府负责，共同管理一项职能既造成资源浪费，也容易在出现问题和矛盾时互相推诿和扯皮，将建设项目按照投资主体进行分别管理，有助于梳理两个部门之间的责权关系和工作界面；

第三，若让住建局按同一标准对政府公共工程进行监管，将导致政府公共工程管理局的专业人士在实施阶段忙于应付行政审批和各种检查而降低工作效率，不能起到政府部门之间互相配合协作，劲往一处使的作用；

第四，政府公共工程本身有其特殊性，这种特殊性可能是工程技术标准方面的，可能是招投标方面的，也有可能是行政指令的，住建局不能用统一标准来对待政府公共工程和社会（私人）投资工程；

第五，参照境外发达国家和地区的建筑业管理经验，特别是香港的建筑业管理体制，都是按投资主体分别对建筑工程项目进行管理的，香港的屋宇署和建筑署就分管私人工程与政府投资工程，深圳市应该参照国际惯例进行改革。

2）政府公共工程管理局与规土局的关系

城市规划管理和土地资源管理是所有投资建设项目的基础。通过确定规划指标和土地定界，能够直接限定投资建设项目的选址、业态和建设规模，并为设计工作提供指导。政府公共工程在选址问题和规划问题上应该服从一个城市的规划管理和土地资源调配。这也是政府公共工程管理局与规土局之间最重要的关系。

规土局在建设项目的实施阶段和竣工阶段应对项目的土地使用情况以及规划设计情况进行审查和验收，以保证项目符合规划要求。

3）政府公共工程管理局与水务、道路等专业建设管理部门的关系

目前，深圳市水务局、交通局都有相应的建设管理专业机构，与深圳市建筑工务署的定位类似，均为执行部门。这些部门除了进行建设项目管理外，还要进行水务、道路等工程的运行维修工作。

在各专业领域成立专业建设管理机构，其目的无非是提高相应工程实施的专业性，因为各个部门最熟悉了解本部门的制度和相关行业标准，这样管理体制具有专业化优势。但随着经济和社会的发展，许多大型的政府公共工程都是综合性的，一个项目不仅仅有房建工程，也可能有许多市政工程。在这种综合性项目中，单独依靠某个专业部门进行管理，很难发挥专业化的优势。引入其他专业团队，将导致沟通界面增多，沟通难度增加，也不易进行管理。

在香港，政府公共工程都归属发展局管理，而发展局下属各个署（如土木署和水务署等等）负责各类专业工程，这样既发挥了各个署的专业优势，也方便了管理。因此，可以考虑参照香港的政府公共工程管理模式，将这些专业建设管理部门统一纳入政府公共工程管理局进行集中管理，即建立“大管理局”。当然，采取这种体制会导致政府公共工程管理局的机构庞大，责任和权力过于集中，部门之间的考核缺乏对比参照等问题，因此，也可以考虑分步实施。

4）市政府公共工程管理局与区公共工程管理部门的关系

目前，深圳市、区财政投资的项目按投资来源分别由市、区工务机构进行管理。组建深圳市政府公共工程管理局以后，这种分别管理体制仍然无法改变，即各区投资的政府公共工程不可能交由市政府公共工程管理局进行管理。但是，市、区的公共工程管理机构仍然可以在许多方面进行协调、统一。比如，市政府公共工程管理局可以对各区的公共工程管理部门建立业务指导关系。毕竟，与区和街道相比，市政府公共工程管理局的工程项目一般都是规模大，影响面广，受社会关注度高，管理要求更加严格、规范，其形成的管理模式、管理制度、手段和方法等可以作为模板和规范，形成样板，可以起示范和指导作用。

另外，市、区的公共工程管理部门可以实现信息共享，比如市场主体的信用信息、材料和设备等的市场信息、行业内专家队伍资源等。市、区的公共工程管理部门形成信息共享和联动机制，可以进一步提高政府工程管理的控制能力，从而进一步保障公共工程的质量和安全。

5）政府公共工程管理局与其他行政审批部门的关系

其他行政审批管理部门包括消防、环保、卫生、人防等等，数量不少，各种审批核准程序

大幅影响建设项目前期工作的进度。

各类审批核准制度与住建局的施工许可证直接挂钩，与住建局在前期阶段对政府公共工程的审核性质相同。若将住建局与政府公共工程管理局的职能进行区分，针对不同的投资主体采用不同的管理办法，则这一系列的行政审批流程也将相应得到简化。若住建局与政府公共工程管理局的职能不能进行区分，则建议改审批制度为备案检查制度，即各主管部门只初步审查资料完整性，而在工程实施过程中定期开展资料正确性的检查工作。德国等国家也都有相应类似的管理制度，即简化审批流程或者审批流程免除制度，这样既可提高审批的工作效率，也可通过事后检查产生威慑力，让建设单位必须正确对待备案材料的正确性。

4.2.6.3 政府公共工程管理局与财政局的关系

发改部门编制政府投资计划，财政局根据计划拨款，政府公共工程管理局将财政拨款转变为财政固定资产，并交付使用单位使用，这是政府公共工程从决策到使用的完整链条。在这个链条中，财政局本应扮演出资人的角色，但实际工作中却常常成为一个司职“出纳”和“会计”的机构。

不同于社会投资建设项目中的出资人，财政局不需要考虑投资回报，不需要考虑资金的利用效率，因此也不需要考虑出资激励、杠杆优化等内容。财政局的财政拨款仅仅是遵照发改部门编制并审议通过的政府投资计划，按照一定时点足额拨付财政款项。对财政拨款过程的监督，更多的是从流程的合规性、基建会计准则等角度出发，缺乏对财政资金使用情况是否合理、是否有效的判断能力。在这一过程中，政府公共工程管理局作为政府投资资金的使用主体，同时也应该是其主要的监管对象。

4.2.6.4 政府公共工程管理局与专业审计局的关系

深圳市专业审计局的全名是“深圳市审计局政府投资审计专业局”，是对政府投资进行审计的专业机构，在政府公共工程管理的过程中，扮演的是一个专业化的监督机构。由于专业审计局介入政府公共工程的时点是在预算批复以后，因此政府公共工程管理局与专业审计局之间的关系涉及建设项目的实施阶段和竣工结算、交付验收阶段。

根据现有职能分工，政府投资审计专业局负责政府投资项目预算执行情况和决算以及与本级政府投资项目直接有关的建设、勘察、设计、施工、监理、采购、供货等单位财务收支的审计监督；实施政府投资项目预算、工程结算、竣工决算的审查和监督，审计监督政府投资项目工程招投标和国有资产移交；组织与政府投资项目有关的专项审计或审计调查以及委托审计项目招投标和对委托审计项目的管理，以及一些其他相关任务。

为了深入分析政府公共工程管理局与专业审计局的关系，首先要明确“审计”一词的定义和相应的责任。审计是对被审计单位的财政、财务收支、经营管理活动及其相关资料的真实性、正确性、合规性、合法性、效益性进行审查和监督，评价经济责任，鉴证经济业务的一种经济监督活动。而目前国内绝大多数审计活动都是事后审计，审计的内容基本上都是资金和造价，追求低造价和低成本，而工程质量、安全、环境、工程进度及其与工程造价之间的关系等基本没有涉及。有些项目的审计即使介入了项目实施过程，实行全过程审计，但也基本上只关注招投标和造价，关注工程款支付，并存在过度干预项目决策等问题。总之，目前各地的许多工程审计存在较严重的片面性，未能考虑工程建设的特殊性，全面平衡投资、进度、质量三大目标的系统性，导致审计的科学性、公正性以及权威性下降。

政府公共工程面临以上的监管困境，要使监管有效，必须回归独立性、权威性和公正性的原则。专业审计局作为对政府公共工程进行审计的专业机构，应该主导相关的监管工作。

从其职能范围上看，专业审计局的审计对象主要是两个：政府公共工程相关机构的财务情况和政府公共工程的投资情况。而衡量一个政府公共工程的投资效益以及相关管理机构的工作成果，除了从财务和投资的角度去考核外，很多其他因素也同样应该纳入考核范围，比如工程质量、安全和环境等方面，要将目前以资金使用为主的单一审计内容改为综合审计。因此，专业审计局对整个政府公共工程的审计或者说是监督工作是不全面的，必须引入其他相关部门的专业力量。这又产生了另外的监管难题，就是各方的重复监管问题，容易导致项目推进缓慢。为了解决这一问题，建议由专业审计局组织开展政府公共工程的监督工作，定期组织各个相关部门成立巡查小组，对政府公共工程进行集中会审（图 4-4）。

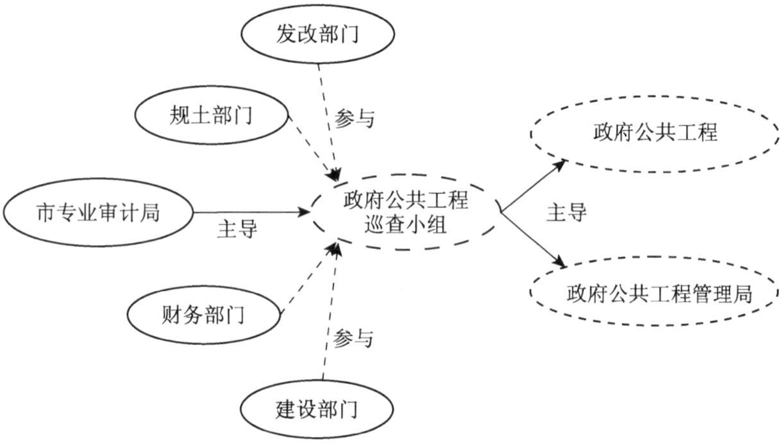

图 4-4　政府公共工程的监督巡查

在每次的审计工作开始前，由专业审计局组织各部门人员组建政府公共工程巡查小组，各部门编制各自的巡查内容和参与计划，由专业审计局汇总，并组织巡查小组对各部门的巡查内容进行综合比对，减少重复项和意义不明项，明确巡查目的、巡查对象、评价标准和巡查计划，通知政府公共工程管理局及相关项目部限期准备材料，在一定时间内进行集中会审。会审结束后，由专业审计局汇总各局意见，反馈到政府公共工程管理局进行整改，限期回复，并将这些问题纳入下次审计范围。

4.3　政府公共工程管理局在项目决策阶段的主要职能和任务分析

项目决策阶段是建设项目全寿命周期的起点，也是最关键的环节之一。为了项目决策工作的有序进行，政府公共工程管理局在这一阶段的主要职能至少应该包括组织职能、技术支持职能以及沟通协调职能。为了履行这三大职能，在遵循项目决策活动基本规律的基础上，政府公共工程管理局应完成相应的任务。

4.3.1 政府公共工程管理局在项目决策阶段的主要职能

4.3.1.1 政府公共工程管理局在项目决策阶段的组织职能

如前所述，政府公共工程的类型多样，功能需求千差万别，项目使用单位往往没有足够的经验和专业知识来组织开展项目策划和决策活动。特别是针对一些重大且较为复杂的政府公共工程，所需要的项目论证周期长，过程繁琐，参与论证的相关单位也多，在这种情况下，非常需要一个专业性的专门机构，组织开展整个项目的策划和决策过程，保证项目决策活动的有序进行。发改部门是项目的决策机构，因为有许多其他职能，不可能再充当这个角色。而政府公共工程投资决策委员会是一个跨部门的临时性机构，不足以承担项目决策阶段的组织职能。政府公共工程管理局作为政府公共工程管理的专门机构，应当承担这一职能。

政府公共工程管理局可以在不同类型的项目中扮演不同的角色，但从总体上，都是整个项目决策过程的组织者。在项目决策阶段，政府公共工程管理局并非行使决策职能，也并不是一定要对政府公共工程起到决定性的影响作用，而是通过政府公共工程管理局搭建一个开展项目决策活动的平台，使项目需求单位、决策机构、技术支持机构甚至是社会公众都能够在这一平台上进行意见交流，使各方信息能够有效传递。具体而言，政府公共工程管理局在项目决策阶段的组织职能表现在：

(1) 制定决策阶段工作计划，有序推进项目策划和决策活动；

(2) 组织各项目相关方围绕项目决策问题进行讨论；

(3) 组织形成项目决策的各类资料、文档，并进行有序管理。

4.3.1.2 政府公共工程管理局在项目决策阶段的沟通协调职能

协调职能，是从实现组织的总体目标出发，依据正确的政策、原则和工作计划，运用恰当的方式方法，及时排除各种障碍，理顺各方面关系，促进组织机构正常运转和工作平衡发展的一种管理职能。从管理学的角度，沟通协调职能属于组织职能，是组织职能的重要组成部分。沟通协调在政府公共工程决策过程中极其重要，成立政府公共工程管理局以及决策委员会的重要目的之一就是解决跨部门的沟通协调问题。

协调职能的主要内容包括协调思想认识、协调工作目标、协调工作计划、协调职权关系以及协调政策措施等方面。

4.3.1.3 政府公共工程管理局在项目决策阶段的技术支持职能

政府公共工程的决策过程是一个不断反复、不断深入的过程。在此过程中，政府公共工程管理局以其专业为决策机构，即决策委员会提供决策支持，是整个政府公共工程决策体制的重要组成部分。政府公共工程管理局提供的技术支持，应该涵盖项目决策的各个方面，组织各相关方在项目决策阶段完成各自的任务。

政府公共工程管理局在项目决策阶段的技术支持职能主要包括两大模块：一是由政府

公共工程管理局自身提供的技术支持，二是由政府公共工程管理局组织第三方机构提供的技术支持。政府公共工程管理局自身能够提供的技术支持主要是依托于自身在项目实施阶段的丰富经验，为政府公共工程提供实施建议，从而使决策阶段与实施阶段进行无缝衔接。第三方机构提供的技术支持主要是对政府公共工程管理局的技术支持工作进行补充，特别是针对那些政府公共工程管理局技术水平或人力资源无法完成的专项论证、分析、评估，如环评、特种设备的采购、安装和使用等。不管是哪种技术支持，最终都应该以项目决策咨询报告的形式将技术支持的工作成果呈递给决策委员会，由决策委员会进行决策，政府公共工程管理局应该对所出具报告的真实性和完整性负责。

4.3.2 政府公共工程管理局在项目决策阶段的主要任务

4.3.2.1 政府公共工程管理局在项目启动阶段的主要任务

启动一个项目，首先是提出项目需求，其工作成果，首先就是项目建议书。目前，深圳工务署在大多数政府公共工程的项目建议书阶段，均没有参与，一般是由使用单位或者使用单位的主管部门提出项目需求，自行或委托编制项目建议书。这样的组织过程，容易导致项目需求产生偏差，也容易导致项目需求的表述方式不专业、不准确、不完善，引起后续工作的许多其他问题。对于重大项目，仅仅以项目需求的提出作为项目决策活动的开始，容易导致后续决策活动的无序，进而导致“为了流程而做分析”的现象。

在项目启动阶段，政府公共工程管理局作为项目决策活动的组织者，应该负责完成以下任务。

1）辅助完成项目建议书

提出项目需求永远都是以使用单位为主，只有使用单位才清楚自身的使用需求。使用单位之间具有差异性，部分使用单位具有一定的专业技术能力，能够提出合理而完整的项目需求，但大多数使用单位并不能良好表达其需求。尽管目前大多数项目都由工程咨询机构编制项目建议书，但这些咨询机构与建设单位都是甲乙方关系，咨询单位习惯听命于建设单位，其工作成果和结论往往受到建设单位的制约和控制，甚至难以得到科学、公正的结论。而由政府公共工程管理局负责这一工作，具备客观、公正、科学分析的前提条件。在这一过程中，政府公共工程管理局应在了解项目需求的基础上，经过分析、鉴别、深化、归纳，辅助使用单位从专业角度完成项目建议书，使项目建议书能够尽可能准确、合理且完整地表达项目需求，并且符合有关建设标准和政策要求，便于后续项目决策委员会的审查和决策。

2）向投资决策委员会汇报

项目决策的主体是政府公共工程投资决策委员会，政府公共工程管理局应该在编制项目建议书后向相关决策部门和决策委员会汇报，并参与项目分类报告、项目决策活动计划和项目建议书的讨论和决策。

3）提交项目分类报告和项目决策活动计划

项目分类决定了项目重要程度和优先等级，决定了后续决策活动的流程，应尽快讨论。项目分类可由使用单位提出建议，由政府公共工程管理局编制和提交。

根据项目分类，编制项目决策计划，提出项目决策活动中需要进行的专题研究内容、关键节点,分析决策进度对后续实施活动的影响。

4.3.2.2 政府公共工程管理局在可行性研究报告阶段的主要任务

可行性研究是政府公共工程决策的主要论证过程,也是支撑项目立项的基础工作。现在,市场上普遍将编制可行性研究报告的工作外包给专业工程咨询单位,暂不论其专业性,仅从责任心方面,许多都不满足研究项目可行性的要求。当前,工程咨询单位对可研报告的内容不负责任、决策失误的责任判断也比较困难,责任追究更有难度,再加上多数咨询单位听命于委托单位,受其控制,甚至不能真正展开可行性论证,导致可研报告只报喜不报忧,成为"可批性报告",为不可行的项目提供伪证。因此,建议可行性研究与使用单位分离,使用单位只负责提出项目需求,由政府公共工程管理局负责组织开展可行性研究。首先,政府公共工程管理局与使用单位没有直接的利益纠葛,这可以保证可行性研究的客观性;其次,政府公共工程管理局作为专业机构,有能力做好可行性研究工作;再次,政府公共工程管理局负责组织项目决策活动,能够对可行性研究的深度、内容以及时间安排控制得更清晰准确,有利于项目决策活动的有序进行;最后,政府公共工程管理局作为政府公共工程的实施机构,能够从项目实施的角度,解决可行性研究中的实施技术论证问题,可以保证决策阶段与实施阶段的平稳过渡。

在可行性研究阶段,政府公共工程管理局应该负责完成以下任务。

1) 项目需求的深入分析

随着相关工作的深入以及项目相关方的协调、商洽,项目的需求和功能将渐渐明晰。在项目启动阶段,虽然项目需求已经被提出,但不一定深入和完善,仍然需要在项目可行性研究阶段深入分析。政府公共工程管理局应该从最终用户的角度,开展需求调研工作。

2) 项目策划

项目策划分为项目决策策划、项目实施策划和项目运营策划。一般在项目决策期应该完成项目决策策划和项目实施策划,在项目实施期应该完成最后的运营策划。项目决策策划包括项目环境和条件的调查与分析、项目定义和项目目标论证、项目实施期管理总体组织方案、合同结构总体方案、成本和效益分析等内容。项目实施策划包括项目实施的环境和条件的调查与分析、组织策划、项目风险管理、合同结构策划与标准合同文本的确定、资金需求量计划、技术方案的分析和论证以及技术标准、规范的应用和制定。

3) 项目决策活动计划的控制和调整

项目决策活动的计划随着决策过程的开展会发生变化,根据具体情况对决策活动计划进行调整,应该是政府公共工程管理局的责任,但计划调整的决定权应该属于决策委员会。

4) 专项研究论证外包的管理

对某些专项研究的论证,政府公共工程管理局可能没有足够的专业技术力量,因此只能外包给其他机构。在这一过程中,政府公共工程管理局应负责筛选外包机构、签订相关合同、组织相关活动的开展、对工作成果的质量和进度进行过程控制。

5) 各政府部门间的协调

在这一阶段,各政府部门间的协调工作,可以由政府公共工程管理局负责,由政府公共工程管理局统筹决策阶段的沟通、协调。

4.4　政府公共工程管理局在项目实施阶段的主要职能和任务分析

自2002年以来，深圳市政府公共工程的实施就由深圳工务署负责，深圳工务署对项目实施阶段的管理已经积累了大量的实践经验，也形成了较为系统的全面的管理体系，取得较好成效。政府公共工程管理局的成立应以深圳工务署为基础，吸取深圳工务署管理工程的成功经验。因此本章对具体的项目实施过程不作赘述，而重点分析项目实施阶段政府公共工程管理局与项目各相关方的关系。

4.4.1　政府公共工程管理局在项目实施阶段的主要职能

4.4.1.1　政府公共工程管理局在项目实施阶段的组织职能

项目实施是深圳工务署最主要的职能，深圳工务署的管理团队已经积累了充分的成功经验。政府公共工程管理局在项目实施阶段应继承深圳工务署的经验，并在此基础上进一步规范管理流程、创新管理方式、提高管理能力。作为建设单位，在项目实施阶段的管理应该更侧重于专业管理职能，特别是项目的计划管理、资源配置和监督控制等方面。

1）计划管理职能

计划管理就是计划的编制、执行、调整、考核的过程。它是用计划来组织、指导和调节建设项目管理活动的总称。在政府公共工程的实施阶段，制定实施计划，并在实施过程中及时调整和纠偏就是政府公共工程管理局主要的计划管理职能。作为业主方的实施计划，应该包括项目设计准备、设计、采购、施工、动用准备等各个阶段、各个方面的工作。

2）资源管理职能

广义的项目资源不仅仅包括生产要素（人力资源、材料、机械设备、技术及资金等），还包括能够对生产要素进行支撑的外部资源，包括社会关系以及技术支持团队等方面。应该在计划管理职能的支持下，适时、适量、按比例配置资源并投入到项目实施过程中，满足项目需要，确保在使用较少资源的条件下，实现项目收益的最大化。

3）实施过程的监督职能

政府公共工程管理局在项目实施阶段，必须要运用其专业知识行使监督职能，监督项目各参与方的各项工作，保障政府公共工程的顺利实施。监督职能的依据是在项目决策阶段制定的项目目标，监督范围涵盖投资控制、质量控制、进度控制、安全和环境管理等各个方面，监督形式按检查时点和方式可分为日常检查、定期巡查和不定期抽查。日常检查为政府公共工程管理局的各个主管部门（特别是技术部门和成本部门）针对各项目上报的文档进行检查；定期巡查是指政府公共工程管理局以月或季度为时段，以及项目关键时间节点为时点对政府公共工程进行现场检查；不定期抽查，即对建设项目进行不定时间和检查内容的突击检查。这种监督，既依赖于政府公共工程管理局与项目各参与方之间的合同约束，也依赖于政府公共工程管理局作为行政职能部门的行政权力，还依赖于信用评价、品牌库建立等多样化的管理手段。

4）文档管理职能

政府公共工程实行集中管理的重要目的就是项目管理的可追溯性。为了实现这一目的，必须对建设项目形成过程中的各种文档进行分类管理和存档，特别是政府公共工程的实施阶段，产生的工程文档数量巨大，工程文档的处理流程繁杂，如果处理失当，将对建设项目的进度、投资甚至质量目标产生较大影响。同时工程文档是项目建成后对实施阶段工作进行追溯的主要依据，价值巨大。因此，政府公共工程管理局必须在项目实施阶段重视文档管理，必要时应当采用一系列的现代化信息管理工具辅助进行文档管理职能。

4.4.1.2 政府公共工程管理局在项目实施阶段的沟通协调职能

建设项目周期较长，在整个建设过程中，不断会有新的项目参与单位加入。各单位之间的关系复杂，并可能存在利益冲突。因此，应该针对项目的不同相关方采用不同的沟通协调方式。在项目决策阶段的协调工作主要属于平级关系或者上下级关系的协调，多属于行政关系协调，而在项目实施阶段的协调工作主要属于委托代理关系的协调。相对于前者，对委托代理关系的协调应该更注重经济诱导以及管理工具的使用。政府公共工程管理局在项目实施阶段的沟通协调职能可以分为以下四个部分。

1）协调思想认识

委托代理关系处理的焦点就是利益分配，如果不进行思想协调，代理方很容易会过于关注自身短期利益而损害了项目利益以及自身的长期利益。因此，必须首先进行思想认识的协调，让项目各个相关方都以成功完成建设项目任务为宗旨，特别是让其看到其自身利益与建设项目利益的一致性。比如，对项目参建各方进行“项目利益高于一切”的交流和务虚活动，对政府公共工程参与单位短名单与企业品牌之间的关系组织开展大讨论等。

2）协调工作目标

思想认识只是一个大框架，必须将统一的思想认识化为具有统一目标的工作行动。由于项目建设各参与方的利益诉求不一致，需要通过合同条款设计激励机制或者惩罚机制，将工作内容转化为可衡量的利益，使双方的工作目标一致。工作目标的协调将以合同为基础，根据工程进展的实际状况进行相关方的协调。

3）协调工作计划

一个建设项目涉及到的项目相关方很多，项目相关方在制定其各自的工作计划时很可能与项目其他相关方的工作计划产生冲突和矛盾。政府公共工程管理局作为政府公共工程的统筹单位，应该在满足项目关键节点的条件下，协调项目各相关方的工作计划，使其能够与总计划一致，并不影响其他项目相关方的工作计划，至少不影响项目的整体计划。

4）协调政策措施

在政府公共工程的决策和实施阶段，还涉及许多行政审批事项。在这些行政审批过程中，可能会出现与项目决策阶段类似的行政职能部门之间的协调问题。比较典型的可能是，在报批报建和各种行政审查过程中很容易出现政策冲突，政府公共工程管理局需要及时进行协调，保证项目的顺利推进。

4.4.1.3　政府公共工程管理局在项目实施阶段接受监督

1）接受相关行政部门的监督

政府公共工程的投资来自政府的财政资金，建设项目的许多使用单位也是政府的相关部门。政府，作为政府公共工程管理的责任人，为了对纳税人负责，必须对政府公共工程的实施过程进行监督。作为项目实施阶段总负责单位的政府公共工程管理局，必然应该接受政府部门相关的监督。

但是，深圳工务署在实际工作中曾经遇到过不少问题，均是因为政府其他主管部门存在重复监督和无效监督的情况，因此前文提出，需要对政府公共工程的行政监督管理模式进行改革创新。

政府相关行政部门的监督可分为两个方面，一是对人的监督，二是对事（即建设项目实施过程）的监督。对人的监督，主要指对政府公共工程管理局相关人员的执业行为进行检查，检查的重点是是否有渎职等不作为现象，以及是否有贪污腐败等违法乱纪现象；对事的监督，前文已经说明，由专业审计局组织定期的项目审计巡查或不定期的抽查。

2）接受社会公众的监督

许多工业发达国家和地区都有社会公众监督机制，如美国的会议听证制度等。政府公共工程管理局作为政府公共工程的负责单位，应该主动接受社会公众的监督，并为社会监督提供相应的渠道。接受社会公众监督一般应经历以下五个步骤：信息公示、接待监督、搜集反馈信息、反馈信息的处理以及处理结果的公示。

4.4.2　政府公共工程管理局在项目实施阶段的任务

政府公共工程的实施阶段与其他建设项目没有太大差异，通常可分为项目规划设计阶段、项目施工阶段以及交付使用阶段等三个子阶段。本部分将针对这三个子阶段，分别介绍政府公共工程管理局的任务。

4.4.2.1　政府公共工程管理局在项目规划设计阶段的任务

项目规划设计与项目决策阶段紧密联系，是在明确项目目标之后，将建设项目从文字或者初步概念转化为可用于指导施工过程的图纸或模型的过程。在这一阶段，政府公共工程管理局应该负责以下任务的开展。

1）组建项目管理团队，明确职责范围

在项目实施阶段，首先要确定项目实施的组织，尽早决定项目管理团队的组织结构，并据此对内部专业人员进行考核和筛选，组建项目管理团队。同时，应该确定项目管理团队的职责范围、工作目标、工作流程以及相关工作制度，并与项目决策阶段工作衔接。

2）项目需求深入调研，编制设计任务书

在项目规划设计阶段，首先要明确设计要求，编制设计任务书。尽管在项目决策阶段已经进行了初步的功能要求等方面的调查，但在设计前重新对功能要求进行明确和进行深入调查是必要的，并且，随着设计深度的逐步推进，必然会遇到许多需要业主方明确的问题，这就需要对项目需求再次进行深入调研，每个设计阶段都需要编制设计任务书，为设计提供依据。

3）组织开展设计管理工作

为保证建设工程设计质量、设计进度和有效控制工程造价，政府公共工程管理局应该重视和加强设计管理工作，做好设计活动的组织工作，督促设计单位进行设计优化，组织对各设计单位的设计协调，使设计成果符合要求的设计深度，且满足项目计划的各关键节点。

4）编制技术标准和规范

建设项目的设计、施工、材料和设备等采用什么标准，对项目的投资、进度等影响很大，政府公共工程究竟应该采用什么标准？是否有必要全部采用高档材料和设备？为了对纳税人负责，保证政府投资的效益，应该考虑建立政府公共工程的标准和规范，指导各类政府公共工程的设计和施工。政府公共工程的标准和规范应该可以由政府公共工程管理局组织编制，并报投资决策委员会批准，作为各类政府公共工程的实施依据。在具体项目中，应该根据上述批准的标准和规范制定设计任务书和其他项目实施要求。

5）组织开展工程发包和采购

政府公共工程管理局作为建设单位，在项目实施阶段最重要的工作之一就是组织开展项目招标采购工作，包括设计单位的选择、工程施工任务的发包，以及重要材料和设备的采购。政府公共工程管理局应该发扬集中采购的优势，延续深圳工务署在进行供应商管理时的先进做法，通过合同文本的约束来控制投资额，与一批有良好信用、良好服务质量的供应商达成长期合作关系。

4.4.2.2 政府公共工程管理局在项目施工阶段的任务

在项目施工阶段，政府公共工程管理局的主要任务如下。

1）组织开展施工准备工作

施工准备是建设项目施工前的重要活动，能够为后续施工生产活动创造有利的条件，保证建设项目目标的实现。一般来说，业主方的施工准备工作主要是办理开工许可审批手续以及施工现场的七通一平工作。

2）负责项目现场管理工作

在施工阶段，政府公共工程管理局应该在现场组织项目各相关方围绕工程施工开展工作，并对其工作进行监督。在这一阶段，项目相关方主要是指各施工承包单位。政府公共工程管理局派驻到现场的管理团队应该以业主的身份负责监督控制现场与项目进度、成本、质量和安全相关的各种事项，组织工程项目的竣工验收与评定工作，参加施工图纸会审，对于工程所使用的原材料、构件、成品、半成品、设备等质量进行检查；审核钢筋、砂、水泥、砖等化验报告单等。

3）负责工程变更管理工作

工程变更是工程施工过程中保证设计和施工质量，完善工程设计，纠正设计错误以及满足现场条件变化而进行的必要的设计修改工作。工程变更直接关系到工程的进度、质量和投资控制。据统计，由于设计变更和工程签证而调整的工程造价占整个单位工程竣工结算的比例，多则接近20%，少则也在6%左右。因此，政府公共工程管理局应该加强工程变更的签发管理工作，并持续跟进工程变更的后续实施及费用结算，分析变更原因并追求相关单位责任。

4）负责项目总结，接受项目监督

如前文所述，在项目实施阶段，政府公共工程以及政府公共工程管理局应该接受政府其他行政管理部门与社会公众的监督。监督并非是为项目管理工作增加负担和障碍，而是希望能够从不同的角度发现政府公共工程管理存在的问题，以及时解决问题。作为政府公共工程的主管部门，政府公共工程管理局以及其相关工作人员有义务为上级领导、监督部门以及社会公众及时进行项目情况总结和报告，并根据监督管理工作的需要提供相关材料以供查阅。

4.4.2.3　政府公共工程管理局在项目交付阶段的任务

项目交付阶段包括项目试运行、竣工验收到最终交付。在这一阶段，政府公共工程管理局作为建设过程的主要负责单位，主要应该处理的是与项目使用单位之间的关系，主要的工作目的是使建设项目能够顺利交付给使用单位，平稳过渡到正常运行阶段。

1）与使用单位共同编制项目运营策划

项目运营策划是指项目运营期间的项目运营方式、运营管理组织和项目经营机制的策划。项目运营策划的编制应该在项目建设阶段就应该完成，从而尽早让项目使用单位和物业管理单位熟悉建设项目，设计运营策略。政府公共工程管理局应该组织使用单位和物业管理单位共同编制项目运行策划。

2）组织开展项目试运行工作

项目试运行是项目交付阶段的重要工作，也是检验政府公共工程是否达成原定功能的最直观的方法。建设项目没有成功试运行，不能算是正式完工。因此，项目试运行的组织工作应该由政府公共工程管理局负责，使用单位和物业管理单位参与。根据试运行的结果，使用单位和物业管理单位可提出意见，政府公共工程管理局应该尊重这些意见，若有必要应该进行修改或工程变更。

3）竣工验收

项目竣工验收工作应该由政府公共工程管理局组织。

4）项目交付

在项目通过竣工验收后就应该进行项目交付。这是项目管理过程最关键的节点之一，标志着项目实施阶段的结束和运营阶段的正式开始，也标志着政府公共工程管理局的责任从“主导”转变为“辅助”。在项目交付阶段，政府公共工程管理局应该要做好资料整理、存档和移交工作，应该配合使用单位做好产权移交和登记工作，并对后续项目维修活动进行部署。

5）组织开展项目使用阶段的反馈评价工作

很多建设项目的问题在短时间的试运行阶段可能不会全面暴露，在正式使用阶段进行反馈评价，有利于政府公共工程管理局吸取经验教训，在后续工作中做得更好。这种反馈评价不仅仅应该针对使用单位，还应该包括经常使用这一建设项目的社会公众。

4.5　政府公共工程专门临时管理机构的组建和主要职能

政府公共工程具有多样性的特点，部分政府公共工程具有重大的经济与社会影响，可能跨区、跨行业、跨部门，项目参与方众多，横向协调难度大，需要组建一个更高层次的、跨部门的专门临时管理机构进行组织、协调和集中管理，将外部协调事项转化为内部协调事项，保证项目的平稳推进。

4.5.1 政府公共工程专门临时管理机构组建的必要性分析

4.5.1.1 政府公共工程的重大经济和社会影响

如前文所述，政府公共工程往往具有重大的经济和社会影响，这是由政府在国家公共利益中肩负重任的性质所决定的。有些投资大、风险大的超大型政府投资项目，可能跨区、跨行业、跨部门，一旦建成就将形成巨大的生产力，并影响着与该生产力相关的诸多产业和部门，影响着区域经济的发展与产业结构的再造，甚至影响到整个社会经济的发展。另一方面，如果项目决策不科学，事先没有充分考虑各种风险因素，从而导致项目失败，那将给国家或地区带来沉重的财政负担、资源的浪费甚至环境的污染和破坏。

这类政府公共工程，只能成功，绝不能失败。我国改革开放三十年飞速发展的经验表明，面对这类具有重大经济和社会影响的建设项目，需要“集中力量办大事”。为了保证政府公共工程的成功，且提高管理效率，建立一个跨部门的临时性专门组织，集合各部门之力来推动项目进展，必不可少。

4.5.1.2 政府公共工程横向协调难度大

对于重大政府公共工程，项目相关方众多，特别是相关的行政管理部门众多，导致横向协调难度大。若按照一般建设项目的行政管理流程，项目的开展将受到各种行政管理流程的掣肘，推进效率很低，很难满足项目目标要求。其次，各个行政管理部门之间的流程、文件和监管内容均自成体系，看似分割的较为清楚，实则有各种冲突；在缺乏横向沟通的条件下，这种冲突会导致行政管理流程演变为“踢皮球”，进一步降低效率。再次，有些重大建设项目往往跨区域、跨部门或跨行业，即使政府公共工程管理局的权威性也难以协调各方关系，必须组建更高层次的协调机构，由更高层次的领导担任项目领导或协调负责人。

有鉴于此，针对重大的政府公共工程，建立跨部门的专门临时性机构，从沟通管理的角度看尤其必要。这一临时性机构不仅仅能将部门间的矛盾内化为组织内部协商问题来解决，还能让本来工作目标不统一的各个部门转而围绕“使项目成功”这一共同目标努力工作，而且部分协调不了的问题可以通过组织内部的行政指令来解决。

4.5.1.3 政府公共工程管理的专业性需求

政府公共工程采用集中管理，由政府公共工程管理局这一专业机构负责，符合政府公共工程管理的专业性需求。但由于存在上述两方面的问题，政府公共工程管理局会受制于行政管理部门间沟通的低效率，导致其无法完全发挥专业优势。特别是对跨区、跨行业、跨部门的项目，比如深圳前海开发区这样的大型开发项目，更需要一个更高层次的权威机构进行协调。

组建专门临时管理机构来对政府公共工程进行全过程管理并非体制创新，我国传统的

“建设指挥部”就是一种专门的临时管理机构，曾经凭借其较大的权威性，依靠行政手段协调各方面关系，有效解决了征地、拆迁等外部协调难题，加快了工程建设进度。但其弊病也非常突出，首先，建设指挥部不是一个独立的经济实体，缺乏明确的经济责任制，导致超投资问题严重，投资效率低下；其次，建设指挥部大都是一个临时机构，工作人员都是临时从各单位抽调，人员的专业素质难以保证，而且项目建设竣工后相关人员也随之解散，造成工程完工后的工程保修、结算、档案移交等方面都会产生大量问题，工程质量责任终身制也无法体现。

因此，为了解决特大型政府公共工程的组织协调问题，避免传统的建设指挥部模式的问题，应当对传统指挥部模式进行改革，或者采用领导小组、工作小组以及联席会议制度等形式。如果仍然采用指挥部形式，应该以政府公共工程管理局的专业人士为核心，总指挥由市级领导担任，副总指挥可由有关委办局的领导担任，政府公共工程管理局领导担任常务副总指挥，负责特大型项目和建设指挥部的日常管理工作，主要管理人员以政府公共工程管理局的专业人员为核心。这样，既能够通过政府公共工程管理局这一实体进行严格的投资控制和项目核算，又保证了建设指挥部所需的专业人员的稳定，使建设指挥部成为一个专业性的临时管理机构。

如果采用领导小组、工作小组以及联席会议制度等形式，应下设常务工作机构，负责大型项目的筹划、计划、督促、贯彻、检查等，为领导小组或工作小组提供支持。常务工作机构可以政府公共工程管理局为主并吸收其他相关管理部门的人员参加，也可以设在政府公共工程管理局。如果不设常务工作机构，项目管理的任务和目标就可能落空。

采用建设指挥部形式，人员和管理职能相对集中，对项目管理有利，而采用领导小组、工作小组以及联席会议制度等形式，项目管理协调力度相对较弱。因此，本课题建议，按照上述方式对特大型建设项目组建新的建设指挥部形式。

4.5.2　政府公共工程专门临时管理机构的职能和责任分析

4.5.2.1　政府公共工程专门临时管理机构的职能定位

政府公共工程专门临时管理机构的成立主要是为了解决项目实施阶段的多部门协调问题，因此其主要职能是负责项目实施阶段的管理和协调，包括政府公共工程管理局在实施阶段的管理职能，即实施阶段与其他部门间的沟通职能、实施阶段的投资控制和进度控制职能以及实施阶段的质量安全监督检查职能。

4.5.2.2　政府公共工程专门临时管理机构的责任分析

在成立政府公共工程专门临时管理机构之前，项目建设的有关工作包括项目决策、前期工作以及部分准备工作（可由政府公共工程管理局负责），在专门临时管理机构成立并开始介入管理工作后，管理责任就转移给该临时管理机构，具体如下。

第一，负责施工现场的组织和监督管理工作。为了保证政府公共工程实施过程的有序进行，专门临时管理机构应该负责组织和监督管理工作。专门临时管理机构主要可由政府公共工程管理局的相关专业人士组成，具有足够的专业技术水平。另外，专业临时管理机构还可以通过行政权力推动工程进展。

第二，负责与有关相关行政部门的横向协调工作。专门临时管理机构具有来自相关行政管理部门的工作人员，这些工作人员可以从各自部门的角度提出协调需求，也可根据项目的具体情况，及时开展协调工作。

第三，负责接受相关管理部门的监督管理。专门临时管理机构负责重大或特大政府公共工程的管理，并非可以免于有关政府部门的监督管理，而是希望通过体制设计，缩短监督管理过程中的行政活动链条，通过及时协调使监督管理更有效率。

4.5.3 政府公共工程专门临时管理机构的组建

4.5.3.1 政府公共工程专门临时管理机构的组建单位

政府公共工程专门临时管理机构是代表政府行使对政府公共工程的管理，因此其组建单位也应该以政府的行政管理部门为主，包括多个相关的政府行政管理部门。

该机构的组建重在解决重大项目的现场管理效率和外部协调效率。因此，该机构的组建单位应该包括专业性机构和外部协调性机构。专业性机构的存在可以保证现场组织监督的专业化，应由政府公共工程管理局这一专业性机构担当。外部协调性机构重在进行日常工作的联系和及时处理部门之间的协调事宜，这部分机构组成较广，具体参与部门应该在组建机构前协商确定，可能的部门有：

(1) 国土部门：可处理土地使用权限、周边地块动迁工作相关的协调工作；
(2) 规划部门：可处理项目周边规划，特别是基础设施建设规划的相关协调工作；
(3) 建设部门：可处理项目相关的建筑市场问题，以及质检、安检的相关协调工作；
(4) 财政部门：可处理工程款支付的相关协调工作；
(5) 使用单位：可处理建设项目的使用功能、使用需求相关的协调工作。

4.5.3.2 政府公共工程专门临时管理机构的人员和专业配置

政府公共工程专门临时管理机构也属于行政性组织，其人事安排也应该按照传统的直线制组织结构设置。本报告认为，一般的政府公共工程专门临时管理机构可分为两个层级，即管理层和事务层。管理层人员必须拥有较高的行政级别，有能力在各个行政管理部门间开展协调工作，并能够在协调工作推进受阻时动用行政权力推进项目进行。事务层人员的配置可参照组建单位，分为三个部分：专业人士、行政文员和协调人员。本报告认为，这三类人员的比例关系应该满足“3∶1∶1”。由于沟通协调的工作量在不同项目的各个阶段均有不同，本文认为各个部门派驻到政府公共工程专门临时管理机构的人员数量应根据具体情况确定。

相对于协调人员，专业人员的数量应该更多。专业人员可主要来自于政府公共工程管理局及其下属单位，并应拥有符合项目需求的专业背景和工程经验。从专业配置上讲，政府公共工程专门临时管理机构中的专业人员应该涵盖项目实施过程中的各个相关专业，包括但不限于：规划、建筑、结构、岩土、建造、造价、设备以及数据处理和信息技术等。

参考文献

[1] 安德烈・施莱弗,罗伯特・维什尼. 掠夺之手:政府病及其治理[M]. 北京:中信出版社,2004.
[2] 青木昌彦,奥野正宽,冈崎哲二. 市场的作用国家的作用[M]. 北京:中国发展出版社,2002.
[3] 白旭. 关于“外部性”问题的理论分析史[J]. 辽宁大学学报,1999(1):95-96.
[4] 常云昆,石晶莹. 政府衍生成本问题[J]. 经济理论与经济管理,2005(3):12-16.
[5] 陈小安,高丽亚. 市场失灵与政府失灵的经济分析[J]. 决策参考,2005(6):63-64.
[6] 陈振明. 非市场缺陷的政治经济学分析——公共选择和政策分析学者的政府失败论[J]. 中国社会科学,1998(6):89-105.
[7] 何文君,王雅梅. 政府经济职能演变再认识:逻辑与表象[J]. 社会科学研究,2001(1):43-46.
[8] 李项峰,李郁芳. 地方政府规制与规制外部性[J]. 江苏社会科学,2006(3):60-65.
[9] 吴玉霞. 公共服务分工与合作网络的理论与实证研究[D]. 浙江大学,2011.
[10] 奥斯特罗姆,帕克特,惠特克. 公共服务的制度建构——都市警察服务的制度结构[M]. 上海:上海三联书店,2000.
[11] 高小平. 创新行政管理体制和机制,建设服务型政府[J]. 中国行政管理,2008.
[12] 迈克尔,麦金尼斯. 多中心体制与地方公共经济[M]. 上海:上海三联出版社, 2000.
[13] 沈荣华. 各级政府公共服务职责划分的指导原则和改革方向[J]. 中国行政管理, 2007.
[14] 郁建兴,吴玉霞. 公共服务供给机制创新:理论与案例[N]. 中国社会科学报,2010-4-8.
[15] 张伟,朱宏亮. 我国政府投资项目管理的制度变迁[J]. 土木工程学报, 2007.
[16] 李世蓉. 政府工程建设项目管理中值得注意的几个问题[J] . 建筑经济,2005(1):12-15.
[17] 王早生. 改革政府投资工程建设管理势在必行[J]. 建设监理,2003(3):6-9.
[18] 徐艳. 政府投资项目代建制模式研究[J]. 建筑经济,2004,(4):15-18.
[19] 黄霆,申立银. 我国政府投资项目管理的现状分析[J]. 建筑经济,2005(1):16-20.
[20] 吴普生. 政府投资工程管理模式的改革和探索[J]. 建筑经济,2005(1):21-22.
[21] 深圳市建设局. 改革政府投资工程管理方式[J]. 建筑经济,2002(2):5-8.
[22] 王宁,刘宇昕,郭正学. 关于对深圳、珠海开展政府投资工程建设组织实施方式改革情况的调研报告[J]. 建筑经济,2003(10):30-35.
[23] 丁正红. 项目群视角下的政府投资项目集中管理模式效率改善研究[D]. 天津:天津大学,2011.
[24] 吴亚平. 政府投资项目代建制模式差异[J]. 中国投资,2007(9):106-109.
[25] 杨庆蔚. 深化政府投资体制改革,加快推行代建制工作[J]. 中国招标,2006(2):15-18.
[26] 赵璐,丁烈云,骆汉宾. 政府集中代建机构管理创新与信息化支持[J]. 建筑经济,2009(4):20-23.
[27] 洪伟民,王卓甫,王敏. 建设工程不同交易方式总成本比较研究[J]. 建筑经济,2007(9):18-21.
[28] 王卓甫,陈靓,陈妹. 工程交易中业主方管理方式的经济学分析[J]. 软科学,2008,22(1):9-11.
[29] 尹贻林,严敏,严玲. 交易成本视角下的政府投资项目集中管理模式制度创新路径研究[J]. 科学学与科学技术管理,2010(09):104-110.
[30] 李德全. 发达市场经济国家和地区政府投资工程管理方式[J]. 建筑经济,2002(6):8-12.
[31] 吴锐,李世蓉等. 政府投资项目中业主行为不规范原因的经济分析[J]. 建筑经济,2004(2):31-33.

子报告 5　深圳市政府公共工程管理机制改革与创新研究

政府公共工程的管理是政府职能的一个组成部分。为了解决政府公共工程传统建设组织与管理模式的弊端，深圳市从 2002 年就开始了政府公共工程集中管理的改革探索，成立了深圳市建筑工务署等政府公共工程集中管理机构。经过十多年的改革探索和不断完善，深圳市政府公共工程建设的质量、工期和投资等都得到较好控制，腐败案件也大幅减少。

政府公共工程的建设是在我国现实社会和经济环境及条件下实施的，项目建设和管理中还存在诸多需要解决的问题；同时，建筑市场和工程建设管理中存在的问题，在政府公共工程的建设过程中也必然有所反映。因此，政府公共工程的管理机制问题，并非孤立存在，需要从整体角度综合审视。政府公共工程管理的改革与创新，根本目的是要能够提供质量优良的公共工程产品，合理并节约使用公共资金，为公共工程项目建设和项目使用（运行）增值。

为此，本报告的政府公共工程管理机制改革与创新的研究，以建设项目全寿命管理为指导思想，以保障公共工程质量、控制建设投资为核心，探讨如何完善政府公共工程管理中的决策、执行和监督机制，提升政府公共工程建设的管理水平和社会效益，推进政府公共工程管理的改革和创新。

5.1　问题综合分析

政府公共工程以政府财政资金为主，一般具有投资规模大、对经济社会发展作用重要、易受社会舆论关注等特点，其投资领域大多涉及社会和公共利益的基础性和公益性设施。政府公共工程管理机制问题，涉及工程建设的诸多方面，尤其是政府公共工程建设的工程质量机制等问题，有的根源还在于我国建筑业的大环境。因此，需要抓住当前政府公共工程管理机制的突出问题进行梳理，把握存在的主要矛盾和问题根源，对问题的深度成因进行研究。

本报告问题分析，主要围绕现行政府公共工程在建设决策、执行和监督方面存在的问题和缺陷，以及围绕工程质量问题和超投资问题表象背后的深层次原因，结合现行相关管理机制进行综合分析。

5.1.1　决策与监督问题及其机制综合分析

目前,我国对各类建设项目,包括政府投资项目和社会投资项目施行统一的监管方式。从政府管理的角度来讲,在市场经济条件下,政府职能和市场机制不能正确划分、定位和匹配,是市场监管低效、市场运行无序的根源之一。统一的监管方式模糊了"政府"和"市场"的界限、性质与定位。

1）政府公共工程

在我国,由于没有按政府投资项目、社会投资项目进行分类管理,基本采用同一种管理模式,这已不能适应政府职能的转变和深化市场改革的需要。

"政府投资项目"又称为"公共财政投资项目",而"政府公共工程"是政府投资项目最重要组成部分。由于政府投资项目是以政府财政资金为投资主体的项目,建设资金属于公共资金,所以它具有与社会投资项目不同的特点。国有的公共资金的所有权属于全体人民,政府投资项目的实质是通过对国有资产进行产权分解、分配、使用、交易或组合形成固定资产的过程。政府公共工程的资金来源于公众的纳税,政府是公众的代理人,理应承担起管好、建好、用好政府公共工程的责任,即政府公共工程应由政府建,政府履行公共采购的职责。与此同时,政府投资项目管理与社会投资项目管理的最重要的区别是:公共采购部门履行的是托管人的职能,因为政府投资项目管理人花费的资金来自于别人的钱,项目的投资效益和效率必须受到监督,即政府公共工程的建设必须接受公众的监督。而对于社会投资项目而言,投资效益和效率由"看不见的手"起作用。

政府公共工程大多数集中在为社会发展服务,非盈利的公益性项目。这是由政府公共工程的性质所决定的,这种性质就是非盈利性,代表的是公共利益。而在市场经济体制下,社会投资项目的活动都是追求自身利益的最大化,所以除政府财政资金以外的投资都会追求高收益的回报。在经济利益的驱动下,一般社会投资项目的活动可能有意无意地忽视某些公共利益的存在,此时政府就应代表社会公众基于公共利益对社会投资项目的建设进行监管。

在政府公共工程建设的实施管理方面,长期以来,我国政府公共工程存在建设体制性缺陷即产权不清晰,名义上是国家投资和所有,相应单位获得了建设或经营自主权,而实际上是所有者"缺位",即责任缺位。政府公共工程管理体制和机制已不适应当今改革和发展的变化。

目前,对于大量"非经营性"政府公共工程,主要有两种建设实施管理方式。第一种方式是从政府有关部门抽调人员组成"一次性临时工程建设管理机构"进行管理。由于其管理主体的"临时性、一次性、非专业和无知识积累"等特点,存在安全与质量隐患、资源浪费、"三超"和腐败问题。第二种方式是"建、管、用合一",由各项目使用单位常设管理机构(如基建处等)管理。由于其管理主体的"分散性、自营性"与专业化的生产方式相违背,并无法有效避免第一种方式产生的问题。两种方式都没有很好地解决政府公共工程管理中责任主体缺失的问题,其结果是"各自为政、多头管理,各负其责又不知谁最后负责"。因此,基于政府公共工程政府建的原则,政府公共工程应由政府集中建设和管理。

2）政府公共工程的实施

对于一些政府公共工程,建设的决策缺乏权威性,所有政府公共工程的投资决策,大部分均在政府内部封闭运作。另外,由于政府公共工程决策机构的局限性,政府公共工程决策环节对项目技术可行性论证的忽视,也影响了决策的权威性,使决策难以反映项目的现实需要。

就政府公共工程而言,因未区分政府投资项目和社会投资项目并施行分类管理,导致本应为政府内部事务的政府公共工程建设推进缓慢,阻碍了政府公共工程经济和社会效益的发挥。政府公共工程建设管理工作同样存在审批部门多、审批事项复杂、审批时间长(按社会投资项目进行审批)等问题。一项政府公共工程从项目建议书到竣工结算往往需要经历近百项的政府各类审批和审查程序,累计审批和审查时间长达数月到几年,审查程序繁琐。同时,由于各政府审批部门各自为政,相互之间缺少常态化的业务协作机制,导致项目执行部门疲于跑审批、重复报材料,甚至还会出现不同部门的审批结果相互否定的现象,既增加了工程管理的难度,也严重影响政府公共工程建设管理的效率。审批事项多,涉及部门多的另一原因,主要是相应管理部门在职能配置上定位不准,作用发挥不够,集中管理力度不够强等。

政府公共工程的决策、执行和监督的政府部门的职责不太清晰,存在多头管理、重复监管(政府监管政府)等现象。深圳市政府公共工程受到市纪委、市发展改革委、市住建局、市规划国土委、市财委、市审计局和市监察局等多部门的分散监管。虽然多部门监管有利于政府公共工程依法建设和廉政建设,但监管部门和监管职能过于分散,容易造成监督缺乏系统性和整体性,政府公共工程执行部门疲于应对各种监督、审核,从而影响政府公共工程建设管理效率的提高。此外,监督部门普遍采用人盯人战术,派一批人监督工程管理人员,然后再安排一批人监督前者,往往造成一人干活、多人监督;监管太多、捆住手脚的项目情景。相关部门在监督过程中,通常是单纯地依据相关条规,而不认真分析客观实际,不关注政府公共工程的工期和投资,甚至会干预具体实施方案的选择,影响工程正常的建设秩序。

5.1.2 工程质量问题及其机制综合分析

从机制角度看,工程质量表象问题的背后,存在着建筑工人素质与技术能力、工程监理作用、建筑市场运行与招标投标、设计管理与审查审图等问题。

1) 作业工人素质与技术能力

我国的建筑业改革把劳务层和管理层分离了,把建筑业中的生产力几乎全部变成农民工,作业人员均是亦工亦农,多数没有受过专业培训,更少学过专业技术,这样的局面使得工程质量失去重要的基础保障。这种“两层分离”的问题,也导致让监理来监督农民工,沦为“旁站”,这种机制是失效的,治标不治本。从建筑业的这一深层次问题可以看到,工程质量持续性难以保证。

按目前建筑企业用工机制,企业的管理层一般相对稳定,管理人员的工资待遇较好,年龄结构较为合理,知识层次以大、中专学历为主,具备初、中级技术职称,少数从业者具备高级技术职称或国家注册执业资格,是建筑企业的中坚力量,维持着企业生产的日常运作。管理层通过各种形式承接施工任务后组建项目部,组织各类施工技术和管理人员。施工单位项目部的技术人员及现场管理人员大多由企业委派或招聘,现场操作工人主要来自以下渠道:长期协作单位(劳务公司或三、四级资质的施工企业)的工人、长期合作工长及班组长(包工头)带领的工人、工程所在地的富余劳动力。

建筑施工企业用工现状的弊端,一是劳动力的大量需求导致聘用条件不断降低,因急需用工和减少费用而压缩或取消了必要的安全教育和操作培训,“三违”现象十分突出;二是中、老年从业者所占比例较大,其技能低下、劳动效率低;施工现场管理人员采取延长工作时间和加点加班等手段尽量降低用工成本,往往造成工人疲劳操作和消极怠工,操作中缺乏相互配合与照应,质量和工伤事故发生的风险增大。

2) 建筑市场运行与招投标管理

近年来,随着工程建设活动的跨越式发展,建筑市场频发的安全质量事故凸显了建筑市场监管体制、机制和法制等方面长期潜在的问题,如建筑市场主体责任尚未完全清晰,特别是政府公共工程的建设单位的责任及其落实不够清晰;建筑市场运行机制不成熟,没有形成良性发展的市场竞争秩序,在某些方面还存在无序的现象;建筑市场的行政监管在市场转型过程中还存在不足,有时还存在缺位和低效的情况。

造成现阶段建筑市场秩序无序的原因比较复杂,有着深刻的经济社会背景,如无约束的利益驱动是破坏市场经济秩序的原生力量,市场化程度低是影响市场经济秩序的重要因素,道德意识的败落是扰乱市场经济秩序的无形力量,法律制度的执行不力无法对市场经济秩序提供充足的保障。现阶段工程招投标存在的主要问题,包括存在地方保护、行业垄断;存在陪标、串标现象,存在工程转包问题;评标办法科学性不足,招投标过程中存在不规范行为,混淆招投标方式与范围;资格预审文件具有倾向性,投标人编制投标文件的时间短,部分招标代理机构编制的招标文件质量差、不规范、没有针对性;招标评标与后期施工管理脱节,中标单位缺乏诚信,等等。

现有的相关行政审批规定或以反恶性竞争或抑制权力寻租腐败为目的,但实际效果差强人意,既未能有效防止不公平恶性竞争现象,又失去了市场机制的有效性,效率和公平双重目标的同时丢失,使此类形式化规定流于行政行为的免责理由。建设主管部门在制定招投标政策时,融入了过多的廉政建设因素,试图通过招投标彻底解决建设工程领域的廉政问题,最终出台的招投标政策就沦为一种免责机制,不能实现招投标择优和竞价的有机统一。

3) 设计管理与设计审查

工程设计质量主要表现在两个方面:是否满足各种法律法规及规范要求;是否满足用户使用需求。而项目最终使用者的功能要求和实际需求,需要通过设计标准、投资标准等来反映,其是设计管理的重要依据。目前,政府公共工程建设前期工作质量低,需求分析与定义不到位、标准不一、未能体现建筑全寿命周期管理等。对政府公共工程的建设,往往缺乏科学合理的设计标准和投资标准,现有的国家标准与实际也有脱节,存在偏差。许多项目的需求是由项目立项单位(使用单位)根据自身发展情况在项目建议书编制之前提出,这些需求一般或高于国家标准。但审批部门往往根据有关国家标准对项目的功能、标准和投资进行批复。由此,矛盾的产生不可避免。

此外,有些政府公共工程确定功能需求时,往往最终的运营机构没有确定,而运营机构又不属于审批部门批复的范畴。有的项目运营机构确定较晚,导致使用需求既不是立项单位可以独立确定,也非运营机构确定,即使是审批部门确定,因其不是真正的最终的使用单位,无法满足使用单位的需求,矛盾从此产生,难以协调。

政府公共工程建设单位设计管理的难点,究其原因,还在于审批部门项目建议书、可行性研究、设计概算评审三阶段的评审依据不对建设单位公开，评审中的减项和减后的具体数字不对外公开，造成建设单位在具体项目的质量和投资控制中处于被动接受的尴尬境地。

设计管理的重要性在很多情况下没有被摆到一个应有的高度，甚至有些业主认为设计变更是不可避免的，也无关轻重，可在实施过程中进行修正。鉴于建设项目设计工作越来越趋向专业化，专项设计在很多情况下由专业机构深化完成，与传统设计相比，设计管理与协调环节增多，协调难度加大。设计上重大决策直接影响建设项目的质量和投资，由于大部分决策者缺乏专业背景和设计决断能力，导致决策缺乏科学依据和专业考虑。

与此同时，项目相关专业管理部门对技术方案和施工工艺的选定等具体的管理工作介入又过细，也是影响项目目标实现的重要因素，甚至可能对工程质量和安全带来不利影响。建筑设计方案节能审查、超限高层建筑工程抗震设防审批、建筑节能施工图设计文件抽查、防雷装置设计审核、建设项目用水节水评估报告审批、绿色建筑审批等都属于国家规范比较明确的技术性问题，可由项目执行部门交由第三方社会化机构或者专家委员会进行审查，属于具体项目的微观管理职能。但由于管理部门采用审批的方式进行管理，又因其并不深入掌握项目的具体特点和需求而使强制审查变成了走形式，既难以起到实际效果又降低了工作效率。而且，政府审批部门并不承担相应的技术责任。

4）工程监理作用与管理

20 世纪 80 年代后期，伴随着改革开放的不断推进和深化，我国工程建设领域诞生了一项新的管理制度——工程监理制度。工程监理制度在我国工程建设中发挥了重要作用，尤其为确保建设工程质量和安全生产做出了贡献。然而，工程监理制度实行至今，在实际运作和发展中遇到了许多问题和困境，诸如监理责任不清、额外责任不断增加、监理范围变窄和阶段缩短；社会认可度下降，监理人员待遇低、地位低，高素质人才流失严重；技术含量低等等，限制了监理工作作用的发挥。

虽然工程监理制度实施已有二十多年，但遗憾的是，全社会甚至在相关行业内，相当一部分人都还搞不清楚工程监理是什么，不少人（包括业主、政府有关部门领导）的认识还依然停留在“监理就是监工”的层面。

当前，监理行业服务产品的质量普遍偏低，监理工作往往不能达到理想的效果。一方面，监理行业人员整体素质不高，很多监理工程师及监理人员缺乏专业技术，并不具备对现代建设项目进行控制和协调的能力，以及现场反应能力；不少监理人员职业道德感不强，监理工程师往往同时承揽多个工程项目，其具体的监理工作往往由专业水平不足的监理员代为完成；而许多监理员责任心不强，没有按照合同约定坚守在监理岗位上，出现项目空有“监理岗位”，不见监理人员的现象。另一方面，许多监理单位缺乏先进的技术装备和检测手段，很多监理人员只能凭经验下定论，其监理工作缺乏科学性与客观性。由于这些问题，监理的服务结果往往不能令相关方满意。

5.1.3 建设超投资问题及其机制综合分析

一些政府公共工程的工程造价存在设计概算超投资估算、预算超概算、决算超预算的“三超”问题。项目使用单位为了能够获得立项批准，往往先压低投资估算，在设计阶段又扩大建设规模和提高标准，造成设计概算超估算、预算超概算的现象；施工阶段由于管理方法等问题，造成结算超预算现象，在竣工决算时造成决算超概算，最终都由政府财政承担。

1) 功能和使用需求标准

功能和使用需求、设计标准等不但是涉及建设项目质量的重要因素，也是影响建设项目投资的决定因素。

建设项目在前期及设计准备阶段，分析调研深度不够，没有进行有效的项目策划研究和论证，仓促决定项目上马，以致造成项目考虑不周全、投资概算缺项或漏算。在现行政府公共工程建设的投资管理体制下，项目决策机构以初步设计图纸确定工程设计概算，而若初步设计粗糙，在初步设计阶段，施工工艺、材料用量、设备品牌和数量等都无法确定，此时估算出来的工程概算和实际造价往往偏差较大，这也是当前政府公共工程投资得不到有效控制的重要原因之一。项目使用单位对工程缺乏了解，初步设计漏项、漏量和计算误差，导致概算不正确率较高。有时，为了控制投资金额总量，概算中制定的建设标准过低，也造成实际工程建设过程的工程造价明显增加。在政府公共工程建设过程中，经常出现工程概算刚获批复，建设部门和使用单位就要着手申报因设计深化而需进行的概算调整。工程设计概算的反复调整，既影响了政府在项目投资控制上的严肃性，拖延了项目建设进度，也造成大量行政资源的浪费。政府公共工程建设决策环节过于侧重形式上的指标控制，影响了决策环节控制的实际效果。

目前，政府公共工程的投资控制，主要是对建设阶段的一次性投资进行控制。但是，投资控制不能只是着眼于建设期间产生的费用，更需要从建设项目全寿命周期内产生费用(一次性建设费用＋使用维护费用)的角度审视投资控制的问题，进行项目全寿命的经济分析，使建设项目在整个寿命周期内的总费用最小。目前，深圳市政府公共工程在项目前期策划过程中，没能充分考虑项目全寿命周期，其原因一是没有及早确定运营团队，二是项目审批机构拘泥于国家统一标准，未充分考虑深圳本地区经济发展水平。

2) 工程评标定标方法

通过招标竞争，是控制建设项目投资的措施之一，其中的工程评标定标方法，对选择符合要求的承包人、降低工程造价有着重要影响。深圳市近 15 年以来招标投标陆续经历了低价中标、综合评估和评定分离等政策模式。在建筑市场不规范的环境下，采用低价中标，如果投标人不恶性低价竞标则没有中标的可能；采用综合评估法，如果投标人不参与围标串标，采取散兵游勇、不腐蚀评标专家的方式，也几乎没有中标的可能。因此，低价中标，投标人就要恶性竞价；综合评估，投标人就要围标串标。如此，工程的招标投标，无法实现在择优的同时进行有效竞价，或在充分竞价的情况下进行适度择优，并起到控制项目投资的作用。

综合评估法是通过技术、商务、资信的综合评审，由评标专家对投标人进行量化打分，推荐综合得分最高的投标人中标。应该说制度本身也较为科学，既能避免恶性竞价，又能在一定程度上实现择优。但是由于评标专家自由裁量权缺乏有效监管，投标人围标串标时就千方百计腐蚀评标专家，评标专家成了包工头围标串标的木偶。由此，深圳市招标投标市场滋生了大量的腐败案件，涉及到招标人、评标专家、建设主管部门等招投标相关联的各方人员。

在实际的招标投标活动中，相关政府部门过度干预，形式重于实效。现有行政监管环节设置了过多的形式化限制，过度干预了市场机制，严重削弱了招投标机制在资源配置优化中的作用。例如，要求招标文件中设置投标报价的上限价和下限价，分别不能超过上年度深圳市同类工程的平均下浮率的±8%；要求建设工程实行大总包和大标段发包，不能根据工程管理需要和市场从业单位等实际情况合理划分标段；批量招标、战略合作招标只限于小型工程；政府公共工程不得采用票决法定标；所有招标项目，无论规模大小、是否简易项目，一律采用评定分离方式招标，未充分考虑招标的社会成本和工作效率；如果招标文件中列明两种及以上评标或定标方法的，最终的评标或定标方法必须采用抽签方式确定；采用票选抽签法定标的，最终参与抽签的投标人数量不得少于合格投标人总数的30%，完全不考虑择优问题；招标文件必须规定所有清单子目的投标报价不得低于清单标底价的特定比例；在商务标评审时，必须以所有投标人的平均价作为基准值等。

按现行采购招标的规定和方式，政府公共工程集中管理的规模优势不能充分发挥，如临时设施无法重复利用，即一个项目完工之后，尚有重复利用价值的临时设施，限于政府公共工程财务管理制度问题，不能转移到下一个新开工程中使用，存在较大的浪费；批量招标和捆绑招标等能够降低造价的措施难以大规模采用，影响有效的各类项目投资控制措施的实施，等等。

3）现行定额标准

目前，因刚从传统定额计价模式走向工程量清单计价模式，绝大多数工程计价定额还是以过去传统定额为基础，尚未脱胎换骨，实践中清单计价定额模式仍然与市场价格和工程实际情况存在背离。

传统定额的计划经济烙印与市场形成价格因素的不同导致相关费用相背离。由于现阶段采用的定额仍具有一定的计划经济成分，进入市场经济以后，一些要素通过市场形成价格，导致其实际成本与定额计价形成差距。定额的综合性和相对稳定性与设计规范、施工工艺的不断改进的矛盾，导致一些新材料、新工艺无相对应的定额子目。预算定额制作是以较成熟的施工工艺和严格的技术标准，按既定的程序测定、统计、计算而成的，采用过去已形成的施工工艺的标准模式和社会平均水平的资源消耗标准编制，对工程造价和资源消耗量的计算均有一定的科学依据。但定额计价是一种静态的计价方式，预算定额内分项工程生产要素消耗标准有一定的滞后性，且不反映个别承包单位施工生产的资源消耗量和采购材料的实际价格，使市场机制配置资源的有效性降低，也使实际施工工艺与定额存在较大差距。

定额给出的价格是以社会平均资源消耗量为标准的，若生产条件互异的投标单位都按统一的计价依据和计价方法确定报价，投标竞争就演变成针对标底的竞赛，这样很难反映企业的真实实力和实际水平，不能反映公平竞争原则。现有定额是传统意义上政府给企业定价的手段，造成市场无法发挥指导资源配置作用，工程价格不能发挥应有的调节功能，严重影响市场健康发展。随着市场化的发展，传统的统一的工程定额已经难以满足招投标竞争定价和项目实施过程中造价控制的要求。

5.2 政府公共工程管理机制研究指导思想

管理机制是能长期保证管理系统正常运行并发挥预期功能的机制体系。管理机制的建立，一靠体制，即指组织职能和责权的调整与配置；二靠法制，广义上讲包括法律、法规以及组织内部的规章制度等。也可以说，通过与之相应的体制和法制的建立（或者变革），机制在实践中才能得到体现。在理想状态下，有了良好的机制，甚至可以使一个组织系统接近于一个自适应系统，即在外部条件发生不确定变化时，能自动地迅速做出反应，调整原定的策略和措施，实现优化目标。因此，政府公共工程管理机制，是要保持项目建设的稳定、健康和持续发展，促进各管理要素相互协调、科学化长期运行，并贯穿于整个管理过程当中，最终达到预期目标与效果的机制。针对存在的问题，借鉴发达国家和地区的成熟做法，对政府公共工程决策、执行和监督机制进行创新。

基于相关理论，研究政府公共工程管理机制改革与创新，本报告以建设项目全寿命管理为指导思想，探讨政府公共工程的决策、执行和监督机制改革与创新，重点是拟通过管理机制设计来提升工程质量水平和投资控制水平，旨在实现建设项目全寿命效益最大化的投资建设核心价值，实现政府公共工程建设和使用(运行)增值(图 5-1)。

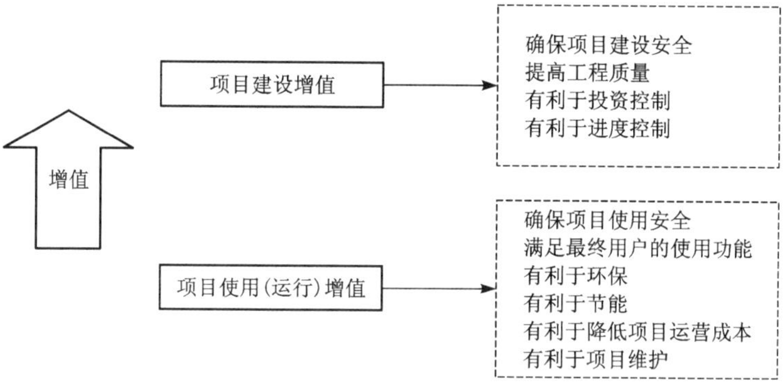

图 5-1 工程管理的增值

建设项目全寿命周期是指工程项目从项目构思、投资决策、工程设计、采购招标、施工建造、投入使用直到项目报废所经历的全部时间。政府公共工程需要按项目全寿命周期所表现出的特征进行管理，最大限度地发挥投资效益和社会效益，使项目保值和增值。为建设一个满足功能要求和使用要求的项目，需要通过项目前期决策、建造、运营直至项目拆除的建设项目全寿命周期各阶段的策划、协调和控制，使政府公共工程建设达到所要求的工程质量标准，在预定的时间和投资范围内顺利完成并满足最终用户的需求，通过项目运营期对物业设施的财务控制、空间协调和运营维护，以使建设项目创造尽可能大的效益。

政府作为政府公共工程建设的业主，这是由政府公共工程的性质所决定的。在提供公共产品和服务方面，政府承担主要的责任，需要选择最合适的提供方式和过程，确保公共产品和服务得到充分有效的提供。政府是提供公共工程产品的责任主体，提供过程的设计应当是社会本位，政府间公共工程产品提供的职责分工主要涉及政府间行政关系、职责权限划分等方面的政府间关系。

政府公共工程建设的管理，包括决策、执行和监督等也涉及部门间职责分工、职责权限等方面的政府间关系。一般情况下，涉及政府公共工程管理的机构和部门，主要有“项目决策机构”(政府公共工程决策的主管机关或部门，如人大、发改委等)、“项目实施部门”(项目业主)(政府公共工程的实施主管部门、项目执行人，如工务署等)、“项目提出单位”(政府公共工程的提出人、发起人、实际使用人等)，以及其他相关政府管理部门。政府公共工程管理机制问题，主要涉及政府公共工程管理的“项目实施部门”与外部组织(主要为其他政府部门)相互作用的过程和方式，包括项目决策机制、项目执行机制和项目监督机制等。

基于建设项目全寿命管理的指导思想以及我国工程项目建设管理的制度、文化和环境，借鉴工业发达国家的经验和做法，对政府公共工程管理机制设计问题进行讨论。政府公共工程管理机制涉及面较广，根据目前存在的主要问题，拟构建政府公共工程治理与管理机制模型进行分析，按“项目决策机制”、“项目执行机制”和“项目监督机制”进行研究和设计，围绕当前政府公共工程建设存在的主要问题、发展矛盾、社会的普遍关注和关切，重点探讨影响工程质量和建设投资的管理机制。

本报告研究的政府公共工程管理机制相关内容的概念模型，如图 5-2 所示。

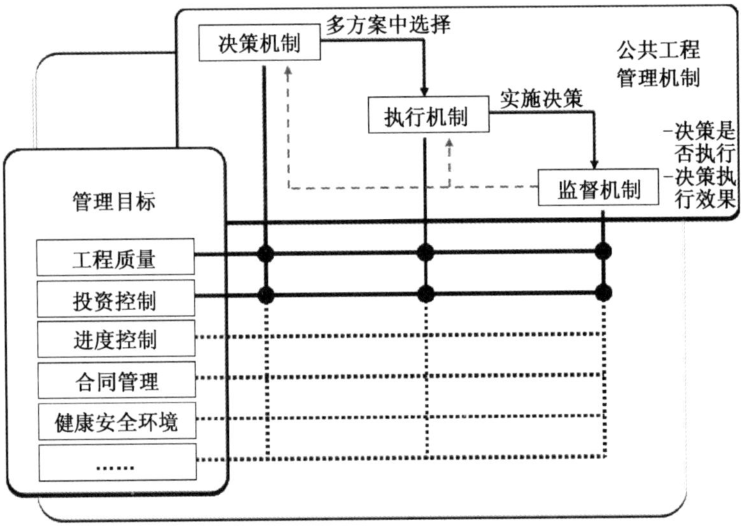

图 5-2　项目管理机制研究概念模型

(1) 本报告讨论的政府公共工程建设决策机制，主要涉及“项目决策机构”的工作机制，重点是“项目决策机构”与“项目提出单位”、“项目实施部门”相互作用的过程和方式。

(2) 本报告讨论的政府公共工程建设执行机制，主要涉及“项目实施部门”的工作机制，以及“项目实施部门”与外部组织(主要为其他政府部门)相互作用的过程和方式。

此外，项目执行机制还包括“项目实施部门”内部控制机制和工程管理机制。由于涉及政府公共工程实施部门内部控制机制和工程管理机制的问题有许多，如施工许可机制、招标机制、安全质量监管、健康环境管理等，本报告的重点将聚焦并落地于工程质量机制和投资控制机制。

(3) 本报告讨论的政府公共工程建设监督机制，主要涉及政府公共工程建设的监管监督机关或部门的工作机制，重点是监管监督机关或部门与“项目实施部门”相互作用的过程和方式。

5.3　政府公共工程决策机制的建议

政府公共工程建设的决策规范，是保证政府公共工程质量和效益的源头。而区分“两类”项目进行分类管理，是有效规范政府公共工程建设决策、执行和监督的基础和前提。对于政府公共工程的建设，应建立健全决策规则，规范决策流程，强化决策责任，增加投资决策的透明度，提高决策的民主化水平。

5.3.1　建立基于区分“两类”项目进行管理的机制

借鉴工业发达国家和地区的经验和做法，按照建设项目资金来源的不同，可分为政府投资项目和社会投资项目，由于项目资金来源性质的不同，两类项目不宜适用于同一种监管模式。随着市场经济的发展，社会投资项目越来越多，同一种管理模式混淆了不同投资来源项目的性质，使监管任务、责任泛化和虚化，不仅摊薄政府有限的监管力量，也将不断增加政府监管成本，使得建筑市场监管趋向于“无限”和“低效”的困境。因此，对不同投资性质的项目套用同一监管模式，没有实行分类管理，是政府监管逐步演化为“无限”和“低效”的重要成因。同时不难发现，各类建筑市场监管失效、责任主体缺失、市场行为不规范等问题与“两类”项目的混淆管理息息相关。

建立符合市场经济规律、符合国际通行做法的管理机制，是要科学定位政府职能，激发市场自身的力量，实现工程建设领域政府管理职能的转变。区分“两类”项目进行管理，也是完善政府公共工程管理机制的前提。据此，建议区分“两类”项目，建立基于两类“项目”进行分类管理的管理机制。

(1) 根据不同投资性质，将建设项目分为两类：政府投资项目与社会投资项目。

本课题所称政府投资项目是指国家或地方财政投资建设项目，政府公共工程是政府投资项目的重要组成部分，主要指由政府投资且是非盈利的建设项目等。对于既含政府投资，又含社会投资的建设项目，应按政府投资项目的各项管理规定实施，而由谁作为项目实施主持人，需视各方投资比例或协商确定。

(2) 对建设项目实施分类管理，即区分政府投资项目建设的监管模式与社会投资项目建设的监管模式：

① 政府投资项目建设的监管思路是强化监管的集中化和专业化，重点关注投资效益(社会和经济)监管和建设实施过程公平公正公开透明的监管。

政府公共工程建设实行“大业主”制，设立专门政府机构或部门，即“项目实施部门”对项目建设进行集中和直接管理，统一实施项目的建设，解决所有者“缺位”问题。由专门的政府部门担任政府公共工程业主进行集中管理，可以切实落实项目业主的“根本责任”，也有利于提高投资效益和规范建设单位的管理行为。

实行分类管理后，政府公共工程建设涉及规划、土地、消防和环保等技术管理层面的审批和监管，由政府相关主管部门负责；涉及项目报建报监等行政管理方面等的监督管理，可由“项目实施部门”自行施行，以强化专业监管、提高政府行政管理效率。

② 社会投资项目建设的监管思路是逐步放开采购交易管制，实行备案或抽查制度。社会投资项目的采购交易工作，由项目业主按法律法规自行组织或委托专业咨询单位代为组织，政府不再直接干预，不再设立专管机构。

对于社会投资项目，通过相关的法律法规对工程项目的建设活动进行规范和引导，重点关注市场公平竞争环境的营造，通过法律法规、标准规范和经济手段等的应用进行市场和项目监管。

5.3.2 建立开放透明的政府公共工程决策流程

政府公共工程的决策必须开放和透明，决策程序应公开和民主化。建议借鉴工业发达国家和地区的经验和做法，建立多层面的决策流程。政府公共工程决策流程概念模型，如图5-3所示。

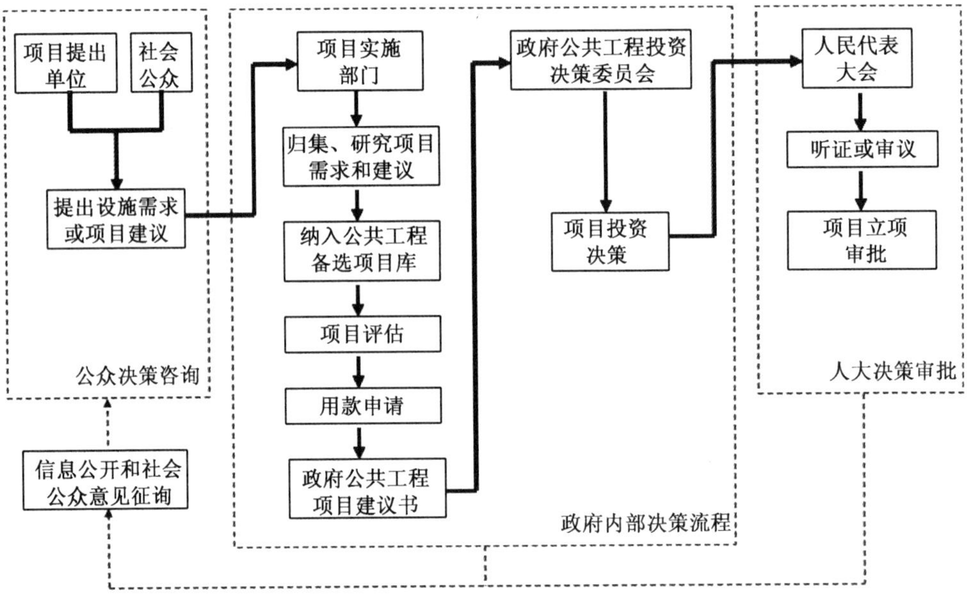

图5-3 政府公共工程决策流程概念模型

1) 政府内部的决策流程

(1) 政府公共工程的建设建议由政府部门(项目提出单位)或社会公众提出，即所有政府部门或社会公众均可提出设施需求或项目建议。

(2) 首先，由"项目实施部门"根据"项目提出单位"或社会公众提出的公共工程需求或建议，对项目建议进行归集和研究，纳入政府公共工程备选项目清单。列入备选项目清单的政府公共工程信息应向社会公开公示。

然后，由"项目实施部门"主持和组织开展相关项目的评估工作，进行项目的可行性研究，从技术经济评价、环境影响评价、社会影响评价和历史文化影响评价等方面对各方案及其实施计划的可行性进行论证，给出建议的实施方案。

具有社会影响的政府公共工程，项目评估过程应包括对社会公众意见的征询。

完成相关评估工作后，"项目实施部门"应将可行性研究报告和用款申请报送公共财政预算分配主管部门。项目建设资金落实，"项目实施部门"应编制完整的政府公共工程项目建议书，报送政府公共工程投资决策委员会。

(3) 政府公共工程决策委员会作为政府内部的决策部门，根据公共需求、项目评估结论及财政资金安排等进行项目投资决策。

政府公共工程投资决策委员会在做出是否准予项目立项的决定前，可以组织专家对项目可行性研究报告的科学性、准确性做出独立评估。

经政府公共工程投资决策委员会审查无误的项目，可将项目投资计划正式列入政府公共财政预算方案，报人民代表大会审查批准。

2) 人民代表大会的决策审批

人民代表大会对政府提交的项目投资决策事项进行审议。

对于特殊或重大的政府公共工程，由人民代表大会对项目投资决策事项举行听证和审议，进行项目立项审批。

只有项目投资计划得到人民代表大会的批准，政府公共工程投资决策委员会才能出具最终的项目立项批复。

3) 社会公众的意见征询

与此同时，一般政府公共工程的决策过程和信息应公开，充分听取社会公众的意见和建议。

具有社会公众影响的政府公共工程，应将公众意见征询纳入项目决策过程，方式可以包括网上和平面媒体公示、公众评议、座谈会、听证会等。对直接利益相关者，应主动征求其意见并留下相关记录。对不特定公众意见可以信息公开的方式征询，并将合理意见纳入项目建议书，对不予采纳的意见应给与解释。

5.3.3 建立严格规范的审批程序和决策规则

政府公共工程建设决策机制，主要涉及“项目决策机构”的工作机制；“项目决策机构”与“项目提出单位”、“项目实施部门”相互作用的过程和方式。

对于一般政府公共工程的建设，政府的职能主要是项目决策、执行和监督；而对于重大建设项目，则应建立人民代表大会决策、政府执行、人大与社会公众监督的机制。人民代表大会对政府行为进行制约和监督，主要表现形式为对预算的批准和组织审计。

政府公共工程建设应建立严格规范的审批程序和决策规则如下。

(1) 由“项目提出单位”负责发起和提出拟新建的公共工程项目，提出和界定项目需求和项目概要，包括功能要求、使用要求和建设标准要求，等等；“项目实施部门”(项目业主)根据“项目提出单位”的项目需求，组织开展和制定有关项目建议书、项目策划、可行性方案研究等的前期投资计划工作。

(2) 由“项目决策机构”对提出的拟新建的公共工程项目进行决策，项目决策的主要内容，包括：①决定是否要建；② 决定建设功能、规模和标准。

重大建设项目(规定规模)由人大组织听证会，进行决策审批。

“项目实施部门”应参与项目决策过程，提出相关意见和建议。

(3) 由“项目实施部门”执行决策，全面负责建设项目的具体实施，包括规划设计、采购、施工及运营准备等工作。“项目实施部门”是政府公共工程建设实施管理部门，代表公共利益开展项目建设活动。项目一旦实施，原则上其他部门不得干预“项目实施部门”具体的项目建设和管理工作。

项目实施过程中，若“项目提出单位”或项目实际使用单位提出项目功能或标准等的变更，变更量超过“规定幅度”的，则由“项目提出单位”向“项目决策机构”提出变更申请；申请获得批准后，由“项目实施部门”负责建设项目的变更实施。

项目实施过程中，应赋予“项目实施部门”一定的变更决策权限：变更引起“规定幅度”内的投资增减，在一定授权范围“项目实施部门”可自主决定，不必报经“项目决策机构”批准。

5.3.4 政府公共工程投资决策的分级分权和授权

为提高项目投资决策的运行效率，根据政府公共工程的规模大小，建立分级分权和授权的决策机制，即针对政府公共工程的不同类别为不同层级的“项目决策机构”授予相应的决策权限，在授权范围内，相应的“项目决策机构”可以自行决策。

政府公共工程投资决策的分级分权和授权原则如下：

(1) 重大项目：由人民代表大会进行项目投资决策审批；

(2) 大型项目：由政府公共工程决策委员会进行项目投资决策审批；

(3) 中型项目：由发改委进行项目投资决策审批；

(4) 小型项目：由政府公共工程管理局进行项目投资决策审批。

以上所有类别的政府公共工程的决策信息必须公开公示，且人民代表大会拥有最终决定权。

对于特殊或具有社会公众影响的政府公共工程，应由人民代表大会对项目投资决策事项举行听证并审议，进行项目投资决策审批。

5.3.5 建立政府公共工程决策过程的工程升级制度

借鉴我国香港地区的经验和做法，对政府公共工程的决策过程实行工程升级制度，将政府公共工程按决策过程划分为A、B、C和D四个工程层级，只有完成本层级所有工作内容的公共工程才能升级进入后一层级。实行工程升级制度，有利于规范政府公共工程的决策过程，做实和夯实政府公共工程各项各类的投资决策支持工作。

(1) “项目提出单位”提出项目建设动议，“项目实施部门”经归集和研究后，拟纳入政府公共工程备选项目清单，且向国土部门提出用地需求，用地选址明确的政府公共工程，列为D类工程。

(2) “项目实施部门”对纳入公共工程备选项目清单的项目，经项目的可行性研究，通过技术经济评价、环境影响评价、社会影响评价和历史文化影响评价等方面的实施计划及可行性论证的政府公共工程，升级到C类工程。

(3) “项目实施部门”将可行性研究报告和用款申请报送公共财政预算分配主管部门，项目建设资金落实，并报政府公共工程决策委员会审定后的政府公共工程，升级到B类工程。

(4) 经政府公共工程投资决策委员会审批，项目投资计划正式列入政府公共财政预算，并报人民大代表大会审查批准的政府公共工程，升级到A类工程。

列为A类的政府公共工程，政府公共工程投资决策委员会才能出具最终的项目立项批复。

5.3.6　政府公共工程前期工作研究费用专项列支

设立政府公共工程前期工作研究费用专用账户，作为“项目实施部门”的年度业务预算，改变目前前期研究费用按项目单个下达、相互之间不能调剂使用的被动方式。

政府公共工程前期工作研究费用主要用于项目决策过程，包括：项目需求分析和建议、项目规划和策划、项目评估和可行性研究、项目资源和预算分配等，由政府公共工程前期工作专用账户支出。但“项目实施部门”应为每一项目设立内部单独账册，每一项目的前期工作研究费用应在相应的内部单独账册中独立列支。

“项目实施部门”在得到项目立项批复后，应向财政资金拨付主管部门申请设立项目资金专用账户，由财政资金拨付主管部门按照项目投资计划，对项目资金进行拨付，并对项目资金专用账户中的资金使用进行监管。项目资金专用账户设立后，项目前期工作已经支出的项目研究经费应转入并计为项目实际支出，即转入项目资金专用账户，在项目概算中列支核算。

若项目未获立项批复，则项目前期工作发生的相关费用在前期工作专用账户内核销。

5.4　政府公共工程监督机制的建议

政府公共工程建设监督机制，主要涉及政府公共工程建设的监管监督机关或部门的工作机制，以及监管监督机关或部门与“项目实施部门”相互作用的过程和方式。政府公共工程监管和监督机制的改革建议：涉及报建报监等建设行政管理方面的监督管理，由“项目实施部门”自行负责；对于政府公共工程，推行事后审计。

5.4.1　实施部门承担项目行政性审查监管的机制建议

政府公共工程建设监管机制的改革，建议由“项目实施部门”自行承担政府公共工程涉及建设行政性审查和监管方面的工作。

基于建设项目的分类管理，即区分政府投资项目与社会投资项目，对两类项目的实施阶段采用不同的审批和监管模式。

（1）对于政府公共工程的建设，审批和监管分为两部分：

① 政府公共工程专业技术类的审批和监管，即主要涉及建设规划等专业性和技术管理层面的审批和监管，包括项目立项审批、土地获取、总体规划、初步设计、环境影响、消防、建设资金和市政配套，等等；

② 政府公共工程行政事务类的审查和监管，即主要涉及建设实施中行政办理事项层面的审批和监管，如报建报监等行政管理方面的监督管理，包括项目施工许可、施工图审查、工程招标、质量验收、安全监管、健康与环境，等等。

（2）政府公共工程专业技术类的审批和监管，由政府相关主管部门负责，施行严格的规划许可和控制。“项目实施部门”需制定完整的计划或方案，提交相关主管部门，包括财政部

门、规划部门、土地部门、环保部门、消防部门和交通管理部门等。建设项目专业技术类规划通过审批后,“项目实施部门”获得:

① 规划许可(包括项目立项批复、土地获取、环境影响许可、消防许可、建设资金等);

② 初步设计批复。

(3) 政府公共工程行政事务类的审查和监管,由“项目实施部门”自行负责,其他政府部门原则上不进行干预。作为政府管理部门的“项目实施部门”代表的是公共利益,理应承担和行使政府公共工程实施的行政办理事项审查和监管职能。同时,“项目实施部门”应建立内部控制机制,确保工程的实施符合建设规范、建设活动符合建设法规,进行控制许可(包括项目施工许可、施工图审查、工程招标、质量验收、安全监管、健康与环境,等等);出具项目竣工核验报告,只有具备核验报告的工程项目才可投入使用。

政府公共工程审批与监管机制的概念模型,如图 5-4 所示。

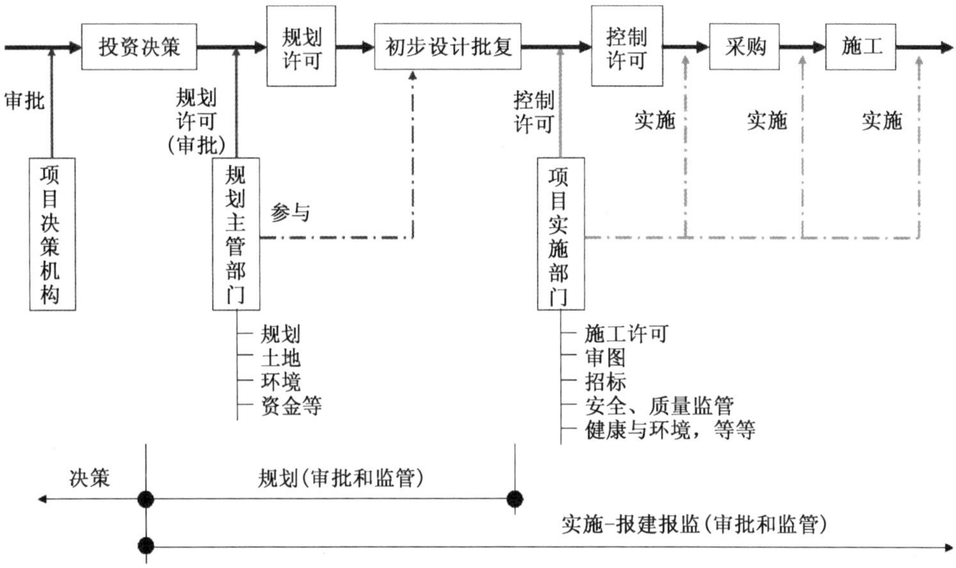

图 5-4　项目审批与监管机制概念模型

政府公共工程建设实施的审查和监管,应严格于社会投资项目,相关工作能够引领行业和社会,起到示范作用。

针对政府公共工程建设实施的审查和监管,“项目实施部门”自行和独立行使相关职能,可以发挥效率优势,实施专业监管;在审查和监管过程中,也可以利用社会咨询力量,购买专业服务,提高市场化程度。

5.4.2　建立公共工程事后审计为主的政府监督机制

政府公共工程建设监督的改革,建议施行以事后审计为主的政府监督机制。

对于政府公共工程的建设,推行事后审计,即项目实施过程中监督人不应过多干涉项目实施及其决策。项目经费使用是否有依据、是否存在贪污腐败行为等是审计应该审查的范围,而项目建设实施过程中某一笔钱是否该用或如何用,则审计不应过多干预,但事后必须严格审计审查。在政府公共工程建设过程中，需创新过程审计的方式和方法，为政府公共工程建设保驾护航。

要选择信得过的人去管理项目，但用人不疑，疑人不用。从事建设工程管理是一项"技术+管理"的工作，相应的管理人员要懂工程，对工程要有深刻理解，需具备一定的技术能力和道德素养。而项目负责人则更应具备较高的素质和一定的判断能力。

5.4.3　建立多方位的政府公共工程监督体系

建立多方位的政府公共工程监督体系，一方面是政府机构内部的自我监督，包括"项目实施部门"的自我监督体系和财政部门公共资金使用的监督体系；另一方面是来自政府外部的监督体系，主要来自人民代表大会和社会公众的监督。

政府公共工程的建设，事前对预算的控制由财政部门负责，只有纳入年度预算的项目才能通过审核实施，以此促使"项目提出单位"和"项目实施部门"提早对项目进行规划，做好充足的前期准备和需求分析；事后对政府公共工程及其支出进行独立审计，以此评价公共资金使用的合理性和有效性。财政部门和人民代表大会在政府公共工程运作过程中应扮演重要角色，既有决策职能，又有项目监督的权力。

除涉及国家安全、国家秘密的政府公共工程外，其他政府公共工程实行信息公示制度，指定政府相关网站或报刊作为政府公共工程公示媒介，及时完整地披露项目信息及项目进展，规范透明项目资料数据，接受社会公众监督。打通意见反馈、举报和投诉通道，收集、整理并通报社会相关质疑、意见及建议的处理，提高公众及新闻媒介对政府公共工程、特别是重大政府公共工程建设监管的参与度和积极性，降低政府监管成本。

多方位的政府公共工程监督体系的构建，可以保证公共资金的合理使用。

5.4.4　设置政府公共工程实施的关键评审节点

借鉴英国等工业发达国家的经验和做法，针对政府公共工程的实施设置关键性重要评审节点，建立"网关"评审程序，即规定对于项目实施过程中的重要关键节点，采用同行审查的方式及早发现项目可能存在的问题，并提出对策，及时解决。通过关键节点评审，即通过"网关"才能进入下一程序。同时，使用风险和价值管理技术对项目计划不断完善，使公共资金价值最大化。

5.5　政府公共工程执行机制的建议

政府公共工程建设的执行机制是政府公共工程管理的重要内容。政府公共工程执行机制，既包括"项目实施部门"与外部组织(主要为其他政府部门)相互作用的过程和方式，也包涵项目执行过程中"项目实施部门"的内部控制机制和工程管理机制。在改革开放不断推进、法制建设不断强化的大背景下，参照发达国家和地区政府公共工程建设管理的经验，以长效管理角度切入社会普遍关注关切的工程质量保障机制和投资控制机制的细节研究，符合当前实践需求。

5.5.1 政府公共工程管理的规范化、专业化和市场化

1）制定政府公共工程建设政策和工作指南

为规范政府公共工程建设的管理，应制定相关政策，编制政府公共工程管理指南或政府公共工程管理大纲，为政府公共工程的建设实施过程制定标准，提供技术和管理方面的支持和指导。同时，总结政府公共工程项目建设的经验，将先进做法在各类“项目实施部门”内进行推广，指导和持续改进“项目实施部门”的工程管理水平和业务水平。

2）实施政府公共工程的专业化管理

“项目实施部门”（项目业主）的职能在于政府公共工程全寿命周期的专业管理，而非行政管理。在工业发达国家和地区，通常政府公共工程管理执行机构的人员均属公务员编制，主要均是专业人士，且数量庞大。

因此，“项目实施部门”应实施政府公共工程的专业化管理，引进和培养各类工程管理专业人才，不断提升工程管理的专业能力和业务水平。

3）政府公共工程管理的适度市场化

作为政府公共工程项目业主的“项目实施部门”，基于社会利益和公共安全的宗旨，从有利于工程质量安全的控制和强有力的项目掌控，应自己主持和从事政府公共工程主要的工程管理工作。如借鉴我国香港地区的做法在“项目实施部门”内设立下属的工程设计机构和工程检测机构等，拥有工程设计能力和工程检测能力。

随着社会和技术的发展，为培育和活跃市场，工业发达国家在不同程度上都存在政府公共工程专业性任务服务外包的情况，如委托设计、委托项目管理等。因此，在强化“项目实施部门”对政府公共工程掌控的前提下，可以将政府公共工程的专业性任务适度市场化。“项目实施部门”的专业性程度和执行模式的经济性，影响政府公共工程管理的市场化程度。影响市场化程度的主要因素有：“项目实施部门”的专业能力，即集中管理部门的专业能力相对较强，市场化程度就较可小；“项目实施部门”的规模，即集中管理部门机构规模较大，专业性人才储备较多，市场化程度就可小。

不管政府公共工程管理服务外包的多少和大小，均不能改变“项目实施部门”是政府公共工程项目业主的定位。“项目实施部门”应视自己的情况和工程的情况，购买专业服务。

4）建立政府公共工程信息共享机制

建立政府公共工程信息共享机制，实现政府公共工程建设及其管理中的信息共享、材料设备信息共享、专家信息共享等，为不同层次的政府公共工程“项目实施部门”提供指导和服务。

建立政府公共工程项目业主论坛，定期召开主题论坛会议，交流研讨政府公共工程建设和管理中遇到的各类问题，为各类“项目实施部门”构建相互交流和学习的平台。

5.5.2 建立以初步设计为核心的项目实施机制

“项目决策机构”做出决策后，就应由“项目实施部门”承担并全权负责政府公共工程建

设全过程的实施管理,包括总规划方案、初步设计及设计优化、采购招标、工程施工、运营准备等的组织实施工作。

在确定初步设计方案之前,“项目实施部门”应与有关部门(“项目提出单位”、“项目决策机构”等)充分讨论,复核决策的建设功能是否可以成为可实现的蓝图。初步设计方案经讨论复核通过后,由“项目实施部门”继续负责详细设计和施工的实施,至项目竣工交付投入使用,移交给“项目提出单位”。

(1) 项目功能和标准等,与公共投资资金限制之间的矛盾始终存在,这一根本矛盾的解决关键在于初步设计。如果建设功能和标准等要求在初步设计阶段均已确定,那么具体实施过程中就不会存在“项目实施部门”与“项目提出单位”的矛盾。

项目实施以后若“项目提出单位”觉得有问题或不满意,那就涉及初步设计的审核讨论阶段的问题,而不是“项目实施部门”的责任。

“项目实施部门”对“项目决策机构”负责,建设功能与建设投资发生矛盾,应由发起项目的“项目提出单位”与决策项目的“项目决策机构”协调,作为执行人的“项目实施部门”原则上无权决定投资的增减(在一定授权范围,变更引起规定幅度内的投资增减除外)。

政府公共工程项目实施机制的概念模型,如图 5-5 所示。

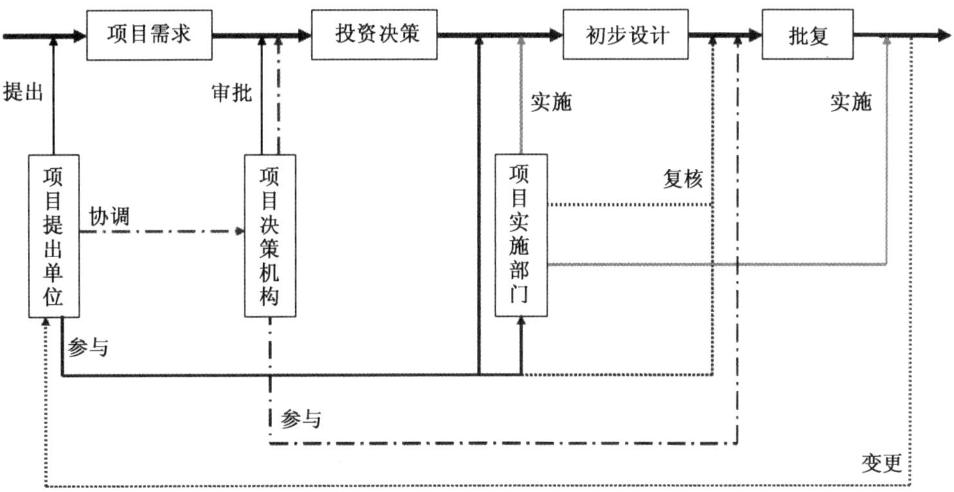

图 5-5　项目实施机制概念模型

(2) 项目投资决策后,“项目实施部门”应在建设项目的规划和设计之前,进行详细的调查研究,与“项目提出单位”或项目实际使用单位充分沟通。树立以运营为导向、“建为用”的建设理念,听取运营需求意见和建议,进行需求与功能等的深度分析和研究,使设计方案能充分体现并实现需求功能。而在初步设计审查通过后,投资目标是否实现、功能目标是否达到、工程质量如何等,才是“项目实施部门”的责任。

“项目实施部门”对初步设计方案是否满足功能要求和使用要求、是否成为可实现的蓝图负有责任,其应对设计成果把关。建议建立设计咨询制度,尤其是专业性项目(工艺),委托专业咨询单位进行初步设计方案复核。

“项目提出单位”人员的能力不足,或有些一次性建设的项目使用单位对工程建设不理解,初步设计阶段没能看出存在的问题,导致后期项目运营过程中产生不足或欠缺,由此带来的建设与运营的矛盾，也需通过提高“项目提出单位”自身的专业能力来改善。作为“项目提出单位”，首先是要考虑清楚要什么，即做决定；然后是要知道谁、或找到谁（项目策划人、设计管理咨询人、专家、顾问等）能做得最好，即获得决定支持。

5.5.3 项目质量保障机制的建议

面对当前问题纷繁复杂的建筑市场，需要对政府公共工程管理问题进行系统分析，改革与创新管理机制，并应为建筑市场管理行为和社会投资建设项目管理行为起到引领示范作用。

5.5.3.1 建设标准与设计管理的制度建议

1）项目需求标准与设计标准体系建设

抓设计质量，项目需求标准和设计标准规范必须先行，建议建立政府公共工程的需求与设计标准体系。在总结已建工程项目及充分调研的基础上，开展项目需求标准体系研究和制订工作，重点先行学校、医院、保障房等的需求标准体系建设，包含建设功能、建设标准、工艺流程等内容的需求标准。

政府公共工程涉及大型基础设施、公用事业等关系社会公共利益、公众安全的项目建设，公共工程产品的要求和标准应有别于并严于一般同类社会投资项目，应力求最大化公共利益和社会效益。基于一般投资项目建设及设计标准，建议结合专业属性及项目用途建立政府公共工程专业工程建设标准；针对设计阶段特征建立贯穿于初步设计（方案设计）、技术设计、施工图设计各个阶段的建设项目专业设计标准。同时，完善建设标准例外管理机制，定期收集补充建设标准。

建设需求及设计标准作为基本设计参照，在技术指标满足符合性要求基础上方可结合经济指标进行后续经济性评估。

2）项目功能描述书编制制度

政府公共工程委托设计之前，需要对工程项目建设意图、项目性质、建设标准、基本功能和要求等进行分析、构思和描述，进行项目定义，确定项目的基本规划框架，进而确定建设项目每一组成部分投资的控制目标，编制项目功能描述书。

项目的总体构思和功能描述是质量和投资规划的基础。项目功能描述书，主要依据项目立项报告或可行性研究报告的相关内容和要求，对拟建项目的具体功能、使用要求、相应的建设标准等进行深度描述。项目总体构思和描述是对可行性研究报告相关内容的细化、深化和具体化，是一项技术性较强的工作，涉及各个专业领域的协同配合。项目构思和功能定义必须合理、科学和恰当，描述必须清楚，要把项目的基本构架、内容脉络和功能标准清晰地呈现出来。项目的总体构思和功能描述，应当成为可行性研究报告的有机补充，作为工程设计工作的指导性文件。

基于项目功能描述书，在委托设计之前，编制项目设计导则，编制设计过程中的设计深度指导手册，编制施工过程中的设计变更控制规范。

3）建立政府公共工程执行部门自己的工程设计力量

鉴于政府公共工程建设的特殊性，建议借鉴我国香港地区的做法在政府公共工程执行部门内设立下属的工程设计力量。

政府公共工程建设在选择工程设计人员时，应优先选择项目执行部门自己下属的专业设计队伍，只有当工作量饱和或工程难度较大时可委托社会化的其他设计单位。社会设计单位的选择依据，资信是第一位的，设计单位是否从事过类似工程的设计、是否有能满足工程设计的人员以及企业的信誉等，是确定能否被选中的重要依据。

在政府公共工程执行部门内部设立“设计审查委员会”，负责对政府公共工程的工程设计和图纸的校核审查，以及对社会设计单位设计的图纸进行审查。在内部管理控制环节上建立严格的设计审查制度，严格关键控制点校核，以保证工程的质量。

5.5.3.2　建立作业工人培训与上岗制度

提升质量归根到底靠企业。为提高建筑劳务人员的基本素质和技能，借鉴英国、德国和我国香港等发达国家和地区的做法，建立政府公共工程施工作业工人培训与持证上岗制度。

建议成立深圳市建筑工人训练机构，专门负责从事工程施工生产的技术工人和劳务工的技能培训和测试工作，颁发相应作业证书。起步阶段，在政府公共工程先行施行，即建筑作业人员只有获得相应作业证书，才能从事深圳市域内的政府公共工程建设的施工生产活动，持证上岗。条件成熟，作业工人培训与上岗制度面向全社会。

建筑工人训练机构的经费主要来自建筑业自身，即承担深圳市政府公共工程建设的施工承包单位，均按工程承包合同价格的一定比率缴纳训练培训费，由建筑工人训练机构统筹使用。建筑工人训练机构应设有训练或测试空间，制订训练标准，提供训练课程，规定所有从事政府公共工程建设的施工作业人员必须参加学习的强制性训练课程。完成课程学习并通过测试者，可获得建筑工人训练机构颁发的为期三年的证书。所有进入政府公共工程施工现场的施工人员必须配带相应证书（卡），规范建筑工人进场的许可准入。

同时，建立深圳市政府公共工程建筑工人证书（卡）管理信息系统，将质量安全培训的相关信息资料录入，获取整合的、集中的信息源，形成易访问、易查询、易统计的信息库，以便相关部门随时查阅和监督。

通过强制推行政府公共工程建设的作业培训制度，以提高建筑从业人员的质量安全意识和质量安全技能，为促进政府公共工程建设的质量和安全发挥基础性积极作用，也可为建筑业做出示范。

5.5.3.3　建立认可承包商和战略合作采购制度

对于政府公共工程，建立合格承包商“名单约束”，即认可承包商制度，取消依据施工企业资质进行管理的方式。

借鉴发达国家和地区普遍采用的诸如“政府工程采购名单”等来限定承包企业、供货企业的选择范围，规范参与政府公共工程建设的企业行为，也可以起到引导市场的作用。与此同时，严格政府公共工程建设的采购监管，保证市场交易和竞争的公开、公平、公正及政府资金使用的透明度。提高管理信息化水平，借助信息化手段，提高实施全过程的透明度和管理效率。健全社会和公众监督，完善监督与处理反馈渠道和机制建设，建立相应的举报人保护与奖励措施，保持与媒体的良好互动关系。

1）建立政府公共工程认可承包商制度

为确保承担公共工程的承包企业在质量、安全及技术、管理、经济等方面达到一定水准，建立政府公共工程认可承包商制度。除特殊情况外，一般只邀请“公共工程认可承包商名册”内的承包企业参与投标。

设立认可承包商基本条件，符合条件的任何承包企业均可申请纳入“公共工程认可承包商名册”。名册可按工程专业划分工程类别，一个承包企业可申请纳入其中一个或多个工程类别。按照承包企业的规模和实力划分相应等级，不同等级的承包企业允许竞投的工程规模不同。

为了客观、公正地评价承包企业在履行工程合同期间的工作表现，应制订一套科学合理的考评办法。从工程承包合同开始，定期评价直至工程竣工并取得保修期完结证明为止。每次的评价报告均作为纳入“公共工程认可承包商名册”的重要依据。对于工作表现欠佳或违反规则的承包企业，则视其情节轻重分别给予警告、自愿暂停投标、强制暂停投标、降格、降级、除名等处罚。

2）建立批量招标采购机制

通过批量招标的形式确定短名单，即将未来一段时间内（1～3年）所有需要招标的同类服务项目，经过一次招标程序，明确服务项目的定价方式，确定若干个入围单位（即短名单）；后续通过在短名单中抽签等的方式确定中标单位。

在工程招标中采用短名单的形式，有助于发挥政府公共工程集中管理的规模优势，通过批量招标形式，以获得更优的服务、更优的价格，同时也降低招标及投标的成本。

实行短名单企业的优胜劣汰制度，对其履约情况进行跟踪评价，履约考评位于前列的单位直接进入下一年度名单；履约排名靠后的强制淘汰。同时，为名单外企业提供进入的通道，逐步加大短名单的应用范围。

3）建立战略合作采购机制

政府公共工程的建设实行战略合作伙伴方式，是规模优势产生规模效益在政府公共工程中的体现形式，与批量招标有一定的相似之处。不同处在于批量招标的入围单位数量较多，而战略合作的单位一般较少，以充分体现入围单位在政府公共工程中的战略地位。

无论采取批量招标采购还是战略合作采购方式，都必须遵循透明原则和效益原则。

5.5.3.4 强化工程检测的制度建议

工程检测工作是工程建设中控制工程质量的重要手段，是判定工程质量是否合格的重要依据，为工程建设活动“把关”。所以，检测工作的质量水准，必将对建设工程的质量产生直接影响，对工程质量的控制起着关键作用。

强化政府公共工程建设的工程检测，一是提高检测频率，一般应高于标准规定的检测频率；二是加大检测力度，同时采用多种方法进行检测。

1）建立政府公共工程执行部门自己的工程检测力量

鉴于政府公共工程建设的特殊性，以及当前工程检测市场存在的一些不良现象，建议借鉴我国香港的做法在政府公共工程执行部门内设立下属的工程检测力量，以强化对所有政府公共工程的建材及工程验收检测的管理，确保检测数据和结论的公正性、科学性和准确性。

同时,政府公共工程执行部门可通过服务采购,委托社会检测单位承担政府公共工程的检测工作,并建立检测单位考评机制。社会检测单位必须是独立的,不得与所涉及工程的承包单位或供货单位有任何法律上的利益关系;若建材供应商与社会检测单位有密切的商业关系,可能造成利益冲突的情况,不得进行委托。

2) 建立监理独立平行检测机制

为了提高监理单位的监理工作水平,在政府公共工程上施行监理独立平行检测机制。监理单位必须独立平行对原材料、半成品及施工质量进行检测,不得借用施工单位的任何测试设备和测试数据。

目前我国大部分工程在实行施工监理时,监理单位都未进行单独的试验,而是局限在检查施工单位的试验数据上。试验与测试是检验工程质量最关键的步骤,也是最有效的手段,监理单位在施工期间进行独立平行的试验,可以得到工程中最真实的一手资料,有利于及时发现施工过程中潜在的质量隐患,尽早地解决其中质量问题。当然,政府公共工程执行部门需要额外支付一笔检测费用,纳入监理合同。

独立平行检测可使政府公共工程执行部门获得两套工程检测数据,可以使用两套数据互相检查,有利于发现检测工作存在的问题。在检测过程中,由于检测仪器、检测方法、检测人员的技术素质以及检测环境等原因,都会给检测结果带来影响。错误的检测数据将会掩盖质量隐患,对工程质量造成的危害是难以估计的。独立平行检测相当于为工程质量上了"双保险"。监理单位和施工单位任何一方的检测结果有问题,都会被发现,并使相应质量问题得到及时纠正。

独立平行检测也有利于政府公共工程建设执行部门加强对监理单位工作质量的监督。检测数据的准确与详实是衡量监理单位工作质量的标准之一,当发现监理单位未按要求进行检测或检测数据经常不准确时,可以及时处理,直至中止监理合同。

3) 建立政府公共工程核验制度

工程项目竣工验收后,由政府公共工程执行部门出具相关的核验报告,只有具备核验报告的工程项目才可投入使用。

5.5.3.5 其他工程质量保证机制

1) 推进政府公共工程管理模式创新,发挥政府公共工程在创建"深圳质量"方面的引领示范作用①

在政府公共工程质量监管模式创新方面,试点推行专业管理机构或项目管理公司参与政府公共工程管理,建立政府公共工程质量标准管理体系,强化合同约束机制,完善履约评价制度,实行政府公共工程质量"一票"否决制、末位淘汰制;引入第三方机构,不定期开展质量检查、评估和验收;建立奖优罚劣的工作机制。

2) 建立建设项目绩效管理机制

建立政府公共工程绩效体系,对所有参与政府公共工程建设的单位或组织,包括设计单位、施工单位、供货单位和咨询单位等,设定合理目标,建立有效的激励约束机制。

通过定期有效的绩效评估,肯定成绩指出不足,对不符合政府公共工程建设目标的行为

① 引自《深圳市建设工程质量提升行动方案(2014—2018年)》,由深圳市政府于2014年6月6日发布。

和结果进行一定的约束，通过有效的绩效测量来推动政府公共工程效率的提升和支撑创新。

3）建立样板引路方案先行制度

建立“样板引路、方案先行”的质量制度，通过将用文字表达的抽象的质量标准转化为形象具体的工程实体标准，以施工样板作为提高工程质量的切入点。

对于政府公共工程，规定在每一项施工工种大面积施工前，必须先做一“样板段”，以使每一个施工作业人员明确该工种的施工工艺流程、质量验收标准、安全注意事项等。例如，第一块梁板钢筋工程及砼浇注、第一次预应力施工、第一批清水砼、第一个钢铸件、第一榀钢屋架、第一段管线安装施工等均作为施工样板，经设计单位、监理单位和业主单位验收认可后，才允许施工单位按照样板段施工工艺进行施工；监理单位按照样板段质量标准进行验收。样板引路的另一个含义就是在进行大规模施工前，进行小规模的施工，为以后的施工提供参考，对目前尚不成熟的施工方案也可以起到补充和完善的作用。

4）政府公共工程公开招标制度

政府公共工程必须采用公开招标方式（特殊工程如抢险工程、安全保密工程等除外），作为项目管理者和招标人，就应该是承担责任的，即承担选择出好的投标人的责任。

保证质量和廉洁应是招标工作的底线，①标书编制必须严格，一定要依据施工图进行招标（有条件时），图纸、质量要求、项目要建成什么样等都应明确写在标书中；②标书中应明确质量监督方式，即保障工程质量的方式；③评标标准应为合理低价中标，所谓的合理低价中标是指在标书中应明确该项目所采用的技术、组织措施以及针对具体工程所采取的质量保证措施等，在均满足技术要求的基础上，选择报价最低的标书。

5）建立政府公共工程咨询服务制度

政府公共工程的可行性研究、规划设计、造价管理等工作，在需要特殊专业知识或特别情况下时，应委托专业咨询单位提供相应服务。建立设计咨询制度，尤其是专业性项目（工艺），应委托专业咨询单位进行初步设计方案复核。

对工程咨询单位实行登记制度，建立登记入册的标准，以保证所聘用的咨询单位具有较高的服务水准和品质。登记在册的工程咨询单位每年必须提供最新的资料，其水准和品质等级每年检讨一次。一般情况下，只有登记在册的工程咨询单位才能承担政府公共工程的咨询工作。

工程咨询单位的聘用工作按规定程序进行，设立相应遴选审批机构，负责工程咨询单位遴选、聘用的监管及审批工作，以保证聘请工作的公平合理。

6）建立政府公共工程“优质优入、优质优价”机制

政府公共工程“优质优入”，即在招标环节引入质量因素，对于以往工程质量较好、评价较高的投标单位给予适当加分或在评标定标时予以倾斜；政府公共工程“优质优价”，即在招标文件中约定对工程质量最终评定为优良的工程，结算价格将适当上浮，“优质优价”也是市场经济的基本要求，从商品生产的角度来说，生产同一种商品，质量好的商品往往所用社会必要劳动时间较多，包含的价值量也较多。

政府公共工程“优质优入、优质优价”机制的关键是建立起一套公平、公正并行之有效的质量评价体系，该体系应有别于目前的各类工程质量奖评定，应由政府公共工程管理专门机构来主导，从工程建设全过程来综合评价质量。在工程建设领域打造深圳质量，尤其是在工程招投标阶段引入政府公共工程“优质优入、优质优价”机制将起到很好的引领作用。

7）建立政府公共工程管理的服务指导机制

借鉴美国、英国等发达国家的做法从顶层制定政府公共工程管理的方针、政策和规范，统一政府公共工程管理的标准和要求，指导项目管理者的项目管理活动。

编制政府公共工程管理指南，涵盖从公共项目构思、项目决策、工程设计、工程采购、工程施工、交付使用等各个阶段的工程管理工作。

指导项目管理者通过持续改进，实现政府公共工程的最大经济效益和管理效率，使得建设项目物有所值。

建立公共工程项目业主论坛，定期召开主题论坛会议，交流研讨政府公共工程管理中遇到的各类问题。

5.5.4　项目投资控制机制的建议

政府公共工程超投资问题的原因是较为复杂的，需要在项目建设全过程进行投资的动态控制，尤其应将项目前期和规划设计阶段作为投资控制的重点阶段，积极推行价值工程，创新项目采购与评标定标方法，建立适应市场的工程定价体系。

5.5.4.1　建立基于方案优化的投资控制机制

建设项目投资控制并不是单纯地追求投资越小越好，而是应将建设项目的质量、功能要求和使用要求放在第一位，是在满足建设项目的质量、功能和使用要求的前提下，通过控制的措施使建设项目的投资越小越好。

1）规划和设计方案优化优选制度

实施方案的优化是投资控制的根本保证，需充分重视政府公共工程建设的前期工作，不断优化建设方案，通过和依靠规划方案、设计方案、采购方案和施工方案等的优化优选，达到控制建设投资、控制全寿命周期费用和使项目增值的目的。在项目的建设过程中，设计阶段是投资控制的重点，应从不同的角度，利用不同的方法和手段对规划设计、设计方案进行优化，积极开展价值工程活动。

建立设计单位约束奖罚机制，根据设计图纸和概预算质量高低对设计单位进行奖罚，以此来约束设计单位的工作，促使设计人员切实做到优化设计和限额设计的要求。在现有设计费取费方法的基础上，对在满足功能和使用要求的基础上而节约投资的设计，或设计文件质量较好达到建设单位要求的，可以按一定比例给予设计单位相应的提成或奖励；反之，因设计人员没有做到限额设计的要求或由于自身原因引起设计变更并由此增加投资的，也应按一定比例对设计单位进行经济处罚，激励设计人员精益求精地进行设计，把投资控制落实渗透到各项设计和施工技术措施之中去。

2）面向最终用户的需求分析制度

以项目需求为先导明确功能定位，通过需求调研、功能分析、优化和优选各类建设方案，合理确定项目功能，实现项目必要功能的同时，有效降低寿命周期费用。

为使项目满足最终用户的需求，需通过各种手段以了解最终用户的需求：进行面向最终用户的抽样问卷调查，如医院项目面向患者及亲属、医生进行调查，学校项目面向学生及老师进行调查；面向目标用户招募相关志愿者通过座谈会形式征询意见；针对既往项目的调研，找出用户不满意之处加以改进。

在用户需求调研过程中，要注意区分项目管理方和最终用户需求的差别，项目管理方所提需求往往从项目今后运营管理角度出发，其所提的使用需求可能会偏离项目最终使用者的要求。在项目最终的功能决策上，要坚持以最终用户的需求为主，兼顾项目管理方的需求。同时，由于最终用户的需求可能千差万别，可以采用统计学的方法，找出用户最迫切的、最基本的需求，取得用户需求和有限公共资源之间的平衡。

3）全寿命周期费用分析制度

设计方案不仅影响项目的初始投资，也直接影响项目未来的运行费用，在设计过程中要从降低全寿命费用的角度给予充分的关注，开展设计优化和研究工作。

进行项目建设成本、运营和维护成本比较分析，以及建筑物的效能和全寿命周期成本的比较分析。平衡项目建设成本、运营和维护成本及项目功能水平的关系。

在设计方案确定的条件下，施工方案的优化也可以使项目投资得到进一步的控制。技术与经济相结合是投资控制的重要手段，是优化设计方案、实施方案的有效途径，通过对设计方案、实施方案的技术经济分析论证，在解决设计、实施关键技术的同时，也可使建设投资得到进一步的控制。

5.5.4.2 项目采购与评标定标机制的改革建议

高质量的招标文件和科学的评标办法对于确保工程质量和工期、降低工程造价有着至关重要的作用。精心策划工程建设的招标工作，通过市场竞争，可以优选建设队伍和技术方案，有效地转移风险，获得合理的合同价格。

1）采购招标方案策划制度

投标竞争是项目投资控制的重要手段，可以获得有竞争性的报价。但若投标价低于成本价，或最终受损的还是发包人，因一个持续亏损的企业是不可能提供良好服务的。在正常情况下，使承包商的利益有保障预期，或也是招标人利益的保障。如此，采购招标方案的深度策划、招标方案的深度设计，尤其是技术规格的详尽细致，使投标风险尽量透明和最小化，投标人据此可以预见承担工程而可能获得的预期利润和风险，从而给出相对合理的报价；同时，由于存在市场竞争，招标人可通过投标人间的竞争而获得质优价廉的产品和服务。

招标文件各项条款的研究策划，保证招标文件能覆盖所有内容和要求；技术方案编制必须非常详细和具备操作性，力争锁定能预见的一切风险因素，这样能使投标人对承建的内容、自己的技术能力和技术风险都非常清楚，使施工质量得到最大限度的保证；由于风险的降低以及市场的竞争，也会降低投标人的报价。

2）在相关配套机制完善的条件下，推行经评审的最低投标价法

最低投标价法的重要前提条件是必须进行严格的资格预审，确保入围投标人的技术能力、经济能力等均符合条件，均可提供满足招标文件要求的产品和服务，从而从中确定的是能够满足招标文件实质性要求并且经评审的投标价格最低的投标人。最低投标价法符合国际通行做法，对节省国家资金、规范市场行为有良好效果。当然，该方法的应用是以完善的市场机制和健全的管理机制为前提条件，否则就会产生负面效应。如何为该方法应用创造相应的配套环境和必备条件，是推进招标投标市场向健康和有序方向发展的重要课题。对此建议：业主方要配备较高水平的招投标管理力量；做好前期招标准备工作，工程设计图纸

深度足够，招标文件及工程量清单详尽、准确，最大程度的规避未来可能的变动；重视并严格做好资格预审工作，提高投标人之间的有效竞争程度；对投标人履约制定健全的监管与惩处机制，确保合同的执行。

3）推行工程招标评定分离的评标定标方法

为了有效解决工程招标过程中低价中标的恶性竞价问题及采用综合评估法的围标串标问题，深圳市在全国首创性推出了工程招标评定分离的评标定标方法，即将工程招标投标中的评标与定标两个关键环节，由评标委员会和定标委员会分别完成，评标专家的评标意见作为定标决策的参考，最终定标由业主组成的定标委员会票决确定，这种方法充分尊重市场经济条件下业主负责制的精神，真正实现了招标人权责统一。

建议在此基础上，进一步完善经评审的最低投标价评标定标方法，实现招投标廉政、择优和竞价三者之间的平衡。

5.5.4.3　建立适应市场的工程定价体系

取消以传统概预算定额为强制依据确定工程造价的做法。目前，在工程量清单计价模式下的市场环境中，现行定额仍是计价及其管理不可缺少的依据，因此，对传统概预算定额存在的缺陷需要及时进行完善和补充。加强定额动态管理，对新材料新工艺，应加强缺项工程定额的补充，对定额考虑因素与实际市场价格形成因素不同造成的价格差距，应根据具体情况作出调整。

建立工程造价信息收集和发布机制，根据市场供求关系与相关政府部门一起定期发布指导价和价格指数，建立高效畅通的信息采集和发布渠道。建立专职信息员群体，采取专职信息员与兼职信息员相结合的办法，力争使采集到的信息能够真实地反映市场实际。充分发挥造价信息网络的作用，提高信息发布的时效性和准确性，通过适时发布和定期发布相结合的办法，正确引导工程建设各方合理定价。通过对工程造价数据进行分类与编码，建立一套科学合理的分类与编码体系，最终实现信息资源的共享，为工程计价及其管理构建高效的信息平台。

建立变更批准权限及审批制度，严格控制从工程项目立项到竣工各个环节的工程造价。

5.5.4.4　积极推行价值工程

价值工程作为一种节约成本、提高功能的管理技术，尤其在政府公共工程的前期和设计阶段，可以帮助项目最大限度地节约投资，提高价值。推广价值工程的应用，可以规定在政府公共工程中必须实施价值工程；制定相应的合同标准，在合同条款中规定实施价值工程的具体内容；在项目立项和设计批准程序中，可以将实施价值工程作为硬性规定，对没有施行价值工程的项目不予批准。

工程项目投资控制的重点在设计阶段，这是因为前期和设计阶段通常决定了项目生命周期内80％的成本；初步设计阶段通常决定了建设工程80％的投资。因此，做好设计阶段的投资控制工作对实现项目投资目标有着决定性的意义。在工程设计阶段，可以应用价值工程等管理技术和方法，对工程项目的投资实施有效控制。同一个工程项目、同一单项或单位工程可以有不同的设计方案，也就会有不同的投资费用，这就可用价值工程方法进行设计方案的选择。这一过程的目的在于论证拟采用的设计方案技术上是否先进可行，功能上是否满足需要，经济上是否合理，使用上是否安全可靠。

价值工程强调“突破、创新和求精”，充分发挥人的主观能动作用，发挥创造精神。价值工程是运用集体智慧和有组织的活动，对所研究对象的功能与费用进行系统分析并不断创新，使研究对象以最低的总费用可靠地实现其必要的功能，以提高研究对象的价值。价值工程活动的目的是以研究对象的最低寿命周期为费用，可靠地实现使用者所需的功能，以获取最佳综合效益。

价值工程是一种技术经济方法，研究功能和成本的合理匹配，是技术分析与经济分析的有机结合。因此，分析人员必须具备技术和经济知识，做好技术经济分析，努力提高产品价值。

5.5.4.5 其他投资控制的制度建议

1）工程合同管理制度

参照国际通用的工程合同文本，结合深圳实际，制定政府公共工程标准合同文本体系，并不断修改完善。规范的标准工程合同文本对加强政府公共工程管理，减少不必要的索赔和纠纷将起到非常重要的作用。

2）设计变更问责制

工程实施过程中发生的设计变更，尤其是涉及费用增减的设计变更，应分析原因，若属于增加功能和标准的，免于设计单位责任；但若查明属于设计缺陷的，则建立追究设计单位及设计责任人责任的问责制度。

除问责外，如属大额变更则采取专家论证方式确定。可召集投资方、专家参加论证，从专业角度对变更的合理性、必要性进行论证，对变更原因深入剖析、甄别。对发生的合理变更，应根据招标文件、投标书、施工合同、施工图纸、联系单及现场签证等资料，确定变更结算口径、单价确定方式，给定变更审核控制结论。

3）建立政府公共工程和社会投资项目费用对比机制

同一项目，政府出资建设的费用高于社会投资的现象时有发生。施行政府公共工程和社会投资项目费用对比机制，借助自建的信息化平台或既有的造价管理机构造价信息发布平台搜集社会投资项目建设造价指标及专业服务采购、大宗材料采购成本指标数据，对比同时期、同类型、同规模政府公共工程与社会投资项目相关费用指标，实现费用粗控、快速筛查。

5.5.5 项目管理信息化的制度建议

信息技术的发展，已成为推动传统产业不断升级和提高社会劳动生产率的新动力，信息技术及其应用正成为竞争力的核心来源。按照国家住建部发布的《2011—2015 年建筑业信息化发展纲要》及深圳市政府制订的《智慧深圳建设实施方案（2013—2015 年）》要求，建议加大深圳市政府公共工程管理中的信息化建设及其应用，并以此推动深圳市建设领域信息化技术的发展。

5.5.5.1 工程管理信息化平台建设

1）管理基础工作制度

夯实管理基础工作，通过学习发达国家的管理经验，结合政府公共工程实际情况，积极推进信息技术发展和信息化进程，建立以工程项目管理为中心的管理理念，做好管理信息化的基础工作。

提高人员素质，从政府公共工程建设开始推广工程项目管理信息化。人员水平的提高对管理信息化的发展有很大的作用，应给工程项目管理人员提供培训的机会，并定期组织开展工程项目管理的交流和研讨，以进一步提高工程项目管理人员的素质。从业主方开始实施，建立一个针对工程项目的多方沟通管理平台，有利于提高建设参与各方的项目管理水平，并可以逐步向工程承包方、工程监理方、供货方等推广工程项目管理信息化。

梳理与优化业务流程。信息化建设成败的关键一环，就在于信息技术能否与业务流程取得高效融合。所以，信息化建设要以业务流程为出发点，进行项目管理的组织设计、组织流程梳理与再造。以管理变革为出发点，需要先对工程项目现有的业务流程进行详细的调研，分析诊断之后，找出核心问题，确定核心流程，以评估流程绩效为主要优化手段，设计目标流程。

规划与建立信息分类和编码体系。信息编码对工程项目信息化管理具有重要的指导意义和现实意义。制定信息分类和编码体系的目的，是设定编码对象的唯一标识，以提高信息处理的效率，便于信息的交流，实现信息资源的共享，促进信息的利用。

建立信息管理制度。只有依靠严格的信息管理制度，才能保证工程项目管理信息化的实施。为此，需要进行项目信息管理的组织设计，建立信息管理制度，诸如项目信息管理组织机构及岗位职责描述；项目信息系统安全管理方法；项目信息系统运行管理规定；项目信息系统权限、账号、密码管理规定；数据备份与存储介质管理规定；硬件、网络设备维护管理规定；系统安全事故处理办法；岗位考核及奖惩措施规定，等等。

2）项目信息门户（Project Information Portal，PIP）建设

通常，政府公共工程的建设具有工程规模大、执行周期长、参与单位多等特点，随着项目的启动、规划、实施等项目生命周期的展开，工程项目的文件、报告、合同、照片、录像等各种信息将大量产生。工程实践表明，建设目标的实现与否，与工程管理者对管理规划及实施进展信息的掌握与否密切相关，工程越复杂，工程信息对目标的实现越显重要。

项目信息门户（PIP），是在项目实施的全过程中，对项目参与各方产生的信息和知识进行集中式管理的基础上，为项目的参与各方在互联网平台上提供一个获取个性化项目信息的单一入口，从而为项目的参与各方提供一个高效率信息沟通和协同工作的环境。PIP 的核心功能主要分为三部分：信息沟通、文档管理、协同工作。

工程管理信息化的实施，应该以 PIP 软件系统为基础，并与相应的硬件平台、其他的应用软件、项目参与人员的教育和培训以及不断适应的项目组织和管理充分融合，直至形成一个高效运作的远程协作系统。PIP 系统已经超出了单纯的软件系统概念，是一个集成了软件、硬件、组织件和教育件等在内的人一机系统。

5.5.5.2 基于 BIM 的工程管理

近些年来，建筑信息模型（Building Information Model，BIM）无论是作为一种新的技术，还是作为一种新的生产方式都得到了广泛的关注。

建设信息模型（BIM）技术的出现，为真正实现建设工程全寿命信息管理的理念和实践应用提供了技术支撑。BIM 技术从根本上改变了建筑信息的创建行为和创建过程，采用

BIM技术，从建设工程设计开始，创建的就是数字化的设计信息。基于数字化设计信息的创建，再应用建设工程全寿命信息管理的相关技术，可以改变建设工程信息的管理过程和共享过程，从而实现建设工程全寿命周期的信息管理。

随着基于BIM技术的软件产品的出现，可以看到技术能够改变建设工程的设计过程和施工过程。基于数字化信息模型，改变了建设工程信息的创建过程，由建筑设计从传统的2D图形到3D信息模型，即由图形到工程信息模型的本质变换；再进一步实现已创建数据的共享，即从3D到nD(多维)，即三维信息模型＋时间维、费用维、安全管理维、变更管理维、节能维、光维、热维和设施管理维等的集成管理（“BIM＋”集成管理），实现真正意义上的建设工程管理集成化和信息化。

针对基于BIM技术的工程管理，在宏观层面建议成立信息管理中心，推动建立政府公共工程基于BIM的管理平台，并推动政府其他部门建立基于BIM的审批、报建管理制度；加大移动互联网、云技术、大数据技术在建筑项目全寿命周期信息管理中的理念、技术和工具的培训和宣传。

积极推动政府公共工程建设的BIM技术推广应用工作，启动BIM技术应用的试点项目，在工程设计、施工、运营管理等环节普遍应用BIM技术，保证BIM应用的资金投入；建立BIM技术推广应用的标准体系及技术共享平台，创建BIM技术示范工程。

5.6 结语

本报告对政府公共工程管理机制改革与创新的研究，以建设项目全寿命管理为指导思想，围绕当前政府公共工程存在的主要问题、发展矛盾和社会的普遍关注，重点研究设计影响工程质量和建设投资的政府公共工程管理机制，包括“项目决策机制”、“项目执行机制”和“项目监督机制”。

希望本报告相关研究，将有助提升政府公共工程建设的管理水平和社会效益，有助于保证政府公共工程质量、合理并节约使用建设资金，为政府公共工程增值。

参考文献

[1] 贾凌民，吕旭宁. 创新公共服务供给模式的研究[J]. 中国行政管理，2007(4)：22-24.
[2] 郁建兴，吴玉霞. 公共服务供给机制创新：一个新的分析框架[J]. 学术月刊，2009(12)：12-18.
[3]《政府投资项目集中管理模式创新研究》编写组. 政府投资项目集中管理模式创新研究[M]. 天津：天津大学出版社，2010.
[4] 黄阳发. 健全政府投资体制的探讨[J]. 中国勘察设计，2007(7)：34-37.
[5] 乌云娜，罗景龙，赵阳. 政府投资建设项目管理的探讨[J]. 项目管理技术，2004(9)：11-15.
[6] 苏永青，尹贻林. 政府投资项目集中代建管理模式的探讨——以深圳市建筑工务署为例[J]. 沈阳建筑大学学报：社会科学版，2011，13(1)：53-57.
[7] 李国义，曲洪建. 政府投资项目管理体制创新研究[J]. 黑龙江金融，2006(5)：31-32.
[8] 尹贻林，郝建新. 政府投资项目管理体制改革研究与实践[J]. 工程造价管理，2002(4)：11-16.
[9] 王丽君. 试论我国政府投资建设项目管理模式的改革方向[J]. 内蒙古科技与经济，2006(11)：81-81.
[10] 曹桂全，赵阿敏. 政府投资项目代建制研究述评[J]. 经济体制改革，2014(03)：147-151.

[11] 洪亮. 政府投资项目建设存在问题分析及建议[J]. 现代审计与经济，2014(1)：24-26.
[12] 夏立明，尹贻林，何红锋. 论我国政府投资项目管理主体[J]. 天津工业大学学报，2003，22(3)：19-23.
[13] 黄艳，朱颐和，赵立华. 政府投资项目内部控制机制缺陷及其构建[J]. 财务与金融，2012(3)：64-66.
[14] 张骞. 政府投资项目的缺憾与优化——基于价值工程的视角[J]. 中南财经政法大学研究生学报，2009(4)：019.
[15] 张水波，孙建强. 非经营性政府投资项目代建制成功标准框架模型——基于"物有所值(Value for Money)"原则[J]. 城市发展研究，2014(12)：1-4.
[16] 杨亚频，王孟钧，唐朝贤. 基于系统动力学的政府投资项目决策主体动态机制研究[J]. 科技进步与对策，2010，27(19)：96-98.
[17] 王喜军，王孟钧，陈辉华. 政府投资项目决策体系及决策机制分析[J]. 科技管理研究，2009(7)：107-109.
[18] 曾凡全. 政府投资项目可行性研究报告质量控制措施研究[J]. 工程建设与设计，2014(11)：138-141，146.
[19] 孙耕耘. 云南省省级政府投资项目监督机制研究[J]. 经济问题探索，2010(3)：1-7.
[20] 崔青山. 政府投资项目监督管理机制的研究[J]. 社会科学论坛：学术研究卷，2006(1)：82-87.
[21] 王天喜. 构建政府投资项目问责机制的路径[J]. 中国审计，2013(5)：35-36.
[22] 曹启龙，盛昭瀚，周晶，刘慧敏，李迁. 基于公平偏好的我国政府投资项目代建制激励——监督模型[J]. 中国软科学，2014(10)：144-153.
[23] 杨红雄，李帆，梅智伶. 政府投资项目监管成本配置模式构建[J]. 中国科技论坛，2014(4)：56-61，79.
[24] 曹富国. 国外政府采购理论研究[J]. 国外社会科学，1998(3)：22-26.
[25] 谢颖，黄文杰，张宇，等. 政府投资项目中规范评标专家方法的研究[J]. 价值工程，2006，25(5)：111-113.
[26] 杨众，孙玉. 政府投资项目投标合谋的防范机制设计[J]. 现代管理科学，2007(5)：43-46.
[27] 辛雁清. 政府投资项目设计管理的探讨[J]. 山西科技，2011(3)：76-77.
[28] 乌云娜，黄勇，张硕，等. 政府投资项目代建人质量自控及监管机制研究[J]. 中南大学学报：社会科学版，2012，18(3)：101-109.
[29] 董阳，王芬. 加强我国政府投资建设项目投资管理的几点思考[J]. 建筑设计管理，2007(1)：11-13.
[30] 陈衍芳. 政府投资建设项目工程造价控制存在的问题与对策[J]. 福建建筑，2009(9)：109-110.
[31] 张跃，刘海江，李雪松. 政府投资项目超投资的控制措施. 方法及建议[J]. 建筑经济，2012(3)：26-30.
[32] 肖云辉. 政府投资项目的投资控制[J]. 科学技术与工程，2003(2)：185-188.
[33] 褚勇. 政府投资项目工程造价控制研究[J]. 企业科技与发展，2012(3)：29-30.
[34] 华思维. 政府投资项目跟踪审计的管理与控制——以昆山文化艺术中心建设过程为例[J]. 企业改革与管理，2014(2)：178-179.
[35] 肖俊奇. 建立政府投资项目信息公开机制[J]. 廉政文化研究，2011(1)：15-20.

附　　录

附录 A　英国政府公共工程管理简介

附录 B　美国政府公共工程管理简介

附录 C　德国政府公共工程管理简介

附录 D　日本政府公共工程管理简介

附录 A　英国政府公共工程管理简介

A.1　政府机构设置

在英国，与工程项目建设管理有关的政府机构涉及中央政府和地方政府两个层面。

A.1.1　中央政府机构设置

由于英国独特的制度、法律、文化及历史背景，英国政府机构组织及其结构较为复杂。

A.1.1.1　政府的组织机构

根据法律地位的不同，英国政府的组织机构主要有：内阁部门、非内阁部门、非部委公共机构和其他公共机构等。

1）内阁部门(Ministerial Departments)

在英国政治体制中，内阁是一个由首相组建的由最资深的政府部长组成的正式体制。内阁的大多数成员都是具有国务大臣头衔的英国政府部门(内阁部门)的首长。内阁是最高的行政决策机构。英国首相需要使用君主特权的任命权(Powers of Patronage)任命和革除内阁大臣。因此，首相任命内阁大臣需要英国君主的正式认可，但君主认可只是象征性的。在各内阁部门实行部长个人负责制。

目前，英国内阁部门有 24 个(表 A-1)，主要负责国家各领域的方针政策制定。各个内阁部门由国务大臣(Secretary of State)领导，处理政治经济社会事务。内阁大臣由几位下级国务部长或者政务次官辅助。每一部门内均有一名资深公务员，名为常务次官/副次官，掌管部门内行政及施政工作，并就整个部门的财务对议会负责并接受质询。常务次官/副次官负责处理部内的日常工作，保持政治中立，不参加党派活动，聘任不受内阁任期的影响。

2）非内阁部门(Non-Ministerial Department)

非内阁部门不是由大臣或部长担任部门首长的政府部门(非内阁成员)，其通常是依据法律设立的，并直接对议会负责，以避免受政治影响。非内阁部门首脑通常为通过选举产生的官员或委员会等并具有法定的职责，部门预算由财政部报议会决定，资金来源往往是行政性收费，其雇员属于国家公务员。目前，英国政府的非内阁部门共有 23 个，包括如竞争和市场局(Competition and Markets Authority)、食品标准局(Food Standard Agency)等。

表 A-1 内阁部门及其职责

序号	部门	职责
1	总督察办公室 Attorney General's Office	给政府的司法和检察工作提供法律咨询方面的支持
2	内阁办公室 Cabinet Office	协助首相/副首相工作，保证政府正常运作；与财政部合作，在某些关键的政策领域起到主导作用
3	商业、创新与技能服务部 Department for Business, Innovation & Skills	通过职业教育与技能培训，促进社会就业，带动贸易和创新
4	社区与地方政府部 Department for Communities and Local Government	为公民创造良好的工作和居住环境，中央政府权力下放到地方
5	文化、传媒与体育部 Department for Culture, Media & Sport	负责国家文化、传媒与体育事业
6	教育部 Department for Education	负责公民教育、儿童服务
7	环境、食品与农村事务部 Department for Environment, Food & Rural Affairs	管理环境保护、食品安全、三农事务
8	国际发展部 Department for International Development	提供国际帮扶，人道主义援助
9	交通部 Department for Transport	维护交通网络、规划和投资交通基础设施
10	就业与社会保障部 Department for Work & Pensions	创造就业，解决儿童贫困，为公民提供社会保障福利
11	能源与气候变化部 Department of Energy & Climate Change	负责能源供应的安全、清洁、廉价，协助国际社会缓解气候变暖
12	卫生部 Department of Health	负责医疗卫生，保障公民健康
13	外交与联邦事务部 Foreign & Commonwealth Office	负责正常外交，保护海外公民与贸易
14	财政部 HM Treasury	负责经济、金融、国家税收，控制公共开支、制定各项预算，监管政府投资
15	内务部 Home Office	负责移民、犯罪、反恐、社会安保
16	国防部 Ministry of Defense	负责海内外军事事务，保障国家安全、民族独立
17	司法部 Ministry of Justice	保障司法公平透明，减少社会犯罪

（续表）

序号	部门	职责
18	出口金融部 UK Export Finance	负责出口贸易、海外投资的信用保险
19	苏格兰法律事务部 Office of the Advocate General for Scotland	为政府在涉及苏格兰问题时提供法律咨询服务
20	下议院参政办公室、Office of the Leader of the House of Commons	为下议院负责的政府立法规划与监督提供支持，管理政府在下议院的业务
21	上议院参政办公室 Office of the Leader of the House of Lords	管理政府在上议院的业务
22	苏格兰办公室 Scotland Office	在苏格兰代表联邦政府
23	北爱尔兰办公室 Northern Ireland Office	在北爱尔兰代表联邦政府
24	威尔士办公室 Wales Office	在威尔士代表联邦政府

3) 公共机构(Agencies & other public bodies)

公共机构是指在政府组织中扮演着一定的角色，但不是政府部委，是在运作上享有一定程度自主权的政府机构。公共机构虽享有一定的自主权，但设立该机构的政府部委仍应对其负最终责任。对公共机构管理层的任命应遵照公职任命督察长办公室(Office of the Commissioner for Public Appointments)的操作规范进行。目前，英国的政府公共机构有341个，主要有以下几类。

(1) 执行机构(executive agencies)

政府执行机构一般是在内阁部门下为某些专门性目的而设立的提供服务或履行职能的部门，无需通过立法就可以创设或撤销。政府执行机构代表其所属内阁部门对外工作，严格意义上它们并不完全独立于其所属内阁部门，一般由其所属部门的一名大臣或部长主管，具体工作由部门负责执行工作的总裁总负责，并设有委员会总体指导机构的工作。其雇员均属于公务员序列，资金来源各不相同，有的依靠政府拨款，有的则主要或完全依靠收费，但均需向公众公开财务情况并接受政府审计。

政府执行机构如政府商务(采购)中心(Crown Commercial Service)、公司注册办公室(Companies House)、知识产权办公室(Intellectual Property Office)等。

(2) 执行性非部委公共机构(Executive non-departmental public body)

此类非政府部委公共机构(NDPB)依据法律设立，履行行政、监管、商业服务等方面的职能，拥有独立的人事与预算，并接受外部审计。雇员一般都是非公务员，其管理层通常由主管部委部长任命或提名女王任命。

执行性非部委公共机构如技术战略委员会(Technology Strategy Board)、自然环境委员会(Natural Environment Research Council)、建筑业训练局(Construction Industry Training

Board)等。

(3) 咨询性非部委公共机构(Advisory non-departmental public body)

此类NDPB通常系由相关部委依据行政命令设置而无需特别立法,其主要负责就部委管辖事宜向部委首脑提供独立的专家咨询意见。此类机构通常没有自身职员,而由主管部委的公务员提供支持。此类机构通常没有部门预算,而由设立部委负担开支。

咨询性非部委公共机构包括如科学技术委员会(Council for Science and Technology)、建筑法规咨询委员会(Building Regulations Advisory Committee)等。

(4) 仲裁性非部委公共机构(Tribunal non-departmental public body)

此类非部委公共机构通常依据法律设置,在特定领域具有类似司法判决之权力,作为民众对于政府部门决定不服的申诉渠道,以减轻司法体系的负担。此类机构的员工通常由主管部委派员兼办,通常没有自身单独的预算。

仲裁性非部委公共机构包括如中央仲裁委员会(Central Arbitration Committee),运输专员办公室(Traffic Commissioners)、公司名称仲裁委员会(Company Names Tribunal)等。

(5) 其他(Other)

除以上机构以外的其他公共机构。

4) 公共企业(Public corporations)

公共企业包括如BBC(英国广播公司)、石油管道局等。目前,英国政府的公共企业有11个。

5) 自治政府(Devolved administrations)

自治政府包括威尔士政府、北爱尔兰政府和苏格兰政府。

A.1.1.2 建设管理的组织机构

在英国的政府机构中,涉及工程建设的政府管理部门主要如下。

1) 商务创新和能力部(Department for Business Innovation & Skills)

商务创新和能力部涉及的工程建设管理职能,主要是负责制定建筑业发展的宏观政策和方针、提供促进建筑业发展的服务等,基本工作如制定建筑业发展战略规划、国际建筑服务贸易规则、建筑业统计、工程造价指数,以及组织提供建筑业培训等。

2) 社区与地方政府部(Department for Communities and Local Government)

社区与地方政府部涉及的工程建设管理职能,主要是负责制定建筑设计与施工领域的法规和技术规范、标准,负责建设项目规划申请审批等。社区与地方政府部下属的与工程建设有关的主要管理机构如下。

(1) 规划监察办公室(Planning inspectorate)

规划监察办公室的性质为政府执行机构(executive agency),主要职责是处理规划问题,国家基础设施规划申请,检查地方规划以及与规划相关的特殊项目。任何部门提出的重要的基础设施建设项目,必须由规划监察署审查申请,并向做出决定的内阁大臣提出对应的建议。

(2) 住房和社区办公室(Homes and Communities Agency)

住房和社区办公室属于执行性非部委公共机构(Executive non-departmental public body),主要职责是住房及其重建管理,其也是社会住房提供的调节器。

(3) 建筑法规咨询委员会(Building Regulation Advisory Committee)

建筑法规咨询委员会属于咨询性非部委公共机构(Advisory non-departmental public body),主要任务是协助社区与地方政府部制定建筑设计与施工领域的法规和技术规范等,提供咨询意见和建议。

2) 环境、食品与农村事务部(Department for Environment, Food & Rural Affairs)

环境、食品与农村事务部涉及的工程建设管理职能,主要包括制定并执行环境保护法规、规范及相关的方针政策,指导绿色建筑、建筑节能、工程项目可持续建设、施工生产建筑废料管理等。

3) 就业与社会保障部(Department for Work and Pensions-DWP)

就业与社会保障部涉及的工程建设管理职能,主要是建筑业的健康与安全管理,其下属的健康与安全执行办公室是执行性非部委公共机构,下设有专门针对建筑业的健康与安全管理工作组,其职责是负责监督检查建筑业职工健康和人身安全。

4) 财政部(HM Treasury)

英国财政部负责组织并实施国家全面的经济发展战略,部门内设有若干机构。财政部对于政府公共工程的监督主要是预算控制,各政府部门预算必须经财政部核准和内阁讨论后,方可提交议会。议会通过的各政府部门经费预算,拨款时还要经过财政部核准后才能付款,即使通过了拨款,财政部依然有权监督。

A. 1. 1. 3 建设管理的方式

英国的建设主管部门对建设项目的管理重点是放在有关政策和法规的制定和监管上,通过规范建设行为以达到建设活动的有序进行。对于建设项目,英国的法律、法规则规定了严格、明确、具体的管理与监督程序,主要通过规划审批、建筑控制、施工(质量)检查、健康安全管理等环节来实现。

在英国绝大多数建设项目至少要获得两项批准才能开工。第一项是建筑规划申请,取得规划许可。规划申请由业主提交,规划许可是设计阶段必须遵守的法规性文件。第二项是建筑控制申请,取得控制许可。建筑控制是建筑法规要求的一种独立检查,并且存在两种形式的建筑控制提供者。

1) 规划审批

社区与地方政府部下属的政府执行机构(executive agency)规划监察办公室(Planning inspectorate),负责规划许可政策等工作。英国政府设有规划和建设法规资源门户网站,具有线上规划申请(Planning application)功能,可以网上申请规划许可(planning permission)。规划申请必须与地方规划管理局(Local Planning Authority)的发展规划相一致,并纳入地方发展框架。门户上的 Building regulation,提供一套完整的建筑规范和建筑控制系统(Building Control System)的信息。任何建设工程在开工前(pre-site),需提交完整的计划进行建筑规范审批。在工程进行过程中(on-site),需在规定建设阶段通知地方政府进行检查。

2) 建筑控制

英国政府将对建筑工程施工的管理称为建筑控制(Building Control),建筑控制的具体管理部门是各个地方当局(Local Authorities),目的是为贯彻执行建筑规范以及相关法规,保护建筑内及周围人员的健康与安全。建设项目的设计和实施过程中的建造者(Builder)和开发者(Developer)按法律要求,必须取得建筑控制允许(Building control approval)——建筑法规要求的一种独立检查。在英国,存在两种形式的建筑控制服务提供者,即"地方政府"(Local Authority,公共性质)和"认可检查员"(Approved Inspector,私人性质),两者之间存在竞争,可以任选一种。建设项目开发(包括新建与改造),除了取得规划许可(Planning Permission)外,还需要取得一系列的建筑控制许可。获得批准后,业主会获得正式的批准函《Building Regulation Approval》,批准函中规定了项目在施工过程中必须遵守的条款,其是建筑施工阶段必须遵守的法定性文件。

因此在英国,工程项目质量安全监督管理工作是由地方政府的建筑控制部门或者社会化的"认可检查员"完成的,地方政府或"认可检查员"全权负责包括设计审查和质量监督工作在内的一系列监管工作。因此,某一工程项目的建设可以申请地方政府的直接监督检查;也可申请得到政府认可的"认可检查员"来对工程建设过程进行监督检查。

英国政府涉及到健康、安全方面的法律和法规较为完整,在法律上强制规定了健康、安全监督人员的职责、责任,以及建设工程参与各方的安全责任。

A.1.2 地方政府机构设置

关于地方政府机构设置情况,本报告以伦敦市为例。

A.1.2.1 政府的组织机构

大伦敦区由伦敦市和32个自治市组成,分为两级治理结构。大伦敦政府由市长、议会和支持当局工作的行政团队组成,直接管辖四个职能机构:伦敦交通局、市长警务与犯罪办公室、伦敦消防和应急规划局、伦敦遗产发展公司。市长的主要职责为伦敦地区制定基本政策、发展规划和战略、为大伦敦政府及其直属职能机构制定预算等。议会由25名议员组成,主要职责是监督市长政策、决策的有效性。行政团队在公共服务主管的带领下,组成发展、企业与环境处、住房与土地处、社区与情报处等六个部门,帮助市长规划和执行相应的政策,并负有对议会报告的责任。

伦敦市和32个自治市都有自己的自治委员会,在伦敦市长制定的战略规范下,负责本地区的城市发展各方面的具体事务。

A.1.2.2 建设管理的组织机构

在伦敦地方政府内,对建设项目的行政管理部门为各自治市的自治委员会,对建设工程进行规划控制和建筑控制。地方政府负责规划申请的部门名称不尽相同,如在伦敦市,处理建筑规划申请的部门为建筑环境部(the Department of Built Environment);而在克罗伊登市,则是由发展与环境部门负责(Development and Environment)。地方规划部门的职责是审查建设项目是否符合当地发展规划,并授予规划许可。

建筑控制的目的是为了确保建设工程的质量满足建筑规范。执行建筑控制工作的机构既可以是地方政府建筑控制部门,也可以是认可检查员。认可检查员是在《建筑法案1984》的授权下可以进行建筑控制工作的公司或个人。业主可以选择任一组织进行建筑控制活动，取得建筑规范批准。若建设活动违反了建筑法规，当地政府可以采取强制性措施，对其进行罚款，或上告地方法院。

建设过程当中的健康和安全问题，受到健康和安全执委会（Health and Safety Excutive）的监管。健康和安全执委会负责调查和建议各行业领域的健康和安全问题。

在英国，政府投资建设项目和私人项目的行政管理部门并无重要差别。

A.1.2.3 建设管理的方式

地方政府对建设项目的行政管理主要表现在以下两个方面。

1）规划申请

除了一些法定可免除申请的工程项目外，英国的大多数项目的设计方案都需要获得规划许可。地方政府的规划控制部门要求业主提供必要的工程计划和设计图纸等，从各个方面考虑项目是否符合当地的发展规划。一旦申请被受理，当地的规划部门就会对项目进行公开的咨询，将会涉及各种各样的组织机构，包括社区委员会、当地议会、环境部门等，以此来评估决定是否授予规划许可证。

2）建筑控制

从建设过程来看，建筑控制部门所执行的工作涉及从设计阶段开始直到建设工程竣工。业主可在建筑控制部门和社会化的认可检查员之间进行选择。当业主选用地方政府的建筑控制部门进行项目监督和管理后，可根据项目的自身情况选择使用是否提交全套图纸还是部分图纸（特定建筑必须提交全套图纸）。若全套图纸未通过地方政府的技术审查、而业主又认为没有必要修改图纸，业主还可以进行申诉或请求地方政府放宽要求得到豁免。若业主选择认可检查员进行建筑控制工作，需要通知当地的建筑控制部门。在施工阶段，建筑控制部门对建设工程进行一系列法定和常规的检查，确保工程的实施符合建筑规范。若建设活动违反了建筑法规，地方当局建筑控制部门有权采取强制性措施。

A.2 政府公共工程管理的政府机构及其职责

在英国，政府公共工程管理的政府机构也涉及中央政府和地方政府两个层面。政府公共工程的建设属政府行为，建设项目的管理均由政府部门作为业主组织实施。

A.2.1 中央政府公共工程管理的政府机构及其职责

A.2.2.1 政府公共工程的管理组织

1）政府公共项目采购管理

英国政府公共工程的管理主要是基于英国的采购制度。英国政府的采购实行的是分散采购的模式，各政府部门在财政部授权的范围内可审批自己的内部项目，对于授权范围以外的大型和特殊项目需要财政部批准。英国政府公共项目采购制度如图A-1所示。

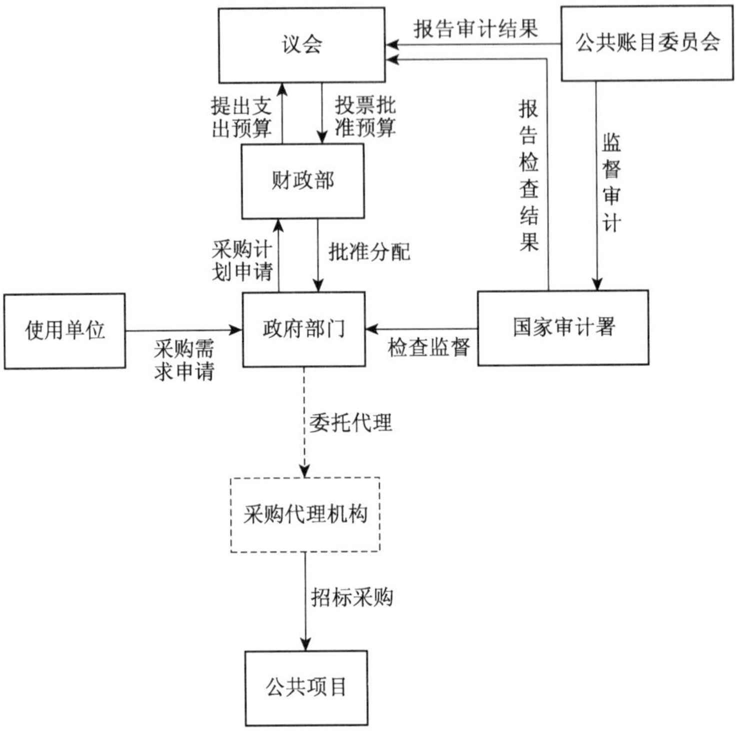

图 A-1　政府公共项目采购制度

各政府部门所有的支出向议会负责并且必须在财政预算支出的范围之内。如果需要额外资金,则需要向财政部申请"补充预算",且只能专款专用。所有预算必须在财政年度之内支出。每个政府部门设有一个会计官员(Accounting officer),负责公共财产的秩序和法规,保证支出的全面合理。国家审计署(National Audit Office)对各政府部门的支出进行审查和监督。国家审计署是完全独立于政府部门的。而公共账目委员会(Public Accounts committee),又对国家审计署进行监督,公共账目委员会由议会设立。

某政府部门在开始项目采购前,由政府商务办公室(OGC)对其的采购能力进行审查,确保政府部门具备项目采购的能力。政府公共工程在实施过程的关键阶段,应遵从政府商务办公室(OGC)等的阶段审查。经过批准的项目才能进行下一阶段的工作。

英国建设项目的实施监管由地方政府负责。项目至少要获得建筑规划许可和建筑控制允许才能开工。工程项目设计和施工阶段的控制是一个整体由业主委托独立的第三方检查机构进行监督和检查。检查人员可从政府建筑控制部门(检查员)或"认可检查员"中选择。检查人员主要对设计的建筑规范、施工现场的健康和安全、环境污染、消防设施等项目进行检查,检查项目在实施工程中是否按照技术规范进行,并为承包商提供建议和意见。除此之外,建设项目还受到一系列外部检查,主要包括:①健康安全局检查现场的安全措施等;②环境局对施工现场的污染、可持续性等进行检查;③消防局检查安全出口、某些危险的储存材料以及保护系统等。

2) 政府公共项目采购的监督管理

英国政府公共工程的监督体系比较完备,有一套较为完整的法律体系,这一体系包括三个层次：法律、条例、技术规范与标准（详见“A. 3 政府公共工程管理的相关法规”）。

政府公共工程须接受审计，审计主要是看建设项目是否“物有所值”，即所谓的“绩效审计”，可依照法定程序对项目业主及勘察、设计、施工、采购、供货等单位的财务收支进行审计监督。项目建成后，将对建设项目开展效益审计，对项目立项决策、设计、招投标、施工等过程进行系统评价；对项目竣工投产和运营情况进行经济评价；对项目的社会影响进行评价。

财政部对于政府各部门的监督主要是预算控制。各部门预算必须经财政部核准和内阁讨论后，方可提交议会。议会通过的各部门经费预算，拨款时还要经过财政部核准后才能付款，即使通过了拨款，财政部依然有权监督。这种监督权，使财政部的地位往往超过其他各部门，与内阁办公厅等一样处于政府核心组织的地位。

各政府部门也各自设有内部的监督机构。如交通运输部负责英格兰和威尔士的政府投资交通项目的建设监管，其主管范围涉及航空、公路、铁路等方面。环境食品与农村事务部负责野生物保护与乡村、环境等方面政府公共工程的监管。地方与社区部负责建筑、房屋等方面投资项目的监管。

英国政府在对政府公共工程实施过程的监督管理中，社会化咨询服务的利用较为充分。此外，政府公共工程实施阶段控制的市场机制主要体现在以下几个方面：一是公共工程招投标；二是供应方资质管理；三是公共工程采购的合同管理。

英国还鼓励公众和新闻媒体对政府公共工程进行监督，如通过建立和完善项目举报制度，鼓励公众和新闻媒体对政府公共工程建设实施过程中出现的违法、违规和腐败问题进行举报、曝光等。

A. 2. 2. 2 政府公共工程管理的机构设置

在中央政府内，涉及政府公共工程管理的机构主要可以分为两个层面：政府公共工程管理的指导监督架构；政府公共工程管理的实施架构。

1）政府公共工程管理的指导监督架构

从事政府公共工程管理的指导监督机构，主要是隶属于内阁办公室（Cabinet Office）下的政府商务办公室（Office of Government Commerce，OGC）和重大项目管理局（Major Projects Authority，MPA）。

（1）政府商务办公室（OGC）

政府商务办公室（OGC）并不直接实施政府公共工程的建设和管理活动，而是从政府最高层面制定政府公共工程管理的准则、规定和规范，统一政府公共工程管理的标准和要求，推行政府公共工程卓越管理计划，指导中央政府项目业主的项目管理活动，指导项目业主通过持续改进，实现政府公共工程的最大经济效益和管理效率，以及使得建设项目物有所值。

政府商务办公室（OGC）编制有供政府项目业主参考使用的建设项目卓越管理指南，其涵盖从政府项目构思、项目决策、工程设计、工程采购、工程施工、交付使用等各个阶段的工程管理工作，如图 A-2、图 A-3 所示。建设项目卓越管理指南的主要内容包括：项目启动与管理行动、项目管理班子组织、项目集成过程管理、项目风险和价值管理、项目集成团队（参与方）管理、采购与合同战略、全寿命周期费用管理、项目管理绩效与评价、工程设计质量、健康与安全、可持续建设等。

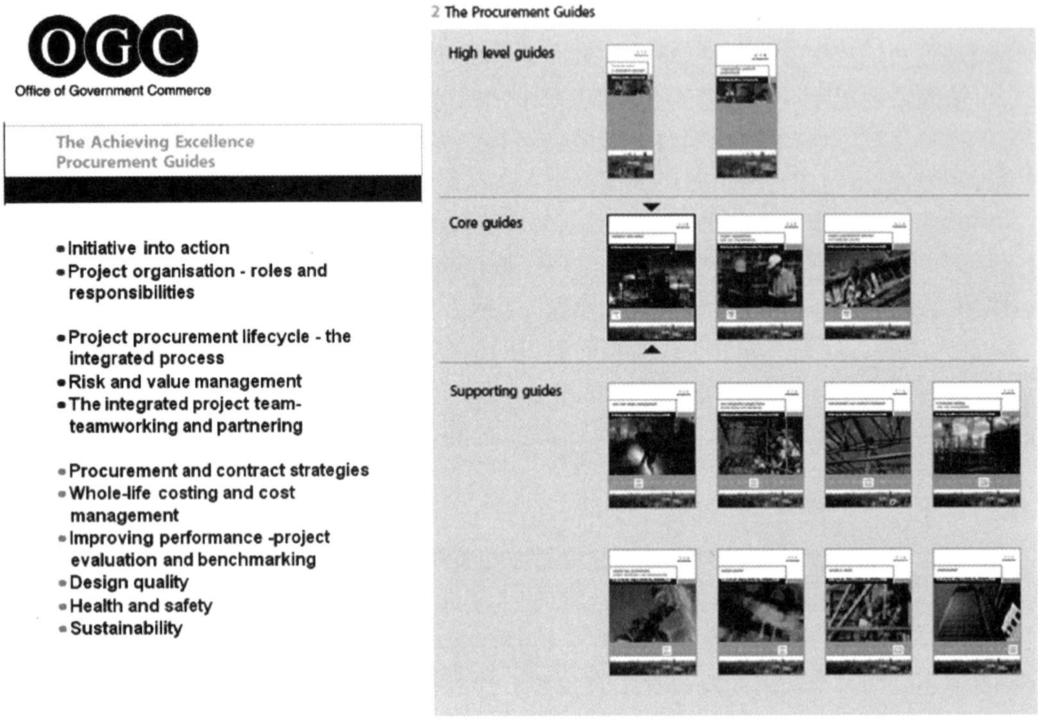

图 A-2　建设项目卓越管理指南

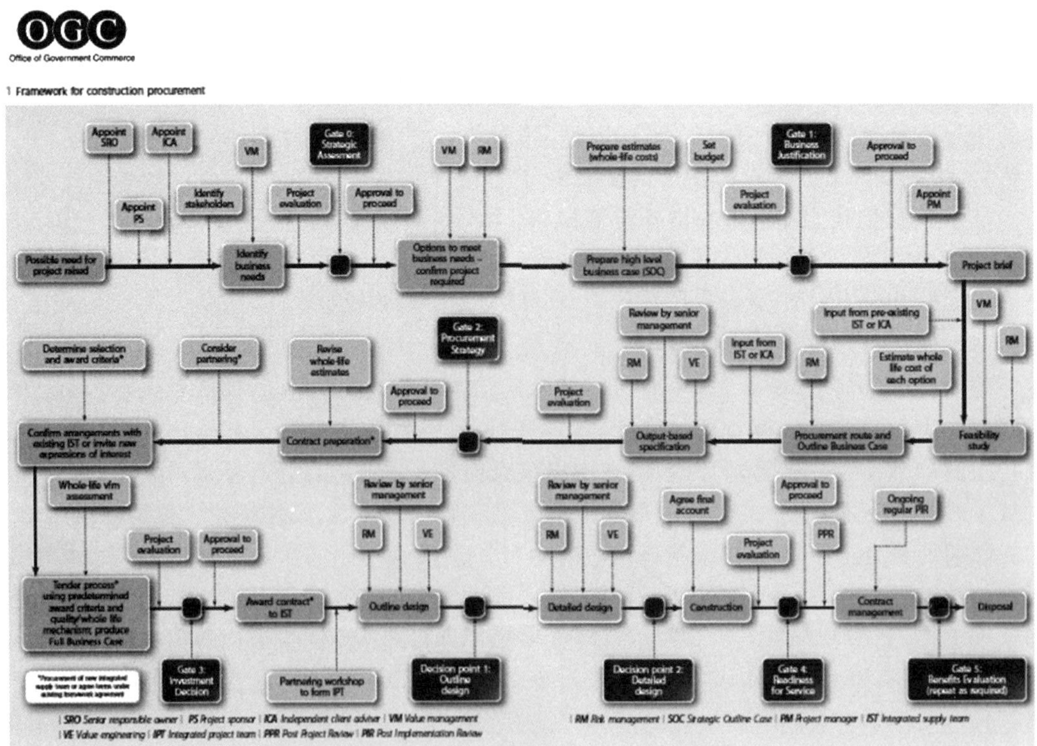

图 A-3　政府公共工程管理工作流程指南

(2) 重大项目管理局(MPA)

在中央政府层面，另一从事政府公共工程管理的指导监督机构，是重大项目管理局(MPA)。MPA 隶属于内阁办公室(图 A-4)，是在内阁办公室和财政部之间的管理伙伴机构，是专门针对中央政府投资建设的重大工程项目而设立的机构，其基本职责是横贯中央政府各个部门，对重大建设项目进行监察(图 A-5)，着力改进提高重大项目建设的成果，保证项目建设成功率。MPA 拥有授权，可以直接向英国首相报告。

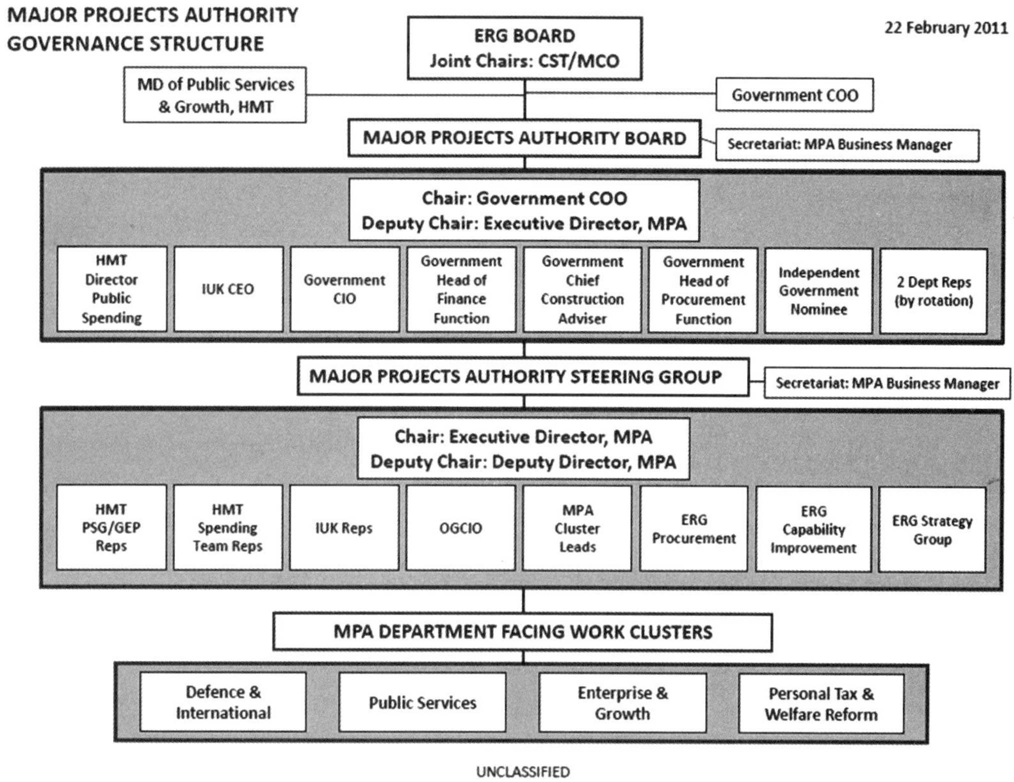

图 A-4 重大项目管理局(MPA)

2) 政府公共工程管理的实施架构

政府公共工程管理的具体实施和管理，由项目发起的政府部门(中央政府)组织进行。项目发起部门将自己组建项目管理机构，作为项目业主组织开展项目建设及其管理活动。项目发起的政府部门及其项目管理机构的工程建设管理活动，接受政府商务办公室(OGC)关于建设工程管理的指导和监督；重大的政府公共工程，需接受重大项目管理局(MPA)监察和监管。

针对某一具体建设项目的实施，政府公共工程的项目管理组织结构如图 A-6 所示。

为便于各个政府部门项目业主之间的交流和沟通学习，由政府商务办公室(OGC)牵头成立有一个政府项目业主的专业团体：公共工程项目业主论坛(Public Sector Construction Clients' Forum, PSCCF)。公共工程项目业主论坛(PSCCF)定期不定期地召开专业或专题会议，交流讨论政府公共工程管理中遇到的各类问题。公共工程项目业主论坛设在政府商务办公室(OGC)内，论坛组织结构如图 A-7 所示。

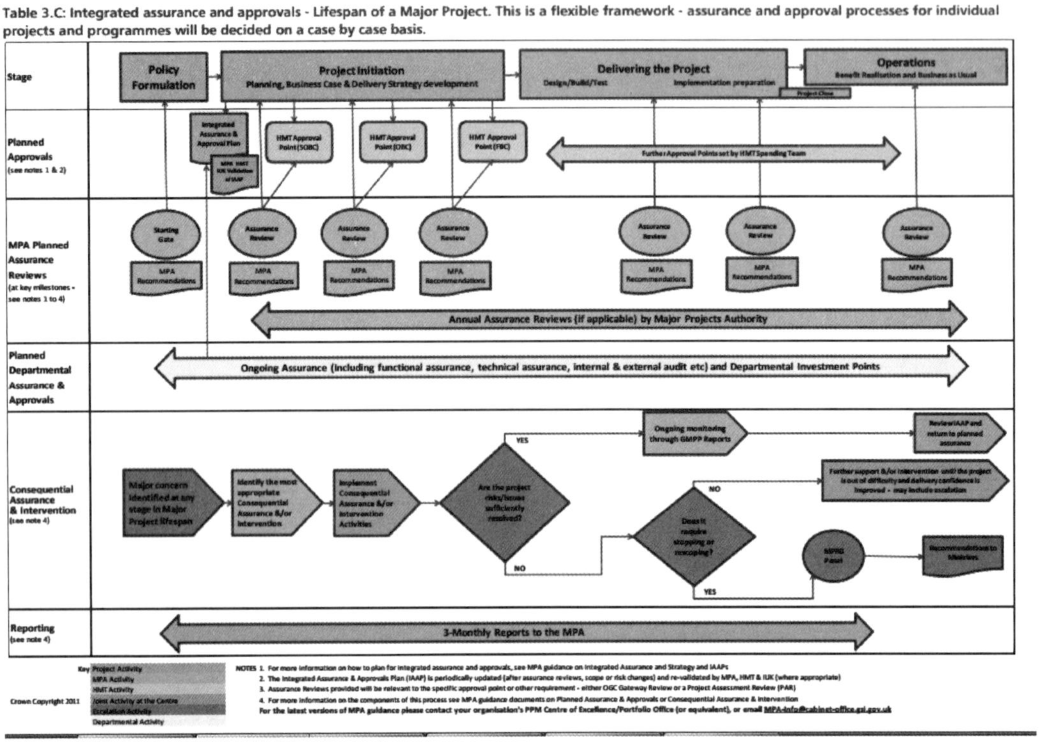

图 A-5　重大项目生命周期监察和批准工作流程

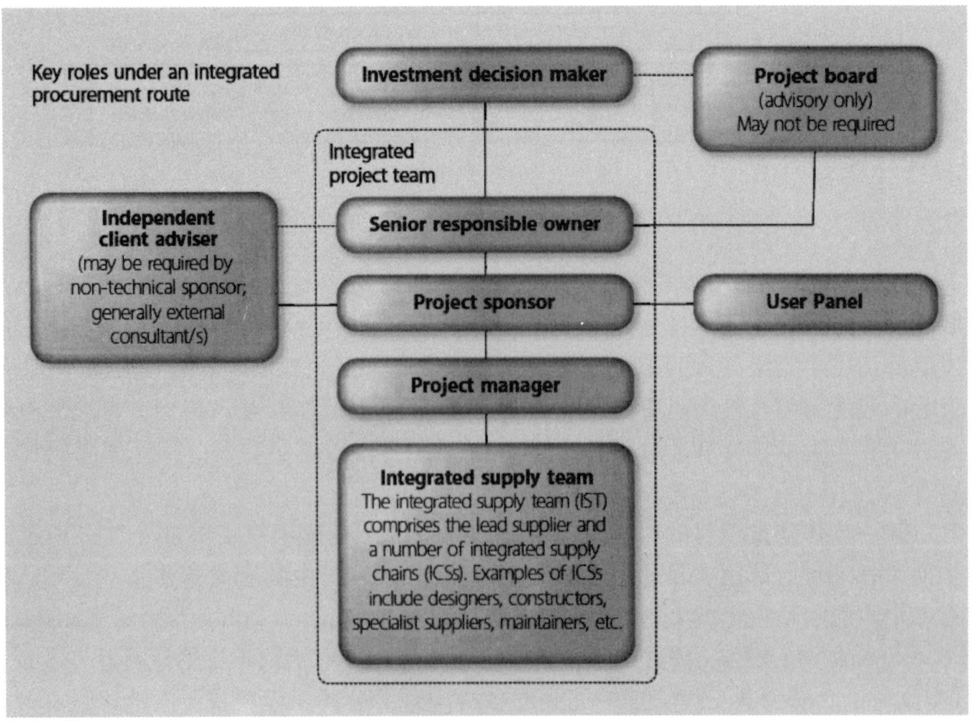

图 A-6　政府公共工程的项目管理组织结构

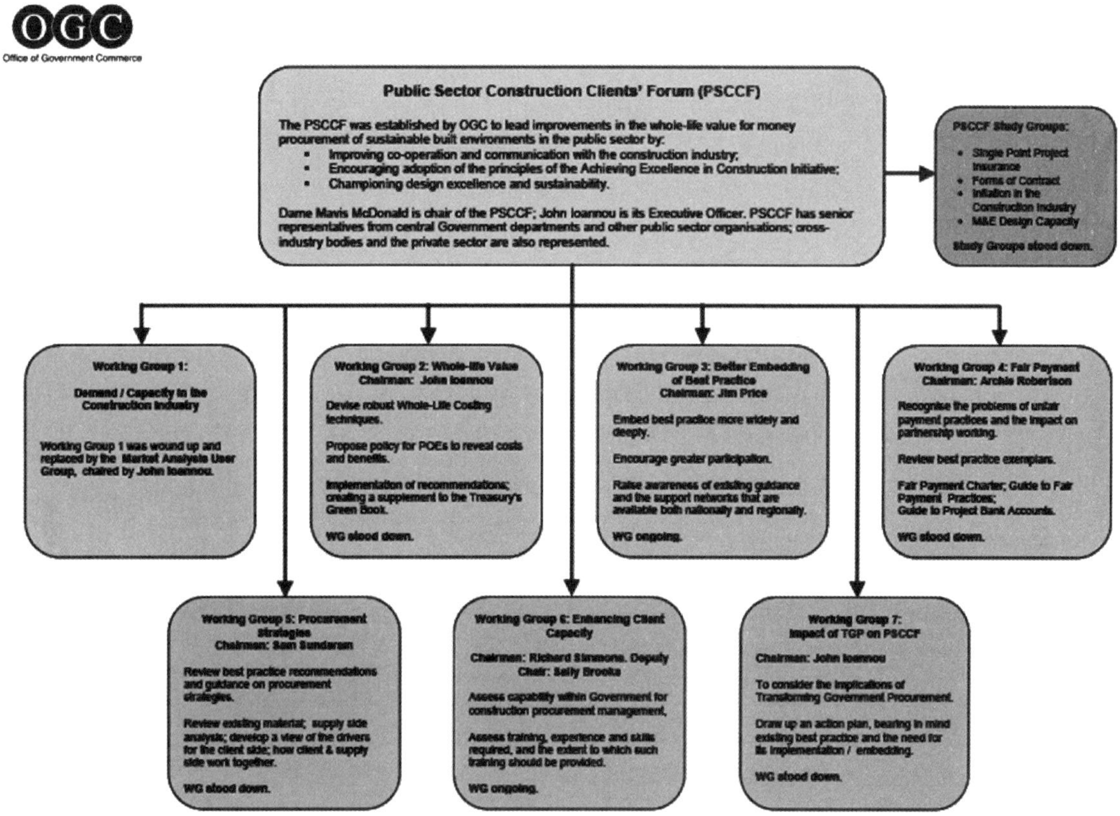

图 A-7 公共工程项目业主论坛(PSCCF)

3) 政府公共工程管理的服务架构

在英国中央政府内,设立有专门提供政府商务服务的机构:政府商务(采购)服务中心(Crown Commercial Service, CCS)。政府商务(采购)服务中心(CCS)是一个政府内部的服务机构,接受中央政府各个部门的委托,提供各类商务服务。其中,政府商务(采购)服务中心(CCS)也提供政府公共工程管理的服务,因此政府商务(采购)服务中心(CCS)也是一个专门实施政府公共工程管理的机构,但其是在接受委托后才提供工程管理服务。政府商务(采购)服务中心(CCS)隶属于内阁办公室(Cabinet Office),在政府序列中属于执行机构(executive agency)。

一般情况下,英国政府公共工程的建设和管理由项目发起部门作为业主,负责组织工程项目的建设实施和管理工作。若某一政府部门没有能力或不愿自己组织和管理项目的建设,则可以委托政府商务(采购)服务中心(CCS)承担工程管理任务。

A.2.2 地方政府公共工程管理的政府机构及其职责

关于地方政府公共工程的政府机构及其职责等情况,本报告以伦敦市为例。

A. 2. 2. 1 政府公共工程的管理组织架构

整个大伦敦区制定有战略性的发展指南——伦敦规划，各职能机构和地方政府在此基础上，制定各自的发展规划和执行计划，辅助完成市长的目标。各执行部门将各级计划转化为一个个具体的项目，项目执行与否由负责该计划的组织进行决策，可能是职能机构也可能是地方政府某一项目委员会。另一方面，对政府公共工程的决策管理主要体现在对建设资金的控制审批上。例如，向大伦敦区投资绩效委员会(Investment and Performance Board)寻求资金支持的项目，必须通过两阶段的申请——概念方案和投资决策。图 A-8 为“联通克罗伊登”建设项目，从项目发起到项目建设完工的管理流程图。

项目的具体实施过程由发起部门各自负责进行。对建设项目的质量监督由地方当局的建筑控制机构负责；对于项目的成本、工期的控制，由各负责单位实行内部监督。此外，上级主管部门、议会和向项目提供资金支持的机构或组织也会要求项目实施单位定期的向其报告项目的进展情况。

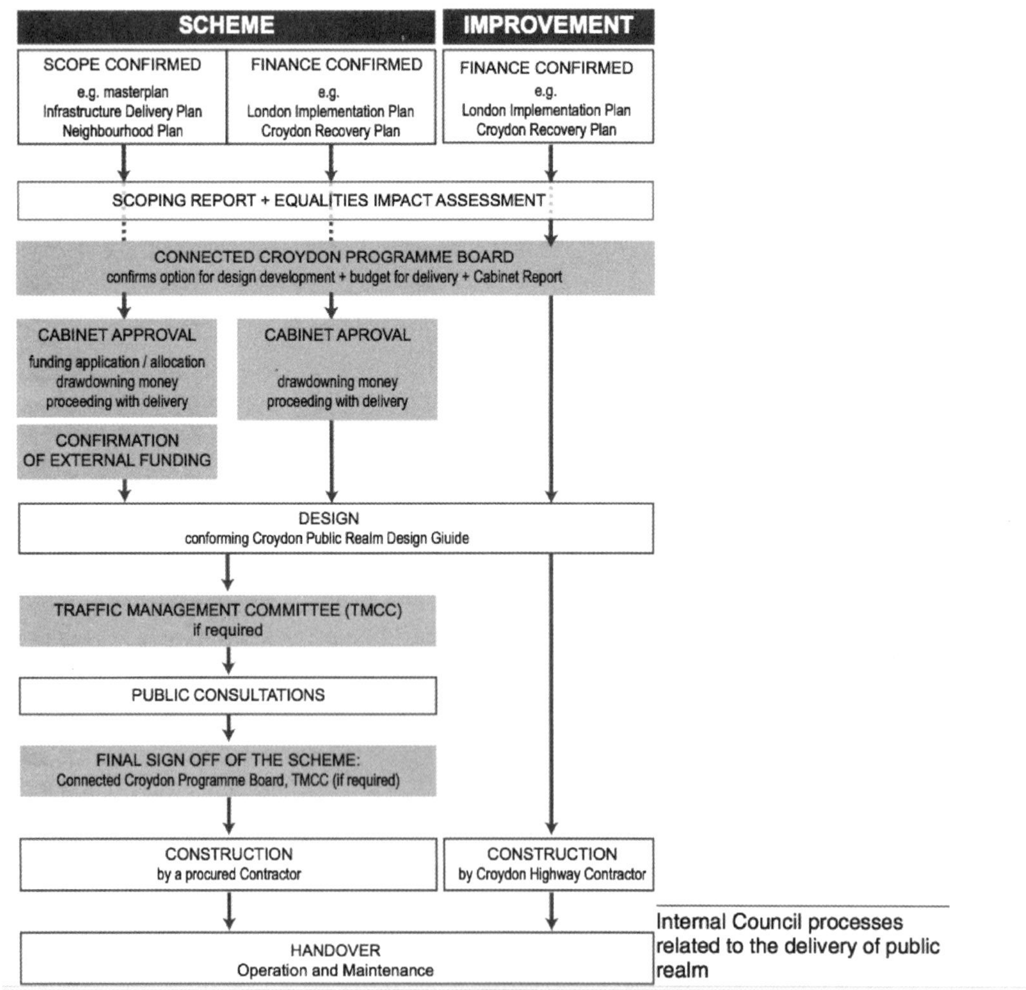

图 A-8a 项目建设流程图(项目由政府内部机构发起)

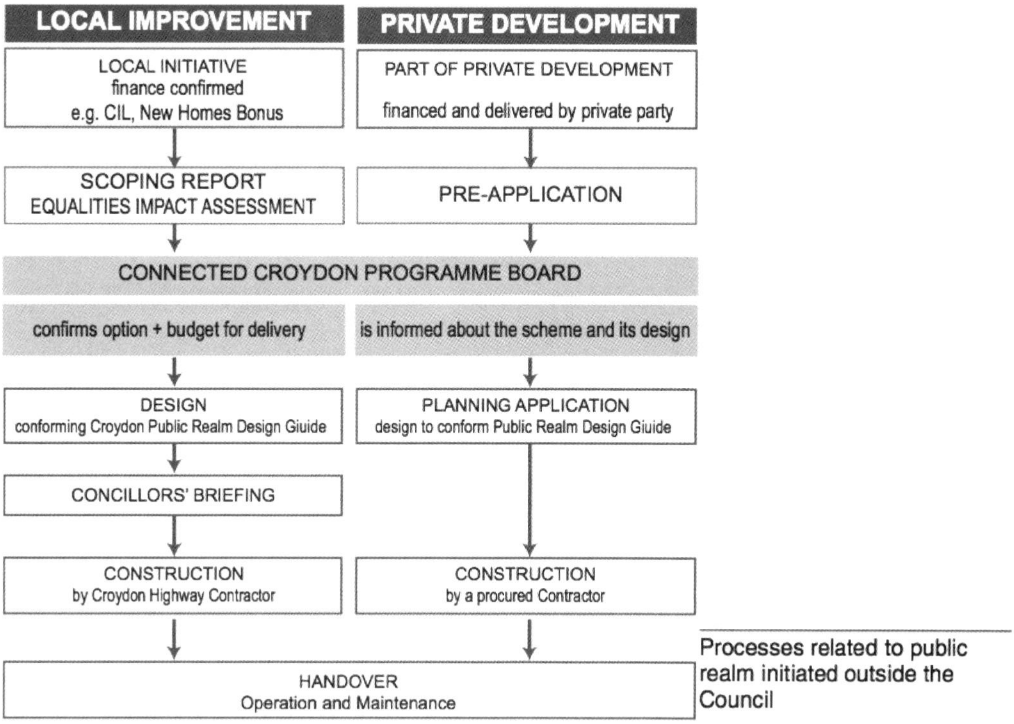

图 A-8b　项目建设流程图(项目由政府外部机构发起)

A.2.2.2　政府公共工程的政府管理职能

大伦敦区下属的政府部门在市长的伦敦规划下履行各自的职责，根据计划发起建设项目，从相关部门筹集建设款项。投资决策是项目决策阶段最重要的控制环节。根据项目支出费用的金额不同，需要不同等级主管的许可；若项目支出高于规定额度，需要市长的亲自批准，并在此之前获得投资绩效委员会的投资许可。

若地方政府要寻求大伦敦政府的资金支持，会将提案上报给大伦敦政府相应的行政部门，如发展、企业和环境部门下的重建办公室(Regeneration Unit)负责相应的改造项目；住房与土地部负责保障房建设项目。然后，再由这些部门将提案提交相应的委员会进行投资决策。项目的具体实施过程主要由项目的发起方进行和监督管理，不同部门之间会进行人力资源、财务评估等方面的支援。项目的进展情况会受到多方面的外部监督，做出投资决策的委员会或机构以及议会下属的委员会也会对职责领域内的项目进展情况进行追踪，确保项目的工期、成本都按照计划进行。

A.2.2.3　政府公共工程管理的机构设置

政府公共工程管理的机构，一般由项目发起的政府部门或机构组建，作为业主实施建设项目的管理。

以克罗伊登主要街道改造项目为例，克罗伊登自治市委员会负责项目的实施。项目管理的机构设置如图 A-9 所示。克罗伊登自治市委员会作为业主，委任 Cllr Jason Perry 作为业主代表，负责项目的建设管理。主要街道改造项目作为“联通的克罗伊登”项目的一部分，受到该项目委员会的指导和监督，专为这个项目而设的项目委员会以 Tony Brooks 为主席，负责管理项目实施过程中涉及到的各参与方，包括当地政府内部的相关部门、大伦敦区政府的相关合作组织机构和政府外部的设计方、承包商和咨询团队。

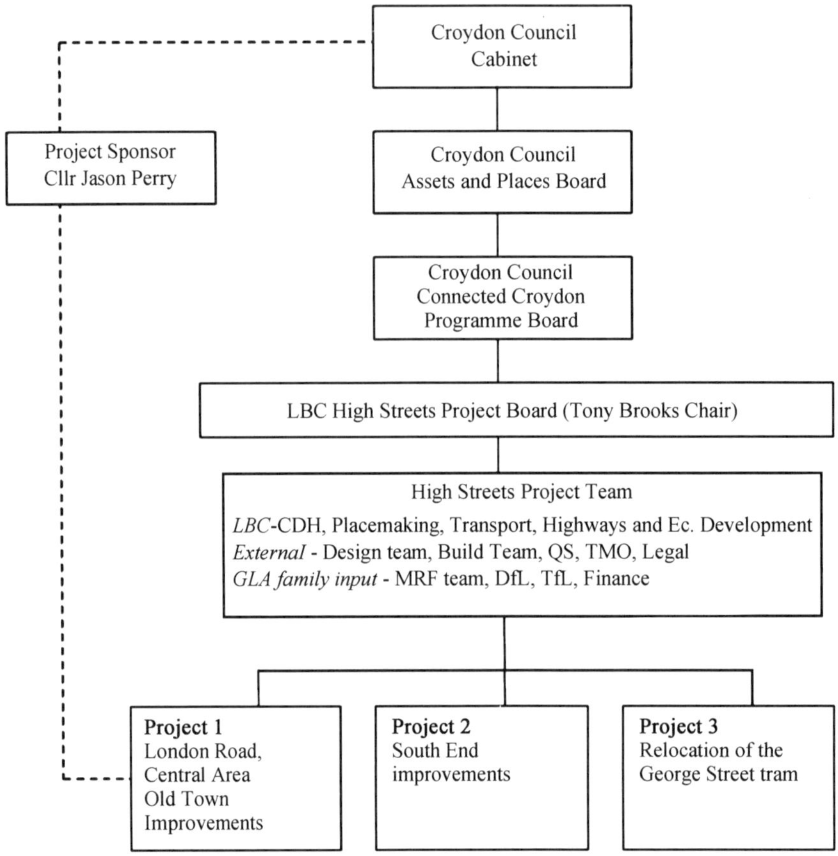

图 A-9　建设项目的管理组织

政府公共工程管理机构的职责，主要为负责项目的采购；组织项目实施，支持项目各参与方的工作；监督项目的进展情况，并定期向相关的上级主管和管理委员会报告等。

A.3　政府公共工程管理的相关法规

A.3.1　建设法律法规体系

英国的法律法规体系，可以分为如下四个层级。

(1) 第一层级：法律(Act)，它具有最高法律效力，一般由议会制定或由议会授权政府或社团机构制定，最后由议会审议通过。它包括《建筑法》(Building Act)、《住宅法》(Housing

Act)、《健康和安全法》(Health and Safety at Work etc Act)、《建筑团体法》(Building Societies Act)、《可持续和安全建筑法》(Sustainable and Secure Buildings Act 2004)等,法律具有强制性,必须执行。

(2) 第二层级:法规(Regulation),一般是由政府主管部门制定,并经议会审定。这些条例是根据法律中的某些条款的授权,对法律中的一些条款进行更加详细的规定。包括《建筑法规 2010》(The Building Regulations 2010)及其修订版、《建筑检查员批准法规 2010》(Building Approved Inspectors etc. Regulations 2010)及其修订版、《建筑设计和管理法规 2007》(Construction Design and Management Regulations 2007)及其修订版、《领导的控制法规 2002》(Control of Lead at Work Regulations 2002)等。法规同样具有强制性,必须遵守。

(3) 第三层级:技术准则(Guidance),建筑技术准则是为了达到建筑法规所规定的功能要求的文件,技术准则由社区与地方政府部(Department for Communities and Local Government)颁布,主要包括结构、消防、环保、节能、卫生、隔音和通风等册。技术准则是为工程建设提供指导,具有强制性但或不是唯一的。

(4) 第四层级:标准(Standard),英国的标准协会(British Standards Institution, BSI)为英国制定了很多标准,与建筑相关的标准如《钢结构设计规则》(Design of steel structures General rules)、《改善现有建筑物的能源效率:规范安装过程、过程管理和提供服务》(Specification for installation process, process management and service provision)等。作为法律的支持性的文件,还有很多被批准的准则和指南等。

在英国,政府公共工程和私人项目适用于同一套建筑法律法规体系。

A.3.2 政府公共工程管理的相关法律法规

英国的公共工程的建设与管理是基于政府采购制度,因此受英国建筑市场法规体系和政府采购法规体系的双重约束。同时,英国还是欧盟国成员,因此还要受欧盟的采购法规的约束。欧盟规定工程项目在一定阀值以上者,政府采购必须遵守《EU 采购指令》(EU Procurement Directives),对于阀值以外的公共项目的采购,也应遵守欧盟的无歧视、平等、透明等基本原则。

英国政府公共工程的主要法规受欧盟政策的影响,现行的主要法规有《公共项目承包法规(修订版)2009》(The Public Contracts (Amendment) Regulations 2009)、《公用事业承包法规(修订版)2009》(The Utilities Contracts (Amendment) Regulations 2009)等,以及与这些法规相关的技术准则。此外,政府商务办公室(OGC)针对政府公共工程制定了一系列的采购准则和标准,如网关审查(Gateway review)、《通用最小标准》(Common minimum standard)等。

除了全国性范围的建筑规范和相关法律,地方政府也为控制当地的建设规划,颁布一系列的规范指南。例如,大伦敦政府为了实现伦敦的可持续发展,提出了《可持续设计和建设补充规划指南》;基于对空气环境的控制,提出了《建设和拆除过程中尘土控制指南》等等。为了更有效地利用纳税人的钱和伦敦的可持续发展,针对政府采购项目,伦敦市长提出了“负责任采购政策”(responsible procurement policy)、“可持续采购政策”(sustainable procurement policy)和“绿色采购准则”(green procurement code),要求政府采购项目从供应商的多样性、环境的可持续性、增强社会福利等方面改善采购的质量。

A.4 政府公共工程的管理

A.4.1 政府公共工程的管理制度

在英国,不管对政府投资建设项目还是私人项目,由建筑法等相应法律法规所规定的政府部门进行管理。建筑控制的具体管理部门是各个地方当局(Local Authorities),对工程建设项目的各项监管都由建筑控制部门统一执行,包括质量、安全等凡是涉及公众安全、健康、环保等公众利益的事项都由建筑控制部门来统一监管。此外,“认可检查员”也可以承担执行同样的工作,业主可在建筑控制部门和社会化的“认可检查员”之间进行选择。政府之外的社会化机构和个人进入这一市场后,相互之间的竞争促使其各自提供更加高效、更高标准的建筑控制服务,这无疑使得建筑控制的服务水平不断提高。但是,政府在这中间仍然保留其宏观的调控作用。如社区与地方政府部(Department for Communities and Local Government)发布了《建筑控制绩效标准》,以此来规范建筑控制机构的服务水平。

建筑控制申请的类型有三种。第一种是建筑通告(Building Notice),不要求具体的工程计划,开工后地方政府(市政厅)的检查员将进行重点工地现场检查,一旦发生问题,且不能妥善处理者,地方政府可以采取强制性行为。第二种是完全设计方案申请(Full Plans Application),该种申请需要提交详细的工程计划和建筑细节,地方政府的检查员将按照建筑规范进行检查,并签署验收证书。第三种为合法化申请,适用于没有及时申请建筑控制的项目,在项目完成后再寻求规划认可。经过审查,若建筑物符合建筑规范,则可被授予规划许可,反之,地方政府有权要求业主拆除已建工程。

设计方案被批准后,将收到建筑规范批准文件(Building Regulation Approval)。文件中指定了地方政府(市政厅)委派的检查员(包括姓名、联系方式),列出了工程施工中必须遵守的条款。比如:工作时间及噪音限制;必须提前48小时通知检查员到现场检查的重要施工阶段,主要是隐蔽工程(如:验槽、浇砼前的钢筋笼、防水、防潮、管道掩埋等);正式的开、竣工通知单等。全部工程完成后,并经最终检查符合建筑规范,地方政府(市政厅)将签发竣工验收证书。

A.4.2 政府公共工程的管理过程

政府相关部门对政府公共工程决策阶段的管理和控制,主要体现在投资决策部分。以大伦敦区投资绩效委员会(Investment and Performance Board, IPB)为例,任何向它申请资金的项目都需要经过两个的决策。

第一阶段,概念方案的审核。在规划层面上,申请文件需要说明项目的目的、影响、会帮助市长实施哪些目标，以此来判断该项目事是否与伦敦的总体规划相一致；在可操作性层面上，申请文件需要说明项目所需的资源、成本及支出计划、管理实施的结构、应急机制等；此外，还要评估项目是否能够体现有效利用纳税者的钱。

第二阶段，进行投资决策。申请文件会对项目的各方面情况进行更细致的说明，包括项目预期目标及可测指标、细致的财务分析和建议、具体的项目采购策略、进度计划等。基于这些信息，投资绩效委员会（IPB）衡量项目的必要性和可行性，做出是否提供资金支持的决策。

投资决策后，由项目发起单位负责自行进行项目的采购活动，一般包括有设计方、承包商、工料测量师以及其他咨询服务的采购活动。在项目实施过程中，由项目发起单位指派的项目经理或项目管理团队（自建或委托）对各参与方工作进行协调。项目负责单位需要定期向相关主管部门和委员会报告项目的进展情况，对项目的进度、投资进行控制。

A.4.3 政府公共工程的前期策划与需求管理

以大伦敦区为例，伦敦市长为整个大伦敦区提出战略性发展规划，在此基础上，各职能机构和地方政府制定和执行各自的发展规划。政府公共工程大多数都是这些规划的具体实施。因此，项目的前期策划就可以追溯到各种计划的制定阶段。不管是在哪个层次的城市规划发展阶段，还是项目的立项阶段，相关组织都会展开多次的公众咨询工作，充分了解公众和相关利益者的意愿和需求，给公众表达意见的机会。

关于项目全寿命管理，各地方自治委员会都要求在设计阶段就要考虑到项目的全寿命周期成本。例如，克罗伊登政府发布的公共设计指南中就要求公共建筑的各个建设阶段不仅要考虑到建设成本，也要考虑建成后的维护策略。

A.4.4 政府公共工程的实施管理

1）项目采购与合同管理

以大伦敦区为例，伦敦市长针对政府采购项目提出了“负责的采购”、“可持续性采购”等政策，在此指导下，各政府组织机构和地方政府出台了自己的采购指南。各部门可以在欧盟、英国、地方相关法规的法律框架下，自行决定招标的限额及不同形式、广告的方式、承包商的选择范围等。例如，克罗伊登政府要求承包商必须是 Constructionline 的会员；大伦敦政府的采购指南规定主要的评标标准为最具经济优势的投标（Most economically advantageous tender, MEAT），中标者应该是提供“物有所值（Value for money）”的承包商，而不仅仅是价格最低者。通常，具体的评定标准写在招标书中，常见的标准有经验、技术优势、施工速度、资金流动性等。许多组织机构已经采用了电子招标系统，招标信息公开透明，大大降低了招标过程当中的腐败现象。

对于合同管理，大伦敦政府发布的《合同和资金准则》中将合同管理分为以下 3 个部分：①服务履行管理，由合同经理，通常就是业主负责；②承包商关系管理，目的是为了与承包商保持良好的关系，由客户经理（account manager）辅助合同经理负责，客户经理定期与承包商开会讨论合约的履行情况，解决相关问题；③变更管理，通常辅以法律手段。

2）项目健康、安全和可持续建设管理

《建筑设计和管理法规 2007》(Construction Design and Management Regulations 2007)——CDM 要求在建设项目的整个生命周期内进行安全和健康管理。建设部门通过收集和比较本部门以前项目和成功项目的信息，设立健康和安全基准值。建设项目的业主在项目的前期阶段必须任命计划检查员(Planning supervisor)，负责协调项目设计阶段的健康和安全要求，并在招标前准备健康和安全计划。施工阶段的健康和安全由主承包商负责，并确保项目在开工前已准备适合施工阶段的健康和安全计划。政府管理部门在项目的整个周期内定期审查承包商的活动，以确保项目的实施符合健康和安全的要求。如果项目在实施过程中没有遵守 CDM 的规范要求，将会是刑事犯罪，业主将受到起诉。

项目建设的整个寿命周期内应考虑项目的可持续性，从环境、社会和经济三个方面评价项目的可持续性。在项目建设的每个阶段，都从各个角度来对这三个方面的内容进行分析，保证项目建设的可持续性发展。前期策划阶段任命团队高级成员负责项目的可持续发展问题，考虑项目的全寿命价值和可持续发展的目标来对可能的项目进行评估；在招标文件中说明可持续建设的目标，在承包商选择上以全寿命周期费用为依据，同时考虑团队在可持续项目上的知识和经验。在设计阶段，与供应商一起就设计的可持续性能进行监督，重点关注施工材料是否满足可持续的目标。在施工过程中，做出相关的规定来减少施工污染，保证周围居民和员工的健康和安全。在项目交付以后，应对最终的使用者进行培训，以确保设施的有效使用。所有主要设施根据环境管理体系(EMS)进行操作。

伦敦市政府强调在建筑物的设计阶段就要考虑建筑物的可持续管理。如伦敦市长提出了《可持续设计和建设补充规划指南》；克罗伊登政府发布的公共设计指南中就要求设计阶段就考虑建筑物的可持续性，如材料的使用，管理维护团队的参与方式、减少垃圾产生的方式等。

A.4.5 政府公共工程管理的信息化

政府公共工程管理的信息化体现在以下方面。

(1) 信息公开。很多地方政府要求政府项目的招标信息公布在网上，完成的采购信息也能在网站上查到。网站可帮助潜在的承包商发现当前的招标信息、未来可能的采购行动以及过去标书和合同的详细细节。

(2) 电子招投。在进行建设项目招投标时，可通过 Constructionline 寻找潜在的投标者，Constructionline 是英国在线数据库，它列举出通过资格预审的承建商和咨询商，从而简化招投标过程，节约时间和成本，提高效率。许多组织机构已经采用了电子招标系统，招标信息公开透明。例如，克罗伊登市政府使用 Londontenders 采购门户；伦敦警察署使用 Bluelight 采购门户，等等。

(3) 规划申请和建筑控制都可以在政府网站上在线进行。

(4) BIM 的推广使用。

A.5 结语

通过对英国政府公共工程管理体系的分析，综合如下。

(1) 在英国，政府公共工程的建设属政府行为，建设项目的管理均由政府部门作为业主组织实施。

(2) 英国政府公共工程的管理模式为分散模式，即由项目发起的政府部门自行组织建设项目的实施和管理。

(3) 英国政府内，设有政府公共工程管理的指导监督部门：政府商务办公室(Office of Government Commerce, OGC)和重大项目管理局(Major Projects Authority, MPA)，其主要职能是从政府最高层面制定政府公共工程管理的准则、规定和规范；为政府项目业主提供指导；监察政府项目的建设活动和成果。

(4) 在英国政府内，政府商务(采购)服务中心(Crown Commercial Service)是提供政府公共工程集中管理的服务机构(接受政府项目业主的委托)。

(5) 英国政府公共工程管理的市场化程度较高。

(6) 在英国，工程项目需获得建筑规划许可和建筑控制允许才能开工。建筑控制的具体管理部门是各个地方政府，项目业主可申请由地方政府建筑控制部门或"认可检查员"具体实施独立检查。

附录 B　美国政府公共工程管理简介

B.1　政府机构设置

B.1.1　政府的组织机构

美国的宪法规定了美国是一个联邦制且三权分立的国家。联邦制意味着中央政府即联邦政府与地方州政府之间依据宪法有着明确的治权分工，属州权的领域，只要不违宪，联邦政府无权干预。从中央到地方各级政府都是同构，各级政府之间有着严格的上下级关系。这一点对于建筑市场的影响而言，最典型表现为有关工程项目建设的行政监管和许可都属于各地方政府的管辖职权，反而联邦政府没有相应的职权。三权分立指行政权、立法权和司法权相互独立、相互制约，这一点对于政府公共工程的影响主要表现为：政府公共工程的发起和实施属于行政权，但建设项目最终的立项和预算审批权则属于立法权，同时，立法部门对行政部门有关政府公共工程的建设效果显然也有着监督权。而司法部门则有权依据立法部门通过的法律进行司法解释，并对立法部门滥用立法权进行违宪审查。这种三权分立架构在联邦：行政部门是以总统为首，并包括其所领导的所有政府部门；立法部门就是参众两院；司法部门则是包括了最高法院的整个联邦法院系统（图 B-1）。而这种三权分立架

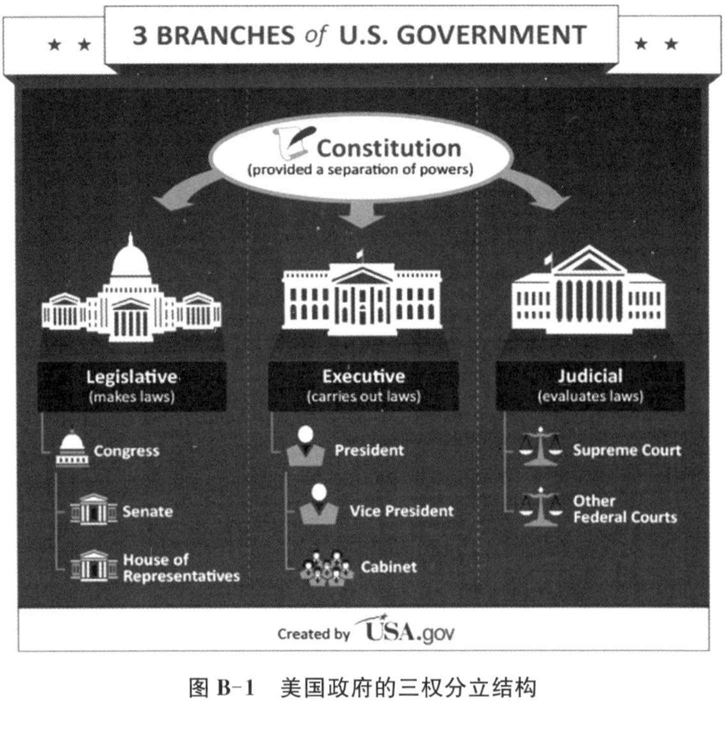

图 B-1　美国政府的三权分立结构

构在各州同样存在，包括州政府、州议会和州法院系统。

B.1.2 建设管理的组织机构

B.1.2.1 政府项目建设管理机构

美国作为一个联邦制国家，联邦和各州对使用其自身公共财政预算的政府公共工程都各有独立的管辖权，因此其管理方式也各有差异，并没有一个完全统一的模式。但通过依法设立政府业主机构来对政府公共工程实施全寿命管理是其主流的模式。其中，由于联邦政府的管理常常对各州具有标杆示范作用，常常是代表美国最高的管理水平，而各州常常对联邦的做法也主动借鉴跟随，因此本报告将对美国政府公共工程管理的研究重点集中于联邦政府层面。但这样的研究对象选择唯一的缺陷在于，由于联邦自身不具有建设行政许可的管辖权，因此不能充分地呈现政府业主与建设行政监管部门之间的关系。那么在论述相关问题的环节，本报告也会跳出联邦政府，进一步谈谈州以下的情况。

在联邦层面，美国通过法律明确授权了联邦事务服务总局(General Services Administration, GSA)对政府办公建筑全寿命期承担公共业主的使命。除此之外，其他的美国政府部门都无权自行修建办公设施。这种具有明确法律地位的公共业主在联邦层面主要还包括：住宅与城市建设部、交通部、垦务局、美国国防部(DOD)等，分别负责住宅及城市规划、交通、农业水利设施、军事及国防设施等。可以看出，美国政府公共工程的组织模式有着明显的集中统建特征，但对于不同类型的建设项目，则可以按专业分别由不同的专业部门来具体实施。但是，所有这些部门在实施政府采购时，还是必须通过 GSA，因为只有 GSA 才是有法律授权的实施政府集中采购的部门。因此，研究 GSA 对于研究美国联邦的政府公共工程具有典型意义。

在地方层面，美国的政府公共工程也大都设立有类似 GSA 那样的集中统建机构作为政府业主，同样也有不少是按专业分工，主要是把房建类项目(名称中多带 General Services)和土木工程类项目(名称中多带 public works)分设政府业主机构，但同样多是全寿命负责机构。对于地方的政府业主机构的项目是否要接受与本地的其他私人项目同等的监管的问题，得到一些不同的答案。目前的理解是：由于美国的规划许可、建设许可和动用许可等都是城市政府在负责，所以对于城市一级的本地政府公共工程，通常是接受私人投资项目等同的监管。但联邦项目就豁免，州政府项目应该也有权豁免，此两级项目主要是受到国会和州议会的监管和约束。但联邦政府有明确要求，要 GSA 与地方政府沟通，并尽量满足地方建筑条例，如有突破，需要说明理由。需要说明的是，由于美国是一个法治非常完善的国家，地方的行政部门并没有什么的自由裁量权，只能依照本地的规划和本州的建筑条例依法审批，而州议会也会遵循同一部建筑条例来审查政府项目，而他们的建筑条例尽管是地方法规，在内容深度上却与我国的规范类似，非常详实，因此其审批依据非常清晰，这也是减少行政官员的自由裁量权的重要方面。

另外，美国的建筑市场 80%的投资是来自私人部门，剩下的 20%中联邦政府就占了很大比重，而地方政府因普遍人口和投资规模很小，因而并没有太多的投资项目需要管理，与我国的城市地方政府可比性不强。由于地方政府更多是小政府，通常也不会养太多的专业人才,因而更愿意借鉴和依托联邦及非政府组织的各种制度和服务平台。典型如对工程担保做出规定的米勒法案本来是联邦的一个法案,但之后各州也都纷纷借鉴通过了大量类似的法案,叫做小米勒法案。而地方政府也大量加入 GSA 所提供的采购平台来完成自己的采购。因而,联邦层面的 GSA 正是代表了美国政府公共工程管理的最高水平。

B. 1. 2. 2 私人项目建设管理机构

在美国,80%的工程建设是由私人机构投资,对这些私人部门的投资建设活动的监管是美国政府对建筑市场行政监管的主要任务。具体的行政监管的主体是州及州以下地方政府。美国地方政府一般设有专门机构,负责从规划、安全、技术、标准、环保、消防等方面对工程建设活动的实施过程进行监管。以下以波士顿为例予以说明,波士顿市的组织结构如图 B-2 所示。

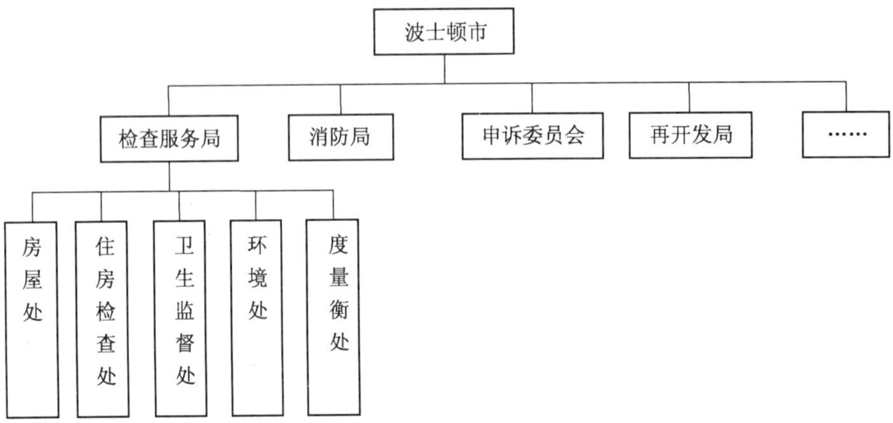

图 B-2 波士顿市的组织结构

波士顿对建筑工程实行监管的部门主要是检查服务局(Inspectional Services Department),这个部门下面分五个处,即房屋处(Building Division)、住房检查处(The Housing Inspection Division)、卫生监督处(The Division of Health Inspections)和环境处(The Environmental Services Division)和度量衡处(Weights & Measures)。他们的目标在于通过有效的管理和执行建设、住房、健康、卫生和安全规章来保护和改善波士顿市民的生活质量。

就整个房屋建设来说,房屋处是主要的监管机构,是建筑规划审查、调查和监管的执法机构。它被授权签发所有房屋许可证、检查证书、动用证书等。他们要负责检查设计文件的技术合规性,检查建筑和结构的安全性、以及与建筑使用相关法律法规的符合性。度量衡处则确保各种交易环节和计税方式的度量准确和公平,这也包括对建筑测量的监管。而其他几个处更多是对于房屋的使用过程进行监管,以达成使用安全、清洁、美观等的目的。

在房屋处下属有设计规划科(The Plans and Zoning Division)、房屋结构科(The Building and Structure Divisions)。设计规划科(The Plans and Zoning Division)具体负责受理各种许可证的申请,负责签发新建房屋的施工许可(New Building Construction)、房屋改造与维修许可(Alterations and repairs)、管道和燃气许可(Plumbing and Gas)、消防合格

检查(Sprinkler and Fire Protection)、动用许可(Use and Occupancy)。房屋规划科则负责派出其建筑、电气和机械检查员负责检查所有新建和修复房屋使其满足适当的安全标准,检查员们还需要受理所有的社区居民投诉,如违章建筑、违反规划的行为等,这也包括使用过程中的投诉。

B.1.3 建设管理的方式

在美国从事工程建设,按照时间顺序一般需要申请以下三项许可,即规划许可(Plan Permit)、施工许可(Construction Permit)和动用许可(Occupancy Permit)。如果从建筑物全寿命周期来看,则房屋维修改造和拆除也都需要申请相应许可。

美国各州及州以下的县市等对在本地实施的工程具有监管权。虽然各州和自治区在法律和制度层面相对独立,都有自己的建筑市场监管制度,但是各州的监管制度大同小异。

在市场准入方面,美国对设计咨询市场准入实行的是个人执业资格准入,而没有对企业的资质管理。美国的建筑业从业人员的资格和水平衡量有2个途径:从业执照(Licenses)和专业证书(Certifications)。从业执照是强制性的市场准入资格证明,由州政府颁发;专业证书则只能作为某种从业水平的参考。

美国对劳工部(the Department of Labor)对专业工作的分类中,与建筑业相关的职位包括:

(1) 建筑师、测量师、地图测绘师(architects, surveyors and cartographers);

(2) 工程师(engineers);

(3) 绘图员和工程技术工人(drafters and engineering technicians)。

其中建筑师、测量师、工程师和部分施工工种的技术工人需要在政府注册取得执照才能独立从业,没有执照的从业者可作为学徒,在有执照的从业者指导下工作。

对于类似于联邦事务服务总局(GSA)这样的政府业主机构,则还常常会建立自己的设计咨询专家库,并对曾经提供过设计咨询服务的专业人士的工作质量进行跟踪评估,满意度差的将在以后的资格审查中被排除,业绩好的则会得到更多的竞标机会。这并非严格意义上的市场准入机制,但的确起到了较好的效果。美国政府工程对项目前期咨询和设计委托没有必须招标的要求,设计咨询委托主要考虑的是被委托的咨询专家的专业特长和声誉。

对于施工市场,承包商可以是企业,也可以是个人。企业作为法人机构,应该说是被置于与自然人同样的监管地位。一般情况下承接超过500美元的建设项目(包括房屋、高速公路、道路、停车设施、铁路、挖掘工程)的企业或者个人都被要求持有技术执照。技术执照得颁发由州承包商执照委员会(Contractors State License Board,简称CSLB,或Licensing Board for Contractors)①或者承包商注册办公室(Registrar of Contractors)②负责。执照分类管理是美国政府对施工市场准入监管的重要工具,所有执照持有者都只能在执照批准的专业领域开展经营活动,而绝不能承揽超出本专业范围的工程。但美国各州对哪些工作需要持有施工执照的规定不尽相同。承包商在申请施工企业执照时,还通常被要求提交施工企业执照保函。

---

① http://www.contractorslicense.com/index.html

② http://www.azroc.gov/

对于政府工程而言，承包商还面临强制性的工程担保准入，只有能够提交担保的承包商才有可能成为政府工程的承包商。在联邦政府，根据米勒法案，强制性担保品种包括占合同额5%的投标担保，合同额100%的履约担保和合同额100%的付款担保。在各州也都有自己的小米勒法案，其要求与联邦政府大同小异。承包商必须依法招标产生。

在过程监管方面，美国地方政府一般设有专门机构，负责从规划、安全、技术、标准、环保、消防等方面对工程建设活动的实施过程进行监管。在美国从事工程建设，对于非政府投资工程，政府监管机构对工程决策、投资数额和建设方式等不加干预。

B.2　政府公共工程管理的政府机构及其职责

B.2.1　政府公共工程的管理组织架构

政府公共工程建设的管理组织架构及组织间的相互关系，如图B-3所示。

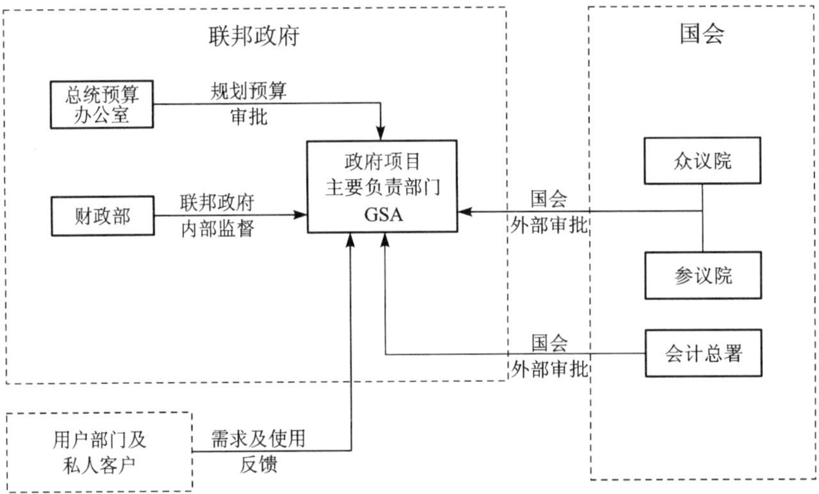

图B-3　政府公共工程建设的管理组织架构

美国政府公共工程建设管理职能主要由联邦事务服务总局(GSA)全权负责。联邦法院和政府办公建筑主要由该部门负责提供，而各州及其他级别地方政府的公共建筑由各级政府自行筹备。

同时，为了对政府公共工程实行有效监管，联邦政府配置了不同层次，不同方面的政府监管部门和手段。大致可以分为政府内部监管和国会监管两种。其中，国会对于联邦政府的规划和执行情况负有审核和监督的责任。众议院和参议院通过审核政府提案的方式监督政府的项目建设管理工作，同时为了对用于政府项目的资金进行有效的审计，国会建立了会计总署(GAO)对联邦政府的每一项规划进行财务审计①。

① 中国建设报《美国政府投资项目监管的特点及启示》。

B.2.2 政府公共工程的政府管理职能

可以将美国政府公共工程中的政府管理职能概括为：

(1) 需求管理；

(2) 预算管理；

(3) 采购管理；

(4) 工程管理；

(5) 资产运营管理。

其中，联邦事务服务总局(GSA)作为政府业主机构，与其他政府部门发生业务关系的范畴主要是需求管理、预算管理和资产运营管理。而采购管理和工程管理则是政府业主机构内部相对独立的工作。

在地方层面，州及其以下的城市政府对私人工程诸如规划许可、建设许可和动用许可一类的监管。

B.2.3 政府公共工程管理的机构设置

美国联邦事务服务总局(GSA)成立于1949年7月1日，除了为联邦政府机构提供房产服务之外，它也提供其他形形色色的采购服务。在此之前，美国各政府部门的采购，包括办公建筑的建设，主要由各部门独立负责。这种模式的缺点是显而易见的。以办公建筑为例，各部门都曾经有自己的机构负责本部门工程的组织和已建房屋的管理维护。这造成了组织机构的重复设置、人员庞杂和管理水平的参差不齐。其次，因为各部门的基建机构对本部门直接负责，各部门难以执行统一的建设标准和有效控制投资的规模。也因为机构众多，联邦政府难以对基建管理进行有效的监督和评价，并把责任落实到具体的负责人。自从美国联邦事务服务总局代建、代管各部门的房屋建筑之后，各自为政产生的缺点得到了彻底地改观。

美国联邦事务服务总局(GSA)雇佣了约1万两千多名员工，他们属于公务员编制。联邦事务服务总局代表美国联邦政府“拥有”国家房产，因此被视为美国联邦的“业主”机构。联邦事务服务总局可以采用自建、购买或租赁等多种方式来置备这些房产，并以租赁的方式给其他部门提供办公场所和使用空间，对于闲置的房产或空间，也可以临时出租或永久出售给私人部门，以实现联邦房产的保值增值或固定资产盘活。此外，联邦事务服务总局负责给其他单位提供办公设备、办公用具、通讯设施和信息服务等。该部门每年监管着660亿美元的采购金额，并管理着总值约5 000亿美元的政府资产。

图B-4为美国联邦事务服务总局(GSA)的组织机构图。其领导层包括一位部长，一位副部长和一位负责人事和办公的官员(Chief of Staff)。其中，GSA的部长是由总统和国会共同任命。

在主管办公室之下，该组织包括两个全国性的服务中心，11个区域性的服务中心和总局内负责各种事物的办公室。GSA主要分为公共建筑服务和联邦采购服务两大业务板块。其中，公共建筑服务中心是政府公共工程负责设计施工全过程的具体实施机构，它负责为

GSA 在全美各个地区服务中心的项目业主提供支持。

图 B-4　GSA 组织架构

图 B-5 为公共建筑服务中心(PBS)组织结构图。公共建筑服务中心(PBS)是联邦事务服务总局最重要的部门之一。该中心目前负责 9624 幢由其所有或租赁的房屋的管理工作,总建筑面积约 3.702 亿万平方英尺,由该部门负责管理维护并转租给其他使用部门,并为超过 481 处历史建筑提供保护。该部门的房产分布在全美 2 100 个地方,为将近 110 万联邦雇员提供了工作所需的空间。2007 年访问 GSA 时,PBS 正在执行中的项目有 193 个,分布在 11 个区域,总价值约 120 亿美元。

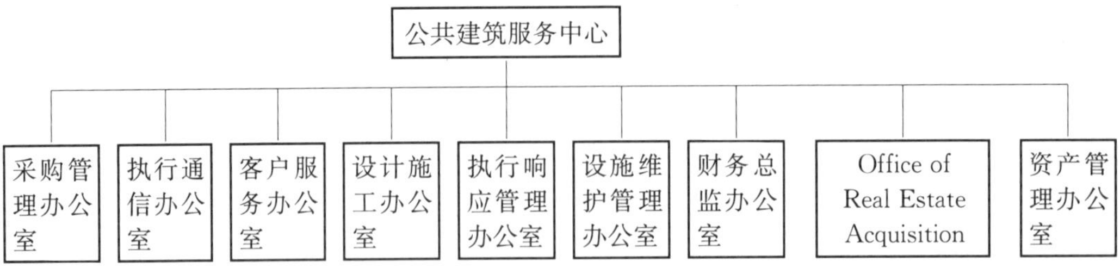

图 B-5　PBS 组织架构

可以看出,PBS 是一个面向建筑物全寿命周期的且承担全方位管理职责的管理执行机构。其管理职责全面覆盖了设计施工和设施维护及最终处置。针对全寿命管理,其资产管理办公室发挥了重要作用。该部门又进一步分为项目组合管理办公室和房产利用与处置办公室两个部门,其对政府公共工程的战略决策发挥着重要作用。

PBS还设有客户服务办公室，以及较为独特的执行通信办公室、执行响应管理办公室(Office of Executive Response Management)。其中，客户办负责与各使用单位沟通，而执行通信办公室则主要面向对GSA的工程项目建设负有监管审批职责的政府机构，如财政部、白宫等。而执行响应管理办公室则负责随时跟踪法律法规的变化，外部利益相关方诉求的调查，以及制定执行相关法律法规和相应利益相关方诉求的PBS内部政策

此外，GSA也依法在内部设有一个相对独立的检查总长办公室(Office of Inspector General)。该部门下辖：行政办、审计办、法律顾问办、法务评估办和调查办等。负责推进政府公共工程的经济性、效率性和有效性，并调查和预防欺诈、浪费和不当管理。

B.2.4 政府公共工程管理机构的职责

基于对联邦事务服务总局(GSA)的组织分析，可以将美国的政府公共工程管理机构的职责概括为以下5个方面：

(1) 依法行政；

(2) 政府物业资产的持有人；

(3) 项目组合战略规划；

(4) 项目全寿命管理；

(5) 利益相关方管理。

B.3 政府公共工程管理的相关法规

B.3.1 建设法律法规体系

美国在联邦层面没有统一的建筑法，而只在州政府层面各州都分别通过有自己的《建筑条例》(Building Code)。为了使各州的建筑条例尽量统一，以方便建筑企业和从业人员跨州执业，美国有专业组织编写有《国际建筑条例》(IBC)，作为各州立法的示范法规条文。目前，IBC得到了各州的广泛采用，但各州也大都会根据本州的实际对IBC做一些局部修改。州法律对本州的所有工程建设项目都构成严格的约束，州内的政府工程也不例外。但联邦政府对州法律有豁免权。尽管这样，联邦事务服务总局(GSA)规定尽量严格遵守当地建筑条例，只有在遵守当地建筑条例会危及GSA的一些特别使命(如安全防恐等)时，才可以突破，且需要对此有详细说明。

其他影响到工程建设的联邦法律倒有不少，如无障碍法、劳工法、环保法等。由于美国是英美法系，并不像大陆法系那样有清晰系统的成文法，相关法律往往会包括大量的法案。

除了国会法案外，政府行政系统常常也会有一些相当于法规和部门规章层面的行政指令(EXECUTIVE ORDERS)和条例(REGULATIONS)。这些都需要行政部门在法律授权范围内发布。

B.3.2 政府公共工程管理的相关法律法规

美国政府公共工程除了受到有关建设法规的一般性规范外，往往还会受到一些特别的法律的规范。表 B-1 是美国联邦事务服务总局(GSA)网站上列出的一个联邦法律清单，其中除了第 11 和 12 外，都是特别针对政府投资工程的法律。

GSA 同样也关注专业组织编制的这些示范法规，并积极采用，有的则通过行政指令的方式，变为 GSA 内部必须强制执行的法规。这与各州借鉴示范法规的思路一致。

表 B-1 联邦法规节选①

1	Reorganization Plan No. 18 of 1950
2	Federal Property and Administrative Services Act of 1949
3	Public Buildings Act of 1959
4	Competition in Contracting Act of 1984
5	Public Buildings Cooperative Use Act of 1976
6	The Small Business Act
7	Rural Development Act of 1972
8	Contract Disputes Act of 1978
9	Prompt Payment Act
10	Assignment of Claims Act of 1940
11	The Architectural Barriers Act of 1968
12	Fire Administration Authorization Act of 1992

B.4 政府公共工程的管理机制

B.4.1 政府公共工程的管理制度一览表

以美国联邦事务服务总局(GSA)为例，其建设项目管理制度主要是由相关法律及相应的建设标准体系所构成，详见图 B-6。

① http://www.gsa.gov/portal/content/101288

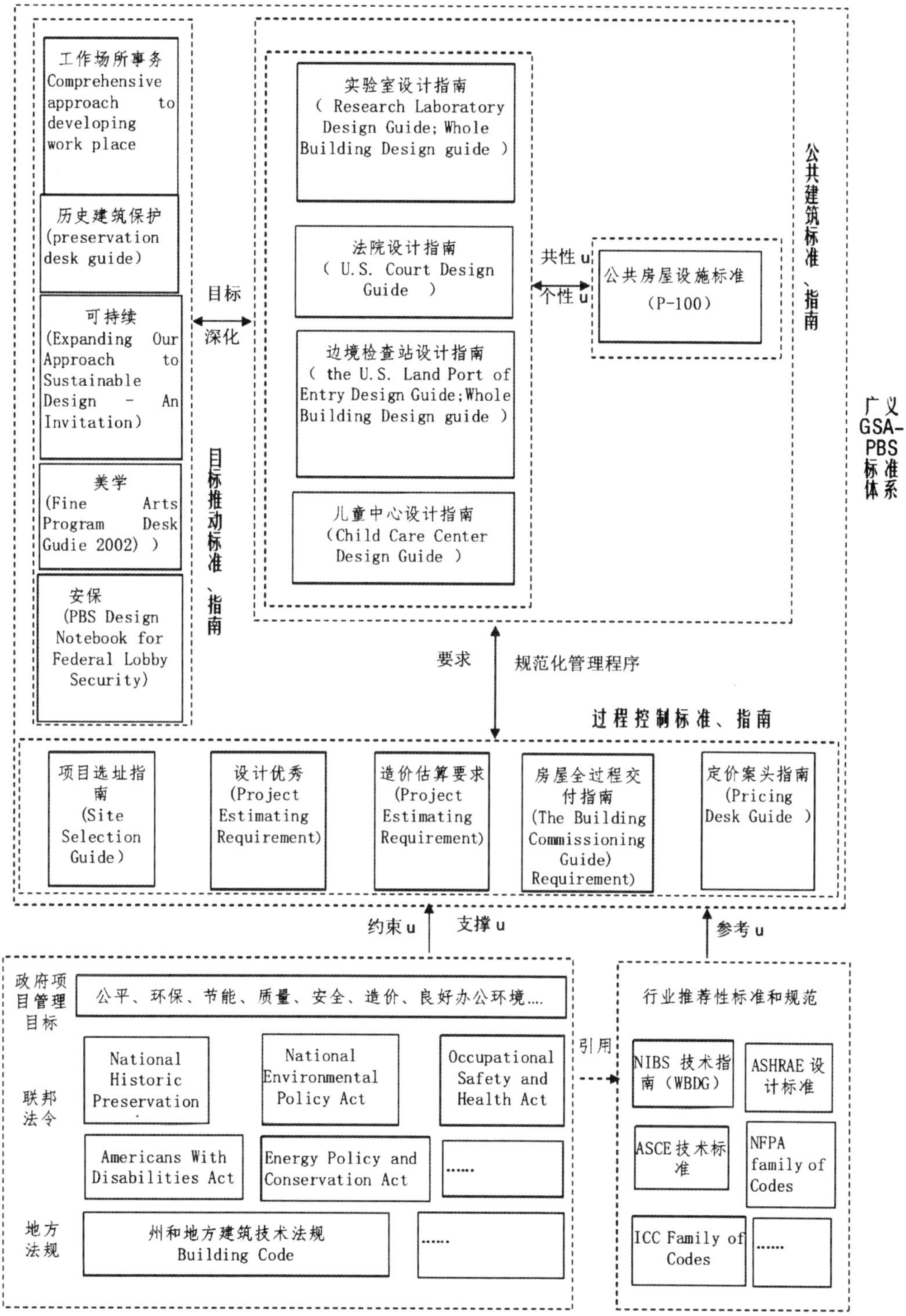

图 B-6 美国 GSA 建设标准体系框架

B. 4. 2 政府公共工程的管理制度与过程

B. 4. 2. 1 总体情况

美国联邦事务服务总局(GSA)是法定的政府业主,而公共建筑服务中心(PBS)则是GSA负责政府办公楼建设管理的核心部门。图B-7对该部门及其与外部相关单位的关系,按照工程项目全寿命期管理的视角做了梳理。

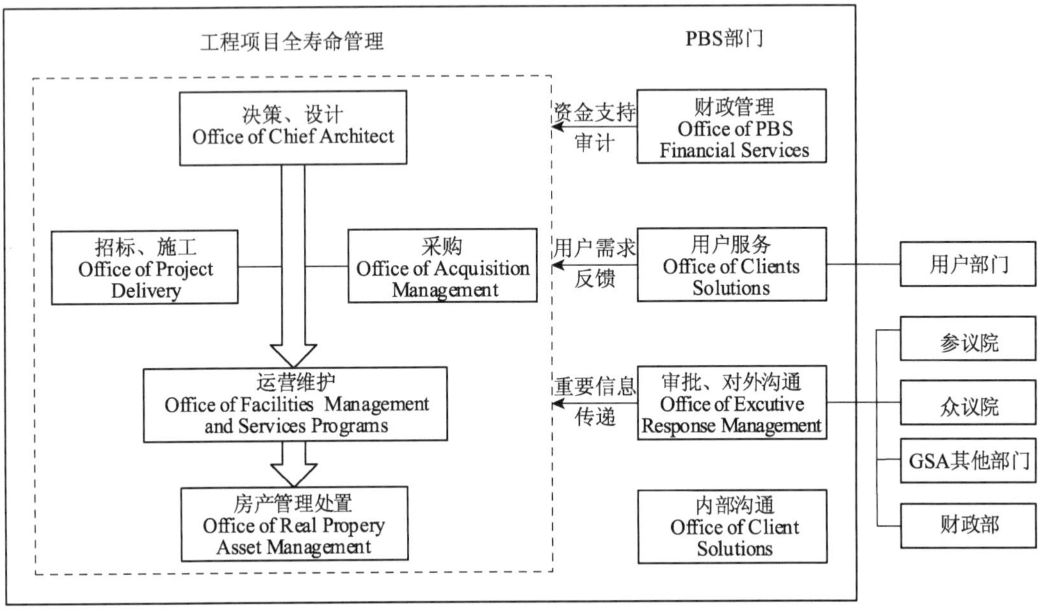

图B-7 PBS与外部单位的关系

其开展公共工程的基本建设程序是:

房屋建设需求首先由房屋使用部门向地区性的服务中心提出,并由后者提交给联邦事务服务总局。联邦事务服务总局的公共建筑服务中心对这些要求作出评估,综合考虑各方面的因素后,向行政决策部门(总统办公室)提交所推荐项目的清单。行政决策部门对项目清单进行评估修改之后,向立法部门提出预算需求。在这个阶段,项目预算是非常粗略的预算,通常只包扩项目的名称和总金额。立法部门审核预算之后,批准选定的项目并划拨资金。

项目立项之后,公共建筑服务中心(PBS)开始着手选择设计单位。首先,PBS刊登项目设计服务需求的广告。这些广告也及时出现在GSA的网站上。设计单位根据广告要求,提交自己的资质、项目设计小组成员的简历和项目建议书。PBS收到各设计单位提交的文件之后,邀请建筑设计的同行专家,对各家设计单位进行评估。在选择设计单位时,PBS考虑的是设计单位的质量和从业人员的资质,而不是设计费。当然,作为政府工程,设计费的数额有一定的限制。PBS选择一家或数家设计单位进行接触和谈判,并与选中的一家签定设计合同。

与私人项目类似，PBS所负责项目的设计工作包括方案设计、扩初设计、施工图设计和准备招标文件四个阶段。对于前三个阶段，在每个阶段结束后，PBS的主建筑师办公室组织进行设计评审。除了PBS自己的专家外，他们还邀请从业于建筑设计的同行专家进行会审。会审的内容包括核查设计是否满足预定的项目目标、项目预算，PBS自订的项目建设标准(P100)、暖通空调标准、防火、无障碍等。

在施工阶段，PBS所负责项目的施工组织模式分为三种：传统的设计—招标—施工、设计施工总承包(Design & Build)和委托建设管理(Construction Manager, CM)。

具体流程如图B-8所示。

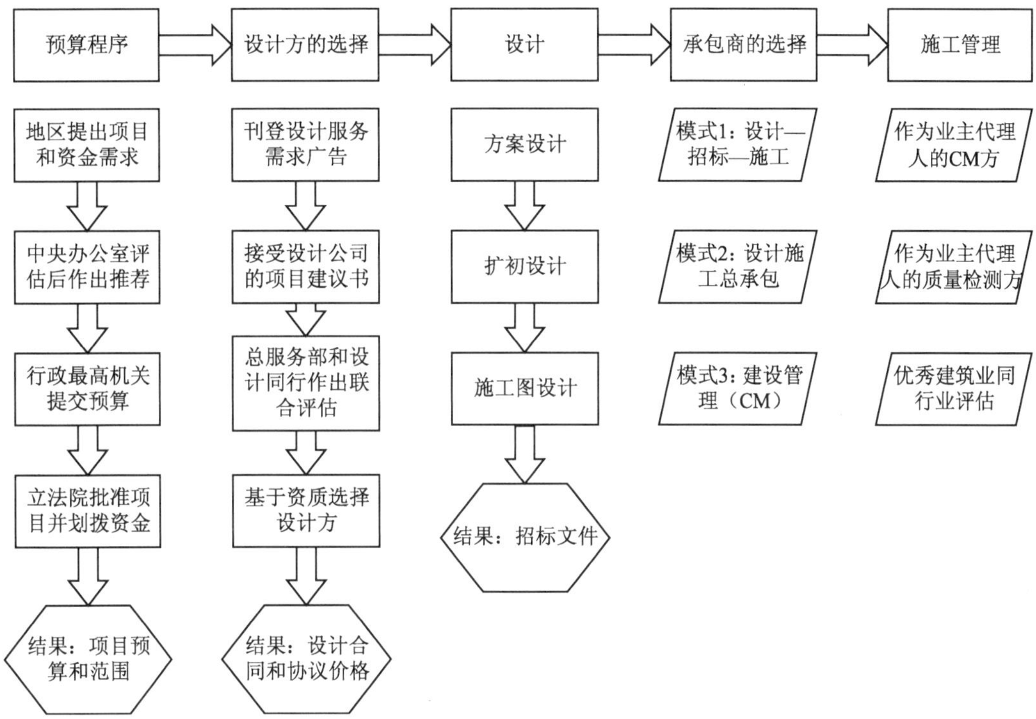

图B-8 工程项目建设具体流程

B.4.2.2 项目前期管理

联邦事务服务总局(GSA)的项目前期管理的流程启动从项目组合管理指导下的社区规划开始、然后进行项目策划研究、再经由项目报批流程，在得到国会授权后，建立起项目管理班子。之后项目就交由项目经理领导，进入项目交付流程。

在社区规划(community planning)阶段，GSA的项目需求一方面是来自于其他政府部门、法院等用户单位，另一方面是来自其自身管理的物业的维护维修需求。在用户单位向GSA提出需求而后，这些需求会由GSA地区中心来提出解决方案，并将其纳入社区规划。GSA会研究这些需求的合理性及其可能的解决途径，包括考虑对既有物业的挖潜利用、向社会租赁及自建新物业等多种解决方案，进行比选，然后给出明确的项目推荐和资金需求。对于自身管理的物业，地区中心需要编制建筑物工程报告(Building Engineering Report)来说明对这些设施未来的空间改造和维护维修需求。在此阶段也要提出项目选址建议，并进行初步的环境影响评估。这些项目推荐和资金需求计划将汇总到GSA总部的项目组合管理办公室(Office of Portfolio Management)进行汇总和评估，由其将之每年滚动编入一个5年计划。

在项目策划研究(Prospectus Development Study，PDS)阶段，项目需求会按照其优先序从社区规划中选定，做进一步的开发策划研究。在此阶段会进一步明确项目范围、实施方案、投资估算，并提出具体的项目管理计划。

在项目授权(Project Authorization)阶段，首先会由GSA总部对项目投资估算进行审核，并作出是否投资的决定。在此环节，GSA总部将对项目投资估算进行对标分析，以评估其合理性。并将选定的项目编制成项目建议书(Prospectus)，将之报送到总统预算办公室审核后，再报给国会。经国会批准的预算就成为GSA应执行的预算了。GSA要启动任何项目，最重要的就是要将其纳入预算。GSA有一笔公共建设基金，是一个每年相对固定的盘子，其资金来源是每年其向用户单位收取的租金，租金定价则是参照市场定价，并遵循其《案头定价指南》。GSA使用此公共建设基金会有很大的自由，只要其年度预算不超出这个盘子，预算内的项目可以一揽子列出清单上报，而且几乎都会很容易得到批准。如果公共建设基金的资金需求超出公共建设基金的总盘子，则需要逐项申报详细预算，向国会申请特别拨款。

项目一旦得到国会授权，就可以正式启动，为此GSA会为每个项目设立一个项目管理团队，并任命一位项目经理对项目从启动到建成交付全过程负责。成员会包括建筑师—工程师、施工经理、用户代表、房地产专家等。

另外，GSA编有专门的《项目策划指南》，来详细指导整个工程项目前期策划工作。其内容广泛覆盖Planing(计划)、Authorization(授权)/ Funding(筹资)、Site Acquisition(获取地段)、Design(设计)/build(建造)、Design(设计)、Construction(建设)、Tenant or Occupancy(租借or居住)等。GSA代表了美国政府工程最高的管理水平，而前期策划是公共工程建设的一个重要环节，相关做法很值得借鉴，以下是对该指南的简要介绍[①]。

《项目策划指南》是GSA重视项目前期策划研究的产物，也是GSA对美国政府公共工程的全方位决策管理指南，GSA的决策过程重点体现在《项目策划指南》涵盖的内容之中。

《项目策划指南》面向项目干系人，用于支撑所有GSA的项目的评估、开发和建设。该指南可为着手进行可行性研究或者项目开发研究(Program Development Study，PDS)的GSA职员提供项目交付过程的总体框架和成功的关键因素。同时该指南也可以为其他项目参与人，例如项目团队成员、外部专家或者最终建筑产品的潜在使用人提供足够的项目策划信息，以利于各类参与人参与项目前期的决策工作。

《项目策划指南》包括以下主要章节和附录。

(1) GSA的投资项目总论——给出了GSA的资本项目开发策划基本流程以及可行性研究和项目开发研究(PDS)的基本作用。该部分还包括可行性研究、开发研究的总说明表(包括目标、成功关键因素、任务、交付物、审批过程、咨询资源)及项目各阶段活动的时间表。

(2) 重要事项——主要讨论了GSA在可行性研究阶段和PDS阶段的主要业务和项目

① http://www.gsa.gov/graphics/pbs/Project_Planning_Guide_3of4.pdf

目标。

(3) 策划前期阶段——GSA 日常设施需求管理、客户需求分析及投资组合策划等方面的工作和作用。

(4) 可行性研究阶段——给出了可行性研究的开始、实施和结束过程。还规定了可行性研究的交付物、成功的关键因素、一揽子选址和设计资金申请文件。

(5) 项目开发研究阶段——这个阶段对于设计阶段有个良好开端以及获得施工期资金支持具有重要意义。本部分给出了 PDS 的基本程序,包括可行研究工作评估、新信息梳理、进一步推敲项目、以及项目设计和施工指导战略等阶段。

B. 4. 2. 3 设计施工管理

联邦事务服务总局(GSA)的设计施工管理严格遵循其相关建设标准中所规定的相关流程和标准。整个设计施工过程包括了设计前准备、设计/审批/报批、施工前准备和施工等环节[①]。

在设计前准备阶段,需要完成购地,完善项目管理计划,开展设计、CM 及其他咨询顾问服务的招标和合同谈判等,从而落实设计咨询方,并启动设计工作。咨询服务招标信息将由地区办公室在《商务日报》(Commerce Business Daily, CBD)上刊登。对设计咨询顾问的选择要遵循《设计优秀计划》(Design Excellence Program)的相关要求。

在设计/审批/报批阶段,很重要的就是开展价值工程。GSA 作为项目业主,会组织用户单位一同来开展设计图纸审查工作。在设计质量上重点关注对《建筑条例》(Building Code)和 GSA 建设标准的符合性,以及易施工性(constructability)。设计阶段通常又分为概念设计、设计深化和施工文件三个阶段,在《P-100》中对每个阶段的交付物都有明确的规定。设计优秀一开始就体现为对概念设计阶段的质量控制,如一开始至少需要提交 3 个以上的初始概念方案进行比选,然后在系统设计的基础上进行投资估算和价值工程分析,之后对概念方案要进一步报批。此后各阶段的设计都同样需要开展投资估算和价值工程分析;在施工文件阶段,GSA 的设计审核进一步细分到 75%完成、90%完成和 100%完成等不同的交付成果审查。GSA 一律采用限额设计,将投资控制在国会批准的预算内是其中重要的管理目标。从 2007 年起,GSA 要求每个项目在概念阶段就要提交 BIM 模型,并发布有统一的 BIM 标准,要求在所有的项目上予以贯彻。《设计优秀计划》(Design Excellence Program)是整个设计阶段管理的重要依据。每两年,GSA 还会评选出若干优秀项目,对其设计师进行表彰,这些奖项广泛覆盖建筑设计、景观设计、历史保护、先进技术、可持续、艺术设计等若干领域,以激励各专业设计师们不断努力提升设计水平。

在施工准备阶段,如果是改造项目需要完成租户搬迁,并向国会申请施工授权。然后可以开始平整场地,并公告进行施工招标,最终与中标人签订合同。GSA 的设计和施工招标都需要严格依照政府采购法进行,其中,施工招标需要配合采用法定的工程担保制度,包括相当于合同额 5%的投标保函,以及中标后中标人在签约后继续提交一份 100%的履约保函和一份 100%的付款保函,来换回投标保函。不能提供保函的将不能取得政府工程的投标资格。

---

① http://www.gsa.gov/portal/content/100803

在施工阶段，GSA 作为业主的主要任务是监督施工、控制进度和造价，同时进行设备调试和设施动用前准备，并为用户提供包括通讯、家具和搬迁等在内的一揽子设施动用服务(integrated occupancy services)。由于设施建成后 PBS 的使命就将完成，因此还需要为将设施交付给房产经理(property manager)做好房屋设施和资料移交的准备。房产经理来自于 GSA 的另一个内部部门。GSA 同样会执行一个《施工优秀》计划，该计划的一大特点是包括一个 GSA 施工优秀同行检查计划(GSA Construction Excellence Peer Program)，GSA 会同美国总包商会每两年选出一批代表美国最高施工水平的同行专家，负责对 GSA 的工地进行不定期的走访检查，以帮助 GSA 发现施工中的问题和不足，并提出改进建议，这些建议可能会针对具体的施工项目，也可能会涉及对整个 GSA 管理制度和流程的改进。由于这些施工企业都是承包商潜在的竞争对手，通常都会非常仔细地去查找问题，取得了很好的效果。

GSA 还建立了《全过程交付指南》(Total Building Commissioning)，来指导对项目从设计到施工[①]的全过程中各个阶段工作的调试验收工作。

而相关设计与施工方面，美国 GSA 的服务范围包括建筑与工程、艺术建筑与艺术、CAD 标准、3D-4D 建筑信息模型、Commissioning Overview、第一印象(First impression)、建设卓越计划、设计与施工交付流程等范畴。为确保建筑工程符合美国公众期望的高标准，GSA 雇用最卓越的私营建筑师和工程师从事建筑施工设计，并通过著名的 Design and Construction Excellence Program 计划兴建新的联邦大楼。

建筑工程方面，GSA 基于国家投资的公共项目，建立符合需求的建筑设计标准、技术、系统和产品，为与 GSA 存在合作关系的私营技术公司、咨询公司按照既定标准设定了绩效目标。同时，GSA 负责组织与可持续设计、工厂生产力、防火/生命安全、设计成本管理等相关的国家方案，参与许多联邦机构委员会的设计政策、国家标准设置和其他设计施工组织活动。

设计方面，GSA 的“设计卓越项目”扮演了重要角色，该项目是 GSA 对其拥有的联邦建筑环境质量推广宣传的中心，该方案建立了全国性政策和程序，选择最好最合适的 GSA 委托建筑师，并集成为卓越的设计团队，并采取严格评估程序、开展专家研讨会等手段组织确保工作的持久价值。“设计卓越”项目按照第一印象、室内设计、租赁建筑、城市发展和可持续发展等独立领域审查评议项目的优劣性，并通过展览、出版物和视频节目等其他活动，营销自己最杰出的工程成果。

设计施工相关标准：

1)《P-100 标准》[②]

从 P-100 的英文全称 The Facilities Standards for the Public Building Services，可以看出两个事实：第一，该标准面向 GSA-PBS 管理范畴的所有建筑设施的标准；第二，与其他标准不同，该标准在 GSA 的标准体系中居于核心地位，具有强制性，相当于欧美等国建筑工程标准中的“技术规范”或者我国的“强制性标准”。其贯穿于美国联邦政府公共建筑在策划、

① http://www.gsa.gov/portal/content/104549? utm_source=PBS&utm_medium=print-radio&utm_term=HDR_1_Bldgs_design&utm_campaign=shortcuts

② http://www.gsa.gov/portal/mediaId/187607/fileName/P100_Version_2014.action

设计和施工各个阶段的工作，规定美国联邦政府公共建筑新建、扩建和改建项目的设计标准和原则。

正如P-100的1.1部分所言："P-100是为美国联邦事务服务总局(GSA)所管理的公共建筑设施如新建建筑、主体或\局部改造工程、古建筑工程等所建立的设计标准和规范。本文件适用于所有联邦事务服务总局(GSA)管辖的新建或改造设施，或政府在房屋市场上购买的建筑物(具体参照B.1.3)。对于重要的租赁建筑，也推荐使用本标准。本文件所包含的政策和技术标准在联邦事务服务总局所辖建筑物的规划、设计、文件管理的过程中同样适用。

本标准是每个建筑物设计时的强制性要求，只有这样所有的组成部分才能构成一个整体的解决方案，设备的运行、能源的利用和其他标准的应用才能达到最佳效果。"这个350多页的文件包含的主要内容，如表B-2所示。

表B-2 美国GSA公共建筑设施标准内容(P-100)

章节	1996年版本	2005年版本	2007年版本
			前言
			背景介绍
1	总体要求	总体要求	总体要求
2	场地设计	场地设计	场地设计
3	建筑设计	建筑设计	建筑设计
4	结构设计	结构设计	结构设计
5	机械设计	机械设计	机械设计
6	电气设计	电气设计	电气设计
7	防火设计	防火设计	防火设计
8	安保设计	安保设计	
9		法院设计说明	
附录		对A/E提交文件的要求	建筑/工程设计的体制和程序

《P-100标准》是支撑GSA执行工程项目运作的最根本的管理标准，GSA的其他一切相关管理活动，显然要基于P-100标准进行。总览GSA对公共工程项目的全生命周期管理，即可发现，GSA的良好运行正是基于其对设计施工的创新与保质、立足于用户和社会利益的考量和完备的项目执行标准之上。而其中的"硬实力"，即是GSA在其长期的发展过程中逐步完善的标准体系，而其中最根本的基石，即是《P-100标准》。

2) 其他相关设计指南及其解读

《P-100标准》的受用范围是美国公共工程中较为常见的学校、政府工作大楼、医院等相关建筑，而其他具有特殊应用需求的公共建设项目，GSA有其特定的指南作为参照。

(1)《美国法院设计指南》(U. S. Courts Design Guide)①

对于法院，GSA一方面在2005年版的P-100的增添了关于法院房屋设施的建筑设计、

① http://www.gsa.gov/graphics/pbs/Courts_Design_Guide_07.pdf

结构设计、机械设计、防火设计、电气设计以及安保设计的强制性规定，又基于更具体深入的设计要求，执行《美国法院设计指南》(U. S. Courts Design Guide，简称USCDG，由美国司法会议(Judicial Conference of the United State)的安全与设施委员会组织相关专家编制)。并在1996年P-100中明确提出在P-100与USCDG发生冲突时，USCDG优先。

USCDG标准能够起到三个方面的作用：第一，可以作为直接参与联邦法院设施设计工作的联邦法官和关键司法人员的计划工具；第二，为GSA和A/E提供策划和设计一座功能合理、符合建筑美学以及成本节省的法院设施的有关信息，这些信息能够促使法官和司法人员与GSA和A/E在整个项目生命周期内的合作富有成效；第三，为美国司法委员会提供了全国性的联邦法院设施规划和设计政策指导。

USCDG共划分为14章，2～14章为标准的主体内容。除了少数章节外，每一章都可以分为以下几个部分：功能和活动、用户容量、流通、尺寸、设计要求、装饰和固定装置、安保、声效、HVAC、照明、电气、视听设备、通讯以及各类空间的数据传输等。为了使得设计过程更能符合不同干系人的要求，第2章和第3章主要是用于规定法官和司法人员工作空间；第4～14章则是主要服务于参与法院设施的专业设计人员(建筑师、规划师以及工程师)。

(2)《儿童保育中心设计指南》(Child Care Center Design Guide)[①]

GSA-PBS是儿童保育中心的所有者，GSA-PBS要负责儿童中心的策划、设计和建设，并最终提供空间完整、设施齐备的建筑。GSA将在其拥有或者控制的空间建立高品质的儿童保育中心作为联邦政府雇员提供良好的工作氛围的一个基础条件。目前，GSA已经在全美31个州，以及哥伦比亚特区和波多黎各建立了110个儿童保育中心。通过实施儿童保育计划，GSA确保了联邦政府雇员家庭的学龄前子女得到良好的看护和教育。GSA的儿童保育中心不仅仅面向联邦政府雇员，还对其所在的社区开放，但要求所有进入中心儿童中50%以上为来自联邦政府雇员家庭。

《儿童保育中心设计指南》又被称为P-140，是由GSA-PBS组织编制的，目前使用是2003年的版本。P-140不仅仅为联邦儿童保育中心提供了规划和设计指南，同时为了增强项目干系人的专业判断能力，还提供了原理的解释。应该注意的是，该标准为应该遵守的最低标准。因为对于儿童保育中心，GSA不仅仅考虑的是造价，更重要的建设目标为：儿童导向、适宜发展、美观、环境敏感、促进健康。另外，P-140还非常注重不同年龄段的儿童以及成年人对空间要求的区别。

P-140一共由10章和7个附录构成：绪论，使命、目标、管理和政策，中心中的儿童和成年人，National Association for the Education of Young Children (NAEYC)标准及其他标准，空间和位置规划，场地设计，内部空间设计，家具和设备，内部装饰，技术标准，公制/英制换算(此之后为附录)，有毒植物，合同文本，儿童保育中心设施清单，可持续设计，条款和优秀实践，可达性，运动场申请要求。

(3)《边境检查站设计指南》(U. S. s Border Station Design Guide)

GSA的边境检查站中心(Border Station Center，BSC)是负责美国边境检查站的机构。为确保边境检查站规范化建设，满足检查需求，GSA制订了《边境检查站设计指南》，又称为P-130。但是该标准内容涉及国家安全，所以GSA在其官网并未公布。但大体内容可根据

① http://www.gsa.gov/graphics/pbs/designguidesmall.pdf

美国国家建筑科学学会(National Institute of Building Sciences, NIBS)网站公布的 WBDG 标准(whole building design guide)判断,这是因为 WBDG 中关于边境检查站的内容大量参考了 P-130。

首先,该标准的制订充分考虑不同出入境检查机关及其人员对于边境检查站的空间需求。例如对于陆陆通关检查站要包括能够安排美国海关和边境保护署(CBP)、家畜检疫中心(VS)、美国食品药品管理局(FDA)、美国渔业和动植物保护中心(F&WS)、GSA 等部门的人员开展工作的空间和设施。

其次,根据工作内容的要求,该标准考虑以下几类空间的划分、关系、尺寸、设施等问题。包括:步行通关者/乘客排队、手续办理、受检空间;商业和非商业车辆排队、手续办理和受检空间;柜台/工作区域;办公室;实验室(干);实验室(湿);滞留旅客休息区;卫生间;数据自动处理中心(大型机);数据自动处理中心(高性能大型机);储存区;室外停车区;健身中心;工作犬舍;扣留车辆和其他大宗物品停放区;轻工物品存放区;仓库;居所:为检查官居住或者通宵工作的检查官使用的联邦所有的居所。

3) 设计阶段——《设计卓越》(Design Excellence: Policies and Procedures)

为了改善联邦政府工程设计,以及向公众传递对政府的正面影响,从 1994 年开始,GSA 开始实施设计优秀计划,并在 2000 年编制了《卓越设计案头指南》Design Excellence Desk Guide 以推动优秀设计思想在实际设计中的实现,另外 P-100 等设计标准也将设计卓越也将该标准的实施的主要目标之一。2004 年 GSA 又编制了《设计卓越:政策和程序》(Design Excellence: Policies and Procedures),并且取代了《卓越设计案头指南》,成为 GSA 推动优秀设计最主要的规范性文件。其主要目标:

为客户和纳税人提供最好的价值观;构建安全、高效以及富有吸引力的工作场所;确保项目按时、按照造价约束实施;确保项目响应国家城市发展和环境政策;选择美国最好的设计师和艺术家,以最终创造瞩目的地标型设施。

同时 GSA 强调虽然优秀设计的目标是运用专业知识,最终创造出具有个性的,被人作为效仿对象的建筑物,但这一努力并不意味优秀设计是追求虚荣和奢侈。

《设计卓越:政策和程序》的主要框架如下:卓越设计的要求;卓越设计过程策划;卓越设计与项目选址;卓越设计公开招标过程(FedBizOpps, Federal Business Opportunity);首席设计师和设计优秀 A/E 团队选择战略;概念设计阶段中的优秀设计;建筑艺术推动计划。

4) 对美国 GSA 设计施工标准的相关讨论

GSA 通常采取《P-100 标准》与特定设计指南相结合的方式进行工程管理,这样做既可以满足生命周期造价最省、可持续、安保与社区协调发展等目标,又在保证项目符合一般标准的情况之下满足了特定设计施工需求。这也是 GSA 工程管理体系完备的一大体现。

从不同的相关指南中也可看出,对于特定的受众群体,GSA 充分考量了他们的需求。这种坚持原则与具体问题具体分析相结合的管理模式值得借鉴。同时,GSA 非常注重“人”的因素,其设计施工标准尽可能为受众提供合理、舒适、健康、高效的使用机会。这种“以人为本”的管理观亦应当为我所借鉴。

美国 GSA 开展公共项目建设的一大特点,即是其非常重视项目设计的优劣。早在 2002 年,GSA 即委托专业公司对社会公众进行了相关调研。调研发现,超过 81%的美国民众对公共建筑环境、外观和主观观感的塑造表示出了兴趣,超过 1/3 的人想要在建筑空间设计中有更多发言权。同时,85%的民众认可"质量更好的公共建筑设计对改善人民生活质量有正面作用"的观点。

GSA 指出,卓越设计的优势在于对民众的保健、教育、住房、公民文化、商务等方面促进明显,同时会为社会提供预防犯罪的红利①。

B.4.2.4 投资管理

投资管理,正如字面含义,是以投资者的利益出发,经过一系列的投资运作,最终达到投资目的的过程。对于联邦事务服务总局(GSA)而言,其代表的是美国联邦政府,其投资管理势必要考虑政府利益。同时,由于政府的职能特殊性,其投资活动必须要符合民众的利益。因此,GSA 的投资管理兼顾了实现政府利益最大化与民众利益最大化两项目标。

具体到投资管理的内容,主要分为两部分:其一,美国 GSA 的投资要如何使用,即美国 GSA 的资金将要用于建设国家的那些方面;其二,美国 GSA 的投资如何实现良性的收益。这两方面,前者符合狭义的投资管理范畴,而后者则更为广义,需要考虑造价、验收、租赁等多方面内容,这就需要种种规章来规范引导 GSA 实现投资的最优收益。

1) GSA 投资②

参考 GSA 首席执行官——代理专员安东尼-科斯塔于 2009 年 7 月 8 日于美国众议院所做的国会证词《资本投资与租赁计划》(Capital Investment and Leasing Program)的相关内容(段首为其网址链接),可以清晰的总结出美国 GSA 投资的大致范围与方向(以 GSA 2010 财年资本投资与租赁计划为例):

GSA 的资产包括在美国所有 50 个州,6 个美国海外领土和哥伦比亚特区的近 35 400 万平方米的可租用面积。其中大部分都集中在如华盛顿特区,纽约,芝加哥,亚特兰大和洛杉矶等大型商业中心附近。GSA 的公共建筑的投资组合主要包括办公楼、法院、陆路口岸的入境和仓库。而 GSA 的公共建筑服务中心(PBS)的使命就在于,以一个经济的成本向美国纳税人提供优越的工作场所,支持 GSA 进行相关投资活动的经济实体,是美国国会于 1972 年创立的联邦建筑基金(FBF)。GSA 通过市场化的收费和成本补偿办法,为超过 500 个行政单位、司法机构和国会议员提供空间需求。

2010 财年 GSA 投资项目组合如下:

(1) 修缮和改建(4.96 亿美元)

GSA 是价值约 410 亿美元的 1 523 栋联邦大楼的管理维护者,必要的修缮和改建可以使 GSA 维护和改善所有工程的性能,增加市场竞争力和收益,优化国有资产投资组合的价值。

具体的修缮和改建方案:2.6 亿美元基本程序;1.76 亿美元重大和有限范围的方案;0.2 亿美元的防火及生命安全计划;0.2 亿美元节能节水措施;0.2 亿美元的联邦高性能绿色建筑(可应用于可持续发展部分)。

(2) 新的建设和收购设施计划(6.5 亿美元)

主要包括对站点获取、设计、基础设施、建设和十个联邦设施的管理检查费用的资金要

① http://www.gsa.gov/graphics/pbs/CABE_Value_of_Good_Design.pdf
② http://www.gsa.gov/portal/content/103645

求。通常情况下，传统的PBS追求一个基于在现有房地产市场中尚不存在的特定目的或独特设施的建设和所有权的解决方案。2010财年，GSA的新建设计划着重于优先建设用户急需的公共事业，无论是为保护公众健康的实验室还是确保边境安全点的入境口岸。此外，GSA呼吁对一些在特定的地区有长期需求的新建设项目加大投资。这些项目的最初规划为租赁建筑，但在建成后的将来将由联邦政府拥有，长远看来会节省为纳税人节省数百万美元的支出。

根据GSA官方网站的新闻[①]，在国家公共建筑方面，GSA宣布的重大投资主要包括如下方面：修缮全国需要维修和保养的9 000多座联邦大楼、边防现代化项目建设(路上边境口岸、海港扩大与现代化等等)、整合现有的联邦地产使得其数量更少而效率更高。

(3) 租赁方案

为了满足GSA客户对空间的需求，GSA已经与全国7 100多个地点与8 500多个私营部门签订了租约，1.7余亿平方英尺的租用空间超过了GSA所有投资地产面积的一半，租赁空置面积已经达到或低于1.5%，为过去六年全美工业平均水平的13.5%。GSA致力于控制低于市场平均的租赁成本，为客户提供最好的使用价值。

2) GSA投资回报

身为美国联邦政府行政机关的GSA，其投资必将并重同时实现收益与民众利益的最优化。针对投资回报方面的标准指南解读如下：

(1) 造价形成——《项目估算要求》(Project Estimating Requirement)[②]

《项目估算要求》由GSA的PBS在2007年一份公布实施造价指南，又称为P-120，是一份非常重要的GSA项目建设指南。P-120规定了GSA建设项目从策划和实施阶段的成本估算和管理技术与管理要求，同时详细说明了成本估算的标准和实际做法。适用于项目策划、设计和施工管理等阶段，也适用于专业合同中造价估算和造价管理任务。

《项目估算要求》主要分为以下三个主要部分。

① 总体要求和原则：总体阐述了项目估算做法和标准。包括估算师和估算机构的资格要求、有效成本管理原则、不同类型和形式的估算、估算方法及可用成本估算和管理工具等。

② 不同阶段项目的要求：这部分规定和说明了不同阶段的应提交的项目造价文件的范围和详细程度。

③ 交付方法：阐述各阶段在不同项目组织模式、不同项目规模下，项目造价活动和任务。

(2) 租赁阶段—《定价案头指南》(Pricing Desk Guide)[③]

如同上文分析，GSA是大部分联邦政府房产的所有人，以租赁形式向其他部门收取房屋使用费，并且少量租赁外部房产，转租给其他部门收取租金。租金一部分用于房产的日常管理和维护，剩余的部分进入“公共建设基金。”这个基金就是政府改建、扩建、和新建项目的主要资金来源。虽然GSA-PBS可以通过压缩新开工项目或者调整租金的方式来增加“公

① http://www.gsa.gov/portal/content/184875

② http://www.gsa.gov/portal/mediaId/170507/fileName/P_120

③ http://www.gsa.gov/graphics/pbs/Pricing_Desk_Guide_4th_Edition.pdf

共建设基金"的规模。但是，PBS 不能以过于偏离租赁市场价位的方式收取租金，来弥补"公共建设基金。"否则，各部门有权租赁商业房产。因此确保房产定价合理和规范对于 PBS 开展其工作具有十分重要的作用。

为了规范和指导 GSA-PBS 的工作人员的房产租赁工作，同时使客户了解和获得更多的关于 PBS 在租赁房产定价方面的政策和程序，GSA-PBS 在 1996 年颁布实施了第一版的《定价案头指南》，目前实施的是 2002 年 3 月颁布的第三版。与前两版相比，第三版对 GSA 的租赁政策阐述上进行了提炼和系统化，对如何理解这些政策的实际应用给予了更多的论述，以及审慎考虑了客户的评价和反映。

该指南的主要内容包括：

① 绪论：介绍了第二版《定价案头指南》出台后，GSA-PBS 在房产租赁方面的政策的主要变化，以及指南的主要应用领域。

② 定价关键要素：第一要素——租用协议(The Occupancy Agreement，OA)，重点阐述了 OA 的主要内容和形式；第二要素——房屋外围 Building Shell；第三要素——租用装修经费 Tenant Improvement Allowance(其中第二要素和第三要素构成了用户部门编列部门房租预算的基础。房屋外围指 GSA 依照标准提供给租户的房屋外围设施，包括了公摊部位的标准装饰装修，后者指用于用户部门租用空间内部设施装修的预算经费，该经费单独建账，由用户部门控制，用于满足客户的特殊工作需要)；第四要素——ANSI/BOMA 空间测量标准阐述了 GSA-PBS 美国国家标准学会(ANSI)以及建筑业主和经理协会(BOMA)的空间测量标准后，对面积划分和测算标准的影响，以及实施 ANSI/BOMA 空间测量标准的注意要点。

③ 定价规定和确定方法：GSA-PBS 房屋租赁定价的总体规定和主要方法。

④ 主要类型的出租房屋定价规定：前面的章节主要针对所有的出租房屋，从总体上规定了定价方法，本章则是针对三类类型出租房屋(新建、续租、已有空置)的租金确定方法进行了规定。

⑤ 搬迁费用政策：主要规定了承租部门由于以下两个原因导致的费用——第一，租赁未到期，因其他部门占用，所导致的承租部门的搬迁费用和通讯费用增加；第二，突发事故或危机形成的搬迁费用。

⑥ 承租部门的权利

⑦ 特殊情况定价。对以下六类可以不采用前面章节定价方法的租赁模式定价方法进行了规定：Portfolio Leases (组合租赁)、Return on Investment Pricing (投资收益模式)、国会建筑、天线定价、紧急设施、邮政设施。

⑧ 附录：A. 房屋使用协议条款；B. 费用汇总范表；C. 费用汇总范表。

(3) 租赁阶段——《PBS 工作空间划分指南》(PBS Business Assignment Guide)[①]

本指南由 GSA-PBS 在 2004 年颁布实施，主要用于 PBS 划分和测算出租空间，也为承租部门提供空间划分方面信息。GSA-PBS 的空间划分准则以 ANSI/BOMA 的测算标准(ANSI/BOMA Z65.1-1996) 为基础。GSA 明确规定：若没有特别强调，该指南即为 GSA 拥有产权和租赁的房屋空间划分和测算的权威依据。

---

① http://www.gsa.gov/graphics/pbs/Pricing_Desk_Guide_4th_Edition.pdf

其主要内容包括：

① 绪论

② 房间名称

③ ANSI/BOMA 空间分类：办公空间（Office Space）、建筑物公用空间（Building Common，建筑物共用设施和进入各租户垂直通路所占据空间）、楼面公用空间（floor Common，某楼层承租部门使用的公共空间）、垂直孔洞、PBS 特殊空间

④ PBS 空间划分方法：主要包括总面积、非分配面积、可用面积、建筑物公用空间、可出租面积的定义和计算方法

⑤ 各类空间的标准缩写

⑥ 计算机管理系统空间分类(STAR 系统)

注：运营期的租赁政策和程序详见 B. 4. 5 运营管理。

3）投资控制

投资控制是政府公共工程面临的最大挑战，但在 GSA 上述的投资管理框架内，事实上已经类似于一个市场主体——它要向其他政府部分提供与市场具有可比性甚至更有竞争力的产品，否则其他用户部门就有权拿着租金预算去向社会租赁办公场地，不再使用 GSA 的服务；而 GSA 的预算收到其租金收入的制约，也不能盲目扩大投资，这就给了 GSA 很好的实施投资控制的内在动力，有了这一先决条件，其他的投资控制措施都不过是实现其管理目标的操作性手段而已，其核心在设计阶段主要体现为限额设计，在招投标和施工阶段则主要体现为公开招投标、最低评标价中标和高保额的工程担保制度，以及贯穿于设计施工全过程的价值工程管理。

B. 4. 2. 5　质量管理

作为美国联邦政府行政机构，联邦事务服务总局(GSA)所承担的质量管理任务就是保证其控制下的国家公共工程项目在全生命周期范围内的高质量，这其中涵盖了质量策划、质量控制、质量保证和质量改进的方方面面，并将之全面融入了到了项目策划、设计施工、采购管理、合同管理、设施管理和运营管理之中。

可以说，GSA 所执行的整个建设标准体系也就是它的质量保证体系。如项目策划阶段的《项目策划指南》也实际上就保含了项目质量策划，而《P-100 标准》、《美国法院设计指南》、《儿童保育中心设计指南》和《边境检查站设计指南》则为各种不同的建筑产品建立了明确的质量标准；《设计卓越》和《施工卓越》则可视为对整个设计和施工质量的保证措施的规定。而《项目估算要求》和《定价案头指南》则为工程质量提供了合理的预算经费保障；《PBS 工作空间划分指南》则为确保最终用户满意并兼顾投资约束明确了相应的标准；而《房屋全过程交付指南》(The Building Commissioning Guide, BCG)则为工程质量验收提供了从策划、到设计到施工及竣工验收全过程的详细指导。下面重点对《房屋全过程交付指南》[①]进行介绍。

20 世纪 90 年代以来，为了确保美国公共建筑建成后达到优秀标准，确保向客户提供符合甚至超越其功能、安全、可持续性需求等方面的设施，GSA 开始在建筑工程中贯彻由房屋

① http://www.wbdg.org/ccb/GSAMAN/buildingcommissioningguide.pdf

交付全美会议(The National Conference on Building Commissioning, NCBC)提出的房屋全过程交付理念(Total Building Commissioning, TBC)。根据NCBC定义:"TBC是跨越规划到项目竣工后至少一年的系统的保证过程,通过核查和证明文件等手段或方式,确保所有设施系统与设计文件和意图相符合,与业主的功能需求相符合,包括与人员的准备培训需求相符合"。

BCG是GSA的建筑工程质量传递保证过程的最重要的指南,实现了将传统的各阶段单独验收模式的整合,其核心点为:

第一,通过在策划期组建TBC团队,确定各自的职责,明确客户对质量的实际需求,建立了实现全过程质量管理的组织基础。

第二,明确了各个阶段承接之间的核查任务和证明文件,确保质量管理各环节的有机结合,以及质量管理责任和义务的准确传递。

P-100中也将该指南作为GSA项目过程管理的主要规范性文件。GSA已经在2006年后,开始在所有新建和更新改造项目中实施从规划一直到启用后评估截至的TBC,项目造价中也将含有TBC活动费用。

BCG的主要内容包括:

(1) 原理:简单介绍了对于TBC的定义和期望。

(2) 建筑工程交付过程:分四阶段(策划、设计、施工和竣工后)详细说明了各阶段交付的要点、惯例和推荐做法,给出各个阶段的TBC团队的职能和责任矩阵。

(3) 附录:提供了TBC案例以及获得更多信息的链接。

通过实施BCG, GSA认为可以获得如下的好处:能源节约形成的资金节约;设施使用对工作效率的提升;客户满意度提升;环境改善;更优的工程文档管理;缩短移交使用时间等。数据统计表明,采用BCG的工程,节省能源费用要平均降低8%~20%。

B.4.3 政府公共工程的需求管理

在其政府公共工程项目全生命周期的各个方面,美国联邦事务服务总局(GSA)都立足于关注并致力于满足特定用户需求这一"以人为本"的理念,在决策、设计、施工、租赁、运营等各个阶段,切实为实现用户需求而提供服务。这些服务的主要体现,即在于GSA工程管理各个阶段的标准或者指南文件之中:

1) 项目策划阶段

根据对《项目策划指南》这一标准的相关解读,可以看出GSA在其策划的前期阶段十分注重将GSA日常设施需求管理、客户需求分析及投资组合策划等方面纳入考量。用户作为其公共项目的最终受众,用户需求势必体现在策划指南之中。

2) 设计施工阶段

整个设计施工阶段,GSA所应用的工程标准与指南有五个之多:《P-100标准》、《美国法院设计指南》、《儿童保育中心设计指南》、《边境检查站设计指南》、《设计卓越》,这些设计指南的制定,正是GSA针对不同的特定用户的特定需求所采取的标准化应对方案。从不同的相关指南中也可看出,对于特定的受众群体,GSA充分考量了他们的需求——司法人员诸如审判、信息化数据处理等活动的特定空间需求、儿童的健康发展、边境检查站特定的安全要求都纳入了考量。

而对于设计过程，参照GSA文件《The value of good design》，可以看出，GSA认为，设计的价值就在于满足受众的特定需求，包括保健、教育、文化活动等受众群体的特定需求。这种坚持原则与具体问题具体分析相结合、注重“人”的因素、设计施工标准尽可能为受众提供合理舒适健康高效的使用机会的管理模式值得借鉴。

3）租赁运营阶段

同样，由于用户作为租赁的受众存在，用户管理的标准化在租赁运营阶段具有非常明显的体现。特别是《定价案头指南》涵盖了GSA对用户更多了解获得其在租赁房产定价方面政策程序的考量，且新版指南特别对租赁政策进行了提炼和系统化，这其中存在审慎考虑客户评价和反映的原因。《PBS工作空间划分指南》也是服务于各用户部门办公需求的一个重要依据。

4）GSA与特定用户的联动①

（1）政府客户：GSA主要为其提供如下资源：采购的解决方案和援助，包括政府采购合同、电信技术合同，并通过全国客服中心提供产品跟踪信息服务；附加资源获取：包括环保服务、在线计费、远程办公、会计发薪服务、个人财产解决方案、房地产解决方案等；房地产服务及设施管理等。

（2）联邦雇员：GSA为其提供人性化的幼儿看护、搬迁、安保和旅游服务。

（3）公民和消费者：GSA针对不同受众，提供无障碍服务、幼儿教育服务、社区可持续发展服务、安保服务、消费者信息提供服务等。

（4）美国残疾人群体：GSA为这一特定群体提供工作场所支持服务、退伍或残疾军人再就业服务、政府咨询服务、残障设施建设服务等。

（5）美国原住民部落：GSA为原住民群体提供GSA入门指南服务、帮助部落出售或收购过剩个人财产服务、不动产物权变动服务、汽车廉价销售服务等。

B.4.4 政府公共工程的采购与合同管理

B.4.4.1 统一的政府采购

1）基本采购模式概述

联邦事务服务总局(GSA)不仅仅是美国联邦的政府工程业主，也是美国联邦政府的集中采购机构。因此其政府工程项目采购和其他物资采购都由GSA的采购部门统一管理。GSA的采购部门作为集中采购部门，主要是依据联邦采购条例建立了一系列公共采购政策，并建立和维护电子采购平台，该平台为所有政府采购提供支持，既带来了集中采购的优势，又保留了一定的分散采购的好处。

在公共采购政策方面，美国政府采购根据采购需求将其纳入不同的采购类型，如有一事一议的传统采购模式，有不限定交易次数和数量模式IDIQ(Indefinite delivery, indefinite quantity)模式及有供应清单采购模式(Schedules)等。在政府工程建设领域，一般新建项目的施工，或设计施工总承包依然采用一事一议的方式，但设计咨询、既有建筑物维修以及小

① http://www.gsa.gov/portal/category/21023

额施工服务越来越多是采用IDIQ模式，货物采购则更多借助于清单采购模式。

GSA通过签订大型多用户合同和利用联邦市场压低价格的方式简化联邦采购，其他联邦机构则可以通过GSA客户代表、电话传真、收费储值卡、电子征用、网络联系或者直接联系供应商下订单等多种方式完成相应的采购工作。

2）一般采购流程

所有希望与政府做生意的企业都需要首先在SAM. gov上注册成为认证承包商(certified contractor)，在获得相应的认证ID后，才可以进一步加入后续的各种采购计划。初步从网站上看，似乎任何企业或个人都可以申请成为联邦认证供应商，只要能提供纳税代号。SAM网站上能够查到其拒绝的企业名单及理由，除了资料不全，就是违反联邦有关健康安全、水和空气清洁、及污染排放等相关法律。由此可见，此认证门槛并不高。但经过认证并不代表企业就此就获得与联邦政府做生意的商业机会。

联邦政府采购条例规定，所有超过25 000美元采购事项都必须通过FBO(FedBizOpps)在线发布。FBO网站提供了所有主要的涉及政府游说、合同签订、分包机会、剩余财产销售及联邦政府相关外国商业机会的全面数据库。因此，企业则可以非常方便地到FBO上去寻找商业机会。此外，一般来说，只要联邦承包商和企业有意提供的货物和服务，GSA必须为之找到与之相关的对应业务。经认证的企业只要发现投标机会，就可以在线提交给GSA的标书或报价。

3）供应清单采购

供应清单Schedules，也称为多项发包清单Multiple-Award Schedules (MAS)、联邦供应清单或GSA清单。该清单本质上是GSA与企业建立的长期政府采购框架合同。企业的任何产品或服务要列入GSA采购清单，除了要成为认证企业外，还需要与GSA通过谈判来签署相应的合同，该合同会规定相应产品或服务的质量标准，并在其对市场其他采购主体的最优惠价格的基础上，再对联邦采购提供一定的折扣，然后，此产品或服务就可以纳入GSA的供应清单。但这仅相当于该商品可以在GSA这个“商场”的货架上上架，至于顾客——也就是所有的有采购需求的用户部门——是否会采购这个商品，则取决于顾客自己的决定。但有一条，“上架”的商品不得因顾客一次采购的批量小而拒绝供货，而对于大批量的采购，则顾客还有权进一步协商要求商家打折。可以看出，这种采购模式兼顾了集中采购在规模经济上的优势，同时又给予了各政府用户部门很大的自主选择权，融合了分散采购的优点。GSA供应清单不仅仅服务于联邦用户，不少地方政府也会作为用户部门加入，以便利用这个采购平台来实现经济和快速的采购。目前，加入GSA Schedule的产品或服务已经超过11万种，包括直接来自供应商的广泛的技术、产品和服务；长途通信、机票、收费卡、航运等高折扣服务；IT采购与咨询服务；车辆车队服务；过剩的政府财产。通过GSA Schedules的采购无需通过FedBizOpps发布采购公告。

美国的政府采购政策还有一个重要的公共政策目标，就是通过为小企业(含妇女和少数民族企业)提供商业机会，来扶持其发展。因此，GSA的任何采购都需要确保一定比例的采购面向小企业，或者，GSA会要求总包商至少拿出一部分工作分包给这些小企业。

4）跨政府采购合同支持(Governmentwide Acquisition Contracts GWACs)

GSA所提供的采购平台不仅仅全面支持联邦政府，也向州政府等地方政府部门提供服务。利用GSA采购平台的好处是可以通过集中采购来有效控制采购成本，并借助于联邦采购平台的吸引力而购买到高质量的供应商的产品和服务。

其他政府部门要使用GSA的采购平台需要经过如下步骤：

(1) 参加GWACs使用的免费培训。

(2) 办理采购代表(delegation of procurement authority DPA)申请手续。采购代表将承担订货合同官员的责任。由于联邦政府授权GSA为唯一的联邦采购主体，其他政府部门的采购代表在法律上是受GSA的委托来开展相应的采购活动，因此，需要与GSA签署一个委托采购的协议备忘录 Delegation of Procurement Authority Memorandum of Agreement (MOA)。

(3) 通过GWACs下订单：订单一方面要符合所采用的GSA的不同类型的采购模式的相关规定，一方面也要遵循所在部门自己的内部程序。

(4) 报告采购合同：对采购合同的报告需要符合GSA的相关规定，GSA所提供的FPDS系统中有详细说明。

(5) 评估承包商过往业绩。

GSA通过GWACs，为其他用户部门提供了很好的机会来接触那些以最具竞争力的价格提供创新解决方案的接触供应商，并获取全球IT解决方案、产品服务的配套支持；GSA的培训提供了全方位合同类型选择(所有类型的固定价格、成本补偿、劳动时间、时间和材料)，以及如何通过选择合理的合同和采购类型来节省时间和金钱；免费的需求范围评估；提供承包选择、项目管理、财务管理等专业知识和支持。

5) 高效采购的支持因素

GSA的目标是实现快速、灵活和成本效益的采购，特别关注快速度、广选择、高灵活性、高透明度、效率与价值。他们认为，要实现良好的采购管理，需要有如下支持因素：

(1) 人力资本——为员工提供福利和安全保障维系高效率的采购员工队伍。

(2) 组织支持——为了少花钱多办事，专家协助越来越重要。GSA提供丰富的来自合格顾问团队的解决方案，包括安全、金融、翻译、营销、公关、物流、仓储、配送等各个方面。

(3) 运营支持——确保设施运行平稳。GSA提供寻找具有专业经验和知识的职业人士的简化过程，包括餐饮娱乐服务、医疗科学服务、家具家饰、办公设备、视频音频文件处理和在线订阅、维护维修、施工材料设备、执法安保产品服务。

(4) 可持续采购——GSA关注可持续发展问题，将可持续发展问题充分纳入采购考虑因素。

B.4.4.2 设计与施工服务采购[①]

由于设计与施工咨询服务合同价值通常会超过FedBizOpps规定的公告下限，因此所有的设计与施工服务采购都会在FedBizOpps发布公告进行招标，且只能使用在Central Contractor Registration (CCR) system上注册认证的投标人的投标。但设计和施工服务采

---

① PBS Market Intelligence：http://www.gsa.gov/portal/content/251217，包括PBS运用Schedule，IDIQ等采购的模式的详细数据，以及给国会的财政预算

② Subpart8.4—Federa Supply Schedules https://www.acquisition.gov/far/current/html/Subpart%208_4.html#wp1091891

购分别使用不同的流程。

1）设计采购

设计采购使用 Brooks Act（Public Law 92-582，as amended）及 Federal Acquisition Regulation（FAR）part 36.6 下的基于资历的选择程序。采用的是两阶段法，先评技术标，然后与技术标排名第一的企业谈判定标。如果不能与第一名通过谈判达成协议，就再与第二名谈判，以此类推。可以注意的是，联邦事务服务总局（GSA）对设计招标完全不以投标报价作为评标依据，而只是在谈判阶段进行协商议价，以寻求一个对双方都满意的合同。如果不是设计竞赛的话，技术标也并不要求设计方报具体的方案，而主要针对设计团队的技术资历进行评审。

上述程序适用于 IDIQ 及小额合同的发包。对于大型项目，则对上述程序有略微改变。这种新的采购程序叫做“设计优秀”程序。在此程序下，会在之前再增加一个步骤，即对“首席设计师”（“Lead Designer”）的评审。需要首席设计师先提交一个能够反映其技术资历的作品集。这一步通过后，再要求提交整个设计团队的资历文件，如果满意，就进入谈判环节。谈判顺序根据首席设计师及其团队的排名而定。整个招标过程常常耗时 6 到 12 个月。

2）施工采购

针对不同类型和规模的项目，GSA 可能采用不同的施工采购方案。对于普通的工程项目，最常用的还是技术标可接受前提下的最低价招标程序；而对于小型项目，则可以仅面向已经获得 IDIQ 施工合同的承包商征集并选择最有竞争性的报价即可。对中标人的选择都需要符合联邦采购条例有关“响应和负责任的最低标”（lowest responsive，responsible bidder）中标原则。

大型项目则适用于联邦采购条例中的“Source Selection”Method（FAR 15.1），本质上它是基于技术（或管理）建议书和报价的综合评标，采用“best value”作为评标原则。并且采用两阶段评标，即先评审技术标，再评审财务标。招标文件需要清楚说明如何对技术标与财务标进行综合评标，其中既包括采用技术标可接受前提下的最低价的选择，也可以是技术标权重高于商务标。为了确保评标能够基于准确的信息，评标程序中还允许对技术标和报价进行澄清和基于讨论协商进行修改。

施工招标一般的周期是 60 天。

3）履约担保与付款担保

根据联邦采购条例，所有合同价值在 100 000 美金以上的，都需要采用符合米勒法案所要求的履约担保与付款担保，以确保承包商能够履约，并向所有的分包商、供应商和工人如期支付工程款。担保金额是合同额的 100%，如果合同价有变更，则担保金额也将同样覆盖增加的合同额的 100%。除非发包官员认定较少的金额也能给政府足够的保护。付款担保的担保金额的要求与之相同，且至少不得少于履约担保的金额。

B.4.5 政府公共工程的全寿命管理

B.4.5.1 总体说明

美国的政府投资工程全面贯彻全寿命管理思想，主要体现在以下几个方面：

(1) 组织上,设立负责全寿命管理的政府业主机构,对政府公共工程全寿命负责。如果出现问题,有唯一的问责主体,无从推诿责任。无论联邦事务服务总局(GSA),还是其他政府业主机构,都是对项目全寿命负责的机构,他们的分工只是对不同类型的投资项目从专业领域上分工,但每一项目都有自己可问责的唯一政府业主机构。

(2) 政府业主机构对政府公共工程全寿命负责有足够的资金保障。这在 GSA 主要体现为公共房屋基金的设立,而该基金的资金又来源于其他政府机构向 GSA 交纳的租金和有偿服务。因此,GSA 需要像市场上经营自有物业的房产商那样综合平衡物业全寿命期的投资和收益。

(3) 政府业主机构对政府公共工程全寿命负责有流程上的保障。美国联邦的政府公共工程受到联邦采购相关法律法规的约束,法律规定 GSA 是唯一的政府集中采购机构。但 GSA 并不因此对政府采购大包大揽,而是在确保联邦政府采购相关法律法规能够落实的前提下,给予各政府业主机构充分的决策支持,并给各政府部门的内部采购程序以充分支持,而不是代行决策。

GSA 作为负责全寿命管理的政府业主机构,前面已经对其设计施工管理的职责和方式方法有所介绍,下面进一步对其选址动迁、租赁和运营管理、及资产处置等三个环节予以说明。

B. 4. 5. 2 选址动迁

美国于 1970 年通过了统一安置援助与房地产征收政策法案(the Uniform Relocation Assistance and Real Property Acquisition Policies Act of 1970 ,简称 The Uniform Act) 来规范联邦政府工程建设中所涉及的房地产征收和动迁安置问题,此法案规定美国交通部高速公路署 U. S. Department of Transportation-Federal Highway Administration 来负责领导此项工作,联邦事务服务总局(GSA)在此方面需要配合 FHA 的相关工作。因实施美国政府工程而需要对原产权人进行动迁的,法律规定其必须得到公平的补偿安置。

B. 4. 5. 3 设施运营管理[①]

为联邦政府提供各种适宜的办公场地及服务设施是联邦事务服务总局(GSA)的主要使命。GSA 主要是以自有物业来满足联邦政府在全美的各种办公需求。GSA 的运营管理主要涵盖对处于运营期的工程的一系列处置活动,包括租赁和出售等方面。当 GSA 自有的设施不足时,也会向私人部门租赁房屋设施,再加以必要的装修改造等,使之达到法定的联邦设施标准,再将之租赁给用户部门。表 B-3 为 GSA 的公共房屋服务的各种收费标准。

---

① http://www.gsa.gov/portal/content/104476? utm_source=PBS&utm_medium=print-radio&utm_term=HDR_1_Bldgs_facilities&utm_campaign=shortcuts

表 B-3　GSA 的公共房屋服务的各种收费标准

Public Buildings Service (PBS)				
	Rent		Reimbursable Services	
Type of Service	Federally Owned Space	Leased Space	Non-Recurring Services	Recurring Services
Rate Type	Market Appraisal	Pass-Through plus surcharge	Pass-Through plus fee	Pass-Through plus fee
Rate Base	Market appraisal based with other applicable charges (i. e. , operating costs and security charges)	Actual lease contract cost and cost of additional conventional building operating services plus GSA fee	Actual cost plus a fee to recover indirect costs incurred by PBS in performing services	Actual cost plus a fee to recover indirect costs incurred by PBS in performing services
Rate Range		7% Fee Surcharge	4% fee on services requiring regional oversight plus a sliding overhead charge starting at 10% and decreasing as the project dollar amount increases. The maximum overhead charge is $30,000	$100 overhead charge

当 GSA 自有房源不能完全满足政府部门的需求时，就会向社会去租赁。其租赁的操作也是纳入政府采购平台向社会发布，不仅如此，最终签订的租赁合同也全文在 GSA 的网站上发布，可供公众下载。从而使联邦政府的房屋租赁业务保持了最大的透明度。

GSA 的设施运维管理是依靠收取租金来维持，但他们并不能自由动用租金，所有的设施管理支出依然有严格的预算管理。也就是说 GSA 是严格实行收支两条线。租金进入公共房屋基金，但如果没有国会的批准，这些钱 GSA 并无权自行动用。为此，GSA 需要每年编制未来 5 年经费需求的动态计划，并据此向国会申请相应的经费，来支持其包括设施维护维修和 GSA 自身的运行，租金收入有结余会继续在公共房屋基金的资金池中积累，直到国会批准在某年动用。

GSA 的设施管理除了对租赁设施一般的租务和维护管理外，还包括对既有建筑物进行面向智慧建筑和绿色建筑的改造提升，以及根据租户需求进行重新装修改造、办公场所及家具布置等，这些服务将会额外收费。

GSA 设施解决方案非常全面细致，包括设施维护、能源管理与审计服务、安保、家具家饰、维修、物流、产品配套设施解决方案等方面。

运维期的各种维护维修改造一般合同金额不会太高，所以当 GSA 需要将相应工作发包时，多数是通过清单采购的程序，或安排一揽子采购协议，来减少逐个独立承包的多余市场成本，削减文书工作量，节省时间与金钱。

B.4.5.4 资产处置

联邦事务服务总局(GSA)的使命是致力于联邦政府资产的高效利用,因此,对于不使用的联邦资产进行合理处置也是GSA的重要使命。如果是永久性地不再使用,GSA会将相应的物业资产予以出售来回收资金,相应的资金也会进入其公共房屋基金。GSA在处置物业资产时也与地方政府和非政府组织合作来促进各种公共目标,包括扩大就业机会、为无家可归者提供房屋或设立教育中心、公园等公共空间。

联邦不动产的处置需对多余不动产进行评估和报告,以减少对新的不动产的购买支出。这有助于协助各联邦机构收集有关物业的使用信息。GSA设有特定的《GSA-SF118不动产报告》和专门的不动产利用与处置中心办公室,用于受理举报多余的不动产和进行多余不动产资源的处置。

处置过程:

用户部门确定并报告不动产"多余"的特性——GSA确定是否可进行联邦机构之间的不动产归属转换——当不能进行机构间处置,GSA判定"过剩"特性,通过公益渠道、谈判销售、折扣销售、谈判销售等手段面向公众处置过剩的联邦不动产。

B.4.6 政府公共工程管理的信息化——BIM技术[①]

联邦事务服务总局GSA是美国最早导入BIM的政府业主机构。GSA将BIM技术视作是一种应用于工程设计建造管理的数据化工具,它能够通过参数模型整合各种项目的相关信息,在项目策划、运行和维护的全生命周期过程中进行共享和传递,使工程技术人员对各种建筑信息作出正确理解和高效应对,为设计团队以及包括建筑运营单位在内的各方建设主体提供协同工作的基础,在提高生产效率、节约成本和缩短工期方面发挥重要作用。

GSA运用3D-4D-BIM技术的基本目标,是促进数字可视化、仿真和优化技术,发挥其增值性能,以实现项目全生命周期的质量和效率提高和超越。并将利用创新的3D-4D-BIM技术改善现有技术,实现质量和生产力的飞跃作为自己的长期目标。

目前,GSA对BIM技术的应用主要在以下几个方面:

(1) 空间程序验证:GSA应用BIM技术为空间验证提供支持,对GSA的空间设计提供准确评估。

(2) 三维激光扫描:GSA实现了高精度的三维激光扫描成像技术,并至少应用于7个投资项目,提高了整理记录GSA现有不动产可视化资料的速度和精度。

(3) 4D模型:4D模型是在3D模型基础上增加时间维度,使建筑师、工程师、承包商和GSA雇员对拟建项目有更加共同的认知和理解,以便更好了解预计建设的进度,达到节约资金的目的。

(4) 资源性能分析:GSA将BIM技术应用至基于资源性能分析之上。通过BIM技术应用,GSA提高了资源使用和成本预测的可靠性、一致性和可用性。使得项目早期设计有

① http://search.gsa.gov/search?utf8=%E2%9C%93&affiliate=gsa.gov&query=bim&commit=%E6%90%9C%E7%B4%A2

更加完整和准确的资源估计，提高了全生命周期分析的合理性。

(5) 流通性和安全性验证：通过 BIM 技术，GSA 实现了基于特定项目需要之上的流通性和安全性验证，这将有助于解决 GSA 各种建筑设计指南中所列建筑实用性的验证，并已经应用于法院设计指南之中。

(6) 设施管理：GSA 通过 BIM 技术进行设施管理，通过搜集在整个设计施工过程中产生的设施数据，在全生命周期中实现数据的使用和更新，利用预测数据提供安全、健康、高效的工作环境。例如：具有准确竣工资料，有助于预测装修成本时间，减少实际成本，提高客户满意度，优化建筑系统运营和维护，以减少能源消耗。

B. 4. 7 政府公共工程的可持续管理

B. 4. 7. 1 总体情况

联邦事务服务总局(GSA)在对政府公共工程的全生命周期管理中，积极贯彻可持续发展政策。2007 年，美国联邦政府发布了 13423 号行政命令，其中要求 GSA 每年要削减能耗 3%，并且到 2015 年总的能耗应削减 30%，同时节水 16%。2007 年 12 月美国通过了《能源独立与安全法案》为节能管理提出了更高目标。据此，GSA 所有新建筑及改造项目到 2010 年要削减能耗 55%，且到 2030 年要削减 100%。2009 年联邦政府又进一步颁布了 13514 号行政命令，来确保整个政府部门都能够落实可持续、节能和环境保护等目标。美国在 2009 年还立法通过了《复苏法案》，其中从法律层面赋予 GSA 可持续管理的若干权限，引导社会开展绿色汽车、绿色建筑的普及和绿色治理的常态化。

而早在 2006 年，GSA 就与 19 个联邦机构签署了一个有关联邦在高性能和可持续建筑中发挥领导作用的备忘录。其中约定，GSA 可以就实施提升设施性能和全寿命价值的建筑设计及运维策略而收取额外费用。2008 年还进一步成立了部门间工作组，并编制了高性能与可持续建筑指南，来指导落实 13423 号行政命令的目标。近年来，GSA 报给国会的预算中，也都包括有关落实节能节水和绿色建筑计划的相应预算要求，以确保在经费上对可持续建设与管理进行落实。

在实践中，GSA 与美国绿色建筑委员会密切合作，并采用其颁布的 LEED 标准来指导其绿色建筑实践，并将之落实在各个管理细节中。对于新建项目，GSA 严格执行绿色建筑政策，要求所有新建及进行实质性改造的联邦设施必须要通过 LEED 的金级认证。绿色建筑作为工程项目的建设目标之一，也已落实在了《房屋全过程交付指南》之中。

GSA 出版有 Sustainability Matters 一书，对其可持续最佳实践案例进行了归纳总结。全方位概括了其在建造和运营维护中所采用的绿色策略。

在节能、节水等不同领域，GSA 还分别成立了启动了 Public Utilities program，Natural Gas Acquisition program 和 Energy and Water Management program。其中，Public Utilities program 注重于通过一个跨学科团队来对整个房屋系统面向可持续和绿色的公用设施改进方案进行研究和实施；Natural Gas Acquisition program 则是结合目前美国页岩气大规模开采后充足的天然气供应，来实施以天然气替代传统能源的方案；Energy and Water

Management program 则专注于使用期的能耗水耗管理，并支持通过合同能源管理等方式进行相应的改造实施。

GSA 还专门建立了 Sustainable Facilities Tool 网站，来对房屋建设和使用的可持续在全寿命期提供指导，其服务对象覆盖了建设期的项目经理、采购专家、租务专家、使用期的物业经理等重要干系人，为其规划设计、建设、采购和管理提供支持，并作为一个学习和实践经验分享的平台，持续支持大家在可持续建设和管理中不断提升相应的能力。

B. 4. 7. 2 可持续问题的解决方案

1) GSA 提出的可持续问题解决方案

联邦事务服务总局(GSA)提出的可持续问题解决方案包括以下要点：

(1) 可持续收购的商务解决方案

GSA 通过"GSA Multiple Award 计划表"、向用户介绍可持续性产品种类、帮助政府客户在挑选商品时作出绿色选择等措施，鼓励客户购买符合可持续发展目标的产品和服务。

(2) 环境计划

GSA 有着消除因其营运所产生的所有环境损害的目标，GSA 通过环境计划署的工作统筹可持续设计和能源方案，确保 GSA 实现可持续与为上百万用户提供一流工作场所的双赢。

(3) 可持续设计

可持续设计旨在减少对环境、人的健康舒适所造成的不良影响，从而提高建筑物性能。GSA 推崇可持续发展设计理念，鼓励在设计过程的每一个阶段减少对环境和用户的不良影响。

设计原则：优化区位潜力、减少不可再生能源消耗、使用环保产品、节水、提高室内环境质量、优化运营和维护

(4) 远程办公

让员工远离办公室，通过网络随时随地工作，减少社会对公共办公楼等高耗能、有环境压力的建设项目的需求。

(5) 可持续设施工具[①]

GSA2011 年推出可持续设施工具，该网站使政府部门和私人机构用户都能够优先识别具有成本效益的绿色建筑和采购策略，帮用户了解、选择有关整修、改建和租赁额无害环境解决方案，从而改善环境绩效。

(6) 绿色 IT

GSA 通过帮助其他部门提供 IT 和电信产品和服务，以减少电子垃圾和能耗并优化性能，实现其环境可持续发展的目标——数据中心优化、设备回收、绿色专业服务、电源管理、远程办公。

(7) 新能源汽车

GSA 提供超过替代燃料汽车的购买和租赁，拥有超过 800 个可选型号，并适用于各种加油系统运行。通过乙醇、天然气、液化石油气、生物柴油、电力、混合动力电动、地温室气体

---

① www. SFTool. GOV

排放特殊染料等新能源应用，实现可持续发展。

2）GSA 的可持续发展的创新活动

（1）电子产品监管

GSA 领导一个专责小组，与白宫环境质量委员会和环境保护局共同实施电子产品监管的国家战略，主要是针对电子产品垃圾的减排行动。

（2）碳足迹计算器

GAS 制定的碳足迹计算工具，通过大规模上传数据进行计算处理，实现温室气体减排目标跟踪进度编者和年度综合温室气体清单报告。

（3）创新建筑技术

绿色试验场计划（Green Proving Ground，GPG），通过对建筑围护结构、采暖空调、采光、现场发电、水循环、电致变色和热致变色窗、真空绝热板等进行技术评估，实现新型环保建筑的推广。

（4）绿色供应链

实现采购商品的可持续化和环保化。

（5）电动车试验计划

大力投资电动车支持电动汽车市场，普及清洁能源使用实现可持续发展①。

B.5 可借鉴的经验

B.5.1 政府公共工程管理体制可借鉴的经验

设立对工程项目全寿命期负责的政府业主机构，负责对同类型项目的集中统建。对不同类型的项目可以分设不同的政府业主机构，但一定是要全寿命对其负责的唯一的政府业主机构，方可在组织上落实全寿命管理责任，并实现可问责。

B.5.2 组织、管理、经济、技术方面的启示和可借鉴的经验

政府公共工程管理面临的两大根本性问题在于：

（1）政府业主机构区别于一般私人业主的根本特征是：使用纳税人的钱，而非自己的钱，所以有着扩大投资的驱动，以及较高的腐败风险；

（2）如果政府业主机构不是全寿命期管理主体，则很难做到合理平衡一次性投资和全寿命期成本和绩效。

解决上述问题的根本出路还是在于如何发挥市场的决定性作用。美国的经验是，将政府业主机构应定位于一个专营政府不动产物业的房地产商，并参照可比房地产市场实行专

① http://www.gsa.gov/portal/category/26433?utm_source=OCM&utm_medium=print-radio&utm_term=HP_13_SpecialTopics_gogreen&utm_campaign=shortcuts

业化运营。其内涵在于：

（1）对政府物业参照市场进行定价，建立起政府内部的物业租赁市场；政府业主机构的运营经费主要来源于其租务和物业管理收益，并需要以此收回其建设投资，实现财政上的可持续经营。

（2）政府部门使用各种物业设施的费用纳入各用户部门的财政预算，而非直接拨给政府业主机构；然后用户部门再以租金和服务费的方式支付给政府业主机构，这就使得用户部门可以用自己的钱来对政府业主机构施加必要的影响。

以上机制可从根本上遏制政府业主的投资饥渴症，并促使其真正落实投资项目全寿命绩效最大化的目标。

此外，当采用集中统建模式时，也带来如下缺点需要克服：

（1）当采用集中统建模式时，集中统建机构自身不是最终用户，可能因为官僚主义而忽视最终用户需求，造成工程质量在适用性方面表现不良；

（2）集中统建模式的政府业主机构是垄断性的政府物业经营主体，可能带来不合理的垄断定价。

美国政府解决上述问题的方案主要在以下几个方面：

（1）引入竞争机制。当政府业主机构不能按照或优于市场水平给用户部门提供满意的产品和服务时，用户部门就有权自主向市场去获取相关产品和服务。因此，联邦事务服务总局(GSA)的各种租务和物业服务定价都会参照市场价格，并保持一定的优惠，以保持其竞争力。

（2）收支两条线。尽管 GSA 理论上是自收自支，但自身并无权力直接支配其收入，而是所有支出都受到国会监督。因此 GSA 的各种投资建设活动实际上受到公共建设基金盘子和国会审批双重制约。这显然也可以遏制 GSA 任意提高定价来谋取部门利益的冲动。

（3）透明度。当政府租务和物业服务定价全面公开时，其服务价格与市场定价是否有可比性就可以一目了然，即可遏制不合理的垄断利润。GSA 从预算到收益到其各种服务及定价都全面公开，这不仅对 GSA 构成强有力的社会监督，而且只要 GSA 的服务价格合理，则也对用户部门拒用 GSA 服务构成压力。

（4）用户满意为中心的工作机制。GSA 尽管是法律授权的集中统建机构，但其不少工作机制都体现了以用户满意为宗旨的特点。体现在：

• 在 GSA 采购清单内，小额采购授权用户采购代表自行实施，它体现了集中采购和分散采购优势的结合；

• 战略层面的用户部门参与：如为推动绿色建筑，GSA 首先是通过跨部门的协商，与用户部门达成相应的协议，来确保用户部门能够支持为工程项目的新建和改建相应增加的投资；

• 决策和实施过程的用户部门参与：GSA 的项目都是来自于用户部门的需求，包括新增联邦机构带来的新需求等，在项目计划过程中也始终保持与用户部门的沟通；

• 使用中对用户的教育和支持：GSA 提供完备的信息帮助用户正确理解包括绿色建筑节能节水等在内的各种知识，及时响应用户的维修维护需求。

（5）完善的建设标准体系。单纯的用户满意不是一个客观的标准，满意与否与用户的期望值有很大的关系；同时，政府机构作为用户部门其实仅仅是最终用户的一个重要组成，而非全部。对于政府而言，确保纳税人满意是超越其他的最重要的使命。而建设标准本质上就是一种期望值管理的有效工具。以美国政府办公楼为例，它的建设标准非常完善，除了面积指标外，也包括对公共空间、机电设施、装修标准等详细要求，此标准也是完全公开透明的。它既能够向政府的用户部门说明 GSA 将提供的设施究竟是什么样，也能够让纳税人了解到自己的税金是不是被政府合理地花掉了。GSA 只要严格执行此标准，就能最大程度地平衡不同的利益相关方的期望。

(6) 工程管理的标准化。有的国家的建设标准通常只是围绕产品标准，而忽略了过程管理标准，而美国政府工程的建设标准不仅仅局限于对产品标准的描述，也包括了全面的工程管理标准，并广泛覆盖全寿命周期各阶段的工作流程、过程阶段的交付标准、全过程交付验收方法和标准等，使得所有具体的工作都有据可依。

(7) 完善的工程担保体系及与之配套的透明工程采购。美国政府工程严格按照米勒法案的要求，除了全面使用投标担保以外，所有投资额在 25 000 美元以上的项目都还需要购买相当于合同额 100%的履约担保和付款担保。为了确保担保机构的信用和能力，美国财政部还建立了一个 T-list，即合格担保机构名单，作为担保机构对联邦政府工程提供担保的准入名单。在高保额的工程担保制度的配合下，一般施工项目可以采用相对简单的最低评标价中标法进行项目采购，这样既能节约财政投资，也能确保合同得到认真履行。

案例：

政府投资建设重大工程项目案例——莫菲特联邦机场改造项目[①]

美国联邦事务服务总局(GSA)和美国航空航天局(NASA)选择行星风险投资公司作为租赁项目的首选承租人，该租赁项目意在恢复历史一号机库并管理莫菲特联邦机场。之前莫菲特机场由位于加州莫菲特场的美国航空航天局艾姆斯研究中心管辖。这项租赁计划将为一号机库带来新的用途，同时消除 NASA 的管理成本。

2013 年 5 月 GSA 代表 NASA 发布的咨询招标文件(Request for Proposals, RFP)，拉开了私营企业之间相互竞争这个与政府合作机会的序幕——胜出者将与政府合作复原并适应性再利用 NASA 的一号机库，并长期管理莫菲特机场。

招标书要求承租人在运营、管理、维护机场，实现政府需求的同时实现如下关键目标：

复原并维持一号机库和谢南多厄广场历史街区的历史完整性；

消除 NASA 对莫菲特联邦机场的运营和维护成本；

运用房地产行业相关知识，将莫菲特机场重新定位为一个有价值的政府资产，并良好地控制公共和私人航班的飞行运营；

符合 2002 年美国 NASA 艾姆斯发展计划和最终纲领性环境影响报告书；

通过开放性、公共性竞争为政府提供财务净收益好的最优价值。

美国宇航局局长查尔斯-博尔登声明：

“在美国宇航局，我们不仅致力于探索我们的太阳系，也确保我们明智的花纳税人的每一分钱——这就是为什么我们一直如此积极地致力于创造盈余，并且很少使用可用于私营

① http://gsa.gov/portal/content/186071

部门或其他政府机构的财产。今天宣布的协议将有利于美国的纳税人和莫菲特周边的社区。它将使美国航空航天局将其资源集中于核心任务,而不是保护联邦对于使用这样一个持续限制使用的机场的需求。今天的这项决策代表着NASA和我们的姐妹机构GSA之间强有力的伙伴关系,我们非常感谢他们行业领导者的地位。”

来自GSA的管理员Dan Tangherlini声明:

“一号机库是先于今天的高科技巨头兴起的硅谷地标建筑。命名承租人是对GSA的承诺——向其在联邦的合作部门与美国人民提供最优价值——的证明。美国宇航局与该私营企业良好的伙伴关系将使得该私营企业机构恢复并更有效利用这个宝藏。GSA通过将表现不佳的联邦设施向新用途转变的创造性措施,创造了发展机遇,同时消除了NASA的机场管理成本,节省了纳税人的钱。”

租赁细节:

作为承租人,行星公司必须遵守所有适用于本租约的法律、法规和政策,包括那些文物保护、环境保护、安保、生命健康以及机场运营的相关目标,以支持正在进行的任务和其他政府计划。行星公司的租赁方案实现了RFP中所列出来的目标,并且囊括了一系列对当地社区的关键优势。行星公司的相关承诺如下:

重新翻修、装潢并保护一号机库;

恢复具有历史意义的二号、三号机库;

创建一个公用设施或者教育设施;

消除NASA对莫菲特联邦机场的运维成本;

按照纲领性环境营销报告书运营莫菲特联邦机场(如维持现状或机场操作);

符合安全和机场管理的要求。

NASA是在一次正式并且全面的提案审查过程中,GSA与NASA联合评估委员会分析了所有的招标书中陈述的关于一系列RFP相关内容后做出了选择行星风险投资公司的决定。

现在,NASA将开始与行星风险投资公司合作,对一号机库和莫菲特联邦机场租赁的具体条款进行谈判。由于谈判正在进展当中,NASA尚不能讨论未决租赁协议的一些细节。

附录C　德国政府公共工程管理简介

C.1　政府机构设置

C.1.1　政府的组织机构

德国第18届(2014—2018年)联邦政府的组成如下。

联邦总理府、联邦内阁、联邦各部、联邦新闻局、文化及媒体国务部长、移民、难民和融入事务国务部长。

其中联邦各部有14个[1]：

- 联邦经济与能源部；
- 外交部；
- 联邦内政部；
- 联邦司法与消费者保护部；
- 联邦财政部；
- 联邦劳动与社会部；
- 联邦食品与农业部；
- 联邦国防部；
- 联邦家庭、老年人、妇女和青年人事务部；
- 联邦卫生部；
- 联邦交通与数字基础设施部[2]；
- 联邦环境、自然、建设与核反应安全部[3]；
- 联邦教育与科研部；
- 联邦经济合作与发展部。

① 联邦各部的名称和主管职能并非一成不变。德国每一届联邦政府可能根据自己的部署对部门的名称和职能进行调整。例如，这次新一届政府新成立了"经济与能源部"，而上一届政府只有"经济部"，能源的职权归经济部和环境部共管。

② Bundesministerium für Verkehr und digitale Infrastruktur. www. bmvi. de

③ Bundesministerium für Umwelt，Naturschutz，Bau und Reaktionsicherheit，www. bmub. bund. de

德国是联邦制国家，共有16个联邦州，联邦州权限较大，每个州政府设立的各部也不尽相同。以黑森州为例，其州一级的部有以下8个：

- 经济部（经济、能源、交通和州发展）；
- 内政部（内政与体育）；
- 财政部；
- 司法部；
- 环境部（环境、气候保护、农业和消费者保护）；
- 社会部（社会与融入）；
- 文化部（中小学教育）；
- 科学部（科学与艺术）。

柏林①为例，其州一级的部有以下7个：

- 教育、青年人和科学部；
- 金融部；
- 健康与社会部；
- 劳动、融入和妇女部；
- 司法与消费者保护部；
- 城市发展与环境部；
- 经济、技术与研究部。

在地方一级，以慕尼黑市为例，其政府机构设置如表C-1所示。

表C-1　慕尼黑市政府机构设置

部门	下设机构或职能范围
理事会（类似市长办公室）	直属市长，各区委员会和办公室
建设部	房屋建筑，市政设施，市政工程，园林建筑，行政与法律
地方行政部	房地产中心，市测量局，市林业管理局，市物资局，市食品市场，市垃圾营运局
专区行政部	安全与治安
文化部	地方文化促进，市博物馆和剧院，市图书馆，业余大学
人事与组织部	就业与招聘，人才培养，企业文化，机会平等，企业中的健康管理
劳动与经济部	欧洲政策，经济促进政策，劳动市场政策，旅游，公民参与管理
健康与环境部	
城市规划与建设法规部	工程公示，土地利用规划，建设规划，城市与建设规划，城市发展，交通规划，城市改造，补助性住房建设，地方建设委员会（即地方建设监理，审批），文物保护
教育与体育部	幼儿园，中小学，培训，体育
社会部	社会保障局，就业中心，市青年局，居住与移民局，区社会工作，基金会管理
市财政部	

① 柏林既是德国首都，也是德国的一个联邦州。

C.1.2 建设管理的组织机构

第18届德国政府的联邦环境、自然、建设与核反应安全部承担联邦和联邦各州建设事务及建设管理的总体责任，它是民用建设任务的联邦最高技术主管部门，国防建设最高技术主管部门是联邦国防部，负责如联邦边界防护的建设任务。

联邦环境、自然、建设与核反应安全部下属的联邦建设事务与区域规划局(BBR)①负责联邦的建设任务，特别是联邦政府、宪法机构、各部委、海外的建设事务(例如：海外行政建筑)。

联邦环境、自然、建设与核反应安全部下设九个部门，其中：部门SW负责城市规划、居住、公共建筑法；部门B负责建设事务、建设经济、联邦建筑。具体机构划分如表C-2、表C-3所示。

表C-2 部门SW具体机构划分

部门SW	
分部门SWI 建设政策，城市发展，农业基础设施	分部门SWII 居住
SWI 1局 城市设计法和建设规划法	SWII 1局 不动产和房屋经济 私人房产
SWI 2局 特殊城市设计法，估值，小花园法	SWII 2局 老年人及住宅合作社的居住， 德国复兴信贷银行(KfW)住房建设计划
SWI 3局 城市发展政策，BBR机构中的BBSR	SWII 3局 国籍，住房福利
SWI 4局 城市设计促进资金的协调	SWII 4局 住房补助
SWI 5局 东西部城市改造	SWII 5局 住房法，房屋租赁法，住房产权法，税务和资本市场
SWI 6局 建设文化，城市设计中的文物保护	
SWI 7局 农村基础社会，文化景观	

① http://www.bbr.bund.de/BBR/DE/BBR/bbr_node.html

表 C-3　部门 B 具体机构划分

部门 B	
分部门 BI 建设事务，建设经济	分部门 BII 联邦建筑
BI 1 局 一般建设事务，BBR(不包括 BBSR)	BII 1 局 联邦建筑管理(不含 BBR) 房地产生命周期，联邦房屋建筑的 PPP，柏林宫殿-洪堡论坛基金
BI 2 局 欧洲建设规定协调，建筑产品法	BII 2 局 国内联邦建筑事务，不包含宪法机构和柏林的最高联邦机关
BI 3 局 房屋及设备技术，节能建筑及使用可再生能源的技术事务	BII 3 局 外国驻军的建设事务 移民的建设事务 文化设施建设项目
BI 4 局 与房屋相关的建设法，建设秩序发，房屋领域的噪音与气候防护	BII 4 局 海外建设事务
BI 5 局 建筑工程，可持续的建设，建设科研	BII 5 局 宪法机关和柏林最高联邦机关的建设事务
BI 6 局 建筑经济	BII 6 局 柏林的特殊建设计划和文化建设计划 柏林最高联邦机关的建设事务
BI 7 局 建设事业法，公共合同事务	

联邦交通与数字基础设施部负责联邦的其他公共建设任务，包括：

- 公路交通，联邦国道和高速公路；
- 铁路交通，火车站和铁路路段；
- 航空交通，飞机场；
- 水路交通。

联邦交通与数字基础设施部的下设部门有：

- 公路建设部；
- 环境政策和基础设施、权限基本问题和欧洲事务部；
- 国道交通部；
- 航道和航运部；
- 指挥、政策规划和沟通部；
- 航空航天部；
- 中心部门。

联邦还会将建设任务委托给联邦州的政府财政与建设机构，公路建设任务可能委托给市县级政府建设机构。

联邦放射防护局负责核能设施，如核电站的修建，核废料中间及终端存放点的修建，也可能将这些任务委托给联邦州。

国防部的建设任务同样会委托给联邦州政府财政与建设机构，包括国防部自属建筑，北约驻军和民防建筑。

联邦州负责建设任务的部门称呼不一，有的称为财政与建设机构，有的称为建设与不动产管理机构等，前者可能设在州财政部之下（如黑森州），后者则可能设在州内政、建设、交通和城市发展部之下（如巴伐利亚州），它们除了负责机构自属的建筑，还可能将其委托给市县级政府建设部门，其中包括：

- 公路交通、国道；
- 海防；
- 能源设施建设、其他发电站；
- 高校建设；
- 高校附属医院的建设；
- 警察部门的建设任务。

市县级建设管理部门除了负责自用办公建筑，还包括以下基础设施的建设：

- 公路交通、市镇街道、停车场；
- 短途公共交通；
- 垃圾清除与利用设施；
- 供水与污水处理设施；
- 医院、养老院和护理院；
- 中小学校、幼儿园；
- 浴场、泳池和体育场馆；
- 图书馆、博物馆、剧院；
- 河流、水利建设。

C.1.3 建设管理的方式

德国的建设监督机构也称为建设秩序管理机构，即建设监管机构，属于公共建设法范畴（公共建设法包涵在德国行政法范畴内）。它的主要任务是保证公共建设不违反公共安全和秩序，监督建设设施的建造、更改、用途更改、使用、维护和拆除遵守公法法规，以及符合在这些法规基础上产生的相应要求。以上任务的执行通过两个途径：建设审批程序和建设秩序程序。

建设审批程序主要在联邦州建设秩序法中做出规定。建设秩序程序主要有以下权限：颁发建设工程开工命令；颁发建筑使用命令；颁发清除建筑的命令。

建筑监督机构在联邦州分三个级别：

（1）最高建设监督机构：对应专属部委，负责颁发法律法规和行政法规；采用建设工程的相关规定；批准新的建设形式，建设材料和建设零部件等；

（2）高级建设监督机构：对应地级政府，对下级建设监督机构行使建设监督职责，下达命令；

(3) 下级建设监督机构:对应大中城市等,负责监督他们管辖地区的建设工程,审批建设申请。

建设监督单位审核《联邦国家建设管理准则》中有关条款规定的所有文件,特别关注以下几点:

• 与批准的需求规划保持一致;
• 与需求满足方案调查的基础保持一致;
• 项目要符合目的、具有经济性、可持续性,考虑后果成本;
• 运营技术的方案;
• 如果文件允许或可能,要评估建筑物(城市设计)的设计方案;
• 文件的完整性;
• 满足公共法规定;
• 成本计算具有可信性。

如果文件需要修改和补充,那么原文件要退给制定者修改。如果只涉及少量修改,那么审核机关可以自行处理。

建设监督机构要在递交给最高技术主管部门的文件上总结审核的规模和结果。在有些情况下,该总结要与项目承担方和用户协商一致。

最高技术主管部门的审核只限于已经核查过文件中的基本重要数据。它最终对项目进行批准和确定成本上限。若大幅度削减成本,必须说明理由或者陈述对项目计划带来的影响。

建设监督机构独自负责将工程委托给建设项目实施单位的工作。它同时决定施工文件的类型和规模。个别情况,它还可以对申请的审批持最后决定权。

建设项目实施单位对(预算 100 万欧元的小型建设项目)工程实施负责,并且兼顾工程不超出预算。即使有些任务被委托给私人的第三方,但是建设监督机构仍然有义务监督施工单位完成其工作。

对所有的建设项目,其使用单位都需要针对施工文件签署一项同意声明。建设项目实施单位必须通告建设监督机构施工文件制定的日期、预算的金额、以及同意声明。建设项目开始和预计实施的时间由项目实施单位在与房屋管理部门和建设项目使用单位的协商后确定。

C.2 政府公共工程管理的政府机构及其职责

C.2.1 政府公共工程的管理组织架构及职能

德国政府公共工程管理的政府机构在联邦一级是主要是联邦建设部(第 18 届德国政府的建设部全称为"联邦环境、自然、建设与核反应安全部")。

在联邦州一级,虽然 16 个联邦州的建设管理机构设置不尽相同,但是共同点是分三个层次:最高建设部门,中级建设部门(主要是地方政府),下级建设部门(主要是地方建设局)。

在联邦州一级，政府公共工程的业主是联邦州，由相应主管的职能部做代表，而职能部在所有政府公共工程建设中使用政府建设管理部门，后者对外代表业主。

政府投资的建设项目总得来说有三个参与的主体：

- 建设项目完成后的使用者，
- 作为倡议者提出建设需求并提交拨款申请的拨款接收者，
- 依照需求申请和拨款指导原则进行拨款的部门。该部门根据财政情况和需求的紧迫性确定拨款的规模和建设项目实现的时间。

和私人业主不同的是，政府担任投资项目的业主时，组织流程要依据以上参与的主体来设定。这些主体各自根据内部的规定和操作方法独立进行决策，而这些规定和操作方法并不一定和项目最初设定的目标完全一致。

以北威州为例，政府公共工程的管理组织架构如图 C-1 所示。

C.2.2 政府公共工程管理的机构设置

在德国，由于国家被期许为经常进行建设的公共业主，因此国家必须非常负责任地使用资金，即纳税人的钱，其必须在组织规划和施工方面都具有表率作用。出于这个原因，为了多样化的建设措施、为了维护所有联邦州的建筑，设立了一个通晓业务的业主代表机构，其形式是“政府工程管理机构”(Staatliche Hochbauverwaltung)。它的任务就是作为一个专业性机构保证国家投资建设任务在符合公共利益的前提下合乎规范地完成。

以黑森州为例。黑森州的州财政部分为三大业务领域：税务、财政、建设与参股。在“建设与参与”领域下，又分了 8 个业务范围：

- 联邦政府工程管理(Staatlicher Hochbau)；
- 黑森州政府工程管理；
- 公营私营机构合作(PPP)；
- 黑森州房地产管理；
- 黑森州参股公司；
- 法兰克福机场公司(Fraport AG)；
- 卡塞尔——卡登机场(Kassel-Calden)；
- 法兰克福展会。

其中“政府工程管理”业务的操作实施层面主要在黑森州建设管理处(HBM)进行。黑森州建设管理处为黑森州政府和联邦德国政府提供政府工程建设事务在技术、财政和管理方面的准备和实施工作的服务。个别情况下，黑森州建设管理处也承担联邦和州的捐赠建设事务。黑森州建设管理处内部的组织结构如图 C-2 所示。

黑森州建设管理处承担业主工作，主要形式是负责项目管理和控制，专业业务(房屋建筑、基础设施)和提供评审及咨询服务。它是黑森州州属公司，根据现代经济企业原则运营。其定位是可持续性地确保公共工程建设完成。其总部设在法兰克福，在卡塞尔、吉森、威斯巴登、达姆施塔特和法兰克福还设有五个分处，在工程现场也直接设有办公室，总共 844 名员工，每年负责总金额约 6 亿欧元的各类大小建设项目。

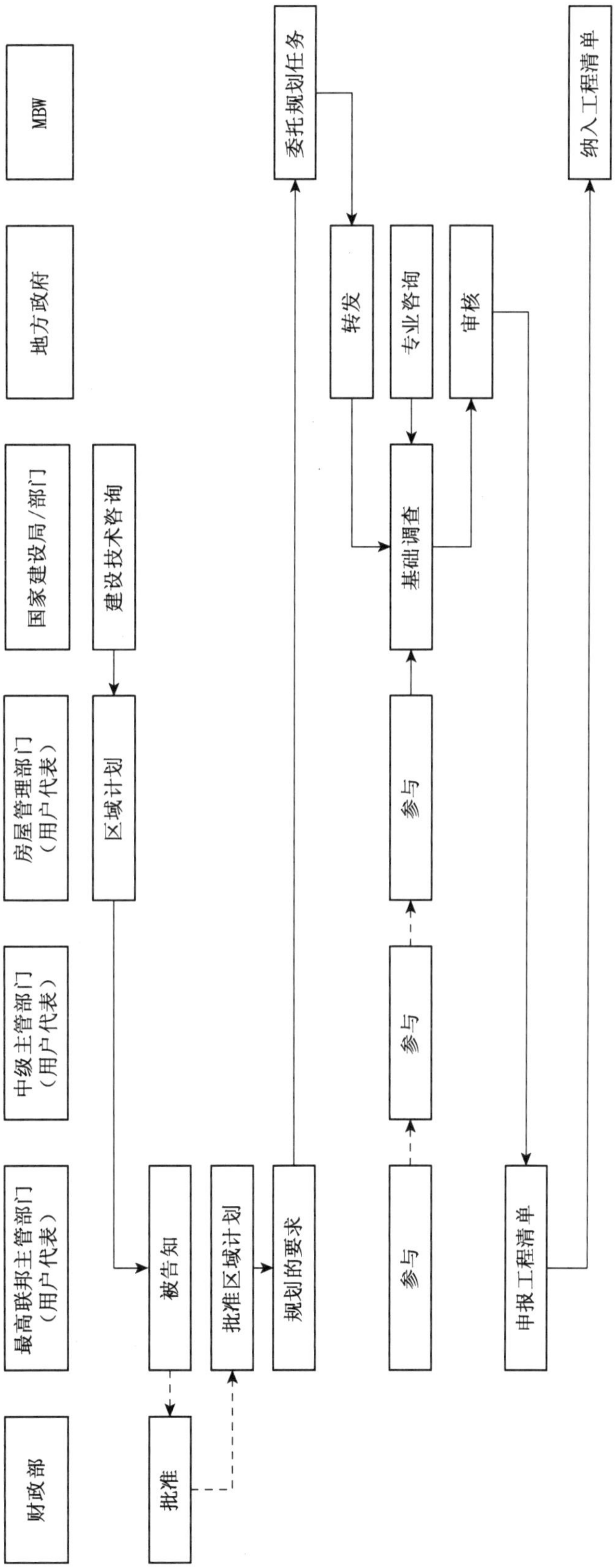

图C-1 北威州政府公共工程的管理过程

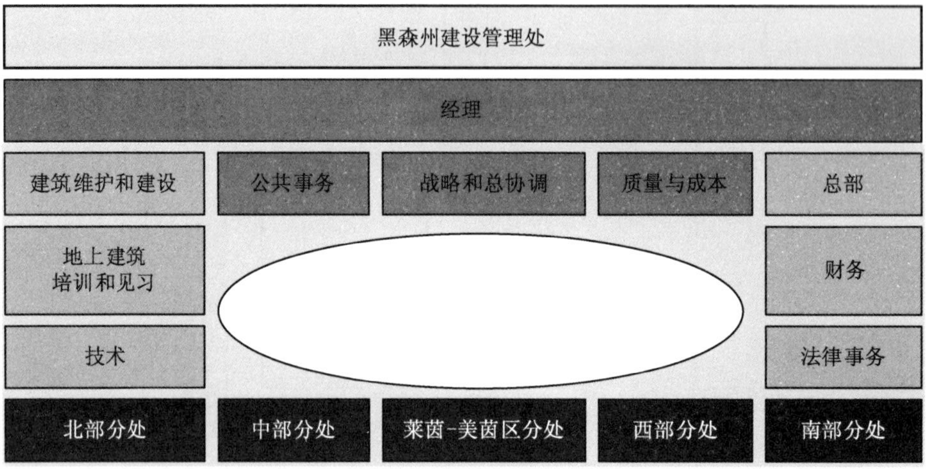

图 C-2　黑森州建设管理处内部组织图

黑森州公共工程建设管理处的业主任务：黑森州的建设管理处设在州财政部权限内，它包括州建设管理处、国家建设管理处，大学建设处，这些部门作为通晓业务的业主机构承担的任务有：

- 项目指挥和项目总控；
- 从专业角度计划和监督建设施工；
- 用有限公司的法律形式成立一个建设施工公司，接管项目施工的业主任务，项目结束后解散。

通常，对公共投资建设项目进行准备、指挥和实施的人必须是具有相应专业素质的专业人员如建筑师、工程师，另外，他们还事先还经过特殊措施受过预备培训，比如(见)实习，因此他们是内行的业主。表 C-4 列举了部分黑森州的政府项目。

表 C-4　部分黑森州政府项目

项目类别	项目名称	业主	业主代表	项目负责	使用者
高校教育类	达姆施塔特应用技术大学 C10 大学（2009—2011 年）	黑森州	黑森州科学与艺术部；黑森州财政部，黑森州建设管理处(HBM)南部分处	黑森州建设管理处南部分处	达姆施塔特应用技术大学
艺术与文化类	黑森州 Rebmutter 葡萄园改造与修缮(2012 年 1 月—2012 年 10 月）	黑森州	黑森州环境、能源、农业与消费者保护部；黑森州建设管理处南部分处	黑森州建设管理处南部分处	黑森州州立酒庄，Eberbach 修道院
军事与国防类	新建直升机大厅 8，Fritzlar(2006—2009 年）	联邦德国	联邦国防部；黑森州建设管理处北部分处	黑森州建设管理处北部分处	战斗直升机 36 分队
行政与基础设施	新建街道车辆段 Heidenrod（2005—2009 年）	黑森州	黑森州经济、交通与州发展部；黑森州建设管理处西部分处	黑森州建设管理处西部分处	威斯巴登市街道局

黑森州政府建设管理机构的设置，可总结为如图 C-3 所示。

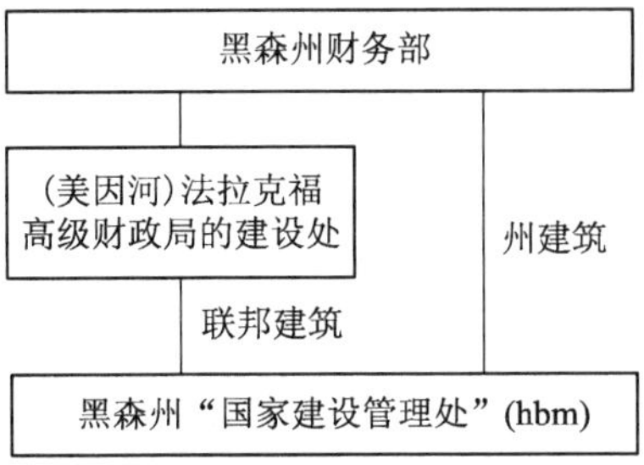

图 C-3 黑森州政府建设管理机构

德国 16 个联邦州的政府公共工程建设管理机构设置各不相同,再以巴伐利亚州为例,其机构设置如图 C-4 所示。

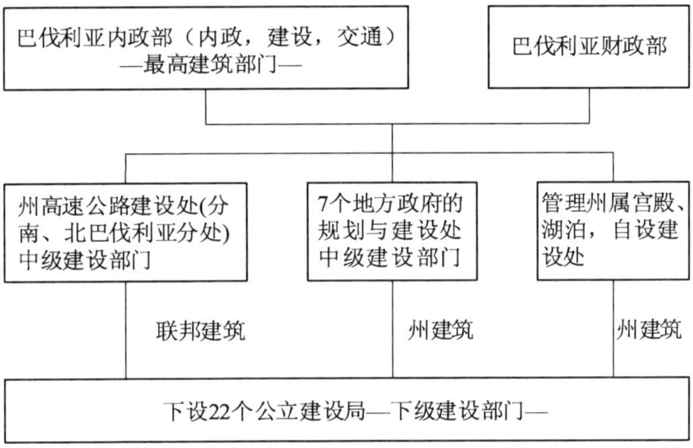

图 C-4 巴伐利亚州政府建设管理机构

巴伐利亚州的下级建设部门有 22 个公立建设局,例如慕尼黑建设一局、慕尼黑建设二局。慕尼黑建设一局成立于 2006 年,是以前建设机构重组后的新设机构,即将联邦和联邦州的公共工程(高校建设项目除外)都集中到这一个部门,如州立博物馆,剧院,中小学校,教堂,宫殿,实验室和研究所等。

慕尼黑建设二局与一局成立时间相同。它与一局的区别是,它只负责慕尼黑所有公立高校建设项目以及与巴伐利亚州议会和与高校关系密切的研究所的建设项目,建筑项目包括高校行政楼,幼儿园,研究室,教室,实验室,动物饲养圈,具备看病、科研和教学功能的医院。

这两个建设局对外代表业主(即巴伐利亚州),主要工作是为业主提供所有建筑问题的咨询,承担项目管理和工程指挥的所有任务。从立项咨询、到设计和施工规划、施工、交付使用,还包括现有建筑的保护和维护以及建筑运营。建设局有自己的建筑师、机械工程师、土木技术人员、土木制图人员、专业管理人员,也会和私人公司合作。

在联邦州一级,虽然 16 个联邦州的建设管理机构设置不尽相同,但是共同点是分三个层次:最高建设部门,中级建设部门(主要是地方政府),下级建设部门(主要是地方建设局)。

市县一级,以慕尼黑为例。

慕尼黑的“建设办”(Baureferat)下设五个主要部门：

• 房屋建筑处：受城市各部门委托负责本市房屋建筑项目管理任务为开发、规划、建设、维护和经营。还有能源使用的咨询，公共时钟的机械运营，建筑物悬挂旗帜，水井加盖。房屋建筑包括：养老院，文化建筑，行政管理建筑，中小学建筑，幼儿园和青少年活动中心，公共空间和城市标志(如纪念碑等)，消防站，非住宅建筑(急救站等)，运动场馆。

• 市政设施处：修建、规划和维护街道，广场，人行道，自行车道；规划和组织慕尼黑市所有公共照明设施，负责交通指示技术的基础设施。

• 市政工程处：规划、修建、维护和经营桥梁、汽车和铁路隧道、地下通道、地铁站、噪音防护墙、洪水防护、城市河流维护。

• 园林建筑处：规划、修建和经营公共绿地，休憩场所，儿童室外游乐场，公园，街道绿化，墓地。另外，还接受其他城市部门委托规划、修建和维护中小学、医院、幼儿园、托儿所、运动场、浴场等公共建筑的绿化。

• 行政与法律处：处理与房屋建筑、市政设施、市政工程建设项目相关的法律和咨询工作。所有建设项目的招标和竞标由该处的“项目委托办公室”(Submissionsbüro)集中负责。

慕尼黑“城市规划与建设法规部”的职能范围包括：工程公示，土地利用规划，建设规划，城市与建设规划，城市发展，交通规划，城市改造，补助性住房建设，地方建设委员会(即地方建设监督机构，审批)，文物保护。

C.2.3 政府公共工程管理机构的职责

作为政府公共工程建设的项目业主，必须承担以下任务[①]：

• 确定建设项目的目的；
• 根据建设的目的确定对项目的要求，制定要求手册；
• 确定成本框架；
• 确定项目期限；
• 提供土地，检验建设工程工作；
• 提供所需资金；
• 与所有参与规划的参与者签订合约，监督合约的实现，包括质量、期限和成本。

以上任务中不能委托给第三方机构的任务有：

• 提供建设用土地；
• 签订合约；
• 所有必需的决策制定；
• 用户要求的设定；
• 提供资金和支付。

除了以上任务，其他任务都可以委托给第三方来完成，第三方可能是私人公司，也可能是法律上独立的需求用户(如具有公法法人特性的大学和大学医院)。不论政府建设管理部门是否将工程以投标方式委托给第三方进行，它都必须完全承担工程实施和工程遵守所有

① Pfarr, Grundlagen der Bauwirtschaft, S. 102f.

相关规定的全部责任。

C.3 政府公共工程管理的相关法规

C.3.1 建设法律法规体系

德国的建筑法律法规体系如图 C-5 所示。

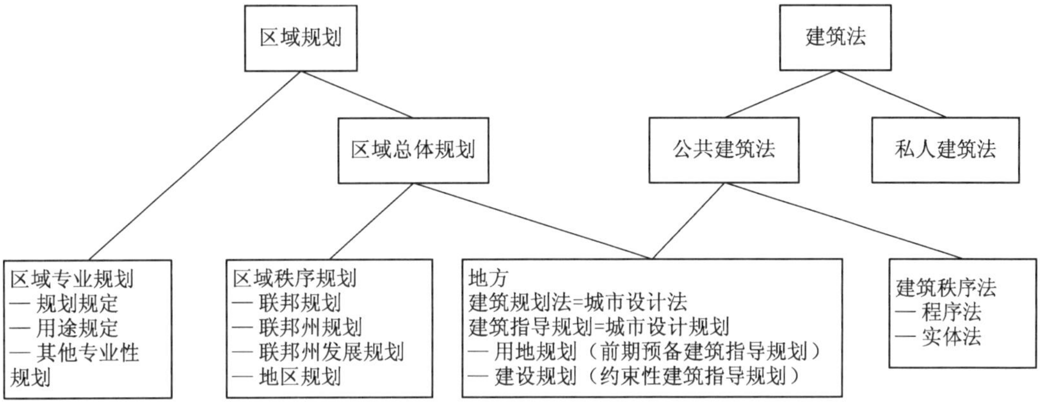

图 C-5 德国建设法体系分类示意图

C.3.2 政府公共工程管理的相关法律法规

在德国，与政府公共工程管理相关的法律法规主要有：

(1) "Richtlinien der Staatlichen Bauverwaltung des Bundes" (RBBau:《联邦国家建设管理准则》)；

(2) Richtlinien der Länder (RLBau:《联邦州国家建设管理准则》)，每个联邦州都有自己的《联邦州国家建设管理准则》。

(3) 为了多样化的建设措施、为了维护所有联邦州的建筑物和建筑设施，各州都设立了一个具有专业水平的业主方代表机构，其形式是"政府工程管理机构"(Staatliche Hochbauverwaltung)。它的任务就是"作为一个专业性机构保证国家投资建设任务在符合公共利益的前提下合乎规范地完成"(RBBau)。这个建设管理机构的责任主要遵循财政法方面的依据，特别是：

① BHO(《联邦财政规定》)第 7 条:经济性与节约型原则；

② BHO 第 24 和 54 条:建设措施预算和开始的基本规定；

③ BHO 第 55 条:竞争原则和发包时统一的管理行为的原则；

④ BHO 第 63 和 64 条:买进和变卖财产和地块的原则。

政府工程管理机构必须在联邦和联邦州法律的基础上确保遵守公法的相关规定。

C.4 政府公共工程的管理机制

C.4.1 政府公共工程的管理制度

政府公共工程的项目管理、项目指挥、项目控制全部由建设管理部门承担。联邦州的政府公共工程中,工程质量的检查、检测、验收、竣工验收一般由州属建设管理公司(有的联邦州称为州立不动产及建设咨询公司,有的称为州立不动产及建设管理公司)承担。每个项目都会制定一个项目手册,里面就项目组织和项目管理的责权分配都有详细规定。

每个建设项目开始前,在需求说明或规划制定的同时就开始制定质量计划、工期计划和成本计划。这些计划在项目结束后在运营中还要继续实施。

C.4.2 政府公共工程的管理过程

以北威州为例,小型项目上报支出和项目规划与实施流程如图 C-6 所示;大型项目从工程清单到施工的过程如图 C-7 所示。

C.4.3 政府公共工程的前期策划与需求管理

一般来说,在德国,政府公共工程的直接的实务目标由用户来确定,专业性目标由建设管理部门确定,而最高目标是政治机构(如议会)来确定。

用户的房产管理部门(Hausverwaltende Dienststelle)每年确定对新建、改建和扩建建筑(费用上限为 100 万欧元的小型建筑)的需求,撰写需求报告。需求单位应在需求报告中陈述建设需求的理由,以及满足该建设需求的资金来源可能性。建设管理部门为需求单位制定需求报告时提供专业咨询。

房产管理部门还需要提交建设工程的预算材料,建设管理部门在需求报告的基础上对预算进行调查,然后将调查结果直接通知房产管理部门。房产管理部门提交的建设工程预算材料一份交给相关的联邦高级或中级行政部门,另一份给建设管理部门。

房产管理部门在与需求单位协商后将建设需求确定为两个紧急等级:紧急 A,在下年度必须实现的建设项目;紧急 B,其余所有建设项目。

最高联邦机关将在每个预算年度开始前三个月通知其下级机关所计划的可支配预算额度。联邦高级或中级行政部门在这个通知的基础上确定自己主管范围内哪些建设项目可以预计实施。在需求报告被批准的基础上,主管联邦行政部门委托专业监督机构对建设项目进行规划和实施。被批准的需求报告对所有参与者都具有约束性。之后的需求修改需要经相关最高联邦主管部门批准。

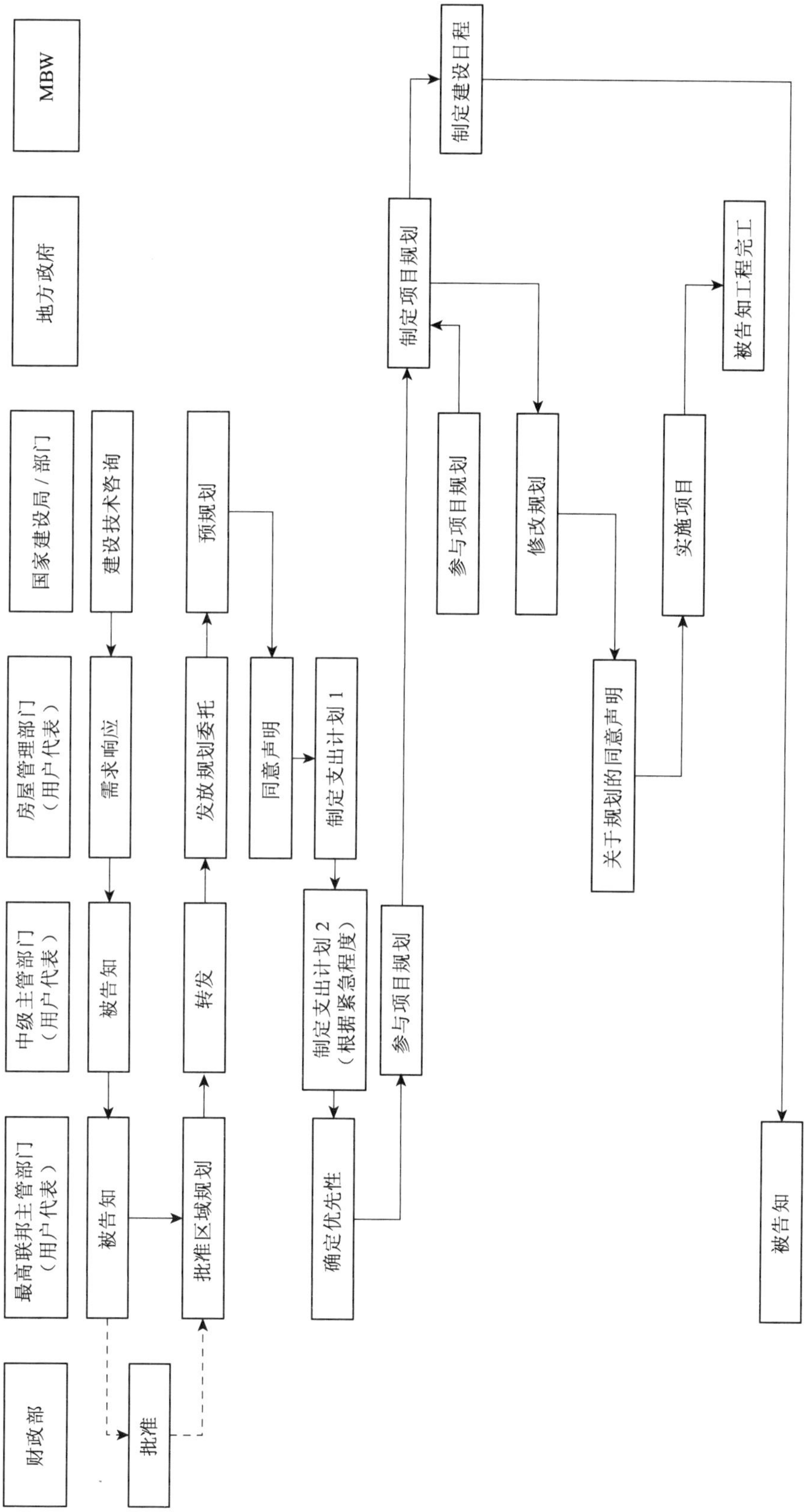

图 C-6　小型项目上报支出和项目规划与实施流程图

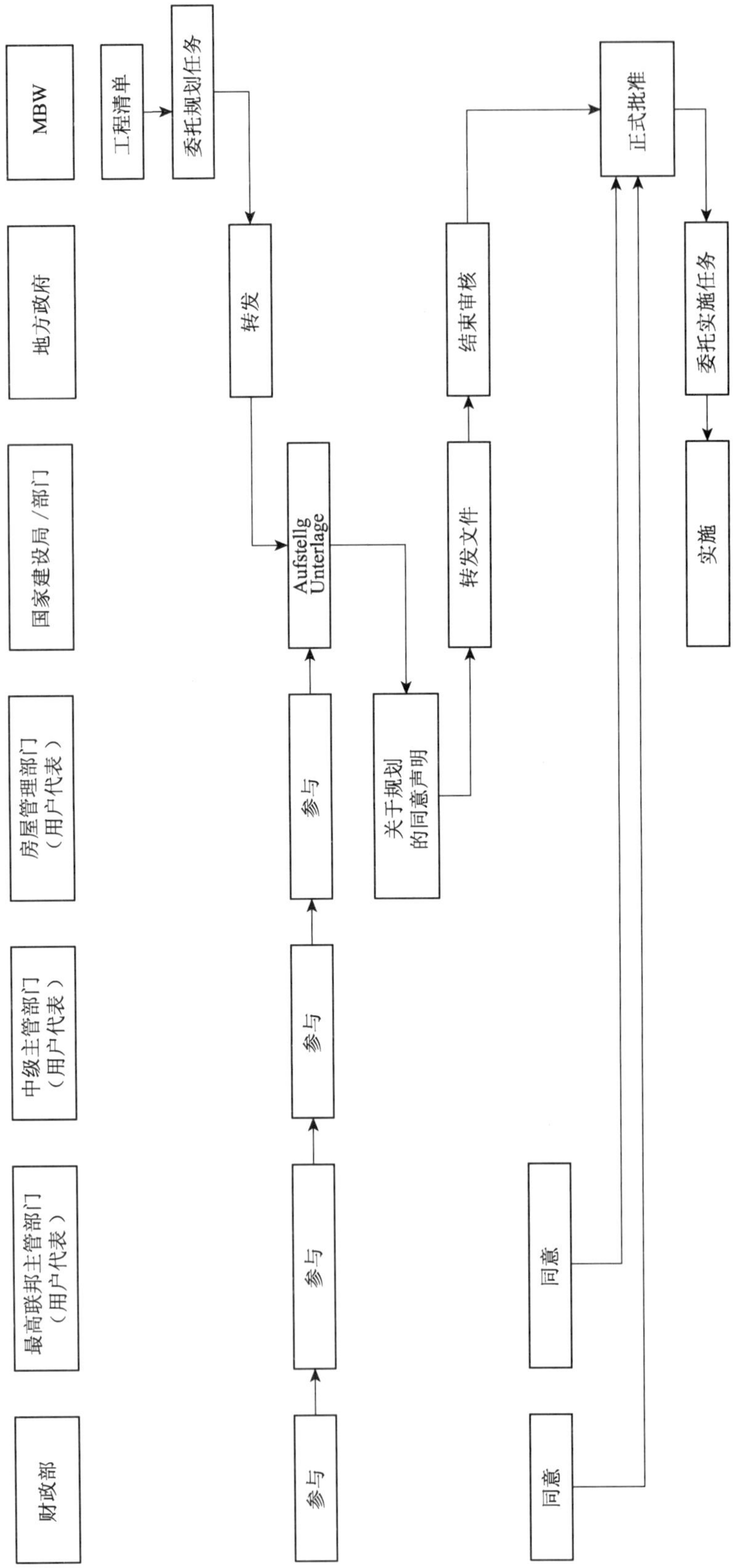

图 C-7 大型项目从工程清单到施工的流程图

负责制定需求计划的是用户。用户应该在建设管理部门参与下，向建设监督机构要求获得专业的咨询和帮助。因此，用户要向建设监督机构寻求帮助，并通报联邦建设最高技术主管部门。如果项目在联邦建设事务与区域规划局(BBR)主管范围，则直接向 BBR 寻求帮助。

用户与建设管理部门在专业方面协调后制定的需求规划呈交给其最高主管部门，等待批准。为避免计划的搁浅，用户的最高主管部门需要与联邦财政部事先通报需求。用户的最高主管部门将获批的需求计划交给项目需求单位，该需求计划对进一步的规划具有约束性。

需求调查方面还有一个步骤：需求满足方案的调查。用户最高主管部门批准需求计划后，还需要进行需求满足可实现性方案的调查。用户的最高主管部门要面向项目需求单位，并通报联邦建设最高技术主管部门[①]，建议使用《联邦房屋建筑项目准备阶段的经济性调查准则》。

项目需求单位负责需求满足方案调查，它有权向建设管理部门提出建设专业咨询与帮助的要求，并通报联邦建设最高技术主管部门。

需求满足的不同方案包括：

(1) 租用房地产，包括改建、扩建；

(2) 购买现有建筑设施，包括改建、扩建；

(3) 租赁和租售；

(4) 将新建、扩建和改建作为自建项目；

(5) PPP。

需求满足方案的调查旨在能评估所有能够满足需求的可能方案及其整体经济性。调查和评估按照需求计划中确定的统一的量和质的要求来进行。在调查时，需考虑生命周期优化的原则，特别是项目结束后运营、使用成本和风险成本(参见《可持续建设准则》和《联邦房屋建筑项目准备阶段的经济性调查准则》)。

建设管理部门根据项目需求单位提供的自建和外包建设的数据调查建设成本，包括风险成本和生命周期原则。调查中要遵循《PPP 项目经济性调查准则》。

如果使用者最高主管部门决定自建的方案，那么项目需求单位就委托建设管理部门完善建设项目文件。建设管理部门将文件补充完整，签字，将其与用户的同意声明一起提交给建设监督部门，供审核和确定成本。建设监督部门审核盖章后将文件移交给项目需求单位，经项目需求单位和用户的最高主管部门发表同意声明后，项目需求单位将文件一式五份提交给相关的最高技术主管部门，用于批准和确定成本的上限。项目批准和成本上限确定后，最高技术主管部门将施工文件的第一和第五份返还给项目需求单位，自己保留第二份，第三份通过建设监督部门交给建设管理部门，第四份留给建设监督部门。接着，项目需求单位将返还的获批第一份文件交给联邦财政部，用于财政预算的认可，第五份文件交给用户。如果项目在施工文件制定日期之后的三年内没有开工，那么财政预算的认可失效。

建设项目申请文件获批且财政预算也被认可后，项目需求单位请求最高技术主管部门安排建设措施的规划和实施。最高技术主管部门委托建设监督部门制定建设设计文件并进

---

① 对于宪法机关的建设项目，联邦建设部既是最高技术主管部门，也是建设项目承担方。

行项目实施，它还会确定是否可以减免某些程序(比如递交方案规划，预设计，文件的规模，文件加工的深度)，项目需求单位通过通告参与此过程。

对于重大的项目，还可能经最高技术主管部门同意或应其要求举行规划竞赛。

项目承担方和用户都同意设计规划后，设计文件就制定完毕，并由承担方将结果告知建设监督部门。监督部门再将结果通报最高技术主管部门和联邦财政部，特别是成本预算。

如果成本预算经各种努力还是超过了规定上限，或者由于修改和增补的规划导致成本超过规定的上限，或者物价在项目审批和项目规划制定完毕之间出现巨大变化，那么就必须出示关于成本超限的证明，并提出如何适应质和量的要求的建议。在新的成本上限确立后，项目设计文件才被批准、确立并由联邦财政部认可该预算。之后实施规划才能开始制定。

在遵守规划和实施委托的指示下，建设管理部门就可以制定实施规划。建设管理部门承担施工按期进行、遵守设计规划中确立的质量和数量要求，遵守成本上限规定的责任。

项目需求单位在项目实施期间要保持了解项目进展状况。北威州的需求计划的确立过程如图 C-8 所示。

C.4.4 政府公共工程的运营管理

运营设备和设施指建筑的所有机械和电子设备。在德国，建筑运营和设施管理属于建筑物维护的职能范围，但还需要额外的维护、管理和监督。一般来说，设备设施的维护、管理由(用户的)房屋管理部门负责。运营监督由州属不动产管理公司的分支机构负责，有些联邦州有例外，比如大学建筑运营的监督由大学交给专业人员负责。往往建筑物维护部门、设备设施维护与管理部门和运营监督部门要共同合作来保证建筑的运营和设施管理。

(用户的)房屋管理部门管理所有设施和设备的数据，包括使用手册、性能数据、维护手段和检查数据，还包括维修费用、规定必须进行的检测和已经进行过的检测。所有数据都必须供建设管理部门使用。

(用户的)房屋管理部门要么通过自己的人员进行运营和设施管理，要么签订外包服务的合同，定期让人进行维护和检查。在定期检查中必须及早发现需要修理的地方。有的联邦州州属不动产管理公司要和用户房屋管理部门共同确定建设项目维护和维修的方式与规模，如果州属不动产管理公司没有其他意见，由用户房屋管理部门签订和履行维护和维修合同。州属不动产管理公司向用户的房屋管理部门就运营维护所需的专业人员要求提出书面建议。它也可以根据用户房屋管理部门的意愿，在协议基础上承担运营管理的任务。用户房屋管理部门负责及时安排运营人员，从设备交付使用起实行自己的任务。

运营监督原则上是建设管理部门的任务。它审查设备运行状况、设备运行的经济性和节能状况、设备维护维修的情况，监督设备在规定时间接收规定的检查，监督运营和设备运行记录的记载。建设管理部门撰写监督报告，告知损坏情况、提出改善建议，告知用户的管理部门，或者促成制定需要采取的措施。运营监督也可能通过合同进行外包。如果用户房屋管理部门自己有相应专业人员，或者如果建筑物设施规模不大，用户房屋管理部门也可能承担运营监督的工作。

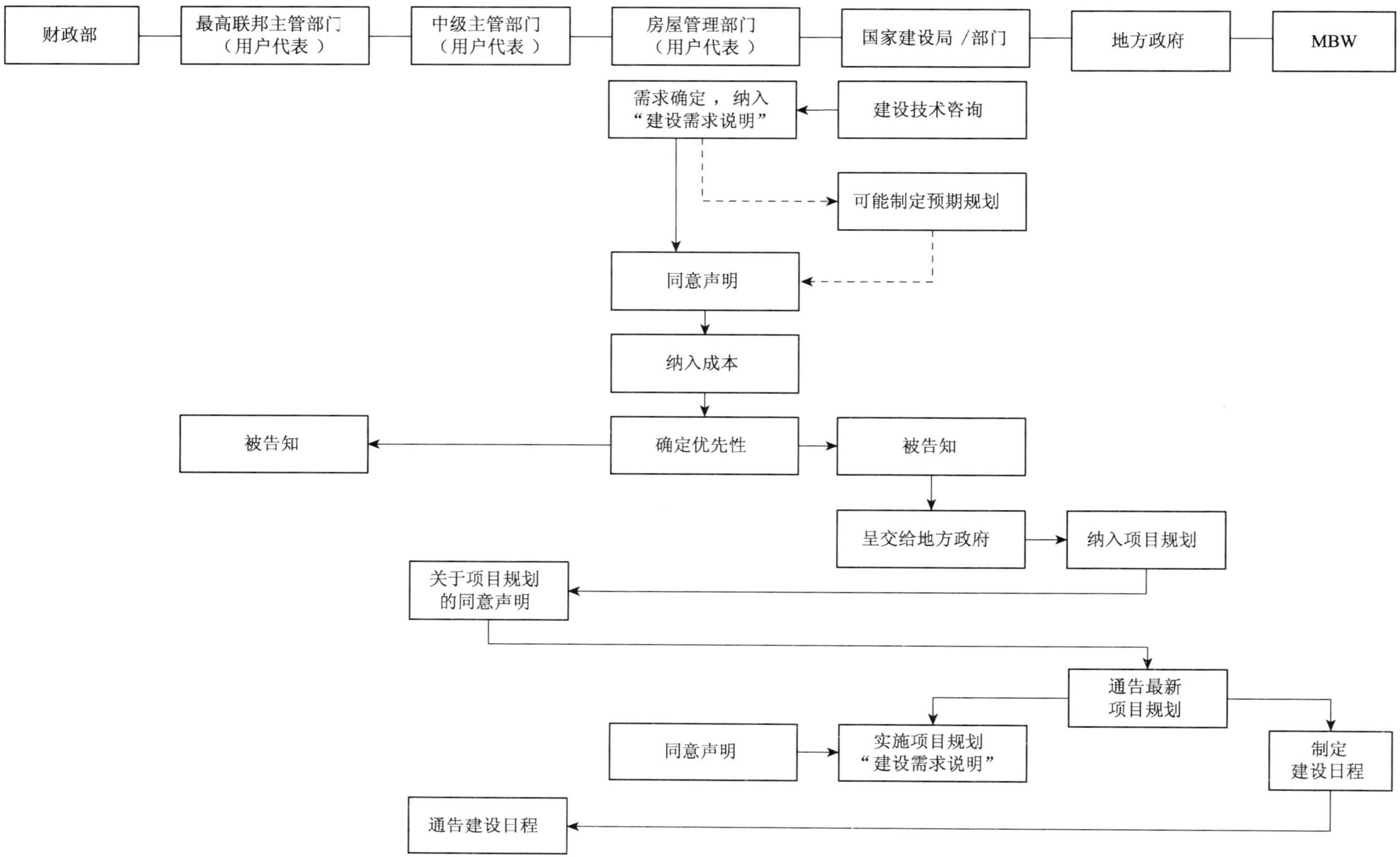

图 C-8 需求计划的确立过程(北威州)

用户的管理部门需要持续记录供暖、制冷、水电等建筑使用时的消耗情况和费用。这些数据和能源供应合同每年定期上交给建设管理部门用于评估。政府将对用户关于能源采购和能源供应合同的签订提供咨询。在所有评估结果基础上，建设局与用户协商后决定是否应该制定关于改善运营经济性和节能的建议。

C.5 政府公共工程管理的借鉴

C.5.1 政府公共工程管理机构和职责的借鉴

1）德国联邦、联邦州、市县均设有建设管理机构承担政府公共工程的业主工作

第18届德国政府的联邦环境、自然、建设与核反应安全部承担联邦和联邦各州建设事务及建设管理的总体责任，它是民用建设任务的联邦最高技术主管部门。国防建设最高技术主管部门是联邦国防部，负责如联邦边界防护的建设任务。联邦交通与数字基础设施部负责联邦的其他公共建设任务，包括：公路交通、铁路交通、航空交通、水路交通等。

联邦州负责建设任务的部门称呼不一，有的称为政府财政与建设机构，有的称为建设与不动产管理机构等，前者可能设在州财政部之下（如黑森州），后者则可能设在州内政、建设、交通和城市发展部之下（如巴伐利亚州），它们除了负责机构自属的建筑，还可能将其委托给市县级政府建设部门。

在德国，由于国家被期许为经常进行建设的公共业主，因此国家必须非常负责任地使用资金，即纳税人的钱，其必须在组织规划和施工方面都具有表率作用。出于这个原因，为了多样化的建设措施、为了维护所有联邦州的建筑，设立了一个通晓业务的业主代表机构，其形式是“政府工程管理机构”(Staatliche Hochbauverwaltung)。它的任务就是作为一个专业性机构保证国家投资建设任务在符合公共利益的前提下合乎规范地完成。

以黑森州为例，“政府工程管理”业务的操作实施层面主要在黑森州建设管理处（HBM）进行。黑森州建设管理处为黑森州政府和联邦德国政府提供政府工程建设事务在技术、财政和管理方面的准备和实施工作的服务。黑森州建设管理处承担业主工作，主要形式是负责项目管理和控制，专业业务（房屋建筑、基础设施）和提供评审及咨询服务。它是黑森州州属公司，根据现代经济企业原则运营。其定位是可持续性地确保公共工程建设完成。其总部设在法兰克福，在卡塞尔、吉森、威斯巴登、达姆施塔特和法兰克福还设有五个分处，在工程现场也直接设有办公室，总共844名员工，每年负责总金额约6亿欧元的各类大小建设项目。

2）德国政府公共工程管理机构的职责

作为业主，不论政府还是私人，都必须承担的任务包括：确定建设项目的目的；根据建设的目的确定对项目的要求，制定要求手册；确定成本框架；确定项目期限；提供土地，检验建设工程工作；提供所需资金；与所有参与规划的参与者签订合约，监督合约的实现，包括质量、期限和成本。

以上任务中不能委托给第三方机构的任务有：提供建设用土地、签订合约、所有必需的

决策制定、用户要求的设定、提供资金和支付。

除了以上任务,其他任务都可以委托给第三方来完成,第三方可能是私人公司,也可能是法律上独立的需求用户(如具有公法法人特性的大学和大学医院)。不论政府建设管理部门是否将工程以招投标方式委托给第三方进行,它都必须完全承担工程实施和工程遵守所有相关规定的全部责任。

C.5.2 政府公共工程管理的相关法规借鉴

德国的建筑法律法规体系如图 C-9 所示。

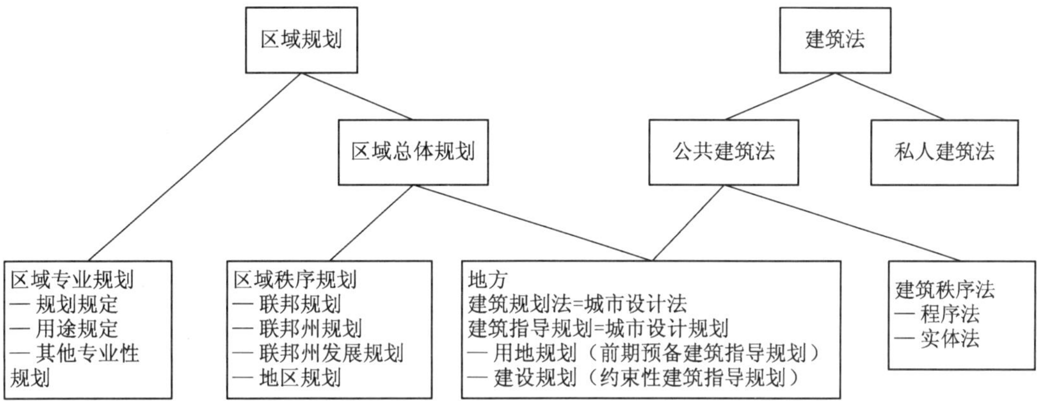

图 C-9 德国建设法体系分类示意图

在德国,与政府公共工程管理相关的法律法规主要有:

(1)“Richtlinien der Staatlichen Bauverwaltung des Bundes”(RBBau:《联邦国家建设管理准则》);

(2) Richtlinien der Länder (RLBau:《联邦州国家建设管理准则》),每个联邦州都有自己的《联邦州国家建设管理准则》。

(3) 为了多样化的建设措施、为了维护所有联邦州的建筑物和建筑设施,各州都设立了一个具有专业水平的业主方代表机构,其形式是“政府工程管理机构”(Staatliche Hochbauverwaltung)。它的任务就是“作为一个专业性机构保证国家投资建设任务在符合公共利益的前提下合乎规范地完成”(RBBau)。这个建设管理机构的责任主要遵循财政法方面的依据,特别是:

① BHO(《联邦财政规定》)第 7 条:经济性与节约型原则;

② BHO 第 24 和 54 条:建设措施预算和开始的基本规定;

③ BHO 第 55 条:竞争原则和发包时统一的管理行为的原则;

④ BHO 第 63 和 64 条:买进和变卖财产和地块的原则。

政府工程管理机构必须在联邦和联邦州法律的基础上确保遵守公法的相关规定。

C.5.3 政府公共工程管理机制的借鉴

1）德国政府公共工程管理手册

政府公共工程的项目管理、项目指挥、项目控制全部由建设管理部门承担。联邦州的政府公共工程中，工程质量的检查、检测、验收、竣工验收一般由州属建设管理公司（有的联邦州称为州立不动产及建设咨询公司，有的称为州立不动产及建设管理公司）承担。每个项目都会制定一个项目手册，里面就项目组织和项目管理的责权分配都有详细规定。

每个建设项目开始前，在需求说明或规划制定的同时就开始制定质量计划、工期计划和成本计划。这些计划在项目结束后在运营中还要继续实施。

2）政府公共工程的前期策划与需求管理

一般来说，在德国，政府公共工程的直接的实务目标由用户来确定，专业性目标由建设管理部门确定，而最高目标是政治机构（如议会）来确定。

3）政府公共工程的运营管理

运营设备和设施指建筑的所有机械和电子设备。在德国，建筑运营和设施管理属于建筑物维护的职能范围，但还需要额外的维护、管理和监督。一般来说，设备设施的维护、管理由（用户的）房屋管理部门负责。运营监督由州属不动产管理公司的分支机构负责，有些联邦州有例外，比如大学建筑运营的监督由大学交给专业人员负责。

房屋管理部门要么通过自己的人员进行运营和设施管理，要么签订外包服务的合同，定期让人进行维护和检查。运营监督原则上是建设管理部门的任务。

附录 D 日本政府公共工程管理简介

D.1 概述

本报告着眼于日本之实际，力求以综合之角度点予以描述，旨在总体把握公共领域建设项目从建设计划到竣工、运营的全过程管理及其评价情况。

为了达成上述之目的，除了对日本的制度和实际运作情况进行综述外，还具体介绍了数家发包方的案例，以期能够提供一份有助于全面而又深入的理解的内容。本报告所介绍的发包方主要为中央和地方的公共领域的发包方，同时为了能够提供一个比较，也介绍了私营领域的发包方。本报告主要从以下角度对发包机构的实际运营情况进行归纳：

（1）发包工作相关的内部组织及其各自的职能；

（2）建设项目的业务流程；

（3）各项业务的要点；

（4）具体项目案例中的 PM 业务实际开展情况。

选定的四家发包机构基本情况如下。

1）国土交通部大臣官房官厅营缮部

这是一国家机构，作为发包方，每年对外发包数百亿日元规模的公共领域建筑工程项目。同时，还以参与制定建筑物性能、规格、概算等相关国家级技术标准的方式，承担着全国建筑行业管理的部分职能。

2）日本邮政

日本邮政原来也和官厅营缮部一样，是一个国家机构，后来为了促进行政体制的高效化而实施了民营化改革。从一个国家机构到一个民间机构，中间都发生了哪些变化？作为发包方的责任又是怎么变化的？本调查本着这样的视角而选择了日本邮政作为研究对象。

3）京都市

由于所依据的法规的不同，中央政府机构和地方政府机构在公共领域建筑工程的发包制度上略有差异，为此在这里介绍了京都市的案例。从建筑项目的发包来看，中央机关更重视适用法规及技术标准的符合性；与之相较，在地方政府机构中，地方首长及议会的权限更显突出。同时，通过种种制约机制，中央对地方也有施加着一定的影响。

4）野村不动产

作为私营领域发包方的代表，选择了大型开发商—野村不动产的案例。虽然不属于公共领域建筑项目，该公司也发包了众多以普通消费者和民间企业为主要客户的建筑项目。本着保证质量、控制成本的观点，该公司想法设法为实现更佳的建筑而做着努力。

本报告 D.2 节是日本相关制度和现状的综述，D.3 节介绍了上述四家机构中的案例，而在 D.4 节，则是通过横向比较，从多个角度进行了分析和描述(图 D-1)。

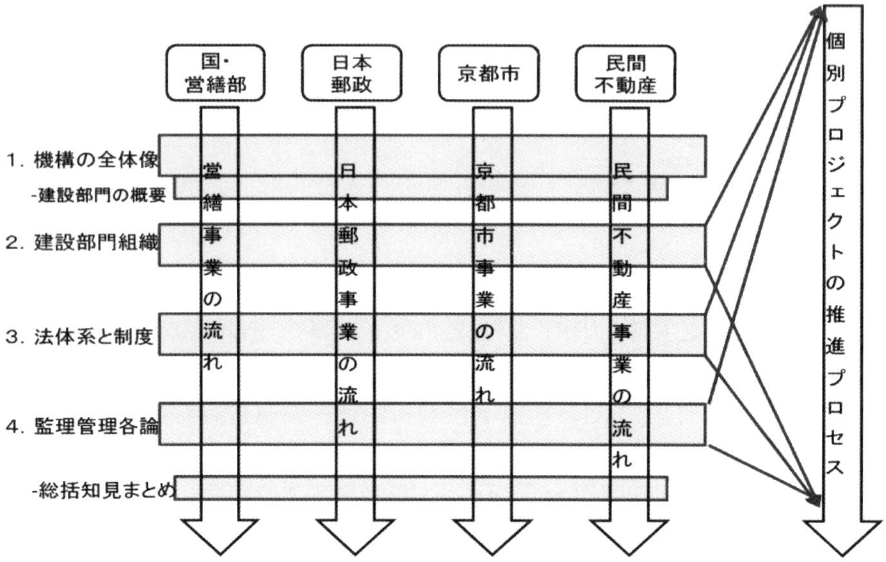

图 D-1 本报告的总体内容与构成(概念图)

D.2 政府机构与建筑业管理

D.2.1 建筑业管理机构的定位

日本的政府机构组织架构如图 D-2 所示，建筑业的行政主管部门是国土交通省。国土交通省的前身是成立于 1948 年 7 月的建设省。在 2001 年 1 月的中央部委机构重组中，当时的运输省、国土厅、北海道开发厅合并成为巨大的国土交通省。

在国土交通省里面，负责建筑业管理相关职能的局办，从广义上讲有很多，但从本报告研究的建筑领域来看，主要涉及图 D-3 所示的四个局办。

第一个是土地与建设产业局，尤其是建设业课、建设市场整备课与建筑业管理有着直接而密切的关系，归口负责建筑业法等相关法规，承担包括建筑业许可、经营事项审查等在内的建筑业相关主要制度的制定等职能。

第二个是住宅局，主要负责住房相关行政管理事务，其中建筑指导课归口负责建筑基准法、建造师法等法规，主要承担建筑物相关标准、建造师、建筑质量的提高等促进建筑物发展、改进的业务。

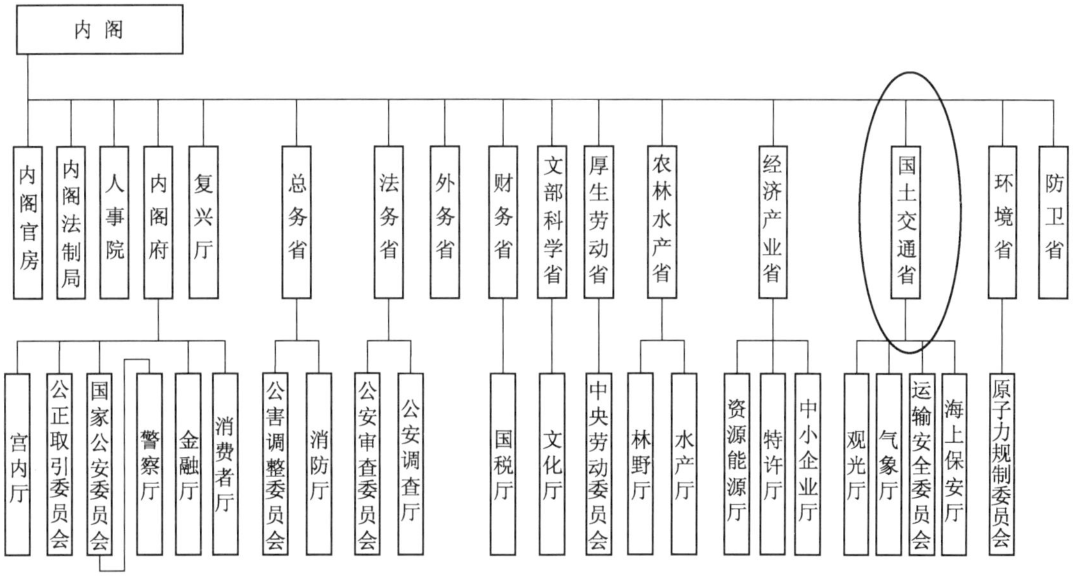

图 D-2 日本政府机构中负责建筑业管理的国土交通省的定位

第三个是大臣官房官厅营缮部，负责实施政府机关建筑的修建（包括建筑物的新建、扩建、改建、修缮、重新装修等）。

第四个是大臣官房技术调查课，负责实施技术研发、概算标准、技术管理、招投标与合同、政府项目评估等业务。

各个局办的业务内容，可具体参见图 D-4 所示的国土交通省网站（http://www.mlit.go.jp/），以及国土交通省组织令（2000 年 6 月 7 日政令第 255 号、最新修订：2014 年 7 月 2 日政令第 241 号；http://law.e-gov.go.jp/htmldata/H12/H12SE255.html）。

下面，将围绕这些建筑业管理机构高度涉及的建筑业法、建筑基准法、建造师法，介绍它们的意义和变迁，同时简要介绍一下日本的招投标合同制度。

D.2.2 建筑业法与建筑行业相关制度

1）建筑业法的意义与变迁

建筑业法（1949 年法律第 100 号）的立法目的为：通过提高建筑业经营者的质量、促进建筑施工承包合同的规范化等，确保建筑施工的规范实施，保护发包方权益，促进建筑业的健康发展，并以此增进公共之福祉。

之后历经的主要修订有：1960 年导入技术认证制度，设立土木施工管理工程师制度（另：关于建筑领域的技术人员专业管理制度，原先就有建造师制度，迟至 1980 年设立了建筑施工管理工程师制度）；1971 年，原来的登记制变更为分工种许可制；1994 年，因一系列丑闻事件引发招投标合同制度改革，随之全力制定完善了不良/不合格经营者清除机制。

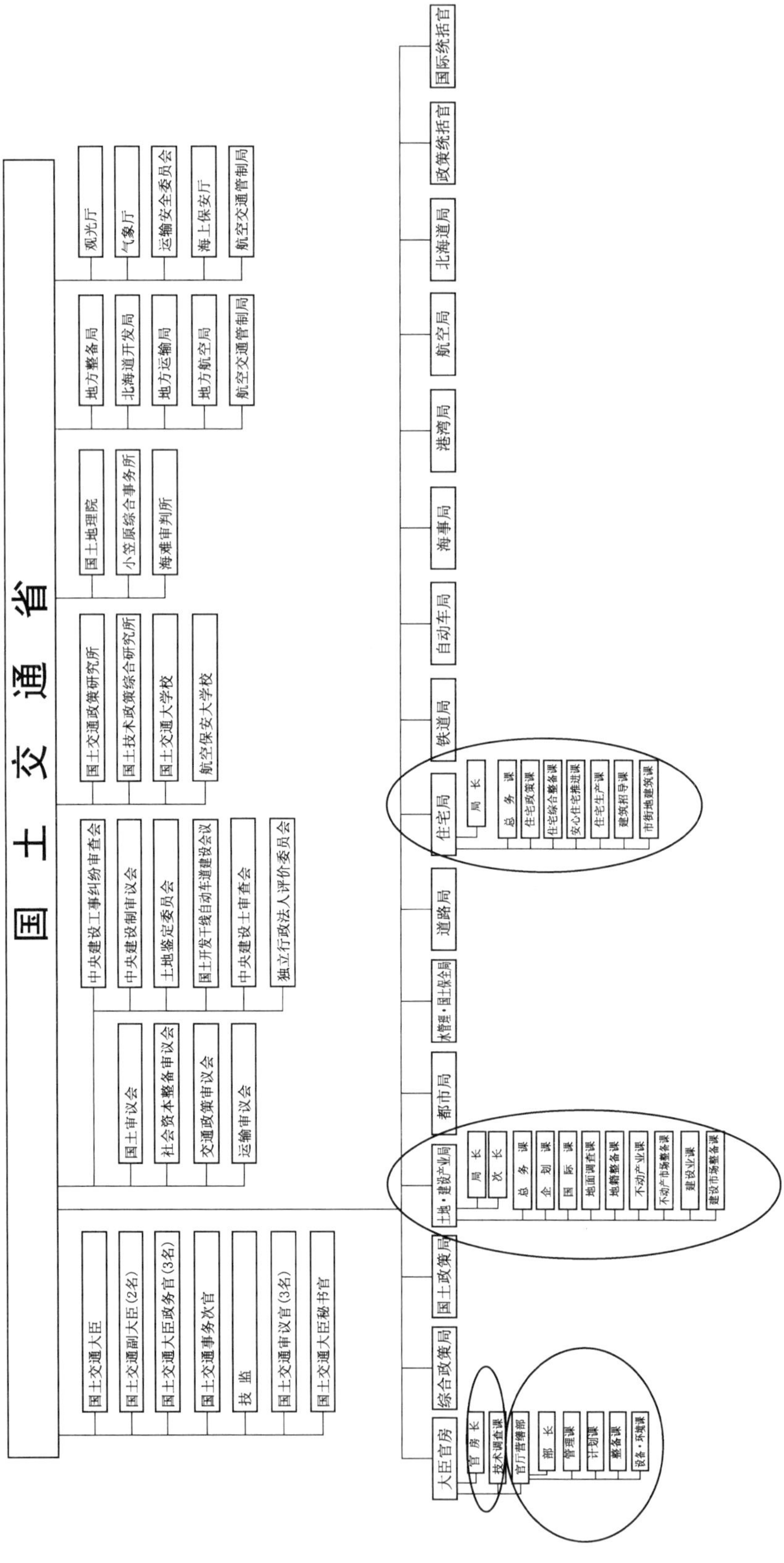

图 D-3 国土交通省组织架构图中的建筑业管理相关局办

图 D-4　国土交通省网站所示四局办

○昭和 24 年(1949)制定建筑业法

在制定建筑业法前,仅有若干以查处为目的的府县令。

伴随着所谓"土建景气"而来的建筑业经营者的激增以及群起割据的激烈竞争、容易导致违规施工的不当低价中标现象的产生、建筑业经营者的经营困境和资金困境等,导致了建筑业界诸多弊害的产生。

- 实施建筑业经营者登记制,清除性质恶劣的经营者
- 建设项目承包合同的规范化,纠正单边性
- 技术人员的配备

○ 昭和 27 年(1952) 关于公共领域工程项目预付款保证业务的法律

- 在私人领域有预付工程款的商业惯例,公共领域也照此采用了工程预付款制度 2
- 二战期间的公共领域工程项目中,军队项目、军需相关项目预付款比例为 50%
- 有助于建设项目施工规范化
- 解决了建筑业企业前所未有的资金难问题

○ 昭和 28 年(1953)的建筑业法修订

- 对玻璃、涂装等工程适用该法
- 强化登记条件要求
- 进一步禁止一揽子转包

○ 昭和 31 年(1956)的建筑业法修订

- 建设项目纠纷审查会的设立

○ 昭和 35 年(1960)的建筑业法修订

• 登记条件要求中关于技术人员资格要件的变更

• 为提高施工技术水准而引入的技术考评制度

○ 昭和 36 年(1961)的建筑业法修订

• 配备具有一定学会或资格的技术人员成为建筑业登记的必备要件

• 土木整体工程、建筑整体工程的总承包商

• 表明工程种类的专业工程施工方

○ 昭和 46 年(1971) 的建筑业法大幅度修订

建设类投资的增加与建筑业的重要性的提高、不良不合格企业的存在、施工能力/资金能力/信用能力欠缺的建筑业企业的多发、草粗陋工程、各种工伤事故和公众事故等的发生、对公平竞争的妨碍、行业企业破产的显着增加

科学技术进步带来的技术革新、建筑工人劳动力资源的紧缺趋势、为适应经济国际化带来的资本自由化而推进的建筑业现代化与合理化

• 分页种许可制度的采用

• 分包商的保护培育。为提高建设工程施工水平而创立的特定建筑业许可制度

• 承包合同的规范化,不合理的交易关系的改进,禁止发包方利用交易地位设定不合理的承包金额等(承包合同必备内容要件的充实)

• 新设关于分包商保护的相关规定

○ 昭和 62 年(1987)的建筑业法修订

昭和 50 年代中叶以后建筑业进入寒冬时代

需求低迷、竞争加剧导致经营环境恶化、劳动条件恶化、破产频发、建筑行业面临严峻局面、不良经营者的不正当加入

• 特定建筑业的许可标准的修订 关于在每一处经营单位都必须配备专人的技术人员,要求指定建筑业企业须配备具有国家资格的技术人员。

• 建立技术人员制度,关于从事指定建筑业的特定建筑业企业必须在施工现场配备的建立技术人员,要求必须是具有国家资格的技术人员。指定建筑业监理技术人员资格证的颁发。

• 技术考评制度 引入指定考试机构(大臣认证)

• 建立经营事项审查制度

○ 平成 6 年(1994)的建筑业法修订

公共工程领域一系列的丑闻事件与招投标合同制度的改革、竞争性招标的正式采用等、不良不合格企业的清除

• 强化建筑业许可的条件要求,强化不符合事由、许可有效期调整为 5 年

• 经营事项审查制度的改进(规定一定的工程承包方有此项义务)

• 施工组织台账的建立等

• 彻底实施监理技术人员的专任制

• 再转包通知书

○ 平成 11 年(1999)的建筑业法修订

建筑业法所涉及的国土交通大臣的权限被委任给地方整备局长及北海道开发局长

平成 12 年(2000) 关于促进公共领域工程项目招投标与合同规范化的法律(俗称招投标合同法)

• 确保国民对公共领域工程项目的信任,促进承包方建筑企业的健康发展

• 每年度发包调整信息的公开

- 招投标合同相关信息的公开
- 施工组织的规范化

○ 平成 14 年(2002) 关于清除和防止介入串通投标等行为的法律(俗称防官办串通法)

关于建设工程材料的再资源化等的法律(俗称建设再生法)

○ 平成 15 年(2003)因公益法人改革法的制定而相应实施的建筑业法修订

- 放开讲习实施主体、经营状况分析机构的市场准入

平成 17 年(2005) 关于提高公共领域工程项目质量的法律(俗称质保法)

- 建筑市场萎缩及竞争加剧带来的低价竞争
- 对工程质量的担忧
- 从最低价中标向质价综合评价转变(采购理念的转变)
- 对投标方进行技术能力审查、要求投标方提供技术方案成为发包方的尽责义务

○ 平成 18 年(2006) 随着为确保建筑物安全性而实施的建筑基准法等部分法律的修订而相应实施的修订

- 就瑕疵担保责任与保证的内容修订建筑业法第 19 条

○ 平成 19 年(2007) 建筑产业政策 2007

- 产业结构调整,建筑生产体系改革
- 支撑“商品制造”产业的“人才制造”

○ 平成 21 年(2009) 政权交替,建设投资长期低迷状态的最后阶段

- “从混凝土到人” 3 年削减公共领域相关投资约 30%

○ 平成 23 年(2011) 发生东日本大地震

○ 平成 24 年末(2012) 灾后重建与复兴,防灾减灾相关工程的增加

消费税率提高前的抢购效应

(注)小野邦久氏(东日本建设业保证株式会社 顾问)“建筑业法的制定与修订、从相关法律的制定等看产业政策的变迁”(2014/3/14)讲演资料选摘。http://library.ejcs.opac.jp/cgi-bin/board.cgi

2) 关于建筑业许可制[①]

如需经营建筑工程承包业务,不论该等工程为公共领域项目或私人领域项目,均需按照建筑业法第 3 条获得建筑业许可。但若只经营“微小建筑工程”,则不一定要获得建筑业许可[②]。

(1) 大臣许可与知事许可

建筑业的许可,按照下列分类,由国土交通大臣或都道府县知事相应实施许可。

① 在两个及以上的都道府县区域内设立经营单位开展业务——国土交通大臣。

② 仅在一个都道府县区域内设立经营单位开展业务——都道府县知事。

(2) 普通建筑业与特定建筑业

根据承包合同的规模大小,建筑业的许可分为普通建筑业与特定建筑业两类。这一分类,以从发包方直接承包的工程合同金额是否达到 3 000 万日元及以上为标准进行区分(建

① 中文参考资料:古阪秀三《日本的建设技术管理者制度》,建造师,No. 2,pp. 29-33,《建造师》编辑汇编,中国,2006。

② 此处的“微小建筑工程”指下列建筑工程。建筑整体工程:单项工程的承包金额不满 1 500 万日元或建筑面积不满 150 平方米的木结构住宅工程;建筑整体工程之外的建筑工程:单项工程的承包金额不满 500 万日元。

筑工程行业则以 4 500 万日元为标准)。

(3) 分工种许可制

建筑业的许可,按照建设项目的工种分别实施。如表 D-1 所示,建设项目除了土木整体工程与建筑整体工程这两类整体工程外,还有 26 向专业分项工程,共 28 项。根据要求,应按照这个分类逐项获得许可。也就是说,每一个经营的工种都需要获得许可。即使拥有某一个工种的许可,也不能经营未获得许可的其他工种。有部分建筑业经营者拥有所有 28 项许可①。

表 D-1　建筑业许可工种②

土木整体工程	建筑整体工程	木工工程	泥瓦工工程
高空作业・土方・混凝土工程	石材工程	屋顶工程	电气工程
排管工程	瓷砖・砖・混凝土块工程	钢结构工程	钢筋工程
铺装工程	疏浚工程	钣金工程	玻璃工程
涂装工程	防水工程	内装修工程	机械设备安装工程
热绝缘工程	电气通讯工程	园林工程	凿井工程
门窗工程	水暖设施工程	消防设施工程	清扫设施工程

(4) 许可的有效期限

建筑业许可的有效期限为五年。如五年不更新,许可将失效。

获得建筑业许可,需要满足建筑业法第 7 条规定的 4 项许可要件,且不存在该法第 8 条规定的"不符合要件"。

① 配备所经营业务的管理责任人(专职的高级管理人员);

② 每处经营单位均配备专职技术人员;

③ 对承包合同诚实守信;

④ 具备履行承包合同所需的财产基础或资信(表 D-2);

⑤ 不存在不符合要件。

表 D-2　普通建筑业与特定建筑业所需要的财产基础要件

普通建筑业	特定建筑业
满足以下条件之一: 自有资金 500 万日元及以上; 具备 500 万日元及以上的筹资能力; 最近五年具备许可且一直连续经营	满足下列所有条件: 缺损额不超过资本金的 20%; 流动比率达到 75%及以上; 注册资本 2 000 万日元及以上; 自有资金 4 000 万日元及以上

3) 关于经营事项审查制度

经营事项审查,是拟从发包方直接接受公共领域工程项目发包的建筑业企业所必须接

① 如参考资料 4 所示,拥有全部 28 个工种资质的有 2 家,即清水建设和鹿岛建设。从制度层面看,这两家公司有能力总包所有的工程。

② 平成 26(2014)年 6 月修订的建筑业法规定,自平成 28(2016)年起,增加第 29 项工种"拆解工程"。

受的审查。

公共领域工程项目的发包机构，应对参加竞标的建筑业企业进行资格审查。除了审查不符合要件的存在与否，还要把客观事项和主观事项的审查结果进行打分、排序、评级。这其中的客观事项审查就是所说的经营事项审查。这一审查是对"经营状况"、"经营规模、技术能力等客观事项("经营规模等的评价")以数值方式进行评价。

其中，"经营状况的分析"由国土交通大臣登记的经营状况分析机构实施。其结果除了直接通知接受审查建筑业企业，与通知所载相同的内容还在(一财)建筑业信息管理中心的网站[①]上予以公开。

D.2.3　建筑基准法及建造师法

建筑业法制定后的翌年即1950年，制定了建筑基准法和建造师法，由此，延至今日的建筑领域基本法律体系得以建立。建筑业法的影响对象是施工方，而建筑基准法和建造师法所涉及的对象则分别为建筑物本身和设计/施工监理资格拥有者。

建筑基准法的目的是"通过规定建筑物的占地、结构、设备及用途的最低标准，维护国民的生命、健康和财产安全，并以此增进公共福祉"。规定了建筑物应达到的最低限度的技术标准，并要求建造的建筑物必须满足该标准。建筑基准法的变迁情况见表D-3。

表D-3　建筑基准法的制定・主要修订经过[②]

大正8 (1919)	市街地建築物法公佈
昭和25 (1950)	建築基準法公佈
照和34 1959	耐火建築物等の規定・内装制限の新設、定期検査・報告制度の新設等
昭和45 (1970)	8種の用途地域の規定、容積率規制・隣地斜線制限の全域適用、北側斜線制限の新設等
昭和55 (1980)	(政令)新耐震設計法の導入(2次設計の新設等)等
平成4 (1992)	本造建築物に関ゐ規制の見直し(準耐火構造・準耐火建築物の規定の新設定)、12種の用途地域の規定等
平成10 (1998)	建築基準の性能規定化、建築確認・検査の民間開放、中間検査の導入、型式適合認定・構造方法の認定の規定新設等
平成18 (2006)	構造計算適合性判定の導入、確認検査等に関すゐ指針の策定・公表、罰則の强化等

① http://www.ciic.or.jp/.

② 国土交通省作成资料。

建筑基准法以1919年(大正8年)制定的城区建筑物法为基础,为适应战后的新型行政体系而于1950年制定的新法。与城区建筑物法主要不同在于:推进地方自治的立法导向,在全国范围内使用单体规范,在法律中仅规定技术性事项中基本的和重要的内容,采用建筑主事确认制度,采用建筑审查会及建筑协议等制度,等等。

20世纪50—70年代的经济快速增长期,在城市化的发展、建筑技术的进步、建筑物的大规模化等大背景下,关于结构规范、防火等的单体规范得到强化,而容积率等群体规范得以放宽。在1959年的修订中,基于大规模火灾频发现象,为了提高城市的阻燃水平,制定了耐火建筑物、建议耐火建筑物等规定,强化了内装修限制等防火限制,新设了定期检查、报告制度等,强化了违规纠正措施。1970年,伴随着城市规划法的制定,又作了相应修订。

D.3 发包机构的建设项目及其管理

D.3.1 京都市发包相关机构及其各自职能

1) 京都市的架构

京都市的组织架构,以选举产生的市长为首,下设行财政局和城市规划局等9个局、14个区公所及分所、教育委员会、会计室、以及2个公营企业局(交通局和上下水道局)。

建筑项目的策划、立项以及预算安排,由该等设施的管辖局办(以下称"设施管辖部门")分别负责。设计和施工则一般由城市规划局公共建筑部(以下称"营缮部门")负责。2个公营企业局的项目,则由其各自负责。

有关建筑项目设计和施工的技术性事务的综合管理(制定导则、标准、单价等)以及施工的监督检查,由城市规划局城市规划部城市总务处技术与检查主管负责(以下称"技术管辖部门")。2个公营企业局则参照技术管辖部门各自执行。

建筑项目发包相关招投标和合同签订工作,由管辖招投标与合同制度的行财政局财政部合同处(以下称"合同部门")负责。2个公营企业局由其各自负责。此外,无需招标的任意合同则由各个设施管辖部门各自负责。

建筑项目的维护管理和运营,由各个市管辖部门各自负责。改建、修缮等的设计及施工,则如前面所述。另外,整体面上的资产管理的相关工作,则由行财政局财产活用促进处在归口负责。

2) 设施管辖部门的职能

除2个公营企业局除外,京都市拥有约1 450个设施、总建筑面积达约485万平方米(截至2013年12月21日)的公共建筑物。这些设施,各自由该行政领域的设施管辖部门管理,例如学校就由教育委员会管理。

3) 营缮部门的职能

表D-4及表D-5分别列示了营缮部门的职责分工和组织体系/人数等信息。

营缮部门承担着京都市保有的约1 450处公共建筑物的设计和施工的绝大部分工作。

营缮部门的编制定员为129人(截至2014年9月1日),下设负责设计业务的设计管理处室(包括规划设计处和项目支持处共 2 个处)和负责施工监理业务的施工管理处室(工务监理处)。

设计相关处室涉及的业务原则上对外发包，涉及业务之外，则根据设施管理部门的申请，负责为建筑项目的规划、立项提供技术支持。

施工相关处室原则上直接负责施工监理业务。

表 D-4 营缮部门的职责分工(京都市工作职责选摘)

规划设计处

(1) 部所管事务的联络和协调。

(2) 市有建筑物建设计划中相关技术事项的规划、协调和指导。

(3) 市有建筑物(不包含环境政策局所管辖的一般废弃物处理设施及其关联设施。次款、5 款、第 7 款同此)的新建、改扩建及变更用途。

(4) 市有建筑物附属设备的装配及增配。但不包括项目支持处所管辖的范围。

(5) 市有建筑物电视信号接收障碍的防止和排除。

(6) 对保健福祉局进行技术指导，做好归属于地方独立行政法人京都市立医疗机构所有的建筑物的新建、改扩建以及建筑服务设备的装配、增配工作。但不包括工务监理处所管辖的范围。

(7) 对根据《充分利用民间资金等促进公共设施建设的法律》进行新建、改扩建及用途变更的市有建筑物的管辖部门进行技术指导。但不包括工务监理处所管辖的范围。

(8) 工程的设计与实施。

项目支持处

(1) 与市有建筑物的维护、修缮计划以及防震改造计划相关的技术事项的规划、协调与指导。

(2) 为市有建筑物实施最佳维护管理的计划制定提供相关的技术支持。

(3) 市有建筑物(不包含环境政策局所管辖的一般废弃物处理设施及其关联设施。第 5 款及第 8 款同此)的修缮及重新装修。但不包括住宅室所管辖的范围。

(4) 伴随前款所述修缮及重新装修而实施的建筑附属设备的配备与增配。

(5) 市有建筑物的建筑附属设备的维修。但不包括住宅室所管辖的范围。

(6) 自用变配电相关设施设备的施工、维护、运营保养相关事务的归口管理。

(7) 对保健福祉局进行技术指导，做好归属于地方独立行政法人京都市立医疗机构所有的建筑物的建筑改造设计及设备改造设计工作。

(8) 对根据《充分利用民间资金等促进公共设施建设的法律》进行修缮及重新装修的市有建筑物的管辖部门进行技术指导。但不包括工务监理处所管辖的范围。

(9) 工程的设计与实施。

工务监理处

(1) 企画设计课及项目支持处所管辖的施工项目监督及施工材料等的现场验收。

(2) 对保健福祉局进行技术指导，做好归属于地方独立行政法人京都市立医疗机构所有的建筑物的施工项目监督工作。

(3) 对根据《充分利用民间资金等促进公共设施建设的法律》进行新建、修缮等的市有建筑物(不包含环境政策局所管辖的一般废弃物处理设施及其关联设施)的管辖部门进行技术指导(仅限于该建筑物的施工项目监督相关工作)。

表 D-5　营缮部门的组织体系和人数(截至 2014 年 9 月 1 日)

	公共建筑部	规划设计处(设计管理处室)	项目支持处(设计管理处室)	工务监理处(施工管理处室)
部长级	2 人	0 人	0 人	0 人
处长级	10 人	3 人	4 人	3 人
处长助理/科长级	29 人	11 人	9 人	9 人
主任级・科员	88 人	28 人	32 人	28 人
合计	129 人	43 人	45 人	40 人

4) 技术管辖部门的职能

表 D-6 及表 D-7 分别列示了技术管辖部门的职责分工和组织体系及人数。

技术管辖部门总揽建筑项目设计施工相关导则、标准、单价等的制定、施工检查、方案比选方式以及综合评价中标方式等相关事务运营、营缮部门业务的第三方监督等技术性事务,其功能定位属于营缮部门所属城市规划局的总务功能的一部分(城市总务处技术与检查管理)。另外,其业务所涉及的导则、标准、单价等,原则上参照国土交通省办理。

表 D-6　技术管辖部门的职责分工(京都市工作职责选摘)

城市总务处 (1) ~(5)　略 (6) 本局管辖的施工项目的过程管理相关工作。 (7) 本局及建设局管辖的建筑工程及设备工程设计的标准化及费用相关工作。 (8) 建筑工程及设备工程相关技术事项的调查、研究及培训相关工作。 (9) 本局及建设局管辖的建筑工程及设备工程的监督检查相关工作。 (10) ~(15)　略

表 D-7　技术管辖部门的组织体系和人数(截至 2014 年 9 月 1 日)

	城市总务处技术・检查管理	技术管理	检查管理
部长级	0 人	0 人	0 人
处长级	2 人	0 人	0 人
处长助理/科长级	4 人	1 人	3 人
主任级・科员	7 人	4 人	3 人
合计	13 人	5 人	6 人

5）合同部门的职能

表 D-8 列示了合同部门的职责分工。

合同部门全面负责管理除 2 个公营企业局之外的京都市所有招投标和合同制度事务，功能定位上属于财政部门功能的一部分(财政部合同处)。

另外，包括两个公营企业局在内，京都市的招投标和合同制度原则上参照国土交通省办理。

表 D-8 合同部门的职责分工(京都市工作职责选摘)

合同处 (1) 物业买卖合同及租赁合同相关工作。 (2) 施工等承包合同相关工作。 (3) 物业验收相关工作。 (4) 合同履行相关工作。 (5) 接受捐赠物品(历史资料、工艺美术品、动物、考古数据及图书除外)评估相关工作。 (6) 合同相关调查及事务的指导。 (7) 办公用品规格相关事务。 (8) 竞争性招投标等运营委员会相关工作。 (9) 合同审查委员会相关工作。

D.3.2 京都市建筑项目业务流程

京都市建筑项目的业务流程如图 D-5 所示。纵轴表示流程，横轴表示职能部门。从图中可以发现以下特点。

(1) 建筑项目的规划立项和必要的预算安排由设施管辖部门负责。在规划阶段，营缮部门的职能仅限于根据设施管辖部门的要求，对项目的基本构想、基本规划等提供技术性建议，以及为编制项目概算等提供技术支持。

(2) 从设计阶段开始，建筑项目的推荐转由营缮部门主导。从设计到施工发包、施工监理，整个过程都由营缮部门负责。而在营缮部门内部，设计管理和施工管理的职责有着明确的区分，两者起着相互监督的作用。

(3) 设计阶段之后，继续由设施管辖部门负责决定预算安排和预算执行相关事宜。为此，营缮部门应在开展设计业务委托、施工发包、设计变更等等这些会发生预算的确保和执行需求的相关业务前，应预先和设施管理部门签订相应协议。

(4) 在设计阶段，设计管理处原则上应将涉及业务对外发包，可采用普通竞标方式或者公开比选方式。

如采用公开比选方式，其是否实施以及公开募集的内容，应在设计管理处内部讨论的基础上，由“京都市城市规划局受托候选方选定委员会”(该委员会秘书处设在技术管辖部门)审议决定。

此外，作为一个历史名城，京都市历来重视城市景观，为此，要求重要项目的基本设计内容(外观设计、环保、防灾/安全性、经济性等),应在设计管理处内部讨论的基础上,由"京都市公共建筑设计协议会"(该协议会秘书处设在技术管辖部门)审议决定,这也是京都市特有的做法。

(5) 在施工发包前,营缮部门和设施管辖部门应共同准备好该发包相关的招投标与合同方式以及投标资格等内容,接受"京都市竞争性招投标等运营委员会"(该委员会秘书处设在合同部门)审议。

关于发包方式,原则上应为普通竞争性招投标方式。预期价格超过 5000 万日元的,应根据项目的特点,适当采用综合评价中标方式。关于综合评价中标方式的评价标准,应根据地方自治法施行令第 167 条之 10 之 2 之第 4 款的规定,在听取 2 名及以上专家意见的基础上,由设计管理处决定。技术方案的评价,由"综合评价中标方式评价委员会"(该委员会的秘书处设在技术管辖部门)实施。

(6) 根据基于地方自治法第 96 条第 1 项第 5 款制定的"关于应交付议会议决的合同及财产购置或处置的事项的条例"的规定,京都市规定,如需签订预期价格 4 亿日元及以上的施工承包合同(包括因设计变更而产生的施工承包变更合同),应交付议会议决。

(7) 在施工阶段,原则上由施工管理处直接实施施工监理业务。但如必须常驻现场或直接实施监理有困难时,一般会通过普通竞争性招投标的方式把施工监理业务(第三方监理)进行对外发包。

(8) 从设计阶段到施工阶段,技术管辖部门通过以下方式,主要对营缮部门进行第三方性质的监督。

在设计阶段,为了防不法于未然,京都市采取了一种特有的做法,即在大型工程项目施工发包(包括签署因设计变更导致的施工承包变更合同)前,与营缮部门开展"大型施工项目等事前协商"的制度。

在施工阶段,实施中途检查、已完工部分检查、完工检查(不包括建筑指导部门根据建筑基准法实施的检查)。这些检查,非由配备检查员的技术管辖部门不能实施。

此外,为了确保营缮部门实施的设计、施工监理业务能够顺利进行,也会进行一些必要措施的决策等,包括研究物价急速上涨时的应对措施等。

(9) 京都市设立了以合同部门为秘书处的第三方机构"京都市合同审查委员会",作为对招投标和合同事务进行事后监督的第三方监督机制。该委员会根据市长的咨询要求,对招投标和合同签署的方式以及参加资格等进行是否调查、审议,并向市长陈述意见。

(10) 设施的维护管理,由各设施管辖部门负责。

营缮部门除了提供技术支持包括提供"公共建筑维护管理手册(基础篇)"外,与新建项目一样,根据设施管辖部门的要求,还负责修缮工程等的实施。

此外,关于由各设施管辖部门负责的设施维护管理工作,2013 年制定了"京都市公共设施管理基本方针",开始了全市上下共同参与的资产管理机制构建的工作。目前,正在制定基本计划,营缮部门也参与该计划的制定。

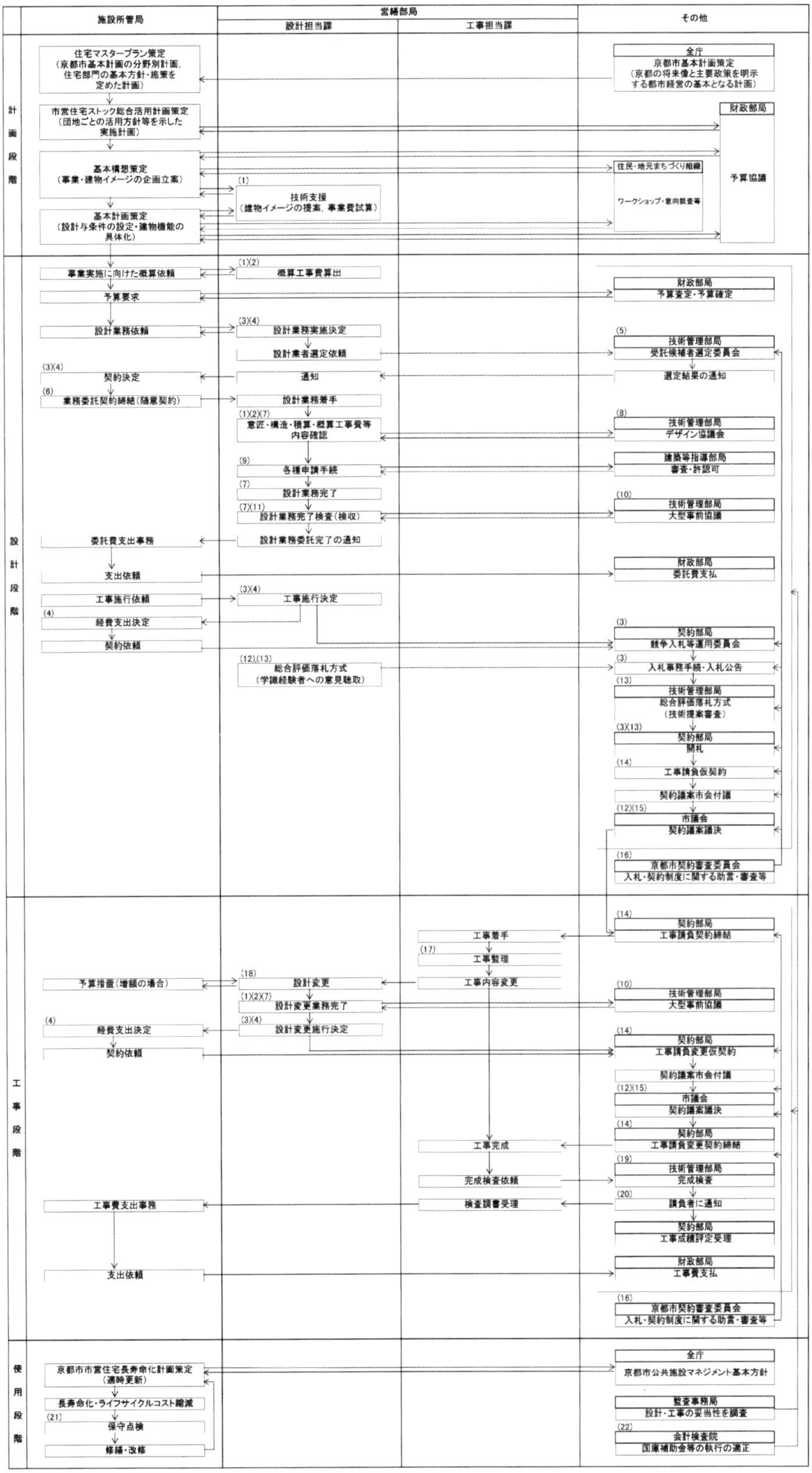
施設所管局
営繕部局
設計担当課
工事担当課
その他
計画段階
住宅マスタープラン策定
（京都市基本計画の分野別計画、住宅部門の基本方針・施策を定めた計画）
全庁
京都市基本計画策定
（京都の将来像と主要政策を明示する都市経営の基本となる計画）
市営住宅ストック総合活用計画策定
（団地ごとの活用方針等を示した実施計画）
財政部局
基本構想策定
（事業・建物イメージの企画立案）
住民・地元まちづくり組織
(1)
技術支援
（建物イメージの提案、事業費試算）
ワークショップ・意向調査等
予算協議
基本計画策定
（設計与条件の設定・建物機能の具体化）
設計段階
事業実施に向けた概算依頼
(1)(2)
概算工事費算出
予算要求
財政部局
予算査定・予算確定
設計業務依頼
(3)(4)
設計業務実施決定
設計業者選定依頼
(5)
技術管理部局
受託候補者選定委員会
(3)(4)
契約決定
通知
選定結果の通知
(6)
業務委託契約締結（随意契約）
設計業務着手
(1)(2)(7)
意匠・構造・積算・概算工事費等内容確認
(8)
技術管理部局
デザイン協議会
(9)
各種申請手続
建築等指導部局
審査・許認可
(7)
設計業務完了
(10)
技術管理部局
大型事前協議
(7)(11)
設計業務完了検査（検収）
委託費支出事務
設計業務委託完了の通知
支出依頼
財政部局
委託費支払
工事施行依頼
(3)(4)
工事施行決定
(4)
経費支出決定
(3)
契約部局
競争入札等運用委員会
契約依頼
(12)(13)
総合評価落札方式
（学識経験者への意見聴取）
(3)
入札事務手続・入札公告
(13)
技術管理部局
総合評価落札方式
（技術提案審査）
(3)(13)
契約部局
開札
(14)
工事請負仮契約
契約議案市会付議
(12)(15)
市議会
契約議案議決
(16)
京都市契約審査委員会
入札・契約制度に関する助言・審査等
工事段階
(14)
契約部局
工事請負契約締結
工事着手
(17)
工事監理
(18)
予算措置（増額の場合）
設計変更
工事内容変更
(1)(2)(7)
設計変更業務完了
(10)
技術管理部局
大型事前協議
(4)
経費支出決定
(3)(4)
設計変更施行決定
(14)
契約部局
工事請負変更仮契約
契約依頼
契約議案市会付議
(12)(15)
市議会
契約議案議決
(14)
契約部局
工事請負変更契約締結
工事完成
(19)
技術管理部局
完成検査
完成検査依頼
(20)
工事費支出事務
検査調書受理
請負者に通知
契約部局
工事成績評定受理
支出依頼
財政部局
工事費支払
(16)
京都市契約審査委員会
入札・契約制度に関する助言・審査等
使用段階
京都市市営住宅長寿命化計画策定
（適時更新）
全庁
京都市公共施設マネジメント基本方針
長寿命化・ライフサイクルコスト縮減
監査事務局
設計・工事の妥当性を調査
(21)
保守点検
(22)
会計検査院
国庫補助金等の執行の適正
修繕・改修

(1) 类似设施的历史数据	
新建项目预算单价(国土交通省)	
出版物	
(2) 京都市城市规划局建筑设计业务等的概算标准	资料 3.2.1
京都市城市规划局建筑设计业务等的概算要则	资料 3.22
京都市城市规划局建筑工程概算纲要	资料 3.2.3
京都市城市规划局建筑工程概算纲要实施细则	资料 3.2.4
公共建筑施工概算标准	
公共建筑施工共同费概算标准准	
公共建筑施工标准概算标准	
公共建筑数量概算标准	
公共建筑设备数量概算标准	
建筑施工标准单价表	
京都市公共建筑物设计规格	
京都市公共建筑设计导则	
(3) 京都市合同事务规则　等	
(京都市招投标等运营委员会相关规程选摘)	资料 3.2.5
(4) 京都市局长等专决规程　等	表 3.2.6
(5) 京都市城市规划局设计业务备选受托方选定纲要	资料 3.2.6
京都市城市规划局设计业务备选受托方选定委员会设置纲要	资料 3.2.7
京都市城市规划局标准型方案比选实施要则	
京都市城市规划局标准型方案比选评价标准	
京都市城市规划局档审查实施要则	
京都市城市规划局档审查评价标准	
(6) 业务委托合同	资料 3.2.8
(7) 建筑设计等委托业务监督检查纲要	资料 3.2.9
(8) 京都市公共建筑设计协议会纲要	资料 3.2.10
(9) 城市规划法、建筑基准法及景观法(包括相关条例)　等	
(10) 京都市城市规划局大型工程等事前协商制度实施要则	资料 3.2.11
(11) 京都市城市规划局建筑设计等委托业务成绩评定要则	资料 3.2.12
(12) 地方自治法	
(13) 京都市综合评价竞争性招投标实施要则	资料 3.2.13
京都市城市规划局建筑施工综合评价中标方式评价要则	资料 3.2.14
京都市城市规划局综合评价中标方式活用指南	资料 3.2.15
(14) 施工承包合同	资料 3.2.16
(15) 关于应交付议会议决的合同及财产购置或处置的事项的条例	
(16) 关于京都市实行机关附属机构设置等的条例	
京都市合同审查委员会守则	资料 3.2.17
京都市合同审查委员会纲要	资料 3.2.18
(17) 京都市城市规划局建筑承包施工监督・检查纲要	资料 3.2.19
京都市城市规划局建筑承包施工监督细则	资料 3.2.20
京都市城市规划局施工设备检查要则	资料 3.2.21
京都市工程施工组织检查要则	资料 3.2.22
(18) 城市规划局公共建筑部所辖工程的设计变更事务处理纲要	
(19) 京都市城市规划局建筑承包工程监督・检查纲要(再次载录)	资料 3.2.19
京都市城市规划局建筑承包工程检查细则	资料 3.2.23
京都市城市规划局建筑承包工程检查技术标准	资料 3.2.24
京都市城市规划局工厂等派遣中期检查实施要则	资料 3.2.25
京都市城市规划局建筑承包工程已完工部分检查实施要则	资料 3.2.26
京都市城市规划局建筑承包工程绩效评价要则	资料 3.2.27
(20) 京都市城市规划局建筑承包工程绩效评价通知要则	资料 3.2.28
(21) 公共建筑维护管理手册(基础编)	资料 3.2.29
建筑物等的使用说明书编写指南(国土交通省)	
(22) 会计检查院法	

图 D-5　京都市建筑项目业务流程(以市营住宅项目为例)

图 D-3 中的"表 3. 2. 6"京都市局长等专决规程概要①

专决事项 \ 专决人	局长(不包括技术管理局局长)	技术管理局局长	庶务管理部门部长
施工实施决定	1亿5 000万日元及以下	1亿5 000万日元及以下	—
施工承包合同及经费的支出决定	1亿5 000万日元及以下	—	5 000万日元及以下
测量、地质调查及设计委托的决定	—	8 000万日元以下	—
施工监理委托的决定	—	8 000万日元以下	—
上述以外委托的决定	8 000万日元以下	—	2 000万日元及以下
自来水给水装置等相关分担金额等的决定	—	—	—
补偿等的决定(例:电线杆移杆等)	8 000万日元以下	—	1 000万日元及以下
委托合同及经费支出的决定	8 000万日元以下	—	2 000万日元及以下
工程开工及暂时停工相关事务	—	—	—
工程(包括委托调查及测量)完工期限延期相关事务	—	—	—
对建筑物、设备以及设施内场地进行小规模修缮的决定,相关合同及相应经费支出的决定	—	—	—
施工实施决定	5 000万日元及以下	—	300万日元及以下
施工承包合同及经费的支出决定	—	300万日元及以下	—
测量、地质调查及设计委托的决定	2 000万日元及以下	—	500万日元及以下
施工监理委托的决定	2 000万日元及以下	—	500万日元及以下
上述以外委托的决定	—	500万日元及以下	—
自来水给水装置等相关分担金额等的决定	—	全部	—
补偿等的决定(例:电线杆移杆等)	—	—	—
委托合同及经费支出的决定	—	500万日元及以下	—
工程开工及暂时停工相关事务	—	—	全部
工程(包括委托调查及测量)完工期限延期相关事务	全部	—	—
对建筑物、设备以及设施内场地进行小规模修缮的决定,相关合同及相应经费支出的决定	—	100万日元及以下	—

① 本表"—"栏目的事项,均由市长决定。

D.3.3 京都市建筑项目业务要点

1）建筑项目方案的拟定

京都市建筑项目的规划立项，由各设施管辖部门根据上位规划（包括“飞向未来！京都规划”[①]即京都市基本规划、“京都市住宅整体规划”[②]即京都市居住基本规划等）分别实施。此外，设施管辖部门还根据设施的特性开展专题讨论会等方式来调查、把握市民意向。

2）预算方法

在京都市，建筑项目的初期预算及设计变更后的必要预算变更、修缮等维护管理所需预算的确保、涉及业务委托及工程发包相应经费支出的决定等行为的主体，不是营缮部门，而是设施管辖部门。

设施管辖部门依据京都市的上位规划以及各行政领域的规划等，根据社会经济形式以及市民的需求，决定项目实施的优先级，在此基础上，向财政部门提出预算要求。又及，预算的确定需要经过市议会的批准。

营缮部门常常在规划阶段以参与工程费用概算的方式为设施管辖部门提供技术支持，但不能直接参与设施管辖部门的预算编制以及财政部门的预算审核。

因此，在设计阶段发生预算不足，或者发生设计变更以及法定劳务单价修订[③]等的时候，会出现营缮部门无法灵活应对的局面。这是一个结构性难题。

3）优先发包给本市企业

京都市在对外委托设计业务或进行施工发包时，一般会采用普通竞争性招投标方式。但根据市议会的附带决议，为了活跃京都本地经济、培育本地建筑业发展，一般会在参加资格要件中增加“投标方应是总部设在京都市的本市企业”的要求。

同上，还会在施工承包合同中约定，要求在签订转包合同以及采购物资及原材料的时候，应选择总部设在京都市的“本市中小企业”。

此外，如果因采用方案比选方式或者综合评价中标方式而要求提交方案的时候，一般都会广泛公开募集方案，但如果总承包商是“本市企业”或者转包方为“本市中小企业”，将会分别给予加分。

4）议会对施工承包合同的批准

京都市规定，预期价格 4 亿日元及以上的施工承包合同（包括因设计变更而产生的施工承包变更合同）的签订需要市议会审议决定。具体手续包括：先与中标方进行合同草签，待市议会批准后，再签署正式合同。这样一来，手续办理时间大大延长，会造成设计月份和合

---

① 规划的定位表述可见如下 3 点：• 基于京都市基本构想的第 2 期基本规划 • 不仅仅是一个政府规划，更是一个市民与政府一起出汗的“共汗型规划” • 一个战略性规划，明确政策的优先顺序、指明目标实现的路径（京都市官方网站）http://www.city.kyoto.lg.jp/sogo/page/0000092658.html

② 规划的定位表述可见如下 2 点：• 以“京都市基本规划”为上位规划的住房领域基本规划 • 符合基于《居住生活基本法》的居住生活基本规划的规划（京都市官方网站）http://www.city.kyoto.lg.jp/tokei/page/0000077367.html

③ “关于 2014 年 2 月起适用的公共领域工程设计劳务单价”农林水产省和国土交通省于 20 公共领域项目劳务费调查，在此基础上确定了 2014 年 2 月开始执行的、用于公共领域工程项目施工费概算的公共领域工程设计劳务单价。（国土交通省官方网站）

同月份大幅度偏离的问题。

5）违法行为预防措施

为了防止建筑项目中出现的违法行为，京都市采取了多重预防措施。

在制度层面，为了提高招标、合同手续的公平性和透明性，废除了定制投标方的竞标方式，原则上要求采用普通竞争性招投标方式，并且事先公布预期价格。

同时，还设置了施工发包前与技术管辖部门开展“大型工程等的事前协商”的制度，以及招标、合同手续前后由“京都市竞争性招投标等运营委员会”“京都市合同审查委员会”（第三方机构）对招标和合同方式以及参加资格进行审议的第三方监督机制。但也正因为实施了“大型工程等的事前协商”以及“京都市竞争性招投标等运营委员会”的审议等工作，从而产生了施工发包所需手续时间过长的问题。

在组织体系层面，设置了一系列的分权和制约机制，譬如：把技术管辖部门和营缮部门分离、把预算权限往设施管辖部门集中、营缮部门内部明确分置设计管理职能和施工管理职能等等。不过，权限的分散有利于预防违法行为，但从是否有利于业务顺利实施的观点来看，也存在一定的问题。

6）工期的设定

工期的设定一般参考类似设施的历史案例，在根据国土交通省的公共建筑工程标准规格书等的要求安排施工方法和施工流程等基础上，根据不同的项目来确定适当的工期。但如果是像学校设施改造工程之类需要利用暑假期间进行的、在业务进度上没有调节余地的项目，则会根据该业务进度来倒排工期。

7）设计变更

关于设计变更的管理思路和方针，基本上与国土交通省以及民营化前的日本邮政相同，都是根据施工承包合同来进行妥善的处理。

京都市的设计变更手续大致如下：

首先，施工管理处在收到设施管辖部门或承包方提出变更要求或建议后，对该等事项属于现场可处理的事项还是需要设计变更的事项进行判断。如果判断认为确需进行设计变更的，对设计变更金额进行概算，并准备好设计变更所需要的书面数据（施工现场的情况数据、记录簿、规格书、图纸、数量核算书等），与设计管理处以及设施管辖部门进行协商。

协商确定后，设计管理处起草设计变更方针，交由营缮部门决策。如果设计变更金额的概算额（直接施工费用）不满 300 万日元，可在施工管理处层面直接决策。

接着，由施工管理处根据设计变更方针，以书面方式对承包方下达施工指令，并与之协商设计变更金额。

设计管理处在设计变更方针以及施工管理处的设计变更金额协商结果的基础上，编制设计变更档，对设计变更实施决定进行签批。

8）成本管理

在规划阶段，设计管理处根据设施管辖部门的请求，以类似设施的历史平米单价以及国土交通省的新建项目预算单价为参考，综合考虑物价上升趋势等因素，进行项目费用概算的编制，这个概算金额一般就成为预算金额的依据了。

进入设计阶段后，设计管理处会在初步设计完成时、以及施工图设计过程中，进行 1～2 次的概算计算，在根据需要调整设计规格的基础上，完成施工图设计后，进行最终的概算核算。设计施工阶段设计变更的成本管理方法，如上述(7)所述。

如果概算出来后，即便进行设计规格等的调整，也还是需要新的安排预算的话，由设计管理处与设施管辖部门进行协商。

9）质量保证

为了保证公共领域工程项目质量，《公共领域工程项目质量保证促进法》中规定了发包方和承包方双方的责任和义务。

京都市的主要措施如下：

(1) 采用综合评价价格与质量的发包方式

承包方的既往业绩和经验、专业知识等价外因素对设计或者施工质量影响较大的项目，会采用公募方案比选的方式或者综合评价中标方式，来选定设计事务所或施工单位。

(2) 充分利用绩效评价制度

为了保证业务规范性、提高项目质量，技术管辖部门参照国土交通省的做法，制定了京都市城市规划局建筑设计等委托业务绩效评价要则》、《京都市城市规划局建筑承包工程绩效评价要则》，设计业务委托项目由设计担当课实施绩效评价，施工承包项目由技术管辖部门和施工管理处共同实施绩效评价，评价结果通知承包方。

绩效评价的结果，除了由合同部门在根据施工门类及预期价格金额等级对普通竞争性招投标的参加者进行相应评级的时候予以体现外，涉及施工承包项目的绩效评价结果会成为综合评价中标方式的评价指标之一，而涉及设计业务委托的绩效评价结果也正由有关部门在研究如何让其在公募型方案比选中发挥作用。

(3) 设计阶段的措施

除了明确京都市发包工程设计相关规则外，为了保证设计业务的规范性、提高业务质量，技术管辖部门除了参照国土交通省的做法制订了《京都市城市规划局建筑工程概算纲要》、《建筑工程标准单价表》等规范性档外，还制订了《建筑设计等委托业务监督检查纲要》、《京都市公共建筑设计导则》(图 D-6)等。

此外，设计事务所完成的设计内容，必须经设计管理处的科员、科长和处长 3 人在签批前进行审核，而概算明细表更有别的科员进行对照检查。

涉及大型项目的，还会经过“京都市设计协议会”的审议，以及在“大型工程等的事前协商”框架下的第三方审核。

(4) 施工阶段的措施

为了保证施工的规范性和施工质量，技术管辖部门制订了《京都市城市规划局建筑承包施工监督检查纲要》。

同时，为了保证工程各工艺流程均能在规范的施工组织下进行规范的施工，施工管理处会根据《京都市工程施工组织检查要则》对施工实施情况和施工组织情况进行检查，并根据《营缮工程照片摄影要则・及其说明 工程照片拍摄方法(建筑篇)》(国土交通省)指导承包方拍摄能让各工艺流程均一目了然的工程照片。

此外，还会对现场使用的产品信息进行调查，根据单位面积使用量计算需求量，通过照片和出货证明确认现场进货量。为了确保工艺流程确认以及完成状况确认没有遗漏，还会在各工种着手施工前，根据实际情况，要求承包方制作查核表，在各项施工结束时提交。

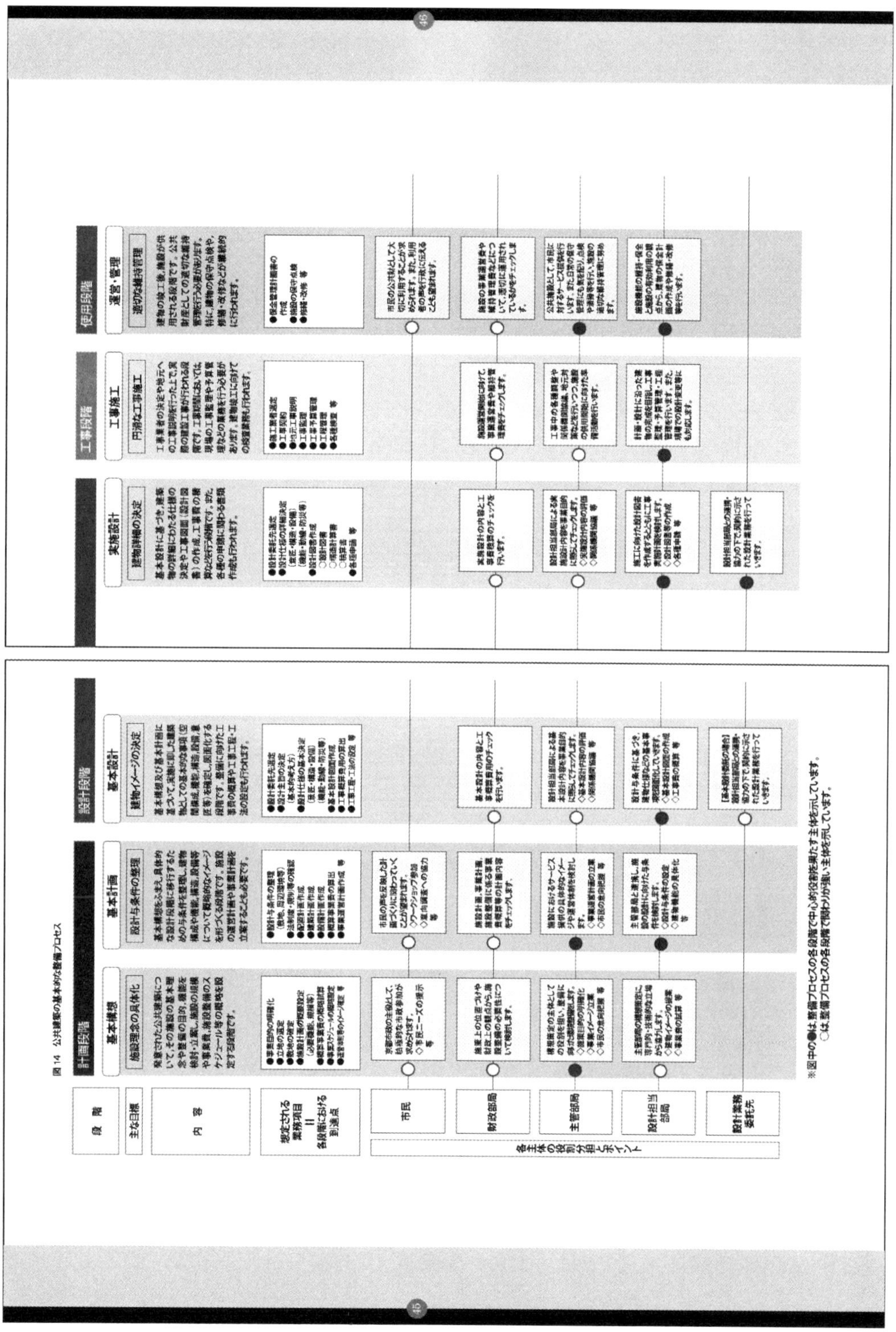

图 D-6 京都市公共建筑设计导则选摘

作为发包方，为了确保合同条件的正确履行和施工管理及现场管理的规范实施、保证施工质量，还会由技术管辖部门来进行中途检查、已完工部分检查以及完工检查。

10）安全保证

《劳动安全卫生法》、《建筑基准法》等法律中，关于企业和职工对于施工安全的各项责任和义务，有明确的规定。

同时，京都市还规定，搭建脚手架时必须采用护栏先行施工法，以提高脚手架搭建和拆除时候的安全性。

此外，在对施工项目进行绩效评价时会包括对安全管理的评价施工管理课和技术管辖部门分别会定期进行安全巡检，以提高施工现场的安全意识。

D.3.4 具体项目中 PM 业务的实际开展情况

1）项目概要

2011 年 4 月，东山区北部 7 所中小学整并后，在原洛东中学校址开设了设施一体化的小学初中一贯制学校，即京都市立开晴小学暨京都市立开晴中学（第一校舍）（图 D-7）。

图 D-7　京都市立开晴小学/开晴中学第二校舍新建工程

本项目作为该校第二校舍，建于原六原小学校址，主要包括体育设施（游泳池、体育馆）、美术类特别教室、小区共享功能室以及第二操场。

2）第二校舍新建工程的设计概要

（1）选址及场地

场地位置：京都市东山区松原通大和大路东入 2 丁目辘轳町 82 番地之 1 他；场地面积：约 5 206 m²；所在区域：临近商业区；建筑密度：80%；容积率：300%；防火区域：准防火区域；高度地区：15 m 第 3 类高度地区；其他：旧城区美观地区、近景设计保护区域、地下文物埋藏地区。

（2）建筑物概要

① 校舍建筑。用途：小学・中学；结构：钢筋混凝土；层数：地上 3 层，地下 1 层；建筑物

占地面积：约 1 488 m^2；建筑面积：约 2 409 m^2。

② 附属建筑物

附属建筑物如表 D-9 所示。

表 D-9 附属建筑物

名称	用途	层数	建筑面积
仓库/操场管理室	学校仓库、仓库、操场管理室	地上 1 层	约 83 m^2
泵房	泵房	地上 1 层	约 8 m^2
发电机置放处・仓库・垃圾置放处	抗灾应急发电机、学校仓库、分类垃圾置放处	地上 1 层	约 18 m^2
仓库	农艺学习园工具置放	地上 1 层	约 6 m^2

③ 其他设计概要

操场修建工程；室外运动场：约 2 000 m^2；其他设施：球场防护网、照明杆、沙地、综合游艺设施、年级菜园；电气设备：电灯设备、动力设备、信息通信设备等；机械设备：给排水设备、卫生设备、空调设备；电梯设备。

④ 设计特点/环保考虑

- 延续第一校舍的设计概念，斜坡铺瓦屋面
- 设置太阳能发电面板
- 采用 LED 照明（体育馆、公用走廊、厕所、室外照明）
- 使用地产木材（大厅及各室的腰墙、室内运动场的隔断）

3）施工合同

(1) 建筑主体工事

- 承包方：公成建设株式会社（市内业者）
- 合同额：845 000 000 日元（887 250 000 日元（含税））
- 预期价格：938 900 000 日元（985 845 000 日元（含税））
- 中标价比：90.00%
- 工期：施工指令下达之日起 16 个月
- 正式合同日：2013 年 10 月 28 日（2013 年 9 月是议会批准）

（草签合同日：2013 年 7 月 25 日）

(2) 电气设备工事

- 承包方：株式会社丰原电气土木（本事企业）
- 合同额：116 660 000 日元（125 992 800 日元（含税））
- 预期价格：130 900 000 日元（141 372 000 日元（含税））
- 中标价比：89.12%
- 工期：施工指令下达之日起 14 个月
- 合同日：2013 年 12 月 17 日

(3) 机械设备工事

- 承包方：株式会社 SHINTEC（市内业者）

- 合同额：84 400 000 日元(91 152 000 日元(含税))
- 预期价格：90 270 000 日元(97 491 600 日元(含税))
- 中标价比：93.50%
- 工期：施工指令下达之日起 14 个月
- 合同日：2013 年 12 月 13 日

4) 进度安排

工程进度安排如表 D-10 所示。

表 D-10　工程进度表

2012 年 1 月 24 日	设计业务委托的招标公告(普通竞争性招投标)
2 月 7 日	设计业务的委托合同
9 月 28 日	设计业务完工
2013 年 3 月	吊顶脱落防止措施等的补充设计及补充概算(设计月)
4 月	大型施工项目等的事前协商
6 月 3 日	建筑工程招标公告(综合评价中标方式) ⟹仅 1 家企业投标，招标不成功
6 月 17 日	元六原小学校舍拆解工程完工 拆解后 3 个月进行地下文物调查
6 月 20 日	建筑工程招标第二次公告(普通竞争性招投标)
7 月 25 日	建筑工程合同草签
10 月 28 日	经 9 月份市议会批准后，建筑工程合同正式签署(合同月)
11 月 5 日	机械设备工程招标公告(综合评价中标方式)
11 月 7 日	电气设备工程招标公告(综合评价中标方式)
11 月 27 日	建筑工程开工命令
12 月 13 日	机械设备工程合同
12 月 17 日	电气设备工程合同
2014 年 1 月 27 日	电气设备工程、机械设备工程开工命令
2015 年 3 月 26 日	预期完工

5) 项目流程

(1) 规划阶段

作为 7 所中小学整并后的小学初中一贯制学校，教育委员会于 2011 年 4 月开设了第一小区后，又确定了在原六原小学校址上修建第二校舍的规划，并把基本构想和基本方案的编制工作分别进行了对外发包。

为此，城市规划局公共建筑部规划设计处(营缮部门设计管理处)根据教育委员会的要求，提供了技术性建议和项目费用概算等方面的支持。

制定了基本方案后，教育委员会进行了必要的预算编制工作(包括申请国库补助)。

(2) 设计阶段

设计管理处在收到教育委员会的设计请求后，把初步设计和施工图设计一并进行外包。由于本案是常规的学校设施的设计业务，所委托的设计事务所由行财政局财务部合同处(合同部门)通过普通竞争性招投标进行选定。

设计管理处除了对设计事务所进行指导、监督外，还会根据需要和教育委员会进行协商或协调。另外，涉及业务的委托，一般都包含了基于《建筑基准法》的规划通知书、以及基于《景观法》的相关审批手续所需文档的编制和申报手续在内。京都市由于是政令指定城市(译注：相当于中国的计划单列市)，自行配备有大多数审批部门，所以设计管理处与相关审批部门进行了事先协调，并对设计事务所下达了相关指令。

本项目由于预期价格超过4亿日元，一开始就很明确施工承包合同的签署需要得到市议会的审议批准，因此，设计管理处在初步设计阶段安排了“京都市公共建筑设计协议会”进行审议，施工图设计完成后，又与城市规划局城市规划部城市总务处技术与检查负责部门(技术管辖部门)进行了“大型工程等的事前协商”。

(3) 工程发包

建筑工程的发包，最初是采用综合评价中标方式进行了普通竞争性招标，但由于只有1家企业投标，招标没有成功。本项目由于必须根据开学时间来完成第二校舍的新建工程，为此，必须在市议会的原定会期中提交签署施工承包合同的议案交议会审议批准，因此，为了缩短手续时间，第2次招标采用了普通竞争性招标方式。最后，本市企业“公成建设株式会社”中标，并与之草签了施工合同。2013年9月，经过市议会的批准，正式与该公司签署了施工合同。

又及，设备工程的发包是在建筑工程施工合同正式签署后实施的。

(4) 施工阶段

施工监理业务由城市规划局公共建筑部工务监理处(营缮部门施工管理处)直接负责实施，针对建筑工程、电器设备工程和机械设备工程，分别配备了包括总管监督员、主任监督员和监督员在内的3名工作人员。

目前，项目正在进行中，计划竣工时间为2015年3月26日。至今为止，除了设计变更处理外，还就2014年1月30日国土交通省要求的通胀调整等事项与承包企业以及教育委员会等进行了协商与协调。今后如有合同变更事项，还是需要向市议会提交变更施工承包合同的议案进行审议。

此外，今后将由技术管辖部门进行途中检查、已完工部分检查以及完工检查。

D.4 四家发包机构建设项目的项目推进业务比较

D.4.1 四家发包机构的特点和主要区别

国土交通省属于中央政府机关，是公共领域建设项目的发包机构，也掌管着建筑业的管理。而京都市属于地方政府(截至 2014 年 4 月,全国都道府町村的总数为 1 800 不到一点),在遵守国家法律制度的同时,根据《地方自治法》自主开展政策决策和项目推进等工作。日本邮政在 2007 年民营化之前和国土交通是一样属于中央政府机关,其后实施了公社化,直至今日。这三家发包机构都在公共领域建设项目这一共同的业务领域中,有着怎样的制约和自由度?尤其是日本邮政,在从国家机关到民营机构的组织变迁过程中,建设项目业务管理发生了什么变化,其中对发包方责任的理解又是怎么变化的?这些问题的研究,应该对有着很大的参考意义。还有,野村不动产是一个纯粹的民间发包机构,它的建设项目推进业务的做法,作为一个自由竞争条件下的参照系,也应该具有很大的参考价值。

这里列举的四家发包机构的建设项目中的项目推进业务(以下简称"PM 业务"即项目管理业务),在这些机构各自所属的业务领域中,可以说在全日本都属于最佳实践了。希望通过在本章中对他们进行相互比较,能提供一个有效的参照系。

下面,简单介绍一下各个发包机构的特点。

国土交通省,包括国土交通省官厅营缮部及地方建设局营缮部等,负责国家机关建筑物的建设和维护指导。国土交通省官厅营缮部负责政府办公楼宇建设维护的归口管理(包括法规和技术标准的管理、向财务省提出预算要求等),承担着中央部委集中的霞关地区重要政府办公楼宇设施的建设与维护指导工作。此外,全国 8 个地方建设局、北海道开发局、冲绳综合事务局的营缮部等部门则负责各地(霞关地区除外)政府办公楼宇的建设和维护指导工作。

京都市与几乎所有的地方政府一样,参照中央政府的做法开展营缮管理工作。国家的规则、标准,基本上就是全国统一标准。但是,由于这些规则和标准没有考虑中央和地方政府之间的结构性差异,在适用于地方政府时也往往会遇到各种问题。例如:①在许多地方政府里面,营缮部门的定位类似于民政、教育等部门的承包商,而像国土交通省官厅营缮部那样拥有强有力的权限和自由裁量。②地方议会对于地方政府所监督,比国会对中央政府的监督还要严格。③与地方政府相关的最基本的法律是《地方自治法》,这是总务省管辖的,地方政府不能对其进行修订。

日本邮政从作为国家部门的递信省、邮政省、邮政事业厅,到公社化时代的日本邮政公社,再到民营化时代的日本邮政株式会社,这 10 年来其组织架构发生了巨大的变化。即使在作为国家部门的时代,它与其他政府发包机构也不一样。由于采用特殊财务政策,它的预算执行的自由度比较高(例如单项预算的束缚比较少)。民营化以后,不再受国家法律、预算以及议会的约束,可以根据业务的需要,不受年度限制,更加自由地进行投资决策和建筑物的修缮等。在作为国家部门的时候,它除了是发包方,内部还拥有设计员、监督员,在组织上具备实施一定规模的年度发包量的能力。但是,在民营化以后,由于日本经济的停滞,以及作为一个民间企业的盈利压力所致,新建工程项目极度萎缩,其作为发包方的职能也随之发生了很大的变化。

然而,民营化之后,日本邮政遇到了日本经济停滞不前、民间企业必须盈利等问题,与此同时新工程量剧减,其发包者功能发生了很大的变化。不仅如此,由于日本邮政不再是政府部门,必须保证一定的盈利水平,因此,在设施的维护改造方面,以往可以有计划性地对建筑物进行维护保养和修缮,但是现在为了通过降低折旧费创造账面利润(P/L=Profit/Loss 损益表),一些必要的维护管理未能实施,设施不断老化。由此导致的后果是,今后 3 年内将不得不一次性投入 5 000 亿日元这么一个空前的巨额预算在全国范围内实施修缮工程。与此同时，日本邮政虽然已经从政府部门变成了一家民间企业，但就大型工程而言，仍然适用 WTO 采购协议，因此，其发包方式、合同方式并未没有明显的变化。

野村不动产属于民间企业。民间企业要生存，必然需要在从销售价格扣除成本、费用后还有利润剩余，但其首要任务还是要生产顾客愿意选择的好的产品。为了在性价比上不输给竞争对手，想法设法控制采购成本，为了寻求更低的造价或更高的售价而进行 VE(价值工程，Value Engineering)或设计变更，成为企业理所当然的工作。而一旦发生重大质量问题，顾客就会转身而去。“质优价廉”是企业生存之本，而制约“质优价廉”的因素都是需要尽力排除的。“质优价廉”是所有民间企业都相通的，但对于单一产品生产、现场生产的建筑产品来说，每个项目的 PM 承担着几位重要的职能，同时也存在这极大的差异化的空间，这是任何一个民间开发商都会持有的一个基本观念。而对野村不动产来说，他们有着生产、销售、管理一体化互相推进的企业文化，这种企业文化成为 PM 推进的巨大潜能。

以下各节将按照 6 个 PM 业务的顺序，即：①建设项目的发包 · 合同方式；②建设项目质量保证体系；③建设项目的成本管理；④设施的维护管理；⑤建设项目中的劳动安全管理；⑥建设项目推进过程中具有全局性重要作用的发包方业务等 6 个方面，首先阐述各发包机构的组织机构与特点，其次进行相互比较，最后提出建议。

D.4.2 建设项目的发包 · 合同模式

D.4.2.1 可采用的发包 · 合同制度的种类

1) 国土交通省

国土交通省依据《会计法》等相关法令开展招标与合同工作。具体做法是，设计方的遴选原则上采取方案比选方式，根据技术方案的评价结果决定设计承包方。施工监理业务原则上委托给设计方以外的第三方，通过竞争性招标方式选定承包商。施工方基本采取一般竞争性招标，同时也采用综合评价中标方式，对价格和技术能力进行综合评价后决定中标人。针对公共领域工程发包时的设计业务委托合同、施工承包合同，制定了《公共领域建筑设计业务标准委托合同条款》及《公共领域土木设计业务等标准委托合同条款》和《公共领域工程标准承包合同条款》。

简而言之，设计分为土木和建筑两大块，施工是两大块共通的，这些条款体现了土木工程与建筑工程在性质上的差异和设计职能相关法律制度的差异，这些差异都统称为土木与建筑生产体系的差异①。国土交通省除了根据以上这些标准条款制定、拟定各类实施合同文本之外，还制定了建筑工程监理业务委托合同相关的实施合同文本，并根据这些合同文本来签订合同。

2) 京都市

京都市在招标 · 合同方面，除遵循《地方自治法》等相关法令外，还必须遵守中央政府的

① 资料 4.2.1 古阪秀三：建筑生产体系与土木生产体系，建筑杂志，日本建筑学会，VOL. 114，NO. 1480，pp. 35-37，2001.10

相关要求(过去的通知等)以及合同部门制定的京都市的方针(纲要)。市议会和业界认为公共领域工程是地方经济政策的一环,因此除了要求"优先发包给本市企业"外,还要求把设计和施工、建筑和设备尽量分开发包。作为中央政府创设的综合评价中标方式,不论京都市有无必要性和必然性采取这种方式,国家政策都要求京都市去实践尝试新的招标·合同制度。因此京都市在遴选设计方时,原则上实施一般竞争性招标,对实绩和技术经验有要求的工程案例则采取方案比选方式。同时,在施工监理业务外包方面,原则上委托给设计方以外的第三方,通过一般竞争性招标来决定。

工程施工的发包原则上采取一般竞争性招标,预期价格超过 5 千万日元的工程根据需要采取综合评价中标方式。如招标不成功,则适当采用任意合同。京都市对于以上涉及发包的施工承包合同和委托合同,分别制定合同文本和条款。此外,涉及设计施工一揽子发包方式及 PFI 方式的,则按项目分别制作有相应的文档。这些按项目制作的合同文本,以上述施工承包合同和委托合同相关标准合同文本和条款为基础,补充修改而成。

3) 日本邮政

日本邮政作为整个邮政集团,在工程发包上,参照其作为政府部门时期的合同手续,制定了《物品及不动产等合同规程》《不动产等合同手续》《建设工程等合同事务手册》,并依照这些规定实施发包·合同手续。在发包方式的选定上,根据项目特点来选择设计施工分离发包方式或设计施工一揽子发包方式。设计施工分离发包方式的具体手续包括:首先由内部技术人员进行初步设计,然后通过公募型方案比选方式选定施工图设计方,委托其进行施工图设计及申请确认用的图纸制作。施工图的制作,在日本邮政负责初步设计的职员的详细指导下进行。之后,根据完成的设计档和图纸制作发包档。工程施工的发包,原则上通过一般竞争性招标(竞价招标)方式选定施工方。

对于总占地面积达数万 m^2 的大型邮局,初步设计由日本邮政的职员完成,但施工图设计业务和工程施工通过设计施工一揽子发包方式进行发包。其原因是大型邮局的建设,很多地方都需要施工方运用专业的技术经验以及大跨度结构技术等特殊技术力量,考虑专业施工技术经验和 VE 效应还有助于降低成本,所以采用设计施工一揽子发包方式。民营化后的合同方式选择与政府部门时期有所不同,规定"合同负责人必须根据合同的性质或目的,决定对企业最有利的方法",从企业经营的角度进行选择。

4) 野村不动产

野村不动产因为是民间企业,所以只要遵守常规的法律法规,发包·合同方面也基本不受什么制约,但该公司在合同管理方面重视信用管理。具体而言,城市开发业务方面,根据楼盘类型和建设成本分别选择设计施工、企业内部设计、或协同设计。在实际业务中,涉及住宅楼盘和物流设施的项目,为了明确责任主体,原则上采用设计施工一揽子发包方式(从基本方案阶段开始),部分工程采用设计施工一揽子发包方式(从施工图设计阶段开始),偶尔采用设计施工分离方式。

之所以这么做,其主要原因是野村不动产过去曾采用设计施工分离的发包方式,结果在住宅项目中,发包方/购买者的投诉很多,但是处理这些投诉时,却很难分清是设计还是施工的责任、以及设计方的承担能力有限等一系列的问题,这些问题的后续处理非常复杂。而到了现在,另外一个原因是设计方缺乏成本管理、工期管理、以及对施工计划(临建计划)进行明确判断的能力。在办公楼、商业设施项目上,采取①设计:本公司、施工:发包;②设计:设计人员或与施工方的设计人员协同设计、施工;发包;③施工设计一揽子发包方式等 3 种方式。这些工程的合同所使用的条款内容,施工方面是在民间(旧四会)联合协议施工承包合同条款的基础上,添加附带条款和售后服务标准而成。设计方面,则参照四协会联合协议设计监理等业务委托合同条款,另行拟订而成。

D. 4. 2. 2 实际采用的发包 · 合同模式及其优缺点

1) 国土交通省

国土交通省按照上节所述内容,实际进行运营。

2) 京都市

发包方式方面,京都市的做法是重点推行设计施工分离发包方式,极力避免采用设计施工一揽子发包方式。其原因是,从搞活本市经济的角度出发,坚持分开发包,有利于尽量使用本市企业。不过,存在的问题是物价变动合同价款调整条款的操作方法没有形成明确的机制,有时需要费时间与承包方进行协商。合同方式方面,多数采取一般竞争性招标,不过今后随着小型修缮工程的发包数的大幅度增长,因"无应标人"导致流标的可能性非常大。

一方面,目前以中央政府为首主推的采用综合评价中标方式的一般竞争性招标机制下,存在技术人员固化的倾向,这一点是造成招标失败风险增大的主要原因之一。同时,要能够确保提案人匿名性的技术方案评价(特别是听证会),实施起来难度很大。

3) 日本邮政

在发包方式上,日本邮政会根据项目特性、发包条件的不同而分别采取①设计施工分离发包方式、②设计施工一揽子发包方式。在合同方式上,有①一般竞争性合同(最低价中标方式、综合评价中标方式、策划方案竞标方式)、②邀请招标合同、③任意合同(比价方式、公开比价方式、策划方案比选方式)等,并规定了相应的采用手续。

4) 野村不动产

野村不动产针对其主要采用的①设计施工一揽子发包方式和②设计施工分离发包方式,列举了一些实践过程中遇到的一些问题。①在设计施工一揽子发包方式下,一般都是本着充分信任的精神全权委托承包方(伙伴关系),但该公司同时也自己做一些监理工作。设计施工一揽子发包方式中,监理会成为难题。对于结构框架 · 设备 · 声音等一些重点内容,发包方会明确制定检查 · 记录的规则,并亲自进行检查和确认。②设计施工分离发包方式的成本控制、工期控制难度较大,VE 方面也可能无法充分做到。

D. 4. 2. 3 单一项目发包 · 合同模式的确定

1) 国土交通省

国土交通省为了保证招标 · 合同工作的顺利进行,除招标 · 合同手续运营委员会之外,还设立了第三方委员会"综合评价委员会",从中立公正的角度对综合评价中标方式的技术方案进行评价和审查。同时,把负责发包 · 实施工程的司局与负责合同 · 会计的司局分离开。法律上严禁参与串通投标等方面的行为。在具体的项目承包人的甄选上,原则上设计方采用评估设计方案的方案比选方式;施工监理如委托给设计方以外的第三方时,则采取竞争招标方式;施工方原则上采用一般竞争性招标和综合评价中标方式。

为了做到从第三方的立场严格把关,保证设计和施工的招标和合同的规范化,成立了第三方委员会"招标监管委员会",保证能够正确反映第三方的意见。同时,为了强化促进合规性工作,成立了合规性推进总部和作为第三方委员会的合规性顾问委员会。

2) 京都市

在设计阶段,京都市的设计管理处原则上会将设计业务外包。如通过公募型方案比选方式甄选设计方,设计管理处会对是否实施公开招募和公开招募的内容进行讨论研究,在此基础上再经由技术管理部门承担秘书处工作的《京都市城市规划局受委托方候选人遴选委员会》审议决定。同时,作为一个重视景观政策的历史名城,京都市规定,重要项目相关的基本设计内容(设计构思、环保措施、防灾、安全性、经济性等),需经过设计管理处的讨论研究后,再由技术管理部门承担秘书处工作的《京都市公共领域建筑设计协议会》审议决定。

施工发包时,营缮部局和设施管理局事先共同对该发包工程的招标·合同方式和参加资格进行研究,最后再经合同部门承担秘书处工作的《京都市竞争性招标等运用委员会》审议决定。在具体的项目承包人的甄选上,设计方原则上采取一般竞争性招标,必要情况下采取方案比选方式,其他咨询机构的甄选也是如此。施工监理原则上由营缮部局直接承担监理工作,如外包的话,通过一般竞争性招标委托给设计方以外的第三方。施工原则上采取一般竞争性招标,必要情况下采取综合评价中标方式,如果上述任一招标出现招标失败的话,则视情况采用任意合同方式。

作为第三方监督机制,在签订预期价格超过 4 亿日元以上的工程承包合同(含设计变更时缔结的工程承包变更合同)时,需经过市议会决议。操作步骤上,先和中标人签署临时合同,得到市议会承认后再缔结正式合同,不过由于手续上历时较长,会出现设计月份与合同月份之间间隔较长的问题。为防止工程项目中的违法行为,采取了多重保险措施。在制度上,为了提高招标·合同手续的公正性、透明性,取消了邀请招标,原则上采取一般竞争性招标,事前公布预期价格。工程发包前,技术管理部门举行"大型工程等的事前协商";招标·合同手续前后,设置有第三方监督机制,由"京都市竞争招标等运用委员会"及"京都市合同审查委员会"(第三方机构)对招标·合同方式和参加资格等进行审议。不过,也存在一定的问题,"大型工程等的事前协商"和"京都市竞争招标等运用委员会"审议等的实施,会导致工程发包手续的时间拖得很长。

在组织结构上,实行权力分散和互相监督的机制,技术管理部门和营缮部门分离、预算权限集中到设施管理局,营缮部门内部的设计管理处和施工管理处有明确分工。不过,权力分散虽然可有效抑制违法行为的发生,但也一定程度上影响了业务的顺畅开展。此外,合同结果原则上应予以公布。

3) 日本邮政

日本邮政规定了负责工程发包的合同负责人,在工程发包委员会确定了施工方所需具备的施工经验和资格等条件后,进行发包。在具体的项目承包人资格方面,接受了发包代理委托的设施部制定出工程发包的初始方案和资格要件等,经设施部的工程发包委员会(由部里的管理层组成)讨论认可后,制作发包公告,通知作为发包方的邮政集团各分公司的合同负责人。邮政集团各分公司合同负责人再次研究确定发包、合同方式后,实施工程项目发包和合同签署工作。合规性委员会、风险管理委员会、监察委员会作为第三方监督机构,对工程合同等手续进行监督检查。

4）野村不动产

在野村不动产，首先是由开发部门发意人（发意人＝副部长级）动议，经本部会议同意、进行成本核算，最后经由董事会、集团董事会的高层审批后确定下来。在具体的项目承包人甄选上，设计方专门指定，其他咨询机构也是如此；施工监理由设计方担任；施工方通过比价决定（原则上多家企业），其中也有部分是专门指定的（由于近来的用工形势，采用这种方式的情形越来越多）。没有第三方监督机制（不过，在需要对顾客公开设计和施工方面的问题等信息时，有时会实施第三方评估），每周在本部会议上汇报承包工程公司的情况，每半年汇报1次信用情况。

D.4.2.4 四家机构间的相互比较和建议

1）四家机构间的相互比较

先简要描述四家机构的相互比较和日本的相关情况。

项目推进由哪个部门来拍板决定、需受哪些制约，根据各家机构的成立基础以及该机构所追求的目的・目标不同存在较大的差异性，总体而言，公共领域工程机构所受制约较严，民间机构较为宽松。

与上一条相同，发包・合同方式的多样化很大程度上依赖于各机构内部负责人的经验和信息收集能力，因此为了发包・合同方式的健康发展，机构内需要有该领域的专家，或者每个项目聘请相关的专业顾问。

此外，不论设计还是施工所需的标准合同条款，公共领域工程方面只有日本政府颁发的同时适用于土木和建筑的合同条款《公共建筑设计业务标准委托合同条款》《公共土木设计业务等标准委托合同条款》及《公共工程标准承包合同条款》；民间工程方面，如设计和监理业务普遍采用的有四协会共同协议制订的设计・监理等业务委托合同条款，工程业务有民间（旧四协会）共同协议制定的工程承包合同条款。除此之外就没有适用于其他各种发包・合同方式的标准合同条款，一般情况下直接借用以上这些合同条款，或添补・修改其中部分条款后加以运用。

日本的法律制度（《建造师法》、《建筑业法》、《劳动安全卫生法》等）中，关于建筑工程的发包・合同方式，通过一些条款可以推测出它是一个以设计或工程的整体发包为前提的法律体系，并没有提供多样化的条款约定。

2）相关建议

日本邮政是一家从政府部门转向民营化的机构。项目组认为它的经验可能具有很大的参考价值，所以邀请该机构提供了建议。日本邮政在建筑工程发包方面，建立了一整套的合同签署规定、步骤和操作手册，按照这些规定来实施工程发包。这些都是日本邮政漫长的历史发展过程中积累沉淀下来的经验。同时，日本邮政不论是作为一家企业还是职员个人，其企业社会责任和合规性管理（Corporate Social Responsibility）都非常到位。此外，企业整体还引进实施了工程发包项目管理体系，在制度方面确保杜绝不正当行为的发生。

野村不动产为民间企业，野村不动产方面一共列举了以下7项建议：①在项目启动初期，从获取建设用地阶段到设计阶段，尽快与设计方、施工方成立项目小组。②重视建设用地的获取、提高项目速度，在项目小组设立阶段不需要作正式的签批。③在选择设计方、施工方方面，重视过往业绩和合作的延续性（包括设计方、现场代理人等）。继续发包给同一家合作方，已有的良好的沟通管道和合作伙伴关系非常有利于在进行 VE 和变更的同时，建设高质量的工程。④工程发包给有长期经验积累的设计方和施工方。因为包括从失败和客户投诉中所汲取教训在内，他们熟知各项标准和操作方法，有利于保证质量和防止返工导致的成本损失。⑤要防止类似于任意合同(不经招标的合同)的延续发包可能发生的不法行为，其先决条件是工程、建筑质量、销售、维护管理等各部门在讨论问题上必须立场对等，审核及签批的程序管理必须规范。⑥重视实绩和延续性(从设计方、现场代理人到合作工程公司、施工队)，因熟悉公司的设计质量标准，有着良好的合作伙伴关系，因此可确保质量、防止因返工导致的成本流失。⑦如接受客户招待、馈赠，其权益归属于公司，应向公司报告。

委员会的建议

日本公共领域工程项目的发包·合同制度，在设计方面，虽然提倡方案比选(设计策划竞选)/比赛(设计竞赛)，但除了中央政府以及政令制订城市外，总体都是价格竞争。在工程方面，基本采用的是指定招标制，指定招标的参加者，让他们之间互相竞争。但是在这些制度的长期实施过程中，出现了备受关注的所谓的串通投标问题，同时随着建筑技术的不断高难度化、多样化，一些曾以技术见长的企业逐渐地无法中标。

针对这种情况，日本政府制定了《公共领域工程项目质量保证促进法》，改变了以往做法，不论是设计还是施工，在仔细考虑技术和价格双方面因素的基础上决定中标者(综合评价中标方式)，并正在反复地改善这项制度。要确保综合评价中标方式行之有效，必须具备以下条件：①具备丰富齐全的技术能力，并且该技术已普及，可进行客观评价。②在民间市场方面，具有一定稳定性的质量保证体系，以确保其竞争性。③遵纪守法的精神和相关必须遵守的法律内容普及深入到各个企业和民众之中。④综合评价中标方式要扎根稳固下来，执行维持和改善这项制度的组织机构就必须保持光明公正。

最重要的是，要熟悉一线工作(包括项目规划一线、设计一线、施工一线等)，由熟悉一线工作的人士秉持着透明性和中立性制定相关制度。

D.4.3 建设项目质量保证体系

D.4.3.1 质量保证、质量管理机构与体系

1) 国土交通省

根据《会计法》第 29 条 11 款“合同负责官员在缔结工程、制造等的承包合同时，须根据政令规定，亲自或命令助理人员进行必要的监督，以确保合同正常履行”之规定，发包方工作人员须对工程进行监督和检查，且规定两者不得兼任。此外，根据《会计检察院法》第 20 条“会计检查院(译注：相当于审计署)根据《日本国宪法》第 90 条规定，对政府收支决算进行检查，同时根据法律规定实施审计”，会计检查院对政府的支出决算实施审计。

国土交通省具有特色的做法是，为确保建筑质量·性能、设计文件编制省力化和施工合理化，制定了《公共领域建筑工程标准技术规范书》等，并以此作为工程合同文件。该技术规范书已成为各部委各厅局统一使用的标准。不仅如此，很多民间工程也在使用该技术规范书。

2）京都市

在工程监督、检查方面，与中央政府一样，根据《地方自治法》第 234 条第 2 款第 1 项“地方政府在缔结工程、制造等方面承包合同或购买建筑物等合同时，该地方政府工作人员必须根据政令规定，实施必要的监督或检查，以确保合同正常履约，确认交付完成（包括完成交付前需要支付部分费用情况下对工程、已制造完工部分、建筑物已交接部分等的确认）”的规定，工作人员应实施必要的监督或检查，且规定两者不得兼任。此外，审计委员根据《地方自治法》进行审计；如有接受国家补助，则根据《会计检查法》进行审计。

以下为监督和检查工作的具体内容。

从设计阶段开始，以营缮部门为主导负责建筑项目的推进。从设计到工程发包、工程监理，均由营缮部局一手负责，营缮部门内的设计管理处和施工管理处分工明确，并且相互监督。在工程阶段，原则上由施工管理处直接负责实施工程监理业务。如出现必须常驻工地现场或直接实施监理存在困难时，原则上通过普通竞争性招投标，将工程监理业务（第三方监理）对外发包。

从设计阶段到施工阶段，技术管理部局从第三方立场对营缮部门实施以下的监督。

在设计阶段，为了有效预防不法行为，京都市采取一种特有的做法，即在大型工程项目发包（包括设计变更时缔结的工程承包变更合同）之前，和营缮部门召开“大型工程项目等事前协商”[①]会议。在施工阶段，实施中途检查、已建成部分检查、完工检查（不包括建筑指导部门按照《建筑标准法》实施的检查），这些检查只有配备有检查员的技术管理部门才能实施。[②]除此之外，技术管理部门还负责有利于确保营缮部门实施的设计、工程监理业务顺利开展所需的对策方针的决策，例如物价暴涨对策的研究等等。

京都市并没有特别独特的做法，而是更倾向于遵守国土交通省所制定的制度标准、技术标准。就《公共建筑工程标准技术规范书》来说，也是参照执行，作为施工合同非标技术规范书的一部分。

3）日本邮政

日本邮政在质量保证工作方面，从规划阶段拿地开始，到设计阶段、施工阶段，分不同阶段实施质量管理。

在拿地阶段，土地交易价格超过 2 亿日元以上的建筑，必须征得控股公司的“批准”，同时进行监督，以免购买的地块是填海造地等软地基地块。

在设计阶段，确保所设计的项目质量符合设计方针要求。从一开始就引进生产设计、VE，以提高设计质量。在 1/200 设计时间，召开设计会议，听取各方意见，以确保设计质量符合要求。同时，制作专门的邮局标准设计图，以防个人失误等的发生。

在施工阶段，由日本邮政的员工担任监督员，实施工程监理和监督，以确保质量。根据 ISO9000 管理要求改变监督方式，激发提高施工方的质量管理能力。同时促使施工方严格实施企业内部检查，以确保施工质量。

4）野村不动产

在设计阶段，制定并执行集合住宅设计标准（性能・功能水准的确保，客户满意度），标

---

① 参照资料 3.2.11。

② 参照资料 3.2.19、资料 3.2.23、资料 3.2.24、资料 3.2.25、资料 3.2.26。

准的执行较为柔性，设计人员使用时一般采用查核表的形式。设计开始前，设计人员与公司内部的技术人员共同就设计方针、问题点进行协商，努力达成共识。公司内部技术人员对每一项初步设计和施工图设计的设计文件（设计图纸、结构·设备计算书）都会进行检查，进行问题答疑和最终确认。为防止返工·不一致的发生，在每个设计阶段都会召开公司内部的跨部门确认会。

施工阶段，制定并执行集合住宅施工手册，每年根据回馈意见进行修订。同时采取了一系列措施来提高手册的实效性，包括手册的可视化、向公司内外公布修订内容等。重点条目都集中在质量文件项下（包括设计标准、实施手册、管理工具、竣工验收报告等），每个施工阶段动工前召开各种研究会议，统一检查项目和频率次数。

该公司的特色做法是，不采用 TQC、ISO9000 体系，而是建立了一套独家体系（管理档）来进行管理。同时对管理文档实施检查，亲自对现场进行确认，防止业务流程的流于形式。文档数量控制在最低限度，并不断进行修改。通过执行 Proud Quality File，减少客户投诉和施工事故，同时跟踪回馈意见、定期进行修订。

D. 4. 3. 2　质量保证的具体措施、具体的质量保证体系

1）国土交通省

同 D. 3 节所述的业务流程。

2）京都市

为了确保公共领域工程项目的质量，《公共领域工程质量保证促进法》规定了发包方和承包方双方的责任与义务。京都市的主要做法如下。

（1）采用综合评价价格与质量的发包方式

如果是承包方的历史业绩、经验、专业知识等价格以外的因素对设计或施工质量有重大影响的工程项目，会尽量采用公募型方案比选方式或综合评价中标方式来选择确定设计事务所和承包商。

（2）采用成绩评定机制

为促进业务的规范性和质量的提升，技术管理部门参照国土交通省的做法，制定了《京都市城市规划局建筑设计等委托业务成绩评定要则》[①]及《京都市城市规划局建筑承包工程成绩评定要则》[②]，设计业务委托由设计管理处负责成绩评定，工程承包由技术管理部门和施工管理处共同进行成绩评定，评定结果通知承包方。

在合同部门按照工程类别和预期价格对一般竞争性招投标参与者进行评级时，这些成绩评定结果将成为考虑依据。工程承包相关的成绩评定结果将成为综合评价中标方式的评价项目之一；对于设计业务委托相关的成绩评定结果，目前正在研究如何将之运用到公募型方案比选中。

（3）设计阶段的措施安排

为了明确京都市发包工程的设计规则，促进设计业务的规范性和保证设计质量，技术管

① 参照资料 3. 2. 12。

② 参照资料 3. 2. 27。

理部门参照国土交通省的做法制定了《京都市城市规划局建筑工程估算纲要》[①]、《建筑工程标准单价表》[②]，还编写了《建筑设计等委托业务监督・检查纲要》[③]。

此外，设计事务所完成的设计内容，必须经设计管理处的科员、科长和处长3人进行审核，而概算明细表更有别的科员进行对照检查。涉及大型项目的，还会经过"京都市设计协议会"的审议，以及在"大型工程等的事前协商"框架下的第三方审核。

(4) 施工阶段的具体措施

为了保证施工的规范性和施工质量，技术管辖部门制订了《京都市城市规划局建筑承包施工监督检查纲要》。

作为发包方，为了确保合同条件的正确履行和施工管理及现场管理的规范实施、保证施工质量，还会由技术管辖部门来进行中途检查、已完工部分检查以及完工检查。

• 施工监理业务原则上由职能部门直接实施，以便维持、提高职员的技术能力。

• 为促进土木、建筑及设备技术人员之间的信息沟通和交流，设立以副市长为首的跨部门技术管理委员会，负责公共领域工程成本控制的进度管理、新技术的研究探讨、技术人员培训以及其他技术相关问题的处理。

• 作为营缮部门职员的培训，除了OJT(在岗培训)外，技术管理部门和营缮部门还分别开展技术培训。

• 技术管理部门派遣营缮部门职员参加国土交通大学以及全国建设培训中心的培训课程。

• 支持职员(通过培训进修、财政支持等方式)获得一级建造师资格(包括作为特别行政厅局培养建筑主管官员)。

3) 日本邮政

在录用应届毕业生的同时，灵活招聘有工作经验者，以确保人才资源。实行建造师、建筑设备工程师资格获取激励机制(提高薪金等)。企业内部培训除在岗培训外，实施管理层培训、高级技术人员培训。此外，作为企业整体开展合规性培训。

4) 野村不动产

在质量管理机制上，明确发包方、建造师、(施工监理、监督方)、施工总承包方、专业施工队伍等相关参与者的责任。例如，发包方作为顾客合同的当事者，划分管理范围要求设计方、施工方按职责进行质量管理，明确规定"施工质量责任必须由施工方承担"。遵循质量管理机制中"制度确保质量、合作确保质量"这一日本式体系的特点，严格遵守制度的同时，分清主次，灵活处理，同时注意不要阻碍设计方、施工方提出的合理化建议。保持在各个单元环节的信息回馈。

在企业内部技术人员雇佣、培训等方面，有在岗培训、脱产培训、内部培训等多种形式。具体有Proud Quality会议、企业内部讲座、演讲会(建筑、结构、设备・电气等分主题)、设计点评会、大型建筑公司参观说明会(听取施工方的意见)等。

通过利用企业外部的教育制度、资格制度，目前公司已拥有200名以上的建造师(一级、

---

① 参照资料3.2.3。

② 依据国土交通省的标准。

③ 参照资料3.2.9。

二级)资格获得者,相关资格已成为升职条件之一。同时,还制定了多项面向施工方的奖励表彰制度。

D.4.3.3 四家机构间的相互比较以及建议

1) 四家机构的相互比较

先简要描述四家机构的相互比较和日本的相关情况。

就质量保证体系来说,各家机构都考虑得极为慎重而周到。

依据国家的法律法规,自认有着对行业的指导、培育责任,积极推进完善质量保证机制的国土交通省和京都市;积极引进在建筑行业卓有成效的ISO9000体系和技术人员资格证制度等相关制度,自觉承担发包方责任、努力构建质量保证体系的日本邮政;细致入微地为终极发包方即购房人考虑,深入设计、施工等技术领域,精益求精努力提高质量保证系数的野村不动产——可以说,各家机构都立足自身特点,构筑了各自的质量保证体系。

下面,较为具体地介绍一下各家机构的特点。

国土交通省制定了《公共领域工程项目质量保证促进法》,进行了有利于技术力量强、质量保证能力强的企业获得订单的制度设计,监制了《公共领域工程项目标准技术规范书》—现已成为包含民间项目在内的大多数建筑工程的设计模板。此外,除了其自身通过推进公共领域工程项目第三方监理的制度化等努力促进质量保证体系外,为制度的推广、发展也做出了贡献。

京都市在遵守国家制定的法律、制度的同时,建立了自身特有的质量保证体系,并致力于承担质量保证工作的本市设计从业人员和建筑业企业的培育。其代表性工作之一就是《京都市公共建筑设计指引》,在规划、设计阶段着力于基本思路的引导,在施工阶段则直接实施施工监理业务。

日本邮政一向具有重视质量的传统,在各部委中都是首屈一指的,为日本建筑产业的质量保证和提高作出了杰出的贡献。日本邮政对项目的监督指导和监理极其严格。有一家建筑公司,如果获得了日本邮政的项目,他们无论如何都会把过去曾在日本邮政的项目中工作过的员工调过来担任现场项目经理。与此同时,他们对自己也非常严格,拥有ISO9000、工程监理高效化、VE等质量控制相关的诸多研究成果。现在,这些成果都已经外部化,期待着有一个归纳总结。

野村不动产是民间建筑工程质量保证体系的引领者。既是发包方,又拥有众多的建筑工程技术人员,大量的员工投入到设计、施工工作中。尤其是近年来,抗震强度作假、钢筋配筋错误等时有发生,作为发包方,野村不动产全公司上下一致,全力推行钢筋配筋的全数检查、制定以保证质量为目的的《Proud Quality Files》,并在所有项目中切实推广实施。这些活动的出发点,就是基于“优质低价是企业的生存之本”这一认识。

日本的质量保证体系,①在《建筑标准法》、《建造师法》、《建筑业法》等法律规范下,②依据各类记录标准、合同约定等标准规范文档、③针对每个建筑项目均制作高水平的设计文档、施工文档,④而且从事这些工作的技术人员、技术工人拥有杰出的技术水准和高超的技能,从而使日本长期以来能够建造极高质量的建筑,达到了世界一流的水平。

而这些背后的支撑,是守法精神、对造物的热爱和极高的道德水平,还有发包方、设计方、施工方、以及工匠之间的相互信任。

但是，随着建筑市场的萎缩和国际化，以及企业间竞争的加剧，日本式体系的这些特征也在慢慢变质。

在这样的大背景下，这里介绍的四家机构，都是在充分发扬日本式体系的长处的同时，还在努力构建更为有效的质量保证体系的机构。

2）相关建议

这四家机构为了改进、提高工程质量，最大限度地投入了其人力和财力资源，也愿意介绍相关经验。日本邮政从一个国家机关最终转变成为一家民间企业的过程中，一直保持着极强的质量保证能力，其诀窍就是"组织的核心是人。因此，需要研究内部的培训机制，以促进人才培育"。作为建设项目业主，在今后建筑市场不断发展的过程中，应当重视人才培育工作。

委员会的建议

日本的建筑项目质量水平极高。但为了达到这个质量水平，需要开展各种各样的工作，需要提高人和组织的能力。

首先，质量不是靠检查出来的，而是在于在实施设计和施工业务过程中如何进行正确的管理。也就是说，检查是结果，质量是过程管理——这是TQC的基本理念，这种理念的培育尤其重要。

为此，除了需要对参与工程的技术人员、技术工人进行个人能力和守法精神的培育外，还需要让其切身体会到创造的意义和乐趣。

构成上述这些的基础，是技术人员、技术工人的相互交流、培训，及其各自在施工现场的管理组织和会议体系的有效构成。

D.4.4 建设项目的成本管理

D.4.4.1 各家机构对成本管理的定位

1）国土交通省

为了提高设计阶段成本管理的效率和精度，制定了《官厅设施设计阶段成本管理指引》。

2）京都市

京都市制定了如图3.2.2《京都市建筑项目业务流程》中(1)和(2)所列的各项标准，以下仅列举各项标准的名称。

(1) 类似设施的历史数据：新建工程预算单价（国土交通省）；发行刊物。

(2) 京都市都市规划局建筑设计业务等的计算标准：京都市都市规划局建筑设计业务等的计算要则；京都市都市规划局建筑工程计算纲要；京都市都市规划局建筑工程计算纲要实施细则；公共建筑工程计算标准；公共建筑工程共同费用计算标准；公共建筑工程标准单价计算标准；公共建筑工程量计算标准；公共建筑工程设备数量计算标准；建筑工程标准单价表；京都市公共建筑低碳设计标准；京都市公共领域设计指引。

至于业界流行的为了项目预算顺利执行而引入的"Contingency cost(不可预见费)"，则未作计算。当出现需增加工程费用等情况时，每次都通过变更预算来确保资金。

3）日本邮政

根据工程费用概算手册，计算出建筑工程的预期价格。关于概算金额的计算等，在生产计划手册中规定分不同阶段即①策划阶段、②选址阶段、③基本计划阶段、④初步设计阶段、⑤基本施工图设计阶段、⑥施工图设计阶段，计算出生命全周期成本。

关于不可预见费，基本上不作计算。当个别项目需要增加工程费用时，每次都采取经营会议、管理层签批等形式予以批准。不过，与中央政府等机关不同，个别项目要求增加工程费时，只要理由充分明确，费用支出方面会相对比较自由，可进行灵活处理。建设工程从设计到施工，整个周期较长，期间，建筑的使用方式以及安装的设备等也有可能发生变化，所以在现实中，很多项目都需要进行设计变更。

4）野村不动产

提高买地前的建筑施工费用概算精度非常重要，但是每年有数百个候选地块，从收集地块信息到招标、报价，时间总是很紧迫。为了应对这种情况，公司内部制作了概算系统，可按照不同的目的和精度要求，进行概算、精算以及 VE 所需的分单元比较等。

取得土地后，会正式制定建筑方案，预测销售额和建筑施工费用，灵活地推进项目进程。公司内部固定的成本管理[①]是分为 6 次（土地取得时、项目计划时、初步设计时、实施方案时、样板房制作时、决算时），但在此期间，随时会对施工方・厂家提供的报价和公司内部的概算进行比较，不断进行计划变更、VE、采购优化等。此外，还为了成本管理制作了《成本控制表》，并加以有效应用。《成本控制表》的具体工作以项目为单位，由推进科和建筑科负责，由建设企划室填写，表格信息内容与事业部、住宅建设部进行共享。

关于不可预见费，野村不动产是作为预备金（使用裁量权在项目负责人）来灵活使用的，当发生“物价上涨＋不可遇见成本”时，每次即行签批。预备金同时还起到施工追加费用和奖励金的作用。例如，关系到工作的好坏和继续发包等情况时可以使用。

D. 4. 4. 2　成本管理的具体流程与方法

1）国土交通省

为了提高设计阶段成本管理的效率和精度，制定了《官厅设施设计阶段成本管理指引》。

2）京都市

有关预算处理，建筑项目初期预算及设计变更所需预算、修缮等维护管理所需预算的确保、以及设计业务委托和工程发包所需经费支出的决策，京都市都是由设施管理部门负责，而不属于营缮部门负责。设施管理部门依照京都市的上位计划和分行政领域计划等，根据社会经济形势和市民需求决定项目的优先级后，对财政部门提出预算要求。预算的成立需经由市议会的批准。作为对设施管理部门的技术支持，营缮部门会在计划阶段负责工程费的概算，但是不能直接参与设施管理局的预算要求和财政部门的预算审核。因此，在设计阶段出现预算不足、或者发生设计变更或近期常见的劳务费单价修订[②]等情况时，营缮部局无

① 参见资料 3. 4. 10《成本控制实施手册》、《成本相关业务流程图》。

② 《关于平成 26(2014)年 2 月起实施的公共领域工程设计劳务单价》，农林水产省和国土交通省根据平成 25 年(2013)10 月实施的公共领域工程劳务费调查结果，决定从平成 26 年 2 月起实行新的公共领域工程设计劳务单价，公共领域工程施工费估算使用该新单价标准。摘选自国土交通省 HP。

法机动应对，这是一个体制性的缺陷。另外，在京都市，预定价格超过4亿日元的施工承包合同(含设计变更引起的施工承包合同变更)，需市议会审议通过才能缔结。在操作程序上，先和中标方草签合同，得到市议会认后方可正式签订合同，导致手续办理时间大幅度延长，会带来设计月份和合同签署月份之间大幅度偏离等问题。

在具体的成本管理措施方面，首先在计划阶段，设计管理处会根据设施管理部门的委托，参考类似设施的历史数据和国土交通局的新建工程预算单价，再考虑物价上升趋势，做出工程费概算，该工程费概算原则上将作为工程预算的依据。

接着，在进入设计阶段后，设计管理处会在完成初步设计时、以及施工图设计过程中，进行1、2次概算，在根据需要调整设计规格等因素后，在施工图设计完成时进行最终概算。施工阶段设计变更相关的成本管理办法也是如此。如概算结果显示，即便改变了设计规格也还是需要增加新的预算费用时，由设计管理处与设施管理部门之间协商处理。同时，事后将接受《地方自治法》所规定的审计委员会的审计，如有接受国家补贴的，还有可能需要根据《会计检查院法》接受审计。

3) 日本邮政

日本邮政在建筑生产的各个环节都实施成本管理，其最大特点是在土地购买阶段就会计算包括该场所的建筑施工费用在内的总成本，然后再判断是否应该购买土地。在尽量早的阶段就掌握包括施工建设费和土地费用在内的项目总体成本，有助于实现从选址到全生命周期成本都考虑周全的最佳项目选择。

4) 野村不动产

在项目计划阶段先设定一个预算，在研究企业内概算成本、施工方概算成本后，在预测物价上涨水平的基础上，一般实施6次成本管理(买地时、项目计划时、中期概算、实施计划时、样板房制作时、决算时)。基本采用降低采购成本的做法，如大批量的库存生产式发包、三方承包合同、附加工程、标准化·规格化、管理手段优化等措施。在获取用地方面，还采取了和土地业主直接谈判、回避招标、简化企业内部手续等办法，以尽可能地压低成本。

D.4.4.3 设计变更机制与实际情况

1) 国土交通省

在工程施工过程中如需变更条件，应根据施工承包合同实行必要的合同变更手续。

2) 京都市

关于设计变更的思路和方针，基本与国土交通省和民营化前的日本邮政相同，依据施工承包合同进行妥善处理。京都市的设计变更程序大大致如下：

首先，施工管理处接到设施管理部门或承包方有关变更的书面要求或提议后，先要做出判断是现场就能处理的事项还是需要设计变更才能完成的事项。一旦确定需要设计变更后，要对设计变更金额做出概算，并准备设计变更所需的文件数据(施工现场的情况材料、记录书、规格书、图纸、数量估算书等)，与设计管理处以及设施管理部门进行协商。协商一致后，设计管理处起草设计变更方针，由营缮部门对其做出决策。如设计变更的概算额(直接工程费口径)不满300万日元，施工管理处可自行决策。

接着，施工管理处根据设计变更的方针，向承包方下达书面施工指令，并协商设计变更费用。设计管理处根据设计变更方针及施工管理处的设计变更费用协商结果制作设计变更文档,就设计变更决定进行签批。

3) 日本邮政

关于设计变更的处理,其内容大致如下:民营化前,分为碰头会记录处理、无偿变更、设计变更3种方法,除需合同变更的设计变更外,对于监督员、主任监督员无法做出判断的变更处理,采取以无偿变更的形式在组织内部进行处理。但是,民营化之后,就改成了碰头会记录处理、设计变更(=合同变更)2种方法。此外,日本邮政在各个工程上,设计变更和预算变更不需要经过议会的批准,自由度相对较大,可以直接对设计变更进行处理。民营化后,从企业经营的角度来处理设计变更。

4) 野村不动产

从获取用地到工程动工、竣工交付,整个过程中,能够提高商品价值和效益的设计变更自不必说,以保证质量为目的的设计变更也只要不对效益和工期造成极端不利的影响,都可以在项目组内部随时决定是否实施变更。施工过程中的设计变更,有来自发包方的要求,也有出自施工方的提议,前者是由于客户说明书或宣传册制作时的内容和实际情况有差异而引起的,后者则是根据相关负责人的判断提出的变更处理。变更处理的管理采用文档管理方式,包括通过设计变更记录书对变更内容和变更成本进行管理,以及结构变更相关的审批手续文档管理等。

D.4.4.4 四家机构间的相互比较和建议

1) 四家机构间的相互比较

设计变更方面,四家机构间设计变更的认定、处理方法和步骤都大不相同,主要分为2种:公共领域工程因受议会承认制度、会计检查等制度的约束限制,设计变更基本很难得到认可;民间工程只要出于必要、能够提高价值,很大程度上都可视情况而定。

在设计变更处理的具体判断标准、步骤上,公共领域工程与民间工程也存在很大的差异。

首先,日本和英美之间,设计变更处理方式上存在很大的差异。在英国和美国,发包方和施工方之间必须先就每个设计变更所需的费用和工期达成书面协议,如果没有书面协议的话,设计变更工程一般不会启动。但是,日本的民间工程一般是先达成口头协议,或在没有正式协议的情况下就开始设计变更施工。前者的问题是,实际所需的费用和累积的工期在施工最后阶段暴露出来,工程费用、工期有时会超出原来预计。不过,书面协议是针对单个设计变更而制定的,因此不会被否定取消。然而,日本的民间工程即便施工费用和工期多少超出一些,但是因为不是针对单个变更的协议,而是最后一起结算,所以最后一般总工程费用上并无增减,工期也是如期完成。因此外国人往往觉得不可思议,这种做法有时被称赞是日本式信任关系所带来的恩赐,甚至被认为是英美正采取的新的合同模式“Partnering”的起源所在。不过需要注意的是,设计变更所产生的费用和工期都是不可避免的,只不过是哪一方负担的问题,绝对不会是个零。

关于这一方面,公共领域工程在合同上就写明“设计变更”必须有书面指示等,政府制定的指导方针中也在明确区分“设计变更”和“合同变更”的基础上,规定要求“设计变更”必须有书面指示。综上所述,在“设计变更”方面四家机构间存在有一定程度上的差异。

除了设计变更处理之外的项目成本管理方面，各个机构都分别设立了严格的监查部门或自负责任体制。

工程费用方面仍存在以下的模糊问题。作为建筑师的业务之一，日本在平成 21 年(2009 年)国土交通省告示第 15 号(以下统称为告示第 15 号)的《有关设计的标准业务》中登载了《工程概算书》，但是并没有规定制作工程概算所需完成的具体业务内容，对其成果的工程费用预算的精度和准确度也没有任何要求，同时也没有规定要制作清单明细表，这就造成了发包方的期望值与提供业务的设计方式实际现实之间的落差。

简而言之，关于工程概算的问题，①在设计阶段，有关设计"标准业务"范围内能够完成的《工程概算研究》及其成果《工程概算书》是存在局限性的；②从工程合同・施工阶段的估算、招标，到和专业施工公司之间签订工程承包合同等，在决定实际工程承包合同的费用额度时，设计方不能参与；③设计方如果为了确保自己估算的工程概算，与总施工承包方谈判交涉的话，会被视为超越设计方职责范围的越权行为；④为确保工程概算书的精确度，发包方应聘请 CMR(施工经理)等专家，发包方和设计方乃至双方对这个问题是如何认识的，这一点非常重要。

告示第 15 号中所规定的业务范围仅限于"建筑师事务所的开设者对其开展的业务能够取得报酬的标准"，未必都是具有法定义务的业务。因此，发包方如要求设计方提供准确度高的工程概算和工程量清单的话，发包方和设计方必须在达成协议的基础上，在设计・监理等业务委托合同中规定该事项。

2) 相关建议

如上所述，公共领域工程因受严格的制度约束，总体而言这方面没有什么特别的建议。不过，从政府部分转型为民营企业的日本邮政提出了以下的建议。也就是说，建设工程不仅仅是单纯考虑施工费用就可以了，还必须考虑到土地获得、工程建成后的维持管理费用、各种税费等等项目建设所需的总体费用，从而对项目实施的可能性做出判断决策。同时，因工程建设时间长，在建设过程的各个阶段，必须经常检查设计内容和 LCC(全寿命周期费用)等，建立起良好的机制以保证能够实现最佳选择。

野村不动产作为民间企业，从其自身的经验提出了以下建议：①企业内部共享成本信息，有利于防止非法行为和纠纷的发生；②对不可预见费管理等各个节点进行检查是行之有效的做法；③记录 VE・CD 活动的同时，如将这些活动"可视化"，效果将更为显著；④与此同时，可以考虑给与相关工作的负责人一定的裁量权。

委员会的建议

本报告书中所列举的四家机构在工程费概算方面都具备一定的能力，但不论是政府部门还是民间企业的发包方或设计方，一般都不具备这种能力。重要的是，如果需要高精度的工程费概算，要在合同里规定聘请该领域的专家。因此建设项目业主可以选择自己编制高精度的工程费概算，或选择依靠外部的专家，根据选择不同，需采取的对应措施也不同。

此外，在设计变更处理方面，也必须明确每个设计变更所需的费用和工期、责任和风险承担。关于设计变更处理的机制，日本的政府和民间之间差异非常大，采取哪种做法，应经过深入的对比评价。

D. 4. 5 设施的维护管理

D. 4. 5. 1 各机构对设施维护管理的定位

1）国土交通省

《关于政府办公设施建设等的法律》(简称“官公法”)要求各部委必须正确维护所管辖的建筑物(第 11 条)，规定由国土交通省制定维护标准、并指导各部委进行正确的维护(第 13 条)。同时为了各部委能够实施正确的维护，还制定了《建筑维保业务通用技术规范》等技术标准。

2）京都市

设施的维护管理由各个设施管辖部门负责实施。营缮部门提供《公共建筑维保管理手册[基础篇]》等技术方面的支持，与新建项目一样，修理工程经设施管辖部门委托后实施。同时，对于原来归各设施管辖部门负责的设施维护管理工作，京都市于平成 25 年(2013 年)制定了《京都市公共设施管理基本方针》，开始采取全市上下统一资产管理的举措，目前营缮部门也参与其中，正在推进基本计划的制定工作。

3）日本邮政

民营化之前，根据“综合维保计划”(在年度计划中确定需要按计划翻修的邮局，集中实施维保翻修工程，从而经多次的施工就能实现彻底翻修的计划)，有计划地实施维护作业。但是民营化后，为了通过减少资产折旧来改善经营损益状况，各邮局的改建计划停滞不前，老旧化情况严重。最近为了防止资产损坏、通过全面翻新提高员工士气，决定 3 年内集中投资 5 000 亿日元，集中开展全国性的邮局维保翻修工程。

4）野村不动产

野村不动产公司集团内设有管理公司(野村不动产 Partners)，实施“制造(策划、设计、施工质量管理)”“销售”“管理”一条龙管理。通过这样的管理体系，从设计阶段开始“制造”管理部门齐心协力，共同制定管理计划，管理计划考虑到不过度不浪费，并选择采用经久耐用的材料和施工方法等。

维护管理计划方面，依照国土交通省的方针，制定长期的修缮计划。通过每 2 年 1 次的建筑物检查，根据建筑物和设备老化情况的调查结果，每 5 年会重新修订计划，提交给住宅楼宇管理委员会。

保养检查分为内部化和外部化两条线实施。建筑物的检查由野村不动产 Partners 公司内部设立的专门部门负责，而保养检查等则原则上委托给厂家。外包的保养检查业务原则上采用厂家全包制，个别部位的保养 · 检查也基本委托给厂家。

D. 4. 5. 2 设施维护管理的具体程序与方法

1）国土交通省

设施的维护管理由管辖该设施的各部门进行，《官公法》第 11 条规定要求“各部委负责人必须正确地维护所管辖的建筑物及其附带设施”。同时，在政府设施方面，除了依照《建筑标准法》等相关法令外，还规定必须依照《官公法》第 12 条对设施进行检查。

国土交通省对管辖设施的各部委，提出了以下正确维护设施的目标：①确保安全性和工作环境、②确保已有设施的长期耐用性、③降低全生命周期成本、④降低环境负荷，并同时指导和建议各部委按照以下要求建立维保的组织机制、制定维保计划和维保记录。

【维保的组织机制】

为了完成维护目标，应建立相应的组织机制，要指定专人负责设施维护工作(设施维护责任人)。设施维护责任人应根据维护计划正确履行业务，将检查结果、维修履历等信息以维保台账的方式记录在案。

【维保计划】

年度维保计划：应包括年度维保业务(检查、保养、清扫、维修等)的实施时间和预算金额等内容。有了这个计划，不仅可以有计划地开展业务，而且即便负责人发生更换，也能够掌握该年度业务的进展状况。

中长期维保计划：从中长期的角度出发，列出每个部位的维修、更新时间以及概算金额。有计划的修缮不仅可延长建筑物的寿命，而且有利于维护预算的测算和平均化使用。该计划需每五年修订 1 次。

【设施维保记录】

检查结果和修缮履历是体现该建筑物维护过程的重要数据，必须制作维保台账，将情况详细记录在案。通过记录的确认，可以对建筑物的现有状态进行推测，以便更有效地开展修缮等工作。

2）京都市

目前，设施的维护管理由各设施管辖部门实施，营缮部门通过提供《公共建筑维护管理手册(基础篇)》等方式，为各设施管辖部门提供经常性的技术支持，以促进维护管理费的控制和维护修缮费的平均化使用。

3）日本邮政

作为维护管理机构，日本邮政(株)设施部成立了维保小组，负责邮政整体设施的维护管理。定期检查以及《官公法》第 12 条所规定的检查等，均由维护小组负责发包和实施各类检查业务。在预算方面，设施维护管理费用向各分公司分派，要求各分公司编入年度预算。

不过，维护管理相关费用每年都在不断缩水，甚至出现了为了节减开支而削减必要的检查业务的风气。紧急工程由设施部下属的“营缮业务支持系统”负责实施，该服务窗口利用信息通信技术，确保紧急工程发生时，缔结了单价合同的该年度指定承包商会在 24 小时内赶到现场进行施工，迅速解决问题。

此外，指导各邮局要明确指定设施管理人，进行日常的设施维护管理和检查。

4）野村不动产

在维护管理机构方面，分内部机构和外部机构来制定计划。集团内部构建的维护管理体系包括在野村不动产公司内部成立售后服务负责部门，在野村不动产 Partners 公司内设立质量管理部门、施工处置部门、维保管理部门等，并建立了基于各方协同的完善的信息回馈机制。同时，对于由外部施工方承担的工程等，也由野村不动产 Partners 公司进行质量确认，并对住宅楼的修缮施工履历进行数据库管理。

设施检查在野村不动产 Partners 公司的管理运营负责人、技术负责人到场情况下进行，检查结果汇报给住宅楼宇管理委员会。同时为了更好地开展业务，鼓励管理运营负责人获取“住宅楼宇维护修缮技术员”资格证。

同时，还根据长期维修计划确定施工的时期和修缮所需费用，掌握预算资金的使用走向，通过建立这种机制，防止楼宇管理委员会出现资金不足的情况。按月，按年向住宅楼宇管理委员会汇报住宅楼宇管理委员会的公积金积累（收入）情况和修缮等费用支出情况，并在每年一度的大会上审议通过。从计划内修缮的实施率、事后修缮、紧急修缮的预算安排和实施率上看，长期维修计划所规定的计划内修缮，根据建筑物的老化情况，向楼宇管理委员会提议后，基本按计划 100%都得到了实施。应急性的修缮，如在通过全国楼宇管理委员会协会加入的火灾保险范围内等能够涵盖的，则在保险范围内解决。另外一些小规模的维修费用，则依照建筑年份和老化情况等在预算内安排解决。

D.4.5.3 四家机构间的相互比较和建议

1）四家机构间的相互比较

在设施的维护管理方面，各机构在长期修缮计划、修缮的实施、预算措施上存在明显的不同。公共领域工程发包方的计划性、预算措施较弱，而民间发包方则较强。尤其是野村不动产，其旗下子公司因设有专门负责维修管理的部门，在这方面做得非常周全。

但是如所提到的，过去建筑市场一直都是新建项目为主，但是现在已开始快速地转向建筑的维护管理。可以说，1980 年代日本学界就开始研究维护管理，现在终于进入了实践时代。

2）相关建议

日本邮政建议如下：制定中长期的保养计划、维护管理计划，最终可降低 LCC（全生命周期费用），有利于业务、投资的精益化。日本邮政在民营化之后，由于没有进行必要的维护管理，其结果是不得为修缮维护进行巨额投资。为避免重蹈覆辙，希望建设项目业主现在就能够把眼光放远，开始制定中长期的保养计划，改善业务。

野村不动产建议如下：制定一个不过度、不浪费的管理计划和维修计划，很重要的一点就是需要从设计阶段就进行介入，未雨绸缪。关于维护管理，应根据居民的回馈制定预算计划，并在计划中正确地描述设备检查保养维修的时间安排和费用安排，这个工作很重要。与此同时，要对建筑物进行定期检查，这样可以根据老化情况对长期维修计划作出适当的调整，而且有利于通过提前实施一些小规模的维修，从而降低大规模维修所需的费用。从建筑评价方面看，作为大量设施的拥有者，不是从一栋楼，而是必须从多栋楼的角度来考虑计划的调整问题。此外，对于非本公司自用的、用于租赁的设施，其修缮计划必须从预算以及设施持有的角度出发，明确地分成短期和长期来进行处理。

根据以上情况，建议建设项目业主在设施持有方面，分“中长期”“短期—中期”或“收益与维修成本”、“容易变更用途、不易变更用途”几个方面，通过资产组合的观点来规划、开发、经营所持有的设施。

委员会的建议

日本的建设投资中，维护修理费所占的比例已达 30%，逐渐从增量时代步入存量时代。日本从1980 年代开始就致力于维护修缮方面的研究，同时有相当多的地方政府、民营企业都制定了修缮计划，但是由于实际的费用负担计划不够完备，造成无法按照修缮计划进行有计划性的修缮，到最后基本都变成了事后修理。其结果造成了隧道天花板坍塌、外墙坠落等突发事故频发。

因此，对于建设项目业主而言，重要的一点是掌握各种持有设施的现状，建立相关数据库，在这些信息基础上考虑如何将维护修理工作落到实处。对本报告书中所列举的四家机构的实际状况、现行的修缮计划和实施情况分别进行认真的评价比较，应该可提供很好的参考价值。

D.4.6 建设项目中的劳动安全管理

D.4.6.1 各机构对劳动安全管理的定位

1）国土交通省

确保施工安全方面，在《公共领域建筑工程标准技术规范》中要求除了要遵守相关法律外，还需遵循《建筑工程公众灾害防止对策纲要》，同时参考《建筑工程安全施工技术指引》执行。

2）京都市

基本事项主要参照国土交通省的规定执行。同时，在确保安全上还实施了以下措施：确保施工安全方面，《劳动安全卫生法》及《建筑标准法》等规定了企业和工人的职责与义务。同时，京都市为了提高脚手架安装拆卸时的安全性，对于临时脚手架的搭设，规定需执行“扶手先行施工法”[①]。此外，在施工成绩评定方面除了对安全管理进行评价外，施工管理处和技术管理部门分别定期进行安全巡逻，以提高现场的安全意识。

3）日本邮政

劳务安全管理方面，在工程监理检查操作手册中规定如下：作为事故、灾难、灾害的预防措施，①应急措施：为防止事故、伤害及灾害，当认为工程施工上需要采取紧急预防措施时，立即要求承包方采取应急措施，并迅速向上级汇报；②安全管理建议：提醒承包方在施工期间遵守相关法令，加强安全管理。

因此可以说，虽然原则上安全管理由施工方负责，但日本邮政方面同时也意识到作为发包方、监督方也有必要提供一定的建议、采取一定相应的措施。

4）野村不动产

认识到作为发包方有法定的发包方责任，在决定最终成本的施工说明会上进行临建计划和工期的确认。

D.4.6.2 劳动安全管理的具体程序与方法

1）国土交通省

与前项相同。

2）京都市

与前项相同。

3）日本邮政

除在上述的工程监理检查操作手册中规定安全管理方面的应对措施外，在现场说明书中，还规定了“3 灾害及事故发生时的处置措施：施工现场发生灾害及事故时的处置，除遵照

① 扶手先行施工法指的是，要求脚手架的安装与拆卸必须在有扶手的状态下施工而制定的“防止坠落施工法”。安全且易于施工的脚手架是指脚手架整体上都安装有“二层扶手”和“踢脚板”，“不仅可防止脚手架使用者坠落，还可缓解心理紧张感的脚手架”。摘选自全国临时建筑物安全施工工会 HP。

标准技术规范书的 1.3.10 外，如发生第三方损害、设施的各项设备安全运转受影响或原有设施发生损害时，迅速(原则上为得知事故发生信息 2 小时以内)将情况汇报给日本邮政的监督职员(或施工监理负责部门)”，在事件处理上尽到发包方的责任。

4）野村不动产

制定安全管理档(安全防范对策指引)，确保在动工时所有相关人员拥有共同的安全意识。同时，作为该公司特有的措施，在操作手册中明确规定了：要采用安全防范对策指针的对照查核表进行确认、负责人现场巡逻(业务)、住户安全措施等相关措施。

D.4.6.3 四家机构间的相互比较和建议

1）四家机构间的相互比较

从法律意义上讲，发包方在劳动安全管理方面是否需要承担责任，这一点很模糊。例如，《劳动安全卫生法》中的“经营者责任”，到底在发包方，还是在施工总承包方，还是在专业施工方等，有多种解释。《劳动安全卫生法》是为了减少工伤事故尤其是死亡事故，于 1972 年制定的。在其第一条 立法目的中写道：“本法律与《劳动标准法》相呼应，为了预防工伤事故，通过制定危害预防标准、明确责任机制、促进自主性活动等措施，推进综合性计划性的工伤事故预防对策，以确保劳动者在工作场所的安全和健康，并推动形成舒适的工作环境。”

可以认为，在该法律制定后，工程建设中的工伤事故预防，主要就是通过加重施工总承包方的责任来推进的。《建筑标准法》、《建筑业法》、《建造师法》中都没有直接规定发包方的责任。不过，公共领域工程的发包方，必须对施工过程中造成的第三方损失承担责任。

四家机构对劳动安全问题的处理方法截然不同。不过，因责任界定不明确，可以认为各家机构都没有采取适当的措施。

2）相关建议

日本邮政方面，虽然有关安全方面的直接责任在工程承包方，还是特别重视劳动安全问题，作为发包方，还是要对安全问题有一定程度上的考虑，会事先告知承包方涉及附近邻居的相关注意事项以及发生以外时的应对措施。

委员会的建议

在日本，民间工程的发包方基本不用承担劳动安全责任。不过，公共领域工程中在施工现场周围造成第三者损失等情况时，发包方必须承担责任。

此外，在单个现场的劳动安全问题中，脚手架、梯子坠落・摔倒事故经常不断发生，而且死伤率最高。这一类事故的特点是即便加强安全设备、反复提醒注意，事故还是会以一定的概率发生。因此，要杜绝该类事故只能依靠每个工人提高自身的自觉性和安全意识。

关于这些事故的对策，日本除了在法律上规定各项安全措施义务外，主要就是踏踏实实地反复落实安全日志、安全巡逻、晨训和体操、对新进入现场人员的培训等工作。

建议建设项目业主首先了解掌握工伤事故的现状，除遵守法规外，参考上述先行案例，针对技术人员/技术工人开展启蒙教育活动。

D. 4. 7 建设项目推进过程中具有全局性重要作用的发包方业务

D. 4. 7. 1 各机构的项目管理情况总结

1) 国土交通省

这里参照《营缮业务的项目管理要点》，简要摘录一下国土交通省关于《工程各阶段项目管理业务》的具体实施内容。

(1) 计划方案阶段(正式立项前)

负责人在选择设施建设需求的解决方案时，必须充分了解掌握该需求的背景以及项目实施的条件，根据《国家机关建筑物及其附带设施的位置、规模和构造标准》(平成6年建设省告示第2379号)来确定项目的目标。

确定项目目标后，要了解掌握政府办公楼宇修建的相关政策、已有设施的使用状况以及功能老化情况，不论是否实施修建工程，都要从多方面进行广泛地探讨，在比较讨论多个方案的基础上选择最佳方案。

如根据所选择的方案，需要实施修建工程的，应进一步收集具体信息，在明确方案内容的基础上制定修建计划，努力确保预算准确并落实到位。同时，根据需要为各部委各厅局制定修建计划提供支持。

(2) 计划方案阶段(项目立项后)

负责人应根据需要开展设施使用者需求调查等，进一步收集详细信息，在此基础上再次审视项目立项之前的计划方案内容。此时，应当依据《官厅设施的基本性能标准》(2014年2月29日国营整第197号、国营设第134号)，设定设施所需达到的性能水平，与设施管理方协调后，在计划书中体现能够实现项目目的的最佳计划方案内容。同时，应明确项目实施过程中的重点建设内容。

(3) 设计管理阶段

负责人应充分发挥设计业务承包方的技术力量，依照相关技术标准，将计划方案内容具体体现到设计图纸上。在满足设施管理方和设施使用方需求的同时，要由建设高效率高质量工程的自觉性，要确认设计业务承包方所提供的设计方案能够确保达到设施所要求的性能。特别是对一些关键事项和重点建设内容，必须进行严格审查，要确认设计方案能在预算范围内实现、确认是否还存在进一步降低成本的可能性等。此外，还必须确认设计方案已经考虑了降低设施全生命周期成本等因素。

在设计方案审查和确认过程中，应听取设计业务承包方对设计意图和内容的说明，如有不符合计划方案要求的地方，应要求设计方返工。同时，应和设施管理方之间就设计内容(包括设施的使用和保养在内)进行协调。

(4) 施工管理阶段

负责人应充分发挥利用施工承包方的能力，促使施工方按照设计图纸所体现的设计内容进行施工，实现计划方案的内容。此时，应在满足设施管理方和设施使用者需求的同时，要求建设高效率高质量工程的自觉性，进行必要的协调以确保达到所需的性能。要确认完工的项目已经实现了计划方案要求的内容、达成了项目目的，同时应制作建筑物等的使用说明书等文档，向设施管理方说明具体内容，以确保将设施使用和保养的信息准确地传达给对方。

(5) 跟踪阶段

工程完成后，负责人应展开事后调查、顾客满意度调查、官厅建筑实际情况调查等，了解掌握设施的使用情况和功能衰减情况，调查结果应予以积累并妥善保管，以便检索、参照，运用于今后的项目。

要为设施管理方提供有关设施故障问题处置等方面的信息。同时，对于为了有效并适当地使用该设施而出现的一些新的需求，应根据本要则的精神，进行必要的应对或提供必要的支持。

为了充分发挥设施所具备的功能、做到适当而有效地加以使用，妥善的保养是必不可缺的。应向设施管理方提供保养所需的标准，同时了解掌握设施保养的情况，进行必要的保养指导。

2) 京都市

京都市制订了《京都市公共建筑设计指引》，就京都市计划实施的公共领域工程的基本思路和推进方式等信息，向市民进行普及和宣传(参照表 D-9 及图 D-6)。

在其“前言”部分说到，“本《京都市公共建筑设计指引》制定的目的，是为了促进京都市的公共建筑进一步获得市民的‘信任’，明确公共建筑建设的定位和今后的发展方向，为公共建筑建设的构思、策划、设计、施工、管理等各阶段的具体工作研究提供指引”。以下在表 D-9 和图 D-8 中引用了其中的部分内容，加以介绍。

表 D-9　京都市公共建筑设计指南—前言

前言 本《京都市公共建筑设计指引》制定的目的，是为了促进京都市的公共建筑进一步获得市民的“信任”，明确公共建筑建设的定位和今后的发展方向，为公共建筑建设的构思、策划、设计、施工、管理等各阶段的具体工作研究提供指引。 一直以来，公共建筑作为为市民提供服务的载体，承担着重要的作用。随着公民意识的提升、生活方式的变化、高度信息化社会的发展、对环保问题关注度的提高以及大规模灾害应对需求等，与公共建筑相关联的领域不断扩大并发展，公共建筑今后所要承担的作用也将不断扩大。同时，由于本市财政状况严峻，这就进一步要求我们从努力降低成本做起，有效利用有限的资金，高效率地推进我们的项目建设。 在当今的时代背景下，“与环境共生”“说明责任(Accountability)”“全生命周期成本”等这些关键词所代表的种种因素，成为我们思考公共建筑时的重要视角。 同时，多个地方都在研究是否引入 PFI(Private Finance Initiative)这种全新的公共设施建设模式，可以说公共建筑与民间建筑之间的界限变得越来越模糊了。 公共建筑除了承担功能性的作用外，作为优美的城市景观的一部分、作为独具特色的地标、同时也作为市民的共同财产，在京都的整个城市建设中具有举足轻重的意义。京都作为日本最具代表性的历史城市，一直以来通过发挥自身的文化底蕴，不断挑战新的尝试，在市民生活和城市建设方面创造出了丰富多彩的价值理念。在今后的公共建筑建设中，也要求我们充分发挥这种京都独有的智慧与特点。 同时，京都市制订了倡议降低环境负载、建设循环型社会的地方规划(《京都规划 21》)，召开了《联合国气候变化框架公约京都会议(COP3)》，以此为契机，要求建设与环境共生、可持续发展城市的需求不断高涨。因此，在占据城市建设重要地位的公共建筑建设方面，本市也应明确与环境共生这一基本思路，并将之付诸实际。 不仅如此，在阪神·淡路大地震中，公共建筑在其原来的功能之外，作为抗灾、救护、避难等的场所，在保障市民生活方面发挥了重要作用。因此从防灾减灾对策的角度看，公共建筑不仅要保证建筑物本身的安全性能，还应在灾害发生时，能够作为各类应急场发挥作用。

1999年12月，京都市制定了《京都市基本构想》，描绘了21世纪京都市的发展愿景。在该构想中，提出了以“信任”为基石的社会建设的基本思路，因此，公共建筑也必须得到市民的“信任”——这一视点的重要性今后将会更加凸显出来。作为公共建筑建设主体的政府部门，特别是政府部门的建筑家们，在市民的高度期待下，如何扮演好“总协调”这一角色，总体统筹好建筑相关的各种要素，将成为其重要考虑。

综上所述，本指引顺应时代潮流，从广泛的视角总结归纳了从事公共建筑建设的相关人员须遵循的基本方向、必备知识和实践性手法，从而建设出市民“信任”、符合京都形象的优良建筑。

CONTENTS

目次

京都市公共建筑设计指引 目录
前言
Ⅰ　基本理念
1　公共建筑的定义（公共建筑的作用）
2　设计的定义（本规范中“设计”的定义）
(1) 业务对象
(2) 业务开展模式（采用 PCDA 观点）
3　指引的定义（本指引的定位和使用方法）
(1) 本指引的适用对象范围
(2) 本指引的结构
(3) 本指引的使用方法
4　“京都范儿”的定义（本指引中对“京都范儿”的理解）
Ⅱ　计划论
1　三个须知（基本姿态和准备工作）
(1) 布置——建立公共建筑的基本理念
(2) 了解——掌握占地条件、周围环境
(3) 洞察——考虑设施用户的视角
2　五个技法（具体手法与注意事项）
(1) 协调——融入周边景观、街景
(2) 人性化——采用无障碍设计与全方位设计视角
(3) 和谐——创造生态和谐、与环境共生的舒适空间
(4) 防患——具备防灾安全措施
(5) 节约——考虑生命全周期成本与成本降低
Ⅲ　运营论
1　两个须知（基本姿态）
(1) 纵观全局——事先明确工作步骤：process design
(2) 沟通交流——说明计划内容和研究过程、获得相互理解：Accountability
2　五个技法（具体手法）
(1) 扩大——听取吸纳市民意见
(2) 协调——相关部门间建立紧密的团结合作关系
(3) 参与——与设计业务承包方协力合作做出高质量的设计
(4) 引导——建立能够催生更好设计的机制
(5) 回顾——注重项目评价和现场回馈
后记：《京都市公共建筑设计指引》出台过程

图 D-8　京都市公共建筑设计指引—目录

3）日本邮政

建设工程项目不是完成设计、把工程发包出去就结束了，只有能够按照预期的建设目的进行使用，方可称得上成功。同时，建筑本身也不是竣工了就完事，而是要通过长期使用发挥功能。因此，在建筑项目上，从计划方案阶段到初步设计阶段、施工图设计阶段、施工阶段，事先确定需要讨论研究的事项，并进行必要的讨论研究是非常重要的。人们常说建筑成本的 80%决定于计划方案阶段，可以说计划方案阶段严谨充分的研究讨论基本上决定了整个建设项目，因此日本邮政确信，构建一个在建设项目早期开展研究讨论的体制、机制，是项目成功的关键。

同时，把项目管理责任赋予管理整个项目的人即项目经理，令其统管全局也非常重要。

4）野村不动产

作为一家民间企业，野村不动产的第一要务是赢得顾客的选择并建造出能够创利润的建筑。因此，它的项目管理的目的就集中在“盖出在价值与价格的综合实力上不弱于竞争对手的楼”这一点上，并全力排除干扰这一目的实现的障碍因素。

在具体措施方面，包括：对业务类别和发包方法上不设限制，根据不同项目种类进行选择；尽早和设计方、施工方成立项目小组，保持VE的持续运营；让销售部门和管理部门也参与商品的策划；对于促进工程优化的设计变更和追加投资，项目负责人层面可进行灵活处理；采购方面采取材料的标准化和库存生产式生产等手法；同时，在企业内部也采取了配备能够主导这些业务的技术人员、建立完善工程费概算软件系统等措施。

要得到客户的好评和认可，最关键是确保安全又放心的产品质量。为了做到这一点，建立了完善的设计标准和操作规范，严格执行流程管理，通过培养和设计方、施工方的共同认识、同时作为业主方也实施检查，确保流程执行到位。采纳吸取运营管理部门的反馈意见和设计方、施工方的智慧，不断优化质量标准，并将之横向展开。

民间企业要生存发展，不仅仅是通过单个项目获得利润，更在于是否能够一直赢得居住者、使用者的赞赏与信赖。要做到两全其美不是一件容易的事，但正因为建筑是单件生产、现场生产的产品，“用合理的成本制造出客户长期选择的商品”的努力余地也很大，这也是竞争力的源泉所在。

D. 4. 7. 2 项目管理业务的总结

在前一小节里，作为各家机构项目管理的总结，对建设项目推进中具有全局性重要意义的发包方业务进行了概括介绍。各家机构由于其各自的成立基础、项目目的和所拥有的人员队伍不同，因此在具体的项目管理业务、发包方业务方面，自然就存在很大的跨度和内容上的差异。如果要在理解这些制约条件的基础上，将项目管理业务归结为一点的话，那就是“如何管理、让谁来管理事务决策流程”。这里所说的“事务决策流程”包括以下内容。

首先，请参看图D-7。竖轴表示发包方(CL)、设计方(AR)、监理方(SV)和施工总承包方(GC)这些建筑项目的主要参与者，横轴表示策划、初步设计、施工图设计、招标・合同、施工阶段的施工图设计、监理、工程施工、设计变更等建筑项目各进展阶段。代表各参加者的横带状箭头，其起点表示参加者加入项目的时间节点。

各阶段从发包方以虚线延伸出来的箭头，表示从策划阶段开始，所有的“事务决策”均由发包方决定；在初步设计阶段，设计方参与进来，发包方和设计方一起决定将要建造的建筑物的设计内容(设计的“事务决策”)；进入施工图设计阶段，在施工阶段开始之前进行招标/签订合同，确定监理方和总施工承包方，从该节点开始，设计方、监理方、总施工承包方参与进来，和发包方一起进行“事务决策”。不过，即便是种情况下，所有“事务决策”的责任所在仍在于发包方。

其次，请参考图D-8。这张图在图D-7的基础上增加了以下内容：在图的最上面部分增添了表示工程费用的横条，粗线箭头从招标・合同阶段开始一直延升到工程费用的横条部分，从这里开始横条以阴影填充。这张图的意思是：工程费用由合同决定，在此之前的工程费用概算由发包方负责计算，如发包方能力不足的话，须委托设计方或专门的咨询公司进行计算。不过，根据日本的法律，负责设计的建造师不需要承担高精度工程费用概算的义务，因此在现实中，设计阶段的工程费用概算往往容易出现偏差，即发包方对高精度概算的期望值和提供服务的设计方现实情况之间差距很大的现象，其结果是造成招标·合同阶段所确定的工程费用很突兀，而这将导致施工阶段的“事务决策”更加混乱。为了改善这种状况，如D-9所示，在策划阶段要对工程费用进行粗略概算，然后从初步设计阶段到施工图设计阶段，逐步提高概算的精度，也就是说，工程费用管理要贯穿设计、施工各阶段，同时要认识到招标·合同阶段的工程费用确定，只不过是工程费用管理的一个环节而已。

关于这一点，在图D-10中所示的工期设定上也是如此。事实上，设计内容的构思/确定/变更的管理；工程费用的概算/确定/变更的管理；工期的测算/确定/变更的管理，所有这些过程都要求从项目的初期一直到使用，实施全过程管理，这些内容统称为“事务决策”，其流程统称为“事务决策流程”。其管理责任在于发包方，当发包方能力不足时可委托专门的咨询机构，如图D-7—图D-10所示，由谁来管理、如何管理“事务决策流程”，是一个非常关键的决策，它将左右整个项目的成败。

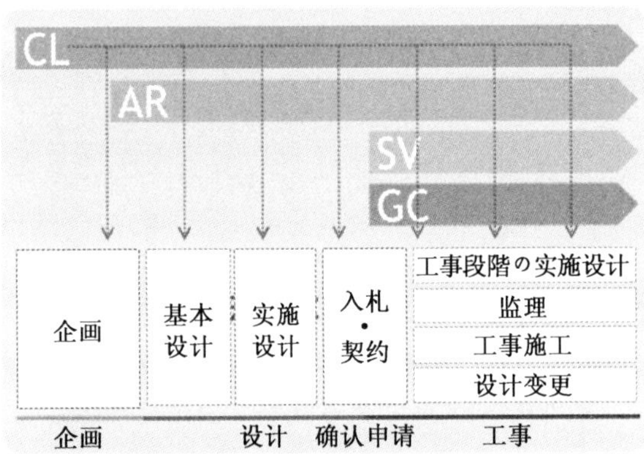

图 D-7　事务决策流程(1)

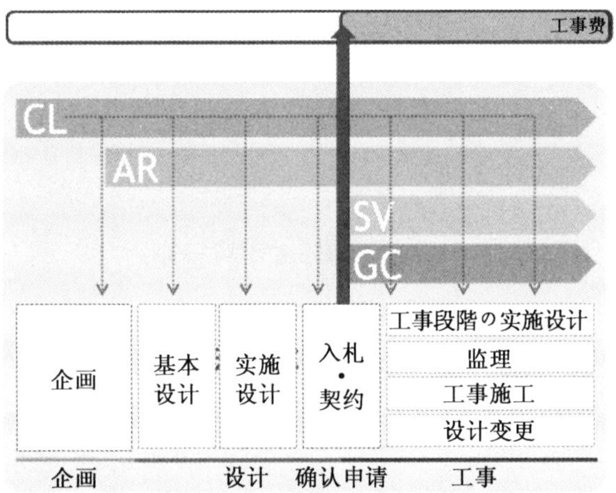

图 D-8　事务决策过程(2)

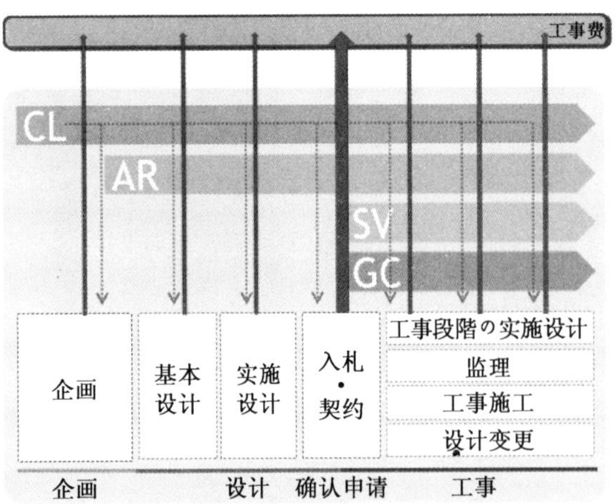

图 D-9　事务决策过程(3)

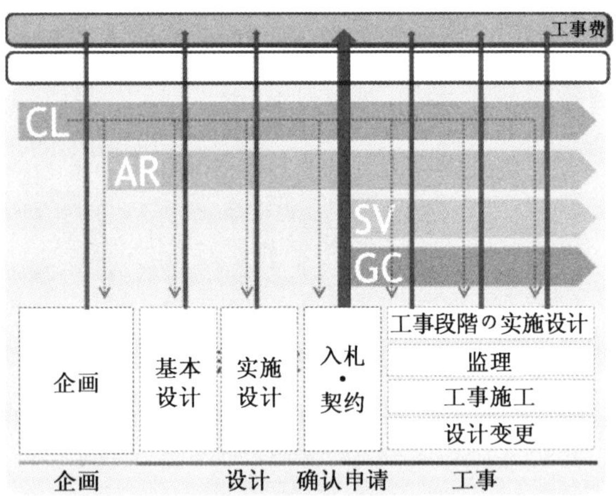

图 D-10　事务决策过程(4)